建筑师 张开济

程力真 ／著

中国建筑工业出版社

序一 寻找建筑中的现代中国理想

中国的大学建筑教育正式办学和招生始于20世纪20年代，从1930年开始，接受了本土高等专业教育的建筑家开始出现，一些史家称他们为"中国第二代建筑师"以区别于之前通过出国留学成才的前辈。1935年毕业于中央大学建筑工程系的张开济就是中国第二代建筑家中最为杰出者之一。

从大学毕业到2006年去世，张开济的职业生涯长达71年。他的成就体现在，第一，设计类型广泛，其中包括住宅、别墅、宾馆、旅馆、疗养院、政府办公建筑、纪念性建筑、博览建筑，并涉及城乡规划领域；第二，建筑等级高，即这些建筑多数都是国家工程，其中包括两项名列1959年国庆十周年"十大建筑"的设计；第三，探索面广，即他不仅关注风格问题，而且还高度重视建成环境的质量，为国家节省用地和造价，关注建筑标准化，重视遗产保护，以及倡导为残疾人考虑的无障碍设计；第四，也是更为难得的，是他勤于思考，通过设计总结、回访以及研究和评论，探寻更适合中国实际需要和条件的设计之路。他的思考和论述超过专业的技术探索而上升到人文、社会和历史层面，已经成为中国现代建筑话语的重要部分。

2021年，程力真博士在张路峰教授指导之下完成了她的学位论文《跨越1949的现代性追求——张开济建筑设计实践与思想研究》。最近，她又对论文进行扩展和深化，完成了《建筑师张开济》一书。全书以丰富的第一手史料，详细介绍了中国近现代史上这位杰出建筑家一生所经历的艰辛与挣扎、无奈与荒唐、彷徨与憧憬、狂热与省思，并分析了他在其中探索、创作的代表性作品以及思考所获得的认识，完整地呈现了张开济一生的所学、所做和所想。

张开济的重要经历包括：接受以学院派思想为主导的建筑教育，毕业后在租界内的外国建筑洋行所感受的歧视，抗战时期到陪都重庆参与建设、又回到孤岛上海谋生，接受新中国建筑业的国营化，为新中国的发展贡献才智，在反浪费运动和"文革"中遭受批判和屈辱，在改革开放时期探索中国城市和农村住宅问题以及建筑创作的繁荣和建筑现代化问题的解决之路，并为中国的残障人士、建筑遗产保护发声。孟子说："穷则独善其身，达则兼善天下。"程著让我们看到，无论在何种条件下，张开济对自己的建筑理想、人生理想以及社会理想的执着与追求。

并非夸张，从张开济1950年之后的经历我们可以看到在社会主义进程的背景之下中国建筑发展的缩影。其中包括：建立公有制、取消私人建筑事务所、建立国营设计院；成立建筑学会，贯彻政府方针政策；全面学习苏联、探索社会主义内容、民族形式的设计道路；通过建筑表现新中国的强大和新社会的美好；纠结于建筑现代化与反对源于西方的现代主义之间的矛盾；在计划经济体制下，确立"适用、经济、在可能的条件下注意美观"的建筑方针；在工业化和城市化过程中为公民提供适合集体主义生活方式和平均主义分配方式的住区与住宅；在改革开放的新时期，强化建筑师的自主性和创作热情，重新思考现代化的中国道路；以及面对更大规模的经济建设和城市化发展，努力保护历史文化遗产和促进农村建设的健康发展。

而在此过程中，张开济的所做很多都已经成为这段历史的经典，如北京三里河办公大楼、百万庄街坊住宅、天安门观礼台、天文馆、中国革命和中国历史博物馆、钓鱼台国宾馆、福绥境大楼、山东济南南郊宾馆等。他的所想也已成为这段历史中珍贵的思想遗产，其中包括：怎样在建筑设计中厉行节约？如何改进住宅设计、节约建筑用地？高层建筑是城市现代化的标志吗？他还曾提出低层高密度的住宅建设模式，"三尊重"的设计原则，"首先多样化，争取民族化"的繁荣建筑创作主张，以及"旧瓶装新酒"的建筑遗产保护和再利用策略。张开济始终探索的目标和一直试图回答的问题是：在一个历史悠久，工业化水平低，经济不发达，人口众多，可耕地少的发展中大国，现代建筑应走什么道路？这些思想在为中国建筑的现代性注入新内容的同时，也成为一位中国建筑家贡献给世界现代建筑史的中国话语。

不过，在程力真博士的笔下，我们看到的张开济不仅仅是一位业务精湛的行业专家，更为难得的是，他还是一名有着强烈社会责任心的公共知识分子。他认为"评价一个知识分子，不但要根据他的文章，也就是学识，还要根据他的道德。只有'道德''文章'两全俱美，才算是一个完美的知识分子。"（P213）"建筑师在专业技术上要坚持原则，忠于建筑，忠于人民"（P214））建筑师"不能只跟首长、大老板打成一片，要时时想到老百姓"（P213）。他这样说的，也是这样做的：在他的职业生涯中，如何根据当时中国最成熟的建造方式、结合中国传统居住建筑的空间特点、为更多民众建造住宅是一个最重要的主题；十年"文革"刚结束，就在中国上下将要开启新的现代化建设热潮之时，他冷静地"为古建筑请命"，呼吁重视和保护建筑文化遗产；他还关心"乡建"，早在1983年就提出立足改造、提倡紧凑合理适用和安全、尊重文化传统的三点意见（P174）；他还在中国率先提出关怀残障人士的无障碍设计主张，并推动"无障碍规范"的制定；面对外国明星建筑师无视中国城市文脉的大胆妄为，他挺身而出，与一些有识之士联名上书，反对"后殖民主义的文化侵略"。或许在同代中国建筑师中，张开济的职位、地位，甚至经手工程的名声都非最高，但毫无疑问，以一名公共知识分子的社会担当作为衡量标准，他的贡献最为突出。

在张开济的思想中有一个关键的词——"common sense"（P59）。他多次解释自己的所作所为不过是出于这个"common sense"。不同于"常识"这一常见的中文翻译，程力真引用《维基百科》的解释说，"common sense"就是"那些显而易见的真理或传统智慧，人们不需要诡辩就能掌握，也不需要证据就能接受，因为它们与整个社会主体的基本（常识）智力能力和经验非常一致。"（P213）我则认为可以把它译为"常情"，或孟子所说人"所不虑而知者"的"良知"，甚至曾子在《大学》中所称的"明德"。王阳明认为《大学》开篇所说的"大学之道在明明德"就是"致良知"，即通过格物、致知、正心、诚意、修身、齐家、治国、平天下等多种磨砺使属于人本性的"明德"或"良知"得以发扬光大，从而造福社会，造福国家，造福全人类。纵观张开济的一生，我们可以看出他的"common sense"，从他的初心，逐渐发展成为对专业的责任，对民众的责任，对环境的责任，以及对于历史的责任。这一切构成了张开济尊重人、尊重历史和尊重环境的"三尊重"建筑美学，也体现了他对于现代中国的理想，这就是社会、文化和环境的共同进步。

值此张开济前辈诞辰110周年之际，作为一名向往同样理想的后学，我谨向他致以崇高的敬意，同时衷心祝贺程力真博士的力作《建筑师张开济》问世。愿我们这个社会能有更多具有common sense，并能在其所作所为之中，更加忠实于common sense的人！

赖德霖
2022年2月15日于路易维尔

序二 父亲的文学

我努力地回忆,但仍然记不起事情发生的准确时间。

也许是"文革"后期,因为已经可以读到张爱玲的小说了。父亲听到我在谈论张爱玲,便接过话茬儿说:"我认识她呀,我们一起吃过饭。当时上海有三个名作家:某某人(一个陌生的名字,我当时没记住)、张爱玲和我。开始张爱玲厉害,杂志总是把她的文章发在最前面;后来就是我更厉害了,文章也被放到前面去了。"当时我觉得父亲一定是被"文革"折腾得昏了头,只当他是胡言乱语。

下面这个情节按说应该是发生在之后,但我记忆中却是"文革"初期家里刚刚被抄过的凌乱场景:地上散落着很多书籍杂志,我一边整理一边翻看。其中有一册引起了我的注意,薄薄的,像油印的,打开一看是一本文学刊物,里面有张爱玲的随笔。一篇篇读过去,大都是典型的文艺腔,直到一篇用笔名发表的文字,文风截然不同,写得无拘无束,时而嘲弄时而激愤,快结尾处讲了一件事:作者在北京北海画水彩写生,完成后被一英国老太买去。读到此处,我意识到这篇的作者应是父亲。这段经历他给我讲过。想来他以前说过的那段话也不全是吹嘘。

后来那本刊物就不知去向了。我后悔父亲在世时也没向他问起这本刊物以及文学的事。我父母于2006、2008年相继过世。直到去年,我和妻子鲁力佳终于鼓起勇气去收拾老人们的公寓。乐观的她想再找找那本期刊,悲观的我不抱任何希望。这个家是存留着父母一辈子所有的来往信件、每一张贺卡及其他等等的黑洞，我们周末有空就过去干上一天，似愚公移山。有空的时候不多，这个工程一拖就是数月。在最后收尾的那个下午，在一个旮旯里又翻出一个破旧的牛皮纸袋，里面装着父亲的若干证件和一些该是他认为重要的东西，包括我见过其一的两册文学期刊，《天地》第十三、十四期。

这两本《天地》已破烂不堪。原来纸质低劣，印刷粗糙，解释了我油印印象的来由。纯色封面的底部有一个脸朝上的深色女性侧面轮廓，点出该杂志关注女性的主旨，原来是张爱玲的平面设计。该杂志的主编是一位叫苏青的女作家，从杂志中屡屡提及她书籍热销的盛况，我感觉她可能就是父亲口中的上海三作家之三，也就是我忘记了姓名的那位。后来在网上搜索证实了我的推测：苏青、张爱玲，同为曾经叱咤上海文坛的名字。

在《天地》第十三期里，父亲文章的题目为《从女人谈起》，笔名"正人"（或取正人但非君子之意？）文中，他调侃女性及自己，议论婚姻习俗与文学戏剧，取笑附庸风雅，捉弄道貌岸然。但第十四期里并未再有"正人"的文章出现。

本以为有关父亲涉猎文学的线索就到此中断了，鲁力佳在第十四期中发现了一篇编者写的"编辑后记"。以下是其中一段：

"*Edible Edition* 以英文名篇首，似属创举，作者云因一时尚无确切译名，只得暂时如此。'吃书人'三字笔名亦新颖，此君固天下怪人，从前天地上历次发表过的《蜀话》《续蜀话》《从女人谈起》等均出于其一人手笔。本期发表此篇，立论奇，写法奇，且趣味无穷，而说笑中均有至理，诚不可多得之佳作也。下期将刊其新作《相对论》，署名'好人'；再下期《出妻表》，署名'散淡的人'，而君之一年工作完矣。"

多亏这段文字，我们得以了解：父亲写过多篇；可能每篇都用了不同的带"人"的笔名，编者显然很欣赏他的文笔。编者该是苏青。后来也读到有学者表示不理解她为什么如此偏爱这些离经叛道的东西，他显然不太了解苏青本人的桀骜不驯，也没有意识到这么多"人"其实都是一个人。

因为手上有第十三、十四期，我们读到了"正人"的《从女人谈起》及吃书人的 *Edible Edition*。父亲一共发表过多少篇？都涉及哪些话题？用过什么笔名？要想获得这几个问题的答案，必须找到每一期《天地》。

当时中国科学院大学博士生程力真在张路峰教授指导下研究我父亲的职业生涯。听说我们的发现后不久，她在网上发现了一本《天地》合订本，现在个人手上，曾为中国科学院藏书。因为是唯一，恐机会错过，我们立即把合订本买了下来。我把每期逐一浏览了一遍，把"人"的文章都挑了出来细读。在这些文章中，作者有被他人称呼张先生之处，有很专业地讨论建筑之时，还提到过家中老佣人叫刘妈，并谈及读大学时由于总是开夜车赶图和室友从不照面，等等。此种种迹象，再加之一致的笔风，把所有的"人"都指向父亲：他的名字是张开济，职业为建筑师，家有老保姆刘妈，他曾告诉我他只见过他的大学室友一次，那是他画了一整夜图在回宿舍的路上遇到了去上早课的他。

父亲在仅仅出了二十一期的《天地》里一共用十个笔名发表了十二篇文章：
第九期，下江人，《蜀话》
第十一期，下江人，《续蜀话》
第十三期，正人，《从女人谈起》
第十四期，吃书人，*Edible Edition*
第十五、十六期合刊，散淡的人，《出妻表》
第十七期，正人，《疏女经》(谈女经)
第十七期，男人，《勿小觑女人》
第十八期，一个人，《自说自话》
第十九期，栏外人，《栏后人兽》
第二十期，有心人，《衣食住》
第二十期，凡人，《记大人物的癖好》
第二十一期，一人，《一日之差》

第五期有一篇署名"禾人"、题为《买大饼油条有感》的文章，我一度以为也是父亲手笔。后程力真博士发现有研究考证，认为是苏青（即冯允庄的笔名）之作，尽管笔名相近，观点更是高度一致。

第十三期开始，每期有父亲文章。第十五期该是取消了。原计划在该期中发表的署名"好人"的《相对论》也未在第十五、十六期合刊里出现；原为第十六期准备的一篇，散淡的人的《出妻表》，在合刊中发表。第十八期将署名"一个人"的《自说自话》排到了最前面。

从以上发表文章列表中可以看出，父亲的文章从不署真名，而且笔名几乎每篇必换，只有"正人"用过两次。个中缘由，已不得而知。我猜想或许他有借此表白自己不以写作为生进而淡泊名利之意？就利而言，第九期《蜀话》一文结尾以大号字出现的"寻人启事"说明一定问题："'下江人'先生：乞示通讯处,俾奉稿费"。他不曾领取稿费。就名而言,他更是成功地隐名埋姓。除了编辑,读者中很少有人会记得这些只出现过一次的"人"。至于父亲何时暴露出身份,是又一个谜。如他自己所言,到后来就和苏青、张爱玲有所来往,作家们或有聚会,完成怪人向常人的转变。

尽管父亲晚年曾十分意外地向我透露过当大使是他的真正理想(更意外的是竟和苏青的理想一致),他颇为建筑师的职业自豪。他常常引用古典主义的艺术门类排位:建筑最前,雕塑其次,绘画殿后。不知写作或文学在他心中的地位到底是怎样的?从他对两本旧刊物的珍藏,至少应有一席之地。作为一名建筑师,更是一个知识分子,他留下大量关于建筑、城市及社会的文字,但其中已不见文学的影子。父亲喜欢阅读,总是去北京图书馆借回英文书籍期刊,但书籍皆为历史、传记之类,从不见小说、散文;期刊往往为《美国国家地理》,似乎只欲在纸上完成他环游世界的梦想。我略知他对虚构故事轻视的态度。他可曾对文学也有所反思?

至于父亲以各种"人"为笔名写就的杂文作品的内容,可以笼统地概括为"我这个人"。他写女性,一个在该杂志里反复出现的话题,实为批评上海的社会风气,很可能和他谈女朋友的挫折经历有关。记得他一度对我提及年轻时因买不起西装只能穿长衫因此被冷落的情景。他的《出妻表》一文是实实在在、打了格子的一张表,表中一一列举了他眼中婚姻的荒谬。他谈居住,实为讲建筑,实为在通过文字做设计,因为这是他作为一个实践建筑师的本行。在《衣食住》一文里,他质疑传统的里弄住宅,把这种垂直向的联立式房子重构成水平向的多层公寓,并大谈其合理性。有一篇的笔名和标题最好连在一起读,即一个人"自说自话",道破了他一直在写给自己的天机。因此,对于我来说,读父亲这些文字,首先是去了解他这个人,尤其是他的自由,他的孤傲,他的坦诚。同时,读这些文字,也是我对自己的文学及写作兴趣的追根溯源。

父亲在世时,由于我自己的交流障碍,很少和他有话直说,构成了无法弥补的遗憾。在此,仅可能用这篇遗憾的记录来与他对话,以纪念热爱文学又非作家的他。

张永和

引言

张开济先生（1912~2006）是中国的第二代建筑师，也是本土建筑教育所培养的第一批专业人才。特定的历史背景决定这一代建筑师有着坎坷的职业生涯和第一代留洋建筑师光环映照下，较为微弱的研究关注度。事实上，他们的建筑人生与20世纪中国社会的连续转型相伴，在中国建筑学和建筑业发展最波折的阶段起到承上启下、衔接过渡的历史作用，具有非常重要的研究价值。

张开济先生毕业于国立中央大学建筑工程系，1935年起投身建筑设计行业，在战争年代艰难而快速地成长，是民国私营事务所时期本土专业建筑师中最年轻的一代。政权交替后，他是最早进入国营设计院的总建筑师之一，伴随新中国的建设，主持设计和建造了中国革命博物馆和中国历史博物馆、钓鱼台国宾馆、北京百万庄居住区、北京天文馆等大量具时代范式意义的作品。张开济与张镈、戴念慈等是为数不多国家级别的第二代建筑师，他们的专业成长展示出西方古典建筑教育与现代设计理念在20世纪30—70年代之间进入中国本土实践的途径，他们的专业成就是剧烈变革的大时代下，个人专业思想、社会生产力水平与国家政治道路之间博弈的成果，是建筑师写就的近现代史书，然而，他们作为建筑师个体的专业思想长期淹没在集体创作的洪流中，很少被区别对待和研究。

改革开放后，年逾花甲的张开济先生焕发出蓬勃的精神，重新"上前线，为社会主义的科学技术现代化冲锋陷阵"，将自己多年的经验和思考运用到新时期工作中，面对市场化、商业化带来的新问题，孜孜以求寻找中国的现代建筑道路，一直持续到21世纪来临。"现代人"的反思精神、对专业持之以恒的专注和高度的社会责任感使张开济先生不断与时俱进，荣获我国"建筑设计大师"和"首届梁思成奖"的最高专业荣誉，并且是第二代建筑师中有着思想超越性，在建筑领域、文化领域都具有社会影响力的人物。

本书的写作基于笔者2021年初完成的博士论文《跨越1949的现代性追求——张开济建筑设计实践与思想研究》。论文以张开济家人所提供的大量首次进入研究领域的私人史料和北京市建筑设计研究院、北京市城建档案馆提供的工程资料为素材，聚焦张老的职业历程，在社会转型的大背景下对他的"所学"、"所做"与"所思"进行梳理、分析和解读，是迄今关于"建筑师张开济"最为全面的学术研究成果。

基于充足的一手资料，本书以编年体的方式系统整理建筑师的实践作品与言论文章，并将它们置入时代背景进行分析。在社会连续转型的复杂环境中，建筑师人格、价值观、专业思想与时代思潮之间相互作用，共同孕育设计思想的形成与发展。张开济先生人格的"现代性"推动他对"现代建筑"的认识，在社会连续转型中，逐步从一名职业建筑师成长为"中国现代知识分子型建筑师"，在他关于中国现代建筑的实践和理论中，蕴含着寻找文明现代中国的终极理想。

张开济研究的意义还在于为中国建筑现代转型的历史提供新的素材和线索。张老在专业上的现代追求可划分为三个阶段：学生时代和早期设计中对"功能主义"的认识与实践；新中国民族形式探索时期，在外来理论影响下的现代中国建筑实践；改革开放后，在商业大潮下对多元现代性和中国现代建筑道路的思考与实践。史料证明，中国现代建筑道路上的复杂性和多元性远远超过根据政治背景可得到的推论。比如在1956年，张开济先生与欧洲的第二代现代建筑师欧内斯特·罗杰斯（Ernest Rogers）的交流就超越了"一边倒学苏联"的时代主流。因而，本研究将为中国近现代建筑史、建筑师历史提供一份不可多得的个案，对宏大的历史叙事进行有深度的个体补充，为这一段容易被模式化理解的重要历史提供研究上的突破。

超长的职业生涯中，张开济先生连续跨越1949和1978这两个中国近现代最关键的社会转型点，在"现代建筑"的道路上面临不同的时代课题。跨越1949，张开济先生从独立开业的私营建筑师转型为国营建筑设计院的总建筑师，从而建筑设计工作的一切原则、条件和方法都发生了根本转变，他成为开创新范式的行业先锋之一并很快达到建筑创作的高峰，完成了一生最具代表性的作品；跨越1978，他反思中国建筑现代化道路上的成败得失，提出自己的系统理论，对现代化与民族性的关系，中国的建筑现代化道路，以及建筑与中国现代文明之间的关系进行分析，以行业专家、建筑师、政府顾问的多元身份，在住宅建设、古建文物保护、旧城保护与更新等众多领域作出杰出贡献。

限于时间，博士论文对"人"的解读仍以设计实践和专业思想为侧重，论文完成后，笔者在张开济先生生前单位——北京市建筑设计研究院有限公司，及张老家属的大力支持下，继续发掘和整理新的一手资料。官方和私人史料的相互印证，不但解开了博士论文中留下的一些谜团，也为人物研究的进一步深化奠定了基础。本书在后续研究和写作中删除了博士论文中大量的背景分析和文献综述，重构文字并突破论文范式，增加图片及引用传主原文，更为直接地展现历史，力求保留学术研究逻辑的同时能给予读者较为顺畅轻松的阅读体验。

下述几个内容是本书的基本脉络：1. 梳理建筑师年谱，解读建筑师作为"现代人"的个体成长。2. 分析建筑师在不同社会制度下职业状况、社会地位和设计思想的转变。3. 研究张开济从一名旧式技术精英型建筑师转型为现代知识分子型建筑师的历程。4. 梳理和总结张开济在寻找中国现代建筑道路上的理论和实践成果。

2022年是张开济先生诞辰110周年，笔者铢积锱累，对那一段距离并不久远，蕴含着大量重要信息却面目模糊的历史进行修复和解读，力求忠实而全面地呈现张开济先生不平凡的建筑人生，追溯他对中国现代建筑问题的探索与思考，以表达后来者深深的敬意！

目录

序一　寻找建筑中的现代中国理想

序二　父亲的文学

引言

第1章　出身与启蒙：民国社会的第一代人（1912—1930）
  1.1　家世背景与性格溯源 — 002
  1.2　童年爱好与新学启蒙 — 004
  1.3　摩登上海与美式教育 — 006
  1.4　专业选择的时代性与自我意识 — 011
  1.5　本章小结 — 013

第2章　专业基础：国立中央大学建筑工程系教育（1930—1935）
  2.1　民族主义运动中的大学 — 016
  2.2　嫡系师承与多元教学 — 018
  2.3　现代建筑思想的影响 — 026
  2.4　作业中的建筑设计起点 — 028
  2.5　美好实习和暗淡前途 — 035
  2.6　本章小结 — 037

第3章 初出茅庐：战火中的艰难起步（1935—1949）

3.1 "黄金十年"尾声中的开端 — 040
3.2 抗战西迁中的快速成长 — 046
3.3 孤岛开业的中国第二代建筑师 — 051
3.4 困顿建筑师与其文化价值观 — 056
3.5 战后转机与伟成建筑事务所作品 — 061
3.6 本章小结 — 070

第4章 抉择与机遇：过渡时期的继承与开创（1949—1952）

4.1 思想进步与道路选择 — 074
4.2 新工作环境与社会关系 — 075
4.3 新工作方式与新建筑类型 — 079
4.4 多元尝试与现代设计立场 — 081
4.5 本章小结 — 092

第5章 筚路蓝缕：国营设计院的专业负责人（1953—1957）

5.1 苏联经验与水土不服 — 096
5.2 集体创作模式的建立 — 101
5.3 技术人才的改造利用 — 102
5.4 西郊建筑群与第一次民族形式探索 — 104
5.5 福利制度下的现代住宅设计 — 111
5.6 博览建筑中的范式与突破 — 114
5.7 天安门观礼台的现代性 — 127
5.8 本章小结 — 128

第6章 二五计划时期：第二次民族形式的探索（1958—1963）

6.1 国庆十周年工程 — 133
6.2 "中而新"的济南南郊宾馆 — 142
6.3 集体化住宅与旧城改造 — 146
6.4 评论中的现代设计宣言 — 150
6.5 本章小结 — 154

第7章　黎明之前："靠边站"中的反思与预判（1964—1977）

    7.1 戛然而止的设计人生 — 158

    7.2 低谷中的理性思考 — 160

    7.3 从技术专家到知识分子 — 162

    7.4 本章小结 — 165

第8章　重启征程：追求中国现代建筑道路（1978—2006）

    8.1 老骥伏枥志在千里：关于中国现代建筑的理论 — 169

    8.2 多重身份：建筑师、行业专家与政府顾问 — 175

    8.3 高层≠现代化：多层高密度住宅的理论与实践 — 182

    8.4 文化交流：考察与宣传 — 192

    8.5 文化守候：保护文物古建的思想与策略 — 195

    8.6 文化传递：城市更新与旧城保护行动 — 200

    8.7 本章小结 — 210

结语 — 212

补记　张开济人生花絮 — 218

附录1　张开济年谱 — 225

附录2　张开济生平照片 — 242

附录3　张开济设计工程图纸选录 — 256

附录4　张开济文稿统计表 — 288

正文人名索引 — 297

参考文献 — 303

后记 — 314

第1章 出身与启蒙：民国社会的第一代人

复旦中学学生照

1912 — 1930

1.1 家世背景与性格溯源

张开济1912年7月20日[1]出生在上海。这是一个非同寻常的年份，中国结束两千多年的封建帝制转型为中国历史上第一个，也是亚洲第一个现代民主共和国。张开济在晚年的自述中说"有幸与中华民国同庚"[2]。

张开济父母的姻缘似乎与上海复旦公学[3]有关。父亲张晏孙字季量，生于1887年，是杭州著名的张子元扇庄第三个，也是最小的儿子。他1905年进入刚复课的复旦公学，与于右任、邵力子等是同学，因成绩极好，毕业后留校做复旦附中的主任并教授英文。母亲许士芬出身世家，曾就读于洋学堂，懂英文，能行令作诗。她的兄长许季上与张季量是上下届的校友，为复旦公学哲学专业第一届第一名[4]。许季上毕业后前往教育部任职并与鲁迅交好，他精通英语、德语、梵文，曾亲往印度考察佛教，"儒释会通"[5]，是一位造诣高深且具有进步思想的著名佛学家，日后在张开济的人生道路上给予了重要引导。

张家世居杭州，而这对受过西式教育的年轻夫妇则独立在上海生活。小家庭仅四人，张开济是家中长子，弟弟张开敏生于1918年。与偏重"长房"的传统不同，父母极爱幼子，生下弟弟后就将7岁[6]的张开济送回故乡与祖父、伯父一起生活。每当大伯从上海归来，描述父母如何宠爱弟弟时，张开济幼小的内心便感到十分怅然，长期远离双亲种下了隔阂的根源。他一生不明白父母为何如此安排，便归因于自己个性倔强，不如弟弟伶俐乖巧。"自幼即是非观念极强，轻易不敢做错事，大人错怪误责亦决不接受，因是不为父母所喜爱"[7]。这份是非不容混淆的倔强酷似他的父亲。张季量离开教职后曾担任一系列政府或金融机构职员，如：南京市财政局科长、天津浙江兴业银行保险库主任、上海经济部燃料管理委员会秘书等，但他为人清廉、性情孤傲出了名，"有人暗中送他金钱行贿，就罢官不干"[8]。

倔强与坚韧往往是性格的一体两面，与自律相伴而行则能成就事业。张开济家人谈起他在业内的耿直敢言，戏称有"杭铁头"家传。他的祖父一个杭扇世家的传承者，即凭借"杭铁头"精神，在晚清的家业衰败中力挽狂澜，为子孙开启接受新式高等教育，进入知识精英阶层的机会。

宋室南渡，能工巧匠跟随迁徙至临安[9]，其中有许多制扇工匠和艺人。制扇工坊大多集中于扇子巷，在繁华的御街东侧，沿着中河河道延伸，长逾1公里。明清时期杭扇的发展达到顶峰，扇业工匠遍布杭城，作坊有50余家，工人5000多名，其中最大的一家是扇子巷张子元扇庄[10]。张子元是张开济祖父张光德的太高祖，清初由绍兴迁至杭州开创扇庄。

中国的扇文化源远流长，有"羽扇"和"雅扇"之分。"羽扇"起源于祭祀礼仪，是北方宫廷文化的体现；"雅扇"出现在北宋杭州地区，是南方文人文化的体

---

[1] 张开济. 尚堪回首[M]. 北京：北京出版社，2003. 书中作者自述生于1912年阴历六月初七，按此推算应该为阳历7月20日。
[2] 张开济. 尚堪回首[M]. 北京：北京出版社，2003.
[3] 上海复旦公学即复旦大学，1912-1921年，复旦在徐家汇李公祠办学十年，先称复旦公学，1917年以后升为大学。
[4] 张开济的舅父名许furn，字季上。徐慕维. 许季上居士略传[J]. 法音，1990（2）：38-39.
[5] 谭桂林. 许季上身世及佛学思想考论[J]. 东方论坛——青岛大学学报（社会科学版）2021（5）：44-57.
[6] 按上海旧俗，应为虚龄。
[7] 北京市建筑设计研究院有限公司档案室. 张开济干部档案[A]. 张开济撰写材料.
[8] 同上. 董维宝撰写材料.
[9] 临安即今日杭州。
[10] 吴秀梅. 浅析杭扇的历史与现状——以"王星记"扇业为例[J]. 电影评介，2012（06）：84-86.

现[11]。杭州周边盛产制扇所需的竹子、桑皮纸等材料，文人墨客荟萃，又为南宋皇室喜好书画的风气浸染，扇从日常生活用品发展成"怀袖雅物"，制扇需要"技"与"艺"双修。

张开济的祖父张光德生于1842年，此时曾经遐迩驰名的张子元扇庄已经败落，家道艰难。张光德14岁时父亲去世。15岁，母亲命其外出学艺以复兴祖业，然而不久母亲也病逝。正值天京事变，太平军于1860年春、1861年秋冬两次围攻杭州城，他"累濒于险幸皆得脱"[12]，饱受国破家亡之苦。丧乱中，少年张光德依然刻苦自律、儒贾并习，"奉持遗训刻不敢怠"[13]，终于在光绪年间重开扇庄。由于经营有道，复兴后的"张子元"与"王星记"、"舒莲记"并称扇业三大名庄[14]，产品被收藏在今天杭州中国扇博物馆中。

张光德不但经商成功而且志趣高远。他爱好文学艺术并精于鉴赏，交友广泛，与士林中人过从密切[15]。受他影响，幼子张季量也喜爱收藏文玩古物，成年后曾为自己家中自商周至明清的文玩藏品编辑目录，有百余件[16]。张季量尤其倾心于古钱币，自少年时代便开始鉴赏与收藏，毕生收集了4300枚古钱币和300余本有关书籍，成为国内著名的古钱币收藏家[17]（图1-1）。父子两代人的收藏喜好为张开济提供了一个热爱文物和艺术品的家族环境。

张光德有苦心经营的坚毅和商业思维的灵活，同时极为尊重儒家文化。"贾儒并习"意味着既遵循传统又紧跟时代发展，儒家文化在他后世两代子孙的思想中一直留有清晰的印记。光绪二年[18]，张光德请人绘制了一幅"漾桥别母图"，纪念自己含辛茹苦而未能见到家道中兴的母亲，并写下"漾桥别母图记"（图1-2），记载

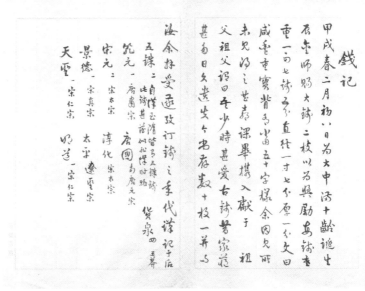

※图1-1 张季量《钱记》手稿
图片来源：张开济家人提供

---

[11] 黎科,刘强.从羽扇到雅扇的文化流变——中国扇文化的人类学探析[J].武汉理工大学学报（社会科学版）,2019,32(05):129-134.
[12] 张光德."漾桥别母图记"[Z].张开济家人收藏复印件,1876.
[13] 同上.
[14] 仪德刚,李海静.杭州"王星记"扇子制作工艺初步调查[J].中国科技史杂志,2007(01):50-59+105.
[15] 张开济."'漾桥别母记'后志"[Z].张开济家人收藏手稿,1990.
[16] 张季量."张氏长物"[Z].张开济家人收藏手稿.
[17] 1961年，张开济将父亲留下的所有古币及书籍全部捐献给中国历史博物馆。张季量留下的文玩古物多于1966—1968年期间被查抄。
[18] 光绪二年即1876年。

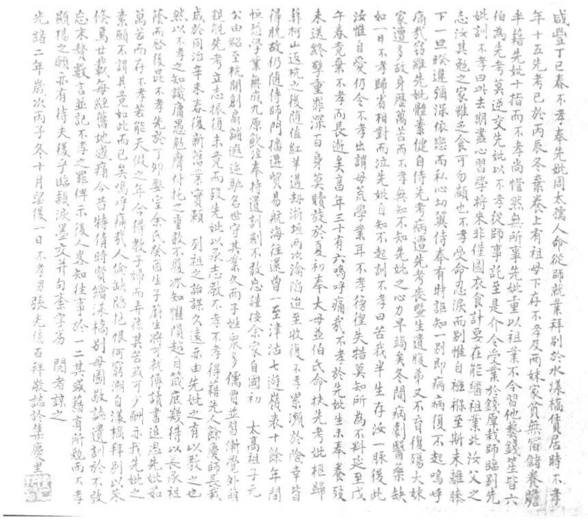

※图1-2 张光德《漾桥别母图记》手稿
图片来源：张开济家人提供

家族这段艰辛往事。图虽遗失，但是张光德所写图记传承下来，成为历史的见证。张开济十分敬佩祖父，他晚年撰写"'漾桥别母图记'后志"纪念这位未曾谋面的先人，赞扬他的功绩、品德与志趣，"我深愿我家子孙永远不要忘记自己的祖国和祖先"[1]。

1.2 童年爱好与新学启蒙

杭州与上海虽然同属江南地区，但一为历史名城，一为现代都会，城市氛围迥然不同。张开济住在扇子巷老宅继承扇业的大伯家，由祖父母和姑母照料，入附近的杭州盐务小学一年级就读。这是近代民族资本家周庆云开办的初级教育机构，位置在珠宝巷北端。张开济每日由家中仆人带着穿过古老而繁华的清泰街去上学。刚刚拓宽为双车道马路[2]的清泰街形成于南宋，是市中心要道，周边省政府、电报局、银行、商业及餐饮老字号汇集。1923年，意大利留学归国的建筑师沈理源所设计的浙江兴业银行总行就坐落于清泰街与御街交界处（图1-3）。

盐务小学设置在一座私宅中，"下珠宝巷北头，有一座大宅，后来做了珠宝巷小学。学校很逼仄，当门照壁，进去是一个当了学生礼堂的大厅。从两侧进入后面的教室，是以前的厢房，有一人高的窗槛。再进去，天井，两头是教室或老师的房室。有一木楼梯，不宽很陡，楼上临了天井，也是一间教室，木板壁、木地板、木窗木桌木椅，放学后，翻起桌椅打扫卫生，'啪啦啦'的一片木板撞击声。"[3]。环境传统，教学也是训诫式的旧时规矩，小学生活在张开济的回忆中是严苛的，他

---

[1] 张开济"'漾桥别母图记'后志"[Z]. 张开济家人收藏手稿，1990.
[2] 清泰街于1917年拓宽。
[3] 杭州曹晓波的博客"消失的珠宝巷"（三）. 发表日期：2012-01-20.

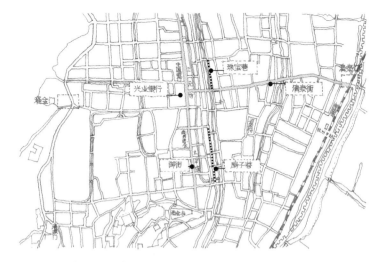

※图1-3 张开济童年的生活环境
图片来源：作者自制，底图来源：20世纪20年代杭州地图。

喜爱绘画，但几门主科和体育成绩皆不佳，坐过"红椅子"[4]。"我的小学成绩仅免于留级而已，但小时的我却沉迷于画画，而且乐此不疲——虽未废寝，却常常忘食。"[5]

这个沉迷于绘画的懵懂学童赶上中国教育的巨大变革。白话文迅猛发展，官方教育机构编制白话文教材给启蒙学堂使用，使教育走向平民大众。1920年，教育部颁布《国音字典》，规定从低到高各个年级逐级停止使用文言文教材，1922年之后小学统一使用国语[6]。按入学时间推算，至迟在高小之后，张开济在课堂上不再接触文言文，改用白话教材。他和同龄人是生于民国的第一代人，从基础教育起便与传统文化有了相当的距离。旧学断崖式地消失，新式教育全面开启，他们的文化根基、思想观念都将随之发生巨大的转变。

祖父母和伯父一家疼爱张开济，但他依旧常常思念母亲，只能以心爱的绘画作为精神寄托，每日一放学便忙着画画。随着年龄增长，他对文字也渐渐敏感。张子元扇庄前店后宅，职员与家人都很熟悉，其中有一位"汪先生"常常在晚间一边做扇子，一边讲故事给小张开济听，令他十分着迷[7]。高小时他开始自己浏览书报，大量阅读各类新旧文字。他对社会时事、古典小说和流行文学都感兴趣，在报纸上关注第一次直奉战争的进展，在书上津津有味地阅读《水浒》、《三国》、《聊斋》，同时每星期向大伯母要一角钱去买当时流行的小说杂志《红》[8]。

扇子巷位于杭州老城中心。受到城市近代化的冲击，古老的清泰门在张开济出生前五年便因修建铁路而拆除；西洋银行大楼在小桥流水的御街畔拔地而起。然而，社会变革初期，古风依然，亲近祖辈与故土的童年，令张开济感受到传统文化的温情。小学毕业后祖母去世，他被父母接回上海，从此再未回杭州长居，但他对故乡感情深厚，十分关注杭州的城市建设，晚年游览时仍能兴致勃勃地与当地人用

[4] 学校在学期末按序排名，在可以升级的学生姓名前打一个大红钩，表示钩内皆成绩合格可以升班，而最末一名可以升学的学生就被称为"坐红椅子"，张开济. 尚堪回首[M]. 北京：北京出版社，2003：2。
[5] 同上：1。
[6] 徐国利，叶挺松. 胡适与白话文教育改革[J]. 安徽人学学报，1998（01）：25-29。
[7] 北京市建筑设计研究院有限公司档案室. 张开济干部档案[A]. 张开济撰写材料。
[8] 同上。《红》，英文名为"The Scarlet Magazine"，严独鹤主编，1922年8月创刊于上海，为鸳鸯蝴蝶派小说周刊，是20世纪20年代通俗文学刊物的代表。

杭州话攀谈，并得意地问对方自己杭州话讲得如何？对方赞道："您这位台湾老先生能说得如此也是难得。"张开济闻言大乐。

1.3 摩登上海与美式教育

回到上海，13岁的张开济开始就读于父亲任职的私立复旦大学附属中学。离家六年，他感觉自己成了一个外乡人。在同学们圆润柔和的上海话里，他的杭州话如倔强的个性一样鲜明。私立中学大多是富家子弟，饮食衣着时尚讲究，而他只有传统的中式长衫。上海极其崇尚外语能力，私立复旦中学的课程中，除了国文与中国史外，都是用英语讲授。

父母已经迁入新居——渔阳里2号（图1-4）。与扇子巷老宅相比，这栋两楼两底砖木结构的石库门虽然也是灰瓦坡顶，入口有一个小小的庭院，但格局完全不同于传统的江南民居：开间小，进深大（图1-5）。一层是家人共用的客厅、厨房、饭厅，二层是几间卧室，主屋和厨房之间设木楼梯，空间十分紧凑。自己家与左右四户毗邻成一联排，前后两排一共有8户几乎同样规格的房子。

渔阳里¹在当时算得上一个高品质的成熟住宅区，位于法租界核心地带，南邻环龙路²，北通最具法国风情的霞飞路³。上海法租界始建于1860年，因被夹在旧县城和英美公共租界之间，通过三次扩展形成由东向西逐渐阔达的一条连续区域，是中国法租界中最大的一个。1914年第三次扩张后，法租界公董局效仿奥斯曼对巴黎的改造，引入法国建设公司和建筑师进行道路与街区建设、卫生与环境整治、绿

※图1-4 渔阳里区位图及全景照
图片来源：作者自制，底图来源：唐振常主编. 上海史［M］. 上海：上海人民出版社，1989. 无页码"上海租界扩张图"。100年前，上海这栋石库门里，谈话仅限15分钟/vlog红馆新发现①公众号：新民晚报20210426

1 渔阳里位于今天上海市南昌路100弄。
2 环龙路即今上海市南昌路，"环龙"路名取自1911年在上海表演失事的法国飞行员Vallon。
3 霞飞路即今上海市淮海中路。

化与景观的点缀。张开济回到上海的时候，渔阳里的四周正不断大兴土木，比自己家更为简洁现代的多层公寓拔地而起，环龙路对面正在兴建法国会堂，会堂后面就是早年法人墓地改建的复兴公园。整洁的街道两侧种植梧桐做行道树，树影婆娑，绿荫匝地，让法租界的优雅闻名沪上。

近代上海是一座以租界为核心，在房地产业推动下发展起来的现代都市。1843年开埠之后，旧上海县城外划定为洋人居留地的滨海荒滩快速建起各国领事馆和住宅。太平天国运动爆发，小刀会占领上海县城，中国百姓大量涌入洋人居留地避难，上海道台被迫与洋人签订《江海关组织协定》和新的《上海土地章程》，海关交由洋人管理，而居留地成为西方人拥有行政、司法自治权的租界。租界的行政管理机构成立市政管理部门，向华人征税和出售房屋，很快，"仕商巨富固无城内居住者，即自租界觅食之小本经纪亦都不吝租金，以寄居于租界之中"[4]。

租界"马路四通"、"异常清洁，车不扬尘"的先进与华界"秽气触鼻"、"僻静之区坑厕接踵"[5]的落后之间距离日益加大，意外带动了上海市民自治的行为。在开明士绅号召下，市民捐资仿效租界改善华界的城市基础设施，之后"举凡租界建设有了新举措，'华界'必于不久后继起仿效"[6]。四方三界、华洋竞争的格局下，现代生活方式、工商业环境培养出上海人的个人权利意识和理性精神，使之较早就具有现代市民意识，成为特有的城市文化。

经过开埠后80年的迅猛发展，20世纪20年代，上海已经发展成远东最繁华和先进的国际大都市。从传统中国人的视角看，它用"声、光、化、电"点缀的市容光怪陆离又躁动不安，在电影、书刊等现代媒介的传播下，全面吸收着西方现代文明。同时，这座城市又有着复杂的中西冲突，租界中的一些场所成为中国人的禁区。一次，身着长衫的张开济随西服革履的表哥进入复兴公园游览，不久即被巡警

※图1-5 渔阳里2号
图片来源：作者拍摄

4 赖德霖. 中国近代建筑史研究[M]. 北京：清华大学出版社，2007：39.
5 胡祥翰. 上海小志[M]. 上海：上海古籍出版社，1989：68.
6 李海清. 中国建筑现代转型[M]. 南京：东南大学出版社，2004：141.

驱逐，因为公园明文规定入园必须着西装，令他十分愤怒¹。各种文化理念和政治思想汇聚和角逐，上海是冒险家的乐园、文化传播的要道，也是培育先进思想的沃土。

张开济整个中学时代住在渔阳里2号二楼南向的亭子间里，刚入住时家里竟然会收到用法文写着他名字缩写"K.T.CHANG"的水电单据。这其实是个巧合，家人并不知道这栋房子的上一个住户竟然是大名鼎鼎的新文化运动旗手陈独秀，南向亭子间正是《新青年》杂志的编辑部，而与他的姓名缩写一致的人实为"张国焘"²。

1920年，渔阳里2号的房主将避难于沪的老友陈独秀安顿于此³。"五四"运动之后，陈独秀思想发生根本性转变，在国内形势和俄国十月革命的影响下，从早年倡导解放青年、改造国民性的新文化运动旗手，转变为以制度变革为目标，以无产阶级革命和专政为理想的社会主义者。他将《新青年》编辑部由北京迁回上海渔阳里，并在此成立了第一个共产党组织——"社会共产党"。渔阳里2号一时成为学习和研究马克思主义理论的中心，毛泽东、张国焘、林伯渠、俞秀松、陈望道等早期革命家都曾在此活动。这个"规划严格、道路宽敞、人口密度不高，环境幽静，交通便利，房屋建筑精致，租金适中，安全又有保障"⁴的地方成为中国共产党组织的诞生地。1922年9月，陈独秀赴莫斯科参加共产国际代表大会才离开渔阳里2号⁵。

1996年1月，上海《新民晚报》发表的一篇关于老渔阳里2号的文章引发张开济的思绪，耄耋之年的老建筑师记忆清晰，对旧时藏龙卧虎的邻居们作了详细的回忆，其中有著名律师徐永祚、国民党的外交部部长郭泰祺、父亲复旦公学同学盛灼三、国民党政要杨杏佛、曾任国民党江苏省政府主席及中央执行委员的叶楚伧，此外，大汉奸汪精卫和一些外国人也曾在此居住过，而周佛海夫妇就曾居住在他家的亭子间内。张开济自谦道："难怪我一生没有太多建树，原来此地的秀气已经被渔阳里这些邻居们拔尽了。"⁶

少年张开济很快适应了新生活，迅速地再次学会上海话，与渔阳里的孩子们成为玩伴儿，尤其是叶楚伧家有两个年龄相仿的儿女，经常互相串门儿，偶尔也会和自南京返沪休息的叶伯一起打台球⁷。从渔阳里穿过北侧小巷就是霞飞路，沿路西行直到徐家汇地界便是位于天主堂和南洋公学北侧的另一个地标——李鸿章铜像和祠堂⁸。复旦公学在李公祠办学十年，1922年大学部迁入江湾新校区后，徐家汇李公祠旧址便成为中学部校舍⁹，张开济就读于此。

在复旦中学，他用努力读书来满足自己的好胜心，几乎门门功课都在90分以上，英语成绩尤为突出¹⁰。课余他大量阅读，鲁迅的《彷徨》《呐喊》，邹韬奋主编的《生活周刊》，林语堂的幽默文章和外文书刊都是他热衷的读物，此外，他也喜欢章回体小说中传统白描般细密而犀利的风格，如受到胡适积极评价的清末小说《广陵潮》¹¹，其中对近代中国社会变革中市民心理的刻画可谓入木三分。广泛的

1 北京市建筑设计研究院有限公司档案室. 张开济干部档案[A]. 张开济撰写材料.
2 张开济. 回忆老"渔阳里"[Z]. 张开济家人收藏手稿, 1996.
3 徐云根. 中国共产主义运动发祥地：上海老渔阳里2号[J]. 炎黄春秋, 2018 (07): 11-15.
4 王岚. 渔阳里, 历史赋予的底色和重量[J]. 档案春秋, 2019 (09): 26-29.
5 徐云根. 中国共产主义运动发祥地：上海老渔阳里2号[J]. 炎黄春秋, 2018 (07): 11-15.
6 张开济. 回忆老"渔阳里"[Z]. 张开济家人收藏手稿, 1996.
7 同上.
8 南洋公学位于今天上海交通大学徐汇校区, 李鸿章祠今天仍在复旦中学校园内.
9 网络资料：复旦简史：徐家汇时期之一（1912-1917）http://edu.sina.com.cn/y/news/2005-09-20/202344231.html
10 北京市建筑设计研究院有限公司档案室. 张开济干部档案[A]. 董维宝撰写材料.
11 同上. 张开济撰写材料.

阅读让他在绘画、英文之外，又有了一个强项——写作。毕业时张开济获得中学会考三门全甲的个人奖。那一年，在全上海数千考生中仅有十三人得此荣誉，给他的同学留下深刻印象[12]。

复旦大学附属中学[13]是一所美式的私立学校。校长由我国近代著名的教育家，复旦大学李登辉校长兼任，教员师资力量雄厚[14]。李登辉毕业于美国耶鲁大学，终生从事教育并只服务于复旦，被称为"复旦的保姆"。他主张"学术独立，思想自由"及"服务牺牲"的精神，如1925年的复旦校歌所唱："复旦复旦旦复旦，巍巍学府文章焕；学术独立，思想自由，政罗教网无羁绊"[15]。这所收费昂贵的私立学校，生源大多来自商、政、教育界等高收入家庭，但是学校坚持为贫寒子弟开办义务小学，由学校免费提供书籍文具，教员皆为中学部的学生[16]。

张开济在复旦中学打下了坚实的英语基础，他的英语老师郭稚良是父亲张季量的学生。张开济回忆说"以前过年，我向他磕头，他给我父亲磕头"[17]。这个细节刻画出近代中国最西化的教育环境中，也依然保留着极为深厚的传统礼仪。他被同学称为"造诣很深"的英语水平源自环境，也得益于倔强好胜的个性：原本拔尖的英语成绩，在班上转来教会学校学生后相形见绌，张开济不服气，去请教老师，老师认为教会学校学生说的是外国英语，而他说的仍然是中国英语。他立志追赶，每日坚持背诵一段英文报刊。不多时日，老师评价他"讲的是外国英语了"。扎实的英语赋予张开济很好的阅读、交流能力，未曾出国留学却终生具有开阔的视野和"世界人"的意识。

毕业这年，张开济所在"一九级"[18]制作了一本《复旦中学年刊》创刊号（图1-6）。这本刊物设计、内容俱佳，如同一幅画卷，刻画出这批朝气蓬勃的毕业生融汇中西、思维活跃、自治自强，胸怀民族责任的风采。

※图1-6《复旦附中年刊》创刊号封面及刊登的张开济19岁照片
图片来源：上海私立复旦附中. 复旦附中年刊创刊号［J］. 全国报刊索引网，1930.

---

[12] 北京市建筑设计研究院有限公司档案室. 张开济干部档案［A］. 张开济、董维宝撰写材料.
[13] 张开济就读时称为"私立复旦大学附属中学"，1945年改为复旦中学.
[14] 上海私立复旦附中. 复旦附中年刊创刊号［Z］. 全国报刊索引网，1930.
[15] 陈璟浩. 寻梦复旦园［M］. 上海：上海教育出版社，2014：84.
[16] 同上，78。
[17] 同上，191。
[18] 民国"一九级"，即1930届.

纪念刊中西合璧，中文发刊词有文言的古典庄重，英文发刊词体现国际化风范。寄托青春思绪的诗词中，既有填制旧词的"生查子（闺怨）"，也有新诗范式的"离别"、"约会"、"梦"，还有着眼于社会现实的现代诗"阅报载永定河决口有感"，不一而足。学生们探讨社会话题，扣紧时代所需，如"个人主义和家族制度"、"男女同学后我们应持的态度"、"谈谈中国人今日之家庭问题"、"心理学与社会科学的关系"等。

学生社团及活动非常活跃。"编辑余谈"一文记录了全体办刊职员如何动用全部的热情与精力，在短促的一个月和限额资金中完成工作，其团队组织架构、各部门职责、征稿和广告接洽、印刷及分发事宜等条理清晰，组织有序，细致入微，展示出学生们极强的自治能力和社会活动能力。

校刊中有一篇"勉本届毕业同学"真挚感人，慷慨陈述了学生们将肩负的社会重任。作者周钰，对照"本刊全体职员"表可知为位列张开济右侧的学生（图1-7），是一位具有思想家和政治家风采的学生领袖。他在文中为能升入大学者寄语：

> 诸君中之能继续升学者，类多境遇较优之人，此固不言可知者；惟经济力量虽有万能之功效，然亦万恶之渊薮也。用之而得其所，则裨益匪浅；用之而失其当，则受害靡穷，是以升学之同学，须先认清升学之目的，非为文凭与头衔也，亦非为升官发财也，乃在各本个性之所近，研究高深之专门学问，整理纯正之健全思想，以备将来各抒所长，各尽所能，为人类社会谋幸福，为中华民族争自由。且更有进者，际此内忧外患交迫而来，民生凋敝至于此极之中国，而犹能享受大学教育之青年，恐千百人中不及一人也！诸君既占此极少数之优越地位，即应知本身所负责任与使命之重大，而益加奋勉，庶不负社会人士殷殷之期望也。

民国教育在这一代青年身上已经出现回应。与传统文人相比，他们重视自我的觉醒与民族的振兴，重视科学与理性，参与社会活动和培养美学修养替代了传统的规训与经学。儒家文化的影响还没有涤荡一空，学生们有良好的传统文学素养和"士志于道"的精神，升入大学者更是佼佼者，要承担历史使命，超越自我与小群体，对整个社会具有深厚关怀。在内忧外患的时代背景下，能升入大学的社会精英期待能"研究高深之专门学问，整理纯正之健全思想"进而"为人类社会谋幸福，为中华民族争自由"。传统文人追求的"以天下为己任"转化为通过学习专业技术进行国家建设，振兴民族的现代精英意识。

如果"本刊全体职员"表是按贡献排名，张开济应是主力干将，英文发刊词即出自他的手笔（图1-7）。鉴于他自小对绘画的痴迷，笔者猜测许多插图和设计中都留有他的墨迹。他的几个中学"死党"中，未来与建造业相关的几位都出现在这

※图1-7《复旦附中年刊》创刊号全体职员表及张开济撰写的英文发刊词
图片来源：上海私立复旦附中. 复旦附中年刊创刊号[J]. 全国报刊索引网，1930.

张"本刊全体职员表"上。对他人生影响最大的是左侧，出身鹤记[1]营造厂的卢锡麟，卢家在张开济进入建筑业的道路上给予过帮助，卢锡麟成为营造厂厂主后，与张开济合作完成一批私营事务所时期的项目；在他下方的是中学毕业后进入清华大学学习土木工程的郑裕峥，抗战结束后曾是张开济的设计合作者；郑裕峥右侧是张开济的至交郭宜兴，1949年后定居香港，父子两代都从事建筑业。这些同学未来从事设计、结构、营造等建筑相关工作，在私营时代形成了重要而可靠的业务关系，张开济与他们维系了终生的友谊。

1.4 专业选择的时代性与自我意识

复旦附中会客厅的墙上，挂着几张复旦大学新校舍的鸟瞰图和立面渲染，图纸一角签着著名美国建筑师亨利·墨菲（Henry K.Murphy）的名字。这种能逼真呈现未来建筑面貌的画作既有严谨的科学性又充满艺术魅力，深得张开济的喜爱，因此他常常前去观赏。

20世纪20年代中后期，上海进入快速扩张的阶段，整个城市如同兴旺的建设工地，张开济每日上学的霞飞路、贝当路一带，新式住宅、公馆、饭店不断涌现，外滩沿岸的建筑群历经半个多世纪的更替，进入最为辉煌的建设期。公和洋行设计的海关大楼、汇丰银行、沙逊大厦成为外滩耀眼的新地标。同学卢锡麟是"鹤记"

[1] 鹤记营造厂，卢松华1923年创办于上海，是著名的营造商。卢锡麟是卢松华的弟弟，抗战时期到内地承揽业务，与华盖事务所有合作。卢锡麟另有一弟名卢锡华。张琴. 烽火中的华盖建筑师[M]. 上海：同济大学出版社，2021：26.

营造厂老板卢松华的弟弟,对建造业十分熟悉和热衷,常常约张开济一起参观新建的大楼。渐渐地,他对"建筑师"这个新兴职业有了印象。在复旦中学的图书室里,张开济看到一本北京清华留美预备学校出的《留美指南》,认真查阅后,发现建筑专业所学课程与自己的兴趣最相适宜,十分向往,下决心要从事这个在中国刚刚兴起的新行业。

上海繁荣的房地产市场和市政建设促进了对建筑师的需求,开始的执业者都是洋人。因社会需求量大,设计师中便鱼龙混杂,频繁出现事故,上海租界工部局的工程师梅因(Charles Mayne)在1906年首次提出要对建筑师实行注册制度[1]。张开济中学时代正值上海的建设事业蒸蒸日上。1929年,在上海华界市工务局注册登记的建筑师已经有368人,建筑营造厂家2763家[2]。上海公共租界和法租界的年建筑投资额在1930年上升到8388万元,达到这一时期的顶峰[3]。

建筑业的发展促进行业的规范化,各种建筑制度约定了建筑师的责任义务也保障了建筑师的利益,华人在地产、营造等相关行业获得巨大成功。1925年孙中山去世后,吕彦直、范文照等留学归国的华人建筑师在举国瞩目的中山陵竞赛中初露峥嵘,提高了职业的社会知名度,建筑师成为一个具有较高社会地位和经济回报的新兴职业。因此,1930年张开济高中毕业时,一心希望他选择金融专业的父亲听说他想学建筑,并没有极力阻止,只是坦言:"学建筑我不反对,可是国内有哪所大学有建筑系呢?你要到美国去学建筑,我可负担不起。"[4]

父亲的疑虑刻画出当时中国人接受建筑教育的困境,20世纪20年代末,国内的中国建筑师群体刚刚形成,建筑教育正在起步阶段,还未成气候,更兼东北局势严峻,梁思成初创的东北大学建筑系存亡未卜。因此建筑学习的主要途径仍是留学,其中最具声望的就是云集了众多中国第一代建筑师的美国宾大建筑系。虽然张开济家境殷实,但是以工薪为主要收入的中产知识阶层依然难以承受留洋的负担。

幸运的是,张开济赶上中国本土建筑教育的发轫,他打听到南京的国立中央大学开设有建筑学,确认其课程体系与国外建筑学几乎完全相同后,喜出望外。国立中央大学建筑工程系1927年以迁移至南京的苏州工业专门学校建筑科为核心组建而成,是中国高校中最早开办的建筑学专业。这个新专业于1928年开始招生,其时距离张开济高中毕业仅2年的光景,除了苏州工专转过来的学生外,中大建筑工程系于1928、1929两年总共招收了五名学员,是一个非常小的新机构。无论如何,张开济获得学习建筑的一线希望,他全力投考并如愿以偿,从此开启了一生的建筑生涯。

---

1 赖德霖. 中国近代建筑史研究[M]. 北京: 清华大学出版社, 2007: 59.
2 同上, 53.
3 同上, 40.
4 张开济. 尚堪回首[M]. 北京: 北京出版社, 2003: 3.

1.5 本章小结

回溯张开济成长的历程，可以概括地称他是一个"近代社会中的现代人"。他的家庭环境、城市环境，以及复旦中学的美式教育都具有鲜明的西化色彩，但是时代塑造了他对于西方文化既向往又批判，既具有国际意识又富有民族自尊的特点。张开济拒绝父亲就读金融的建议，根据兴趣和特长自主选择专业，成为第一代本土培养的建筑师，体现出一个现代人具有的"自我意识"、独立思考精神和敢于追求理想的勇气。

他对传统文化也有着继承与批判的二元态度。民国的转型社会中，中西新旧文化并存，当下和传统血脉相连。童年生活让他和故乡、家族建立情感，祖、父两代的收藏爱好为他开启一个熟悉和热爱传统文化的窗口；复旦中学的西化教育中保留着古老的礼仪和具有传统精神的操行标准[5]。祖父贾儒并习、中兴家业的精神和父亲不从俗流、洁身自好的个性，都传承着深厚的儒家文化。但另一方面，有良好文化和家世的母亲却没有自主的收入，父亲在妻子和儿女面前依然具有家长的权威性，旧式纲常伦理在新时代面前无法掩饰其弊端。张开济工作后每月将三分之一的收入寄给母亲，婚后将财政大权交给妻子，可以看作他具有的现代意识对传统文化之腐朽部分的批判和反抗。

张开济成长于旧文化体系解体，新文化体系混杂多元的时代。白话文的普及和优秀的英语能力使他一方面走近大众文化，另一方面具有"世界人"的视野，从而影响到他建构和思考问题的方式。西式教育塑造他开放、积极和敬业的人格，而传统文化则深深沉积在个人的内心深处，成为行为与道德的准绳。然而，新文化运动推动的现代思想启蒙和文化建设被即将到来的民族危机打断，救亡压倒了一切[6]，文化价值观的重建被接连不断的政治革命所取代，社会急剧转型中，现代生活与传统文化的断裂带日益扩大。

---

[5] 陈璟浩. 寻梦复旦园[M]. 上海：上海教育出版社，2014：65.

[6] 李泽厚. 寻求中国现代性之路[M]. 北京：东方出版社，2019：068.

第 2 章

专业基础：国立中央大学建筑工程系教育

国立中央大学学生照

1930 — 1935

2.1 民族主义运动中的大学

1930年秋,母亲亲自陪同张开济到位于首都南京的国立中央大学报到。新创办的建筑工程系规模虽小,却充满生机和凝聚力。系主任刘福泰毕业于美国俄勒冈大学,手下几位教授分别是留日的刘敦桢、留德的贝寿同、留英的李毅士和留学美国宾大的卢树森。这些负笈归来的留学生正在开启中国本土的建筑教育时代。师生们最主要的学习场所"专业教室"在新建教学楼二层北侧(图2-1、图2-2)。1931年毕业留系任助教的张镛森先生深情地回忆当时的情景:"教师认真热诚,治学严谨,学生勤学苦练"、"全系同学朝夕相处,切磋琢磨,互相探讨,如同手足。那种同窗友情,感情之融洽,至今回顾,尚觉欣然。"[1]

民国建设的黄金时代也徐徐展开。1927年,国民政府定都南京,颁布《训政纲领》,开始实行党政双轨制的管理体系,这是中国从封建帝制向现代民主国家转型的重要一步[2]。国民政府启用一批经验丰富的财政官僚,形成以中央统一管理为基础,以国民经济发展为主导的经济政策。根据学者研究,1931—1936年国民政府的财政规模比北京政府较好时期还翻了一倍[3]。党国体制要能真正得到贯彻,需要党义在社会与文化层面进行渗透,让"三民主义"[4]的理念以各种形式进入现代国家的建构以及整个社会的转型之中。张开济考入大学的前一年,政治中心南京和

※图2-1 中央大学建筑工程系所在教学楼——"新教室"
图片来源:东南大学建筑学院学科发展史料编写组.《东南大学建筑学院学科发展史料汇编1927—2017》[G].北京:中国建筑工业出版社,2017:85.

※图2-2 中央大学建筑工程系设计教室
图片来源:东南大学建筑学院学科发展史料编写组.《东南大学建筑学院学科发展史料汇编1927—2017》[G].北京:中国建筑工业出版社,2017:86.

---

[1] 潘谷西主编.东南大学建筑系成立七十周年纪念专集1927—1997[G].北京:中国建筑工业出版社,1997:41
[2] 中国社会科学院近代史研究所民国史研究室 四川师范大学历史文化学院编.一九三零年代的中国(上卷)[M].北京:社会科学文献出版社2006:62
[3] 同上.
[4] 三民主义:民族、民权、民生。

经济中心上海分别制定了宏大的城市建设计划，沪宁一带成为近代中国建筑业的核心地区。

1929年底国民政府公布蕴含着政治理念的《首都计划》，要求在南京的规划和设计中体现科学性和艺术性[5]，使之成为政治中心和文化中心。南京是中国第一个按照国际标准，采用综合分区规划建设的城市，政府聘请美国建筑师亨利·墨菲（Henry K. Murphy）、古力治（Ernest P. Goodrich）为顾问，大批建筑师汇聚南京，在新首都的建设中大显身手。与上海的华洋建筑师平分秋色相比，南京的建设中，各级政府与本土建筑师之间有着更为良好和密切的关系。

同样以"复兴民族，打造新邦"为目标，上海的城市建设在新建和改造旧城方面更自由，国际化水准更高。1927年上海特别市成立，预期以一系列"大上海计划"将城市建设成为国际水准的现代都市范例，因"中外观瞻所系"，"当依照总理建国方略之计画，一一实行之"，要求新的设计建造水平要超过租界以显示民族的振兴[6]。1929年，上海成立特别市和中心区域建设委员会，开始制定具体的"大上海计划"，并在抗战之前实施了7年。

开学半年，初次离家的张开济因肺炎病倒，不得不放下心爱的学业回沪修养。1931年秋天，他回到中大重入一年级，跟着留德归国的贝寿同先生开始学习"五柱式"（Five Orders），看见自己原先的同学已升入二年级并开始做建筑设计，心情未免有点落寞。好在教授阴影透视的刘敦桢老师一句"你又回来了，太好了，否则我们都会为你感到可惜！"[7]令他备受鼓舞，振奋精神要努力学习。但是，他发现南京已经变成轰轰烈烈的学生抗日运动的主战场，中大校园内抗日运动兼"易长风潮"连绵不绝，不容他专注于自己的图板。

1931年9月18日，日本关东军突袭沈阳，张学良执行"不抵抗"政策，半年内东三省彻底沦陷。全国的抗日爱国运动风起云涌，各地学生代表纷纷来到首都请愿，南京各界停工停产，组织集会、罢工、请愿。12月，北京大学学生团南下，联合南京本地同学从国立中央大学出发示威游行，中途学生们与军警发生激烈冲突，引发全国学生罢课声援，最终造成"珍珠桥惨案"[8]。与此同时，中央大学自1931年10月张乃燕校长辞职后，数易校长。学生中的地下党组织发起全校性的抗议行动，接连驱逐前来就任的校长。1932年6月，行政院派教育部政务次长段锡朋为中大代理校长，再次遭到学生反对。段到任之日，学生们砸毁汽车玻璃，殴打段锡朋，教育部长朱家骅前来训话，也遭到学生起哄喝倒彩。失去控制的国立中央大学旋即被全体解散，学生需经过重新"甄别"入学。

中大学生中"进步"和"保守"的两派泾渭分明。张开济对政治素来不感兴趣，虽然在抗日救亡的大潮和轰轰烈烈的氛围中也不由自主参与到"进步"学生组织的运动中，在驱逐段锡朋的时候与同学一道呐喊助威[9]，但对他而言，最有兴趣的还是埋首专业学习，流连在图书馆中或运筹策"画"于图板上。二年级开始有建

---

[5] 孙科在《首都计划》序中说"良以首都之于一国，固不唯发号施令之中枢，实亦文化精华之所荟萃。"
[6] 俞世恩. 现代性与民族性：1929年"大上海计划"研究[D]. 上海：华东师范大学, 2017.
[7] 张开济. 尚堪回首[M]. 北京：北京出版社2003：4.
[8] 珍珠桥惨案：1931年12月17日，平、津、沪等多地学生代表与南京当地学生3万余人联合示威游行，要求政府抗日。游行队伍在珍珠桥附近遭军警镇压，当场被打死30余人，多人受伤。
[9] 北京市建筑设计研究院有限公司档案室. 张开济干部档案[A]. 张开济撰写材料.

筑设计课程后，他特别认真专注，经常深夜还留在教室里做设计练习。

1932年夏末，罗家伦受命出任国立中央大学校长，获得学生认可，这场旷日持久的抗日学生运动及"易长风波"终于落下帷幕。10月11日，罗家伦在学生返校开学典礼上做"中央大学之使命"的讲话，提出民族文化乃民族精神的表现，一个民族要能自立图存，必须具备自己的民族文化，否则必将遭到淘汰和灭亡。国立大学应该为民族担负起这个使命，因而国难当前，中央大学要以"为中国建立有机体的民族文化"为自己永久的负担和使命，他提出以"诚、朴、雄、伟"为学风，即对学问有诚意、做学问崇朴厚、精神要无畏、努力建伟业，他期待以开放的有机的态度将中大建设成学术之都[1]。

校园恢复宁静，但是建筑工程系又遇到新问题：第一批教师中的刘敦桢、卢树森、贝寿同因各种原因离职，急需新聘教师。张开济得知上海范文照事务所引进了一位宾大新毕业归国的年轻建筑师谭垣，便向系里提出请来任教。系里决定由建筑工程系和学生各出一份邀请函。由于谭垣具有四分之一的美国血统，习惯用英语，张开济便代表学生用英文写了一封邀请信。谭垣本有"培养中国自己的建筑师"志向[2]，接到信后欣然应允，不辞劳苦，每周两次乘火车由沪来宁讲授建筑设计。此外，刘福泰又聘请到法国归来的虞炳烈、刘既漂，美国归来的鲍鼎和陈裕华等，组成一个新的，以法、美"布扎"体系为侧重的专业教学团队。

张开济在"甄别"考试之后，第三次重入校园，历经波折终于开始了稳定的大学学习生活。此时，建筑工程系的学生队伍也因战争而意外壮大："九·一八事变"之后，东北大学学生张镈、费康、林宣、唐璞、曾子泉五人历经一年辗转，陆续插入国立中央大学建筑工程系就读[3]，使张开济原来所在的1930级成为人数最多的一级。这批学生在东北大学已经受到梁思成、童寯等老师启蒙，具有比较纯粹的宾大布扎教育基础，他们给多元的中大教学带来一股古典而严谨的宾大风潮，最为直接的感受就是：设计课从此紧张起来[4]。

2.2 嫡系师承与多元教学

国立中央大学建筑工程系创办之初教师背景多元，"没有形成团结一致的核心，各自为政"[5]。"易长风波"结束后，由第二批教员形成以留美教师为核心，以美国布扎为范本的本土布扎教学体系。张开济在中大的学习跨越了这两批教师的交替，设计方法受到第二批影响较多，但是启蒙时期的基本技能和设计思想则传承自刘福泰、贝寿同、刘敦桢等第一批老师[6]（图2-3）。

刘福泰（1893—1952）广东宝安人，授课"性格开放，鼓励创新"[7]，是张开

---

1 罗家伦"中央大学之使命"演讲稿，东南大学校史文化网。
2 同济大学建筑与城市规划学院. 谭垣纪念文集 [M]. 北京：中国建筑工业出版社. 2010：前言。
3 例如1934届毕业生张镈原就读于东北大学建筑系，"九·一八"之后于1932年初转入国立中央大学建筑工程系，插入二年级下学期课程。
4 张镈. 我的建筑创作道路 [M]. 北京：中国建筑工业出版社，1994：10。
5 同上，9。
6 根据张开济、何立蒸的纪念文章，1931届的任课教师应为：一年级贝寿同、二年级刘福泰、朱神康、三年级谭垣、四年级虞炳烈。
7 潘谷西主编. 东南大学建筑系成立七十周年纪念专集1927—1997 [G]. 北京：中国建筑工业出版社，1997：99-100。

※图2-3 由左至右：刘福泰、贝寿同、刘敦桢
图片来源：刘昭. 中国近代建筑教育的先驱——刘福泰研究［D］. 天津：天津大学2010：5.
东南大学建筑学院学科发展史料编写组. 东南大学建筑学院学科发展史料汇编1927—2017［G］.
北京：中国建筑工业出版社，2017：85、95.

济二年级的设计教师。他本、硕皆毕业于美国俄勒冈大学，因而中大建筑工程系创办时期的课程体系中，有一脉传自美国俄勒冈大学[8]。俄勒冈大学位于美国西岸北部，不同于东岸的学院派，受到德国综合理工学院教学体系的影响较大，重视综合艺术，关注手工艺和材料，课程与学校建造实践相结合，强调建筑设计具有的社会性、文化性、时代性和环境价值[9]。除此以外，学校还特别强调学生之间在平等协作气氛下进行学习和研究，与学院派的激烈竞争氛围有很大区别。

刘福泰先后三度出任建筑系主任[10]，平和的性格在中大建筑工程系创办期间起到积极作用，团结包容了不同背景的教师。1933年，刘福泰在《申报》和《中国建筑》上发表一文"建筑师应当批评么？"。他倡导建筑评论，认为正确而严厉的批评是建筑界的需要，"我们要知道一种批评者的天才比较创造者的天才，更为稀少"、"一个批评家不独是要具有广博的知识，哲学的脑筋，并且还要有一副豁达的胸怀，勇敢无畏的精神"[11]。张开济对学校图书馆的专业刊物遍览无遗，必然看到过这篇文章。他在1949年后积极发表建筑评论文章，晚年呼吁建筑评论并身体力行，可以看作是对刘福泰倡导建筑评论思想的一种回应。

贝寿同，字季眉（1876—1941），出生于苏州贝氏家族，先东渡日本学习政治经济，1909年入德国柏林工业大学建筑科，1914年毕业归国担任司法部技正，主持全国司法系统的建筑事务。他1929—1932年间在中大建筑工程系任教，是张开济一年级的老师。贝寿同启蒙，严格要求学生把"五柱式"（Five Orders）学好[12]，张开济的同学唐璞回忆说贝寿同在教学上颇有包豪斯之风[13]。

贝寿同留学期间，欧洲大陆正处于"德意志工业同盟"运动时期。德国官员穆特修斯（Hermann Muthesius）与设计师贝伦斯（Peter Behrens）等人发起成立德意志"工业同盟"[14]，主张艺术、工业、手工艺应当结合，倡导功能主义和现代工业制造，提高德国工业设计水平。贝伦斯（Peter Behrens）1909年设计的透平机车间

8 钱锋，潘丽珂. 保罗·克瑞的建筑和教学思想研究［J］. 时代建筑，2020（04）：174-179.
9 钱锋，沈君承. 移植、融合与转化 西方影响下中国早期建筑教育体系的创立［J］. 时代建筑，2016（04）：154-158.
10 刘昭. 中国近代建筑教育的先驱—刘福泰研究［D］. 天津：天津大学，2010：10.
11 刘福泰. 建筑师应当批评么？［J］. 中国建筑，1933.1（01）：29.
12 张复合. 中国近代建筑研究与保护（六）［G］. 北京：清华大学出版社，2008：738.
13 潘谷西主编. 东南大学建筑系成立七十周年纪念专集1927—1997［G］. 北京：中国建筑工业出版社，1997：51.
14 ［英］尼古拉斯·佩夫斯纳. 欧洲建筑纲要［M］. 殷凌云，张渝杰译. 济南：山东画报出版社，2011：315.

第2章 专业基础：国立中央大学建筑工程系教育（1930—1935）

（Turbine Factory）和他的学生格罗皮乌斯（Walter Gropius）1911—1914年完成的法古斯工厂（Fagus Factory），都是现代主义建筑发展史上的里程碑。

1914年，"工业同盟"的元老之一凡·德·威尔德（Henry van de Velde）不能接受排斥艺术家个性和自由的机械的"标准化"和"工业化"，与穆特修斯（Hermann Muthesius）就工业与艺术的标准化矛盾爆发了争论。然而，英国理论家佩夫斯纳（Nikolaus Pevsner）在他的著作《欧洲建筑纲要》中却称赞："到1914年，年轻一代的杰出建筑师勇敢地与过去决裂，全方位接受机器时代：新材料、新程序、新形势、新问题"[1]。新旧观念拉锯之际，德国建筑学院中教授的仍是布扎体系，但课堂以外无疑处在现代设计的影响中。贝寿同回国后的作品大多为现代功能主义建筑，他的教学怎样有"包豪斯之风"目前尚无资料佐证，但是丰富的人生阅历很可能让贝寿同在"五柱式"的授课中不会过分执着于古典的规训并引入新思潮。

刘敦桢，字士能（1897—1968），湖南新宁人，1921年毕业于日本东京高等工业学校建筑科，他在日本和中国国内从事设计实践数年后，先后出任湖南大学、苏州工业专门学校教授，1927年国立中央大学建筑工程系创建后，带领苏州工专部分师生转入中大（时名：第四中山大学建筑科），[2]是著名的建筑历史理论专家。刘敦桢1932年赴北平参加中国营造社工作，张开济因而未能听到他的中国建筑历史课，但阴影透视技法承刘师亲授，对老师教学之认真印象深刻[3]。20世纪80年代，儿子张永和开始学习建筑之后，张开济曾经出题考他画建筑的阴影，可见对此项技能的重视和兴趣。手工制图时代，渲染图技巧十分重要，是包含着设计思想的表现手段。张开济的透视、阴影等技法来自德、日系的老师，与同一时期东北大学学生的师承体系有所区别。

张开济高年级学业主要受第二批教师的影响，其中以谭垣和虞炳烈最有代表性（图2-4），他们接受的分别是职业化转型过的美式布扎和纯正的法国布扎教育。"布扎"是国内建筑学界对法国巴黎美术学院（Ecole des Beaux-Arts）建筑教学体系的简称，有时也叫古典体系。这套体系起源于17世纪法国皇家建筑研究会[4]，是包豪斯教学体系出现之前约300年中最具成熟方法和学术理论的教育模式。18世纪资产阶级革命带来启蒙运动，为古典建筑学理论注入理性思辨，形成其基本特征：1. 重视历史；2. 重视功能；3. 沿袭传统，以"比例"为核心；4. 不提倡装饰；5. 提出建筑具有"性格"的理论；6. 提出谙熟历史是培养"品位"的方法；7. 极端理性主义者认为建筑学是一个"推理"的过程；8. 出现忽视现实，突破传统尺度和比例的超大尺度幻想建筑[5]。

布扎体系的核心概念"构图"（Composition）、"比例"（Proportion）既是理论也是教学方法。"构图"（Composition）被认为是建筑的艺术品质，是各部分的整合，在1835年版的《法兰西学院大辞典》中被定义为"赋形，使诸部分成为整

---

[1] ［英］尼古拉斯·佩夫斯纳. 欧洲建筑纲要［M］. 殷凌云，张渝杰译. 济南：山东画报出版社，2011：315.

[2] 东南大学建筑学院学科发展史料编写组. 东南大学建筑学院学科发展史料汇编1927—2017［G］. 北京：中国建筑工业出版社，2017：3.

[3] 潘谷西主编. 东南大学建筑系成立七十周年纪念专集1927—1997［G］. 北京：中国建筑工业出版社，1997：96

[4] 法国皇家建筑研究会，成立于1671年，其会长为F.布隆代尔，同时兼任建筑学校校长。1675—1683年间出版《建筑学教程》。单踊. 西方学院派建筑教育史研究［M］南京：东南大学出版社，2012：50.

[5] 同上，48-63.

※图2-4 由左至右：谭垣、虞炳烈
图片来源：东南大学建筑学院学科发展史料编写组.东南大学建筑学院学科发展史料汇编1927—2017[G].北京：中国建筑工业出版社，2017：87、88.

体"[6]；"比例"（Proportion）是一种从构造、历史和实用角度可以探讨的"构图属性"，此外还有非常重要的概念Parti，指大的构思，是"设计的灵魂和构图的先决条件"[7]。布扎的核心理念往往都包含形式与建造的复合思想，教师授课时常用法文原文，学生需要在工作中逐渐"领悟"其内涵。

20世纪初，法国人保罗·克瑞（Paul Philippe Cret）执教于美国宾夕法尼亚大学，将法国布扎移植到美国，并顺应市场对职业的需求，改良巴黎美院中教条而僵化的内容，在学术和职业教育之间达到一个平衡[8]。他认为传统是重要的资源，但是要吸取精华而创造属于自己时代的作品；他承认技术的重要，但更重视人文和美学素养的培养。现代主义教学的观念注重功能分析与真实建造，而保罗·克瑞认为设计与营造的思维不同，营造重视科学和逻辑，而设计需要具有想象力、品位、协调性和美学素养[9]。笔者认为，他在职业和学术之间平衡的方式之一是强化"图艺"，图艺既是职业的技能，也是学术造诣和美学修养的体现。

保罗·克瑞的教学管理井井有条，方法清晰，令学生们不但能掌握方法，而且知其所以然。"学习如何形成、发展一个想法，学习如何辨别重点、辨别问题的关键，然后通过设计草图清楚地表达你的想法，要独立完成工作，形成自己的直觉感受力。形成自己的思考方式、批判性思考的技能，这是一个建筑师永远不能放弃的宝贵工具"[10]。保罗·克瑞侧重"方法"的思想传承给了他的中国弟子们。

谭垣（1903—1996）生于上海，祖父是美国船长，父亲是建筑师，1929年获得美国宾夕法尼亚大学建筑系的学士学位，1930年获得宾大建筑学硕士学位，回国后，在范文照事务所工作[11]，1932年应邀来中大任教。《铅笔尖》（Pencil Points）1932年第4期上刊登的这张范文照事务所合影中，抱膝而坐的青年建筑师正是初到中大执教时风华正茂的谭垣（图2-5），他以自己的专业水准和人格魅力征服了中大的学子，从1931—1946年在中大连续任教15年，将宾大的教学方法和体系带入了国立中央大学建筑工程系。多年后，成为天津大学建筑系创始人的学生徐中[12]评价谭垣为中大建筑设计教学"奠定基础并使之正规化"[13]。

---

6 单踊. 西方学院派建筑教育史研究[M]. 南京：东南大学出版社，2012：89.
7 同上，90.
8 同上，122.
9 同上，180.
10 2019年清华大学举办的"归成——毕业于美国宾夕法尼亚大学的第一代中国建筑师"展览视频，笔者记录.
11 同济大学建筑与城市规划学院. 谭垣纪念文集[M]. 北京：中国建筑工业出版社，2010：45.
12 徐中（1912—1985），中央大学建筑工程系1935届毕业生，张开济同班同学。天津大学建筑系创始人，教授，著名的建筑教育家.
13 潘谷西主编. 东南大学建筑系成立七十周年纪念专集1927—1997[G]. 北京：中国建筑工业出版社，1997：102.

谭垣的布扎教学体系包含着古典范式、折中手法和功能主义的思想，展现他受教于宾大时，美国建筑行业从古典向现代转型时期的特点。根据学者们的研究和学生们的回忆，他的教学有如下特点[1]：1）设计教学重视示范，很少讲理论；2）非常重视草图；3）重视尺度和建筑的特征，而不是风格；4）平面要合理，满足功能需要，形式要服从功能；5）注重立面的设计。

以草图作全面构思、重视尺度、讲求功能合理等宾大系的经典方法和理念在张开济晚年的设计中依然清晰可辨，他寥寥几笔的设计草图往往涵盖了形式、功能、构造、环境的多层面思考。张开济回忆："我的一些基本学识，从建筑理论到设计原则等主要都是谭老师教我的，是谭老师的教导给我毕生的事业打下了比较坚实的基础"[2]，"我受宾大的影响，主要是通过他"[3]。

除了传道授业解惑，谭垣真诚耿直的为人和"学术上不说假话"[4]的品格也是学生们的榜样，他在会议、刊物、竞标中的种种不曲学阿世的趣事成为美谈。谭垣认为人民大会堂尺度失衡，他的评论"巨大不是伟大"在业内传为经典，张开济称赞老师在涉及政绩的工程中敢于坚持真理，忠于专业原则"正直敢言"[5]。谭垣对张开济所主持的中国革命博物馆和中国历史博物馆、北京天文馆给予肯定，曾经专门评价和解读北京天文馆的形体组合、比例细部等处理手法，并得意地向人介绍"设计人张开济是我的学生！"[6]，师生之间在专业和道德准则上有许多共识。

※图2-5 1932年范文照事务所成员合影
图片来源：铅笔尖[J]. 1932（4）：278.

[1] 信息主要来自：同济大学建筑与城市规划学院. 谭垣纪念文集[M]. 北京：中国建筑工业出版社.
[2] 同济大学建筑与城市规划学院. 谭垣纪念文集[M]. 北京：中国建筑工业出版社，2010：155.
[3] 张开济访谈录像[Z]. 张开济家人收藏.
[4] 同济大学建筑与城市规划学院. 谭垣纪念文集[M]. 北京：中国建筑工业出版社，2010：175.
[5] 同上，155.
[6] 同上，14.

虞炳烈（1895—1945），江苏无锡人，近代重要的建筑师。他于1921年官费留法，就读于巴黎美术学院建筑科分校——里昂建筑学院。导师托尼·加尼尔（Tony Garnier）是里昂市总建筑师，法国建筑界的重要人物。虞炳烈接受扎实的法国布扎体系训练，并富有施工实践，1930年11月12日获得法国国授建筑师资质。归国前，虞炳烈又用两年时间在巴黎大学市政学院学习都市计划和市政工程，研习内容包括都市的历史、建造、组织、市政工程、管理和卫生，大学区、住宅区和工业区规划，以及中国都市革新研究。留法12年，虞炳烈成为当时国内为数不多的，在建筑设计和都市设计领域有全面造诣的建筑师。他视中大为母校[7]，1933年接到聘书旋即归国，任教四年并曾经出任系主任。侯幼彬、李婉贞在《虞炳烈》一书中对这位才华横溢，然而英年早逝建筑师的生平作了整理和研究。笔者认为就张开济的师承而言，虞炳烈的研究成果中有以下内容特别值得关注：

1）装饰艺术风格与现代公共建筑设计

虞炳烈在法国留学期间正是装饰艺术最风行的年代，他留下的资料中有"环市铁道车站竞赛"作品图片和若干"国民大会堂"图片（图2-6），从中可以看出他在"鲍扎的深厚根基中吸纳了'装饰艺术'新鲜时尚所显现的适度创新"[8]。侯幼彬、李婉贞对比了"国民大会堂"与国内同一时期相同主题的建筑设计，认为虞炳烈的设计体现出未受到国内"中国固有式"和"民族主义"倡导的纯净的国际设计风范，简洁现代中带有装饰艺术所保留的古典秩序[9]。

2）民族形式与现代公共建筑设计

虞炳烈获得法国国授建筑师学位的设计是未能实施的真题——巴黎大学城中国学舍"[10]（图2-7）。他尝试了中国传统形式在大体量公共建筑中的运用，采用西方古典的横竖向三段式，在顶部和底部集中做中国传统风格，以便控制合理的样式比

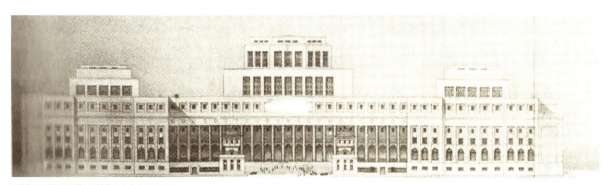

※图2-6 虞炳烈设计的国民大会堂正立面
图片来源：侯幼彬，李婉贞. 虞炳烈［M］. 北京：中国建筑工业出版社，2012：33.

[7] 虞炳烈1915年毕业于江苏省立第二工业学校机织科，1923年该校更名为"江苏公立苏州工业专门学校"，并增设建筑科，1927年，苏州工专迁至南京成立第四中山大学建筑系，即国立中央大学建筑工程系。
[8] 侯幼彬，李婉贞. 虞炳烈［M］. 北京：中国建筑工业出版社，2012：37.
[9] 同上，38.
[10] 同上，40.

※图2-7 虞炳烈设计的"巴黎大学城中国学舍"透视图
图片来源：侯幼彬，李婉贞. 虞炳烈 [M]. 北京：中国建筑工业出版社，2012：57.

例。平面图上可以看出他为每一个宿舍都设计了有自然采光通风的明卫生间，并将开窗非常自然地融合到了外墙立面中。建筑外观主从有序，民族性鲜明；内部使用均衡合理，具有科学性。根据张镈、何立蒸[1]等学生回忆，虞炳烈曾向中大的学生们介绍自己留学时的得奖作品[2]，获得学生的赞赏。

3）借鉴法国课程的习题

根据王安安的研究，虞炳烈很可能在他执教的建筑设计课中引入了一些法国设计竞赛或者课程设计的内容，其中之一是天文台课题[3]。课题内容与巴黎美院的天文台设计题目完全一致，张开济及他的上下届同学都做过这个题目。

4）都市计划的资料收集和研究

虞炳烈回国后在中大担任了都市设计课的教学，是我国都市规划教学的先驱。他留下的资料中，珍藏着一份"都市建设术——世界名市杰作之集合"的册子，是多年绘制收集的都市计划资料，其中有九张为"都市设计"课学生所绘制，这些学生中包括张开济、徐中等（图2-8）。经侯幼彬、李婉贞研究，这也是他讲授的"都市计划"课程的第二个作业，描绘城市广场，沿袭的是巴黎大学市政学院的都市计划的做法，从都市计划师格雷培尔的授课中传承而来[4]。

国立中央大学建筑工程系的教师们也是民国黄金十年建设中的一支专业力量，普遍有开办事务所的经历，有时学生们也参加教师的实践工作。刘福泰1933年与

[1] 潘谷西主编. 东南大学建筑系成立七十周年纪念专集1927-1997 [G]. 北京：中国建筑工业出版社，1997：100.
[2] 张镈. 我的建筑创作道路 [M] 北京：中国建筑工业出版社，1994：10.
[3] 王安安. 中国近代建筑师虞炳烈的建筑教育历程与早期建筑实践研究 [D]. 南京：东南大学，2019：9.
[4] 侯幼彬，李婉贞. 虞炳烈 [M] 北京：中国建筑工业出版社，2012：97.

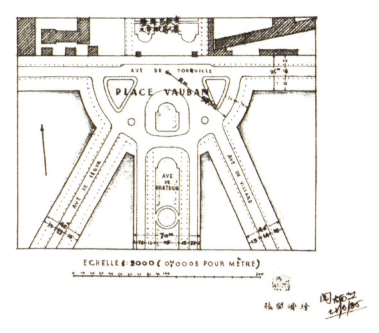

※图2-8 张开济绘制的都市设计作业
图片来源：侯幼彬，李婉贞. 虞炳烈[M]. 北京：中国建筑工业出版社，2012：100.

谭垣合办"刘福泰谭垣建筑师都市计划师事务所"（Lau&Tam），他执教期间在南京留下的设计项目有：原国立中央大学马群镇新校舍计划草图（1933年，与虞炳烈合作）中山陵扩建方案（1933年）、昆仑路倪尚达住宅（1935年，与刘敦桢合作）以及南京现代设计的代表板桥新村住宅（1935—1936年）[5]等。建筑设计课的主力教师谭垣早年在范文照事务所工作，20世纪30、40年代多次与朋友一起开办事务所，虽然已知的项目并不算多，但说明谭垣投入教学之余仍然十分期待做一个开业建筑师。虞炳烈在中大执教的1933—1937年间做了大约14项设计。根据学者研究，有国立中央大学新宿舍、游泳馆（1934年）、国立编译馆（1934年）、国立中央大学四牌楼校区新校舍计划草图（1935年）、新街口孙中山铜像像座（1935年）、国民政府总统府主席办公楼（1936年）等[6]。此外，贝寿同、朱神康、卢树森等老师都在教学之外参与实践项目。战前的许多项目落成于张开济就读期间，因而他有充分的机会对教师们的实践获得直观的认识。

教师们积极参与政府工程，刘福泰、刘敦桢、虞炳烈等都在中山陵设计、市政设计、首都建设项目等活动中投入了大量精力。此外，作为建筑师协会的核心成员，他们还积极参加各种专业活动，在专业杂志上发表文章。这些言传身教为学生们拓展了对工作范畴的认知，示范了"建筑师"职业在商业地产、国家建设、专业建设等不同领域的工作方式。

---

5 赖德霖，等. 中国近代建筑史第三卷民族国家——中国城市建筑的现代化与历史遗产[M]. 北京：中国建筑工业出版社，2016：235
6 汪晓茜. 大匠筑迹民国时代的南京职业建筑师[M]. 南京：东南大学出版社，2014：234.

2.3 现代建筑思想的影响

尽管校园中的建筑教学以古典体系为范本，但现代设计思想与风格在社会中的影响力越来越大，通过实际项目、专业刊物和课程设计等途径对本土培养的专业学生产生直接的影响，使他们也如贝寿同留德时一样，同时学习着古典与现代的两套建筑思想与原则。

卢树森教授曾任大学总务长，为系内购置了大量国外图集资料和书刊杂志。张开济凭借外语特长几乎看遍所有的刊物，从中见识了国际范围的专业世界以及外刊对现代建筑系统性的介绍。以中大建筑系订阅的《铅笔尖》为例，这本刊物1929年之后开始密集登载讨论现代建筑的内容，以"现代建筑设计"（Design In Modern Architecture）为主题的系列文章在两年内连续刊登了约12篇（时间约为1930年1月到1931年12月间）。文章包括回溯"现代主义"和"传统主义"的关系及发展，研究什么是现代设计，就城市规划设计、室内设计、欧洲经验、装饰工艺、抽象艺术等进行专题探讨。文章"绘画中的现代运动对建筑的影响"（The Effect On Architecture of The Modern Movements In Painting）介绍了与现代主义的形成密不可分的抽象艺术。张开济和他的同学们很多都是美术爱好者，但是他们的回忆中鲜少有人提及对于抽象艺术的感受。张永和曾经回忆父亲给自己讲西方美术史，对于古典艺术的典故信手拈来，但是到了现代抽象艺术便"卡壳儿"了，并表示大惑不解[1]。可见西方抽象艺术与国内专业教育有较大脱节，对这一代本土培养的建筑师的影响远不如古典艺术深远。

《铅笔尖》杂志中的文章图文并茂，包含大量信息，有前沿理论、学院派领袖保罗·克瑞和新建筑先锋勒·柯布西耶（Le Corbusier）的讲话、最新作品照片等，在"高地论坛"（The Upper Ground）和一些评论文章中有大量对现代建筑设计的讨论。可见当时美国建筑界关于现代建筑、现代主义、功能主义、经济原则等问题的剖析以及在"布扎"体系和现代体系之间的优劣大辩论可以同步传播到国内。

同时，国内刊物也开始关注现代建筑。《中国建筑》1934年连载3期勒·柯布西耶1930年应俄国真理学院所作"建筑的新曙光"讲稿。通过"科学"、"社会"和"经济"角度分析建筑演进的必要，对比传统砖石建造和"钢骨水泥"建造，指出后者才是建筑进步的光明的未来。之后的将近一年间，《中国建筑》上同步刊登多篇连载文章，既有介绍学院派的"建筑正规"，又有介绍现代建筑技术的"房屋声学"、"钢骨水泥房屋设计"，相映成趣。在这样的环境中，还未毕业的建筑学子们对现代建筑已经有了比较全面的认识和思考。张开济的同学何立蒸在《中国建筑》上发表文章"现代建筑概论"，介绍现代建筑的发展历史以及不同国家现代建筑的特点。对于以"实用"为中心的急进派运动（即现代主义）不承认"美"和

[1] 张永和. 我的家教——以此短文纪念我父亲张开济百年诞辰 [Z]. 张开济家人收藏文稿, 2012.

摒除国家观念进行有理有据的批判，并概括了现代建筑的基本精神："1. 建筑物之主要目的，在适用。2. 建筑物必完全适合其用途，其外观须充分表现之。3. 建筑物之结构必须健全经济，卫生设备亦须充分注意，使整个成为一个有机的结构。4. 须忠实的表示结构，装饰为结构之附属品。尤不应以结构为装饰，如不负重之梁，柱等是。5. 平面配置。力求完美，不因外观而牺牲，更不注意正面之装饰。6. 建筑材料务取其性质之宜，不模仿，不粉饰。7. 对于色彩方面应加以注意，使成为装饰之要素。"[2] 文章思路清晰，概括精当，并且配有十幅精美的图片，包括从新艺术运动到现代主义的重要作品，反映出当时的学生们对现代主义有相当全面的认识，受科学性、实用性和倡导中国固有文化的社会大环境影响，他们对现代与传统的必然对立有一定的固化认知，认为现代设计代表西方现代文明，科学务实但是缺乏文化归属性。

中大的设计教学深受现代设计影响，虽然一年级以"五柱式"为设计基础，但二年级开始的设计作业都以现代功能主义为模式。功能主义是现代主义尚未走向理性极端的早期阶段。古典建筑体系中的美学依据——"比例"被"任意美"的新观念破除后，"功能"成为赋形科学性的重要来源，在18、19世纪代表了理性、科学的建筑设计方式。20世纪初，德语地区追求更加务实的"实用性"与"合目的性"，即基于日常经验、科学分析、考虑合理经济的建筑价值观。20世纪20年代到30年代的现代主义运动排除一切主观情绪和个人偏好，冷静、实事求是地看待世界，比追求实用功能的"客观性"更加极端化，具有社会政治的含义。极端功能主义的代表人物，曾经担任包豪斯校长的汉尼斯·梅耶（Hannes Meyer）宣称：世间万物都是这一公式的产物——功能乘以经济[3]。

功能主义思想引导现代住宅设计，获得一系列成果。比如格罗皮乌斯（Walter Gropius）在《理性住宅建筑的系统准备》中说"建筑意味着生活过程的设计，大多数个体有着相似的需求，所以用一种统一的，相似的方法来满足大量相似的需求，是符合逻辑的，也是经济的。"[4] 经过国际建筑协会（CIAM）连续举办的主题分别为"最低标准住宅"和"建筑的合理化"的两次会议，以及1932年美国纽约举办的"国际式"建筑展之后，功能主义成为一个明确的现代建筑标签并流行起来，并从20世纪初期一个非常宽泛的概念，逐渐变成了一个狭窄的建筑风格，走向理性主义。"功能"与"形式"所代表的艺术、象征、美感等似乎成了对立面。布扎教育原本是立足于艺术的，"功能"成为核心之后，就会呈现出这两者的矛盾，继而出现一种实用的方法，即：设计中将建筑的形式与功能分离之后，再通过手法进行融合。

中国本土建筑教育在起步阶段，具有古典布扎与功能主义混杂的特点。顾大庆详细分析了以美国为代表的西方建筑教育现代转型的时间节点，认为20世纪30年代是"布扎"方法仍在延续但是现代建筑已经开始出现的时期[5]。就这一点而言，中国本土建筑教育与西方几乎同步。

---

[2] 何立蒸. 现代建筑概论[J]. 中国建筑, 1934, 2（08）: 45-50.
[3] 王正. 功能探绎——18世纪以来西方建筑学中功能观念的演变与发展[M]. 南京: 东南大学出版社, 2014: 63
[4] 同上, 65.
[5] 顾大庆. "布扎-摩登"中国建筑教育现代转型之基本特征[J]. 时代建筑, 2015（05）: 48-55.

2.4 作业中的建筑设计起点

张开济中大时期作业目前发现的约有十幅[1]。这些作业中蕴藏着他专业设计的起点以及学生时代的成长轨迹,即他如何从初入中大时期的一名美术爱好者成长为具有全面设计能力,同时具有自己个性色彩的建筑专业毕业生。

低年级的两幅色彩作业"汽车站"(A Bus Station)和"公园/茶室/花园"(Public/Teahouse/Garden),张开济得到的成绩是3rd。图面淡雅,侧重点在于形式美和色彩。"汽车站"(图2-9)的平面设计很简单,欧洲乡村风格的立面非常精美,与大面积的绿地结合,呈现出如画风景,具有一丝稚气和唯美。"公园/茶室/花园"(图2-10)并没有平面图,难以判断设计情况。从透视图看,建筑折衷了古典要素和装饰艺术细节。这两幅作业可以看做一个美术爱好者的建筑设计学习起

※图2-9 张开济低年级作业"汽车站"(A Bus Station)局部
图片来源:张开济家人提供

[1] 这十幅包括:家人收藏的六幅、《中国建筑》上登载的三幅以及在《虞炳烈》一书中刊登的"都市设计"课作业一幅。

点,体现出作者对绘画的热情和已经比较成熟的技巧。从图面看,他最关注的是"美"和"样式",并且具有浪漫的想像,而对功能的研究、风格的时代性还欠缺有深度的思考。

"名人灵堂"课题是三年级的作业,按时间推测,应该是在谭垣指导下完成。张开济家中保留着这幅作业完好的水墨渲染图,画面精美典雅、技法纯熟,他的成绩上升为1st(图2-11、图2-12)。纪念性建筑是布扎教育中重要而常见的课题,建筑应展示崇高、肃穆的"性格"(Character)。课题要求[2]:"某国政府欲为其尽瘁国事之英雄建一灵堂,该建筑须庄严雄伟,足以表现死者之精神。建筑条件:(一)墓地共四万方尺(二)灵堂面积以三千六百方尺为限(三)葬地大小由设计者自定(四)英雄遗像建于灵堂之内(五)灵堂外观及四周之风景点缀最须注意。"中大的四幅作业入选《中国建筑》1934年第7期,可以做一对比。

※图2-10 张开济低年级作业"公园/茶室/花园"(Public/Teahouse/Garden)
图片来源:张开济家人提供

[2] 中央大学建筑系学生成绩,名人灵堂习题[J]. 中国建筑,1934,2(07):24-26.

何立蒸作业　　　　　　　　　　徐中作业

孙增蕃作业　　　　　　　　　　张开济作业

※图2-11 中央大学作业　名人灵堂
图片来源：中央大学建筑系学生成绩，名人灵堂习题［J］. 中国建筑，1934，2（07）：24-26.

※图2-12 张开济名人灵堂作业水墨渲染图
图片来源：张开济家人提供

孙增蕃、徐中、何立蒸的设计都采用国内常见的折中手法，体现灵堂的厚重和民族特色，具有"纪念碑"的效果。张开济的设计与众不同，采用纯粹的古希腊柱廊，只在一些细节上引入民族色彩。如：整体布局上，将西方纪念堂前的花钵改为在灵堂两侧设置的长明灯架，具有东方祭奠空间的神韵。灯架的造型亦中亦西，轻盈通透，视觉上对纪念堂并无干扰；檐口装饰花环的设置，具有东方式的"点睛"特点，而不是如西方原型的线型排布；堂前设置一池塘，既可以认为是西方的"反思池"，也令人联想到中国的放生池，水中倒映出端庄古典的立面，轻灵而典雅。

用古希腊神殿的形式设计当代纪念建筑在20世纪初的欧美是一种范式，比如著名的林肯纪念堂。《铅笔尖》杂志1934年刊登了获得当年罗马大奖的"华盛顿开国元勋纪念堂"（A Memorial In Washington For The Founders Of The Republic）竞赛方案，同样也是采用了这种范式。获奖作品的构图和光影表达与张开济的作业非常相似，但整体韵味却不同：陶立克柱粗壮有力，柱头严格遵循古典原则设三垅板。张开济名人灵堂方案柱子的比例大约有1∶8，檐部处理简洁，檐壁与额枋是一个整体，只用线脚略加区分，不设三垅板，采用花环装饰，但只在两侧檐角各点缀了一个。建筑的整体比例接近中央大学南门，强化竖直精神，而不是开阔的水平性。设计结构简明，装饰细小，比例纤长，形式和材料之间的关系在水墨渲染中体现得非常清楚。渲染图技法成熟，光影构图完美。非常独特的，他在设计中采用了具有"双关性"的语言，即一个形式符合西方的范式，又融入了细微的东方色彩，这是一种具有文学特征的手法。总体而言，设计体现出纯粹而非折中的美学观。

博物馆应该是四年级上学期作业，选录入《中国建筑》的1934年第10期（图2-13）。没有平面，从黑白立面渲染看，建筑形式以功能特征为主导，入口的古典门廊比例适宜、匀称，具有装饰艺术点缀，两侧实墙烘托，墙内必为展览空间。为了体现建筑的"性格"（Character），削弱实墙的肃穆，墙外陈设了大型雕塑，用艺术与建筑结合完成主题的表达，具有新奇浪漫的色彩。

※图2-13 张开济博物馆作业
图片来源：中央大学建筑系学生成绩，博物馆[J]. 中国建筑，1934, 2 (9-10): 17

一些大中型办公或者住宅设计基本去除古典范式，是彻底的现代功能主义设计。"百老汇大厦"（Broadway Mansion）一图并无署名，完成于1934年1月，是上海当时最著名的新建筑之一——百老汇大厦[1]的Y字形平面图（图2-14）。这或许是一份资料收集，反映出绘制者对上海最新高层建筑的关注。无图名和署名的"街景透视"[2]一图已经非常暗淡，描绘的是一栋弧形高层建筑及附近的建筑群（图2-15）。弧形建筑展示的是侧面，4～5层商住楼群临街排列，底层设有骑楼和退入的落地窗，上层为住宅或者办公，简洁的立面做通长竖向装饰。经过对比，笔者认为这幅图所绘制场景与上海著名的峻岭公寓及周边环境几乎完全一致。巧合的是，完成于1934年的这座著名建筑由公和洋行设计，并由张开济中学同学卢锡麟家开办的"鹤记"营造厂承建。据卢的弟弟卢锡华回忆，张开济大三时曾经由他长兄——鹤记老板卢松华介绍入公和洋行实习[3]，时间恰是1934年，因而这幅图背后或许还有故事。"百老汇大厦"（Broadway Mansion）和"街景透视"两幅作品与

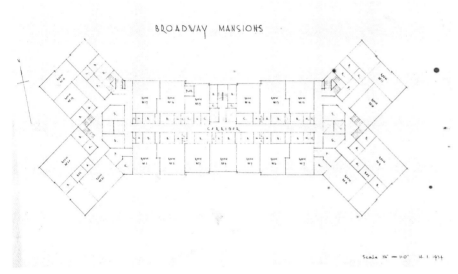

※图2-14 张开济作业 "百老汇大厦"（Broadway Mansion）
图片来源：张开济家人提供

※图2-15 张开济作业 "街景透视"
图片来源：张开济家人提供

1 百老汇大厦即今上海北苏州路"上海大厦"。
2 原图无名，笔者以"街景透视"代称。
3 北京市建筑设计研究院有限公司档案室．张开济干部档案［A］．卢锡华撰写材料．

虞炳烈保留的"都市设计"作业共同表明,中大学习期间张开济已经接受了从城市角度整体观察建筑群体的训练,将都市道路、广场公共空间系统视为城市空间的一部分和建筑师工作的范畴。

"商埠大厦"是目前看到的最高年级作业,应该在毕业前完成,张开济和大学好友孙增蕃的作业刊登在《中国建筑》1935年第4期上(图2-16)。课题要求[4]:"在某大商埠拟建一大厦应合于下列各条(一)位于一长方形之空地沿广场一边长一百四十尺沿马路一边长七十尺。(二)底层设有雄伟之进门处及电梯间并预留地位准备租予交通机关如铁路轮船公司作为售票及办公之用。(三)第二层全部供给国货商场之需。(四)第二层以上各层须有光线充分之办公室出租全部面积须在二十万平方尺以上。(五)每层须有男女盥洗室每平面二万五千尺以上应设置电梯一座另设货物升降梯一座及普通楼梯两座。(六)楼高除底层外为十二尺。(七)比

※图2-16 张开济商埠大厦作业透视图(左)、立面(右上)孙增蕃商埠大厦作业立面(右下)
图片来源:(左)张开济家人提供;(右上)东南大学建筑学院学科发展史料编写组. 东南大学建筑学院学科发展史料汇编1927—2017[G]. 北京:中国建筑工业出版社,2017:89.;(右下)民国廿三年中央大学建筑系习题:在某大商埠拟建一大厦应合于下列各条[J]. 中国建筑. 1935,3(04):35.

4 民国廿三年中央大学建筑系习题:在某大商埠拟建一大厦应合于下列各条[J]. 中国建筑,1935,3(04):35.

例尺：立视图为十六分之一寸等于一尺，平面及断面图为三十二分之一寸等于一尺。"属于高层商业办公综合体。

完成这个作业，学生需要了解当时最新的高层建筑技术，掌握结构与空间的组织原理，合理进行功能分区和组织流线，并考虑沿街入口和整个大楼的建筑样式。孙增蕃的设计是比较纯粹的"国际式"，设计的整体概念为框架结构加表皮，仅在表皮上做出微小的收分和入口的凹凸，立面强调横向线条，轮廓略微有装饰艺术的阶梯状，屋顶以大招牌呈现其商业标识性。张开济的平面和立面都是三段式，建筑外观简约干净，线条挺拔，现代风格中带有鲜明的装饰艺术手法。从放大的平面和入口空间可以看到他将平面划分成三部分，中央为主入口大厅及电梯间，两侧可提供供机构办公售票之用，临街利用附属小空间形成实体墙面，起到基座的效果，"基座"上开启凹入的大门和落地窗，形成具有装饰艺术特点的深入口，突出其厚重敦实和商业性。这也是一种比较纯熟的装饰艺术风格设计技巧。

两份作业在"装饰艺术"和"国际式"手法上采用了不同比重。张开济的设计具有较强的都市性、商业性和装饰性，孙增蕃的更简洁，具有现代办公冷静的氛围。两份作业模拟现实高层建筑中的设计手法，都采用了顶部退台的方式，形成具有装饰艺术色彩的轮廓线。20世纪30年代，装饰艺术手法正大行其道，从建筑到家具设计中比比皆是，国外杂志上更为丰富。大三时，张开济曾参加国外快题设计竞赛，获得一等奖，奖品即为一本《装饰艺术1934》（《*Decorative Art* 1934》）杂志，内中有大量现代简约而带有装饰艺术风格的室内设计（图2-17）。

"商埠大厦"的表现采用非常专业的单色铅笔渲染，图面纯净而醒目，强调空间特点与现实性，没有色彩和过多装饰。对比高年级的作业与张开济在中学时代

※图2-17 张开济参加快题竞赛所得奖品《装饰艺术1934》
图片来源：张开济家人提供

看到的亨利·墨菲绘制的古典水彩渲染图[1]，短短十几年，中国社会及建筑的式样、设计理念都已经发生不小的变化，现代风格已经相当普及并本土化，建筑师的组成也正在发生根本性转变。

2.5 美好实习和暗淡前途

参观上海的事务所以及考察故都北平是毕业前两次令人难忘的实习，对张开济今后的职业道路有积极的影响。上海实习大约安排在3年级，张开济回忆其中一项活动是由教师带队参观外滩汇丰银行[2]。

汇丰银行在20世纪30年代被称为远东最美的建筑，大穹顶、深门廊，雄伟端庄。张开济中学时代目睹它建设的全过程，路过时总要摩挲一下门口威武生动的铜狮子，这次有机会进入内部，被它的精美华丽所震惊：穹顶下的内门厅用进口的意大利马赛克壁画装饰整个天顶，八边形的鼓座上镶嵌着汇丰在世界各地八大分行的标志性景观，并用八个单词拼成"All Man Are Brothers Within The Four Seas"——四海之内皆兄弟——彰显实力和商业精神的同时融入中国文化（图2-18）。正厅内整块的黑金石柜台和整根的意大利大理石柱子在穿过金属结构弧形天棚的柔和日光笼罩下，散发出奢华宏大的气象。与当时的许多场所一样，这栋华丽的银行设置了华洋有别的进入路径。宏伟的大门只能洋人走，而华人从侧面进入。尽管这样的功能安排令本土培养的未来建筑师们非常不悦，但是负责介绍的英国职员真诚地称汇丰银行是他在世界各地见识过的最宏伟壮丽的银行建筑，张开济感受到优秀的建筑作品带来的尊严与自豪。三年级暑假，他进入公和洋行实习，有缘见到在汇丰银行进行马赛克壁画设计的俄罗斯艺术家保图斯基，带着崇敬的心情留心观察，对他的艺术家风范印象深刻[3]。

※图2-18 上海原汇丰银行建筑的马赛克穹顶和正厅
图片来源：作者拍摄

1 墨菲为复旦设计的校舍为纯中式，但是又符合现代功能需要。Jeffrey W. Cody. Building in China: Henry K. Murphy's "Adaptive Architecture" 1914-1935[M]. The Chinese University of Hong Kong, 2001: 85-88.
2 汇丰银行即今上海外滩中山东一路上海浦东发展银行总部. 张开济. 努力建设新上海，精心维护"老洋房"[Z] 张开济家人收藏手稿.
3 同上. 笔者未能查到"保图斯基"的全名.

毕业前鲍鼎老师带队到古都北平进行实习。20世纪30年代的北平，褪去了封建帝都的肃杀，许多富丽的皇家园林、王宫府邸开辟成公园，供市民游览。城市依旧保留着秩序井然的古典格局，美景如画，浸透着浓郁的北国风情、传统文化和历史气息，与商业化的上海完全不同，令张开济一见倾心。

> 1934年，作为一个大学建筑系的毕业班学生，我第一次前来北京参观学习。当火车快要进入车站之际，首先映入我眼帘的是在一片晴空万里的蓝天下，耸立在城墙一角的宏伟壮观的东南角楼，在城墙跟前则是一群"任重道远"的骆驼缓缓而行。这先声夺人的北国风光和帝都气派给我这个来自十里洋场的上海学生留下终生难忘的印象。[1]
>
> 那气象万千的故宫建筑群，那宏大华丽的皇家园林，那庄严肃穆的寺院和道观，那繁华热闹的'大栅栏'，那百戏杂陈，万民同乐的天桥和那宁静安详，亲切宜人的胡同和'四合院'等等看得我眼花缭乱，目迷心醉。不过给我印象更深刻的是北京的人情风俗，市民之间普遍存在的谦和和礼让，称呼不是'您'就是'老'；开口不是'劳驾'就是'借光'，过去人们常把北京称为'首善之区'，如今眼见为实，北京的确当之无愧[2]。

鲍鼎带学生们参观中国营造社并拜访了在此工作的刘敦桢先生。这个由朱启钤创办，梁思成和刘敦桢共同主持的组织，在短短几年内就对中国古代建筑文化的调查和研究做出了巨大贡献，是当时最重要的学术团体。

在公园做水彩写生或者在天坛参观时，张开济都遇到了同样醉心于北京风情的外国友人，他们对这座古老都城的艺术水准由衷地赞美令年轻的建筑学子产生强烈的民族自豪感。然而他清楚地知道，自己的专业需要留在繁荣的商业城市，而不是宁静优美的文化古都。第一次北平之行给张开济留下极好的印象，为他十余年后北上参加新首都建设埋下了伏笔，也为他晚年大力呼吁保护北京的故都风貌，绘制了一张完美的底图。

实习归来，毕业在即。张开济"重操旧业"，驾轻就熟地担任起毕业年刊的美术编辑。然而，毕业的喜悦很快被严峻的就业形势冲得无影无踪。中国最早的本土建筑毕业生所面临的困境岂止"暗淡"，简直"漆黑一片"，毕业即失业。究其原因，一是时局不稳，上海的房地产业从1930年后下跌，到1932年为谷底，虽然后续两年又有所回升，但建造业的整体气势已然受到影响。更主要的一个原因是当时建筑事务所均对国内毕业生采取拒绝的态度。国外事务所聘用留学生或者西方建筑师，国内事务所用的职员都是自己培养的徒弟，不大欢迎建筑学校毕业的学生[3]。张镈晚年回忆，当年参观实习中亲眼看到事务所内学长的窘境，听到绘图员对建筑学生"冷言冷语，令人心痛"[4]。他分析原因：事务所宁可用自己培训的绘图员，

1 张开济. 读"老北京"图集有感[Z]. 张开济家人收藏手稿.
2 同上.
3 北京市建筑设计研究院有限公司档案室. 张开济干部档案[A]. 孙增蕃撰写材料.
4 张镈. 回到故乡——建筑师张镈回忆录[M]. 北京：中国文化出版社，2011：19.

而不用专业的大学生。因为前者听话、熟练，而且没有独立开业的前途。后者实习两年即可取得实业部的登记证，自立门户。生存竞争使开业事务所有意将竞争者扼杀在幼苗阶段，因而国产建筑师的出路异常狭窄，备受欺辱[5]。东北大学流亡学生陆续毕业后，入事务所工作只能拿一半甚至三分之一的薪水，日常还要受门内培养绘图员的嘲讽。看到前两届学生的就业状况，他"深感没有出路"[6]。

张镈最终是1934届唯一找到专业对口工作的毕业生，他成绩优异，至为关键的是他的长兄与基泰老板关颂声有多年交情，即便如此，仍需答应苛刻的入职条件："老板约法三章：一、不准半途而废；二、不准在取得开业证后，跳槽出去，以在基泰取得的经验为对抗；三、必须勤奋工作，不遗余力。"[7]。其余同届学生均未能在建筑事务所就职。费康与张玉泉到广西大学做国防工程并兼课，唐璞到泸州兵工厂，王虹改做商人，另有学生到军政部、营造司等处工作[8]。张开济晚张镈一年毕业，他毫无与建筑业相关的家庭背景，给上海几家出名的事务所写了自荐信，皆如石沉大海。不得已，他再次到三年级暑假实习过的公和洋行毛遂自荐，同意不拿薪水的苛刻条件，这才得以正式踏足建筑设计行业。

2.6 本章小结

张开济的专业基础受教于民族运动风起云涌的年代，第一代留学建筑师为国立中央大学建筑工程系的学生搭建了当时国内最好的专业平台和开放的学习环境，教师们在传递西方专业技能的同时，也将自己的专业思想、职业精神、实践经验传递给新一代的建筑学子，开始形成本土的师承关系。张开济在中大同时受到"布扎"系和"非布扎"系教师的影响，古典的方法与现代设计的思想并存，并已初步建立对城市空间的认识。他受到的西方古典建筑教育是近代中国演绎版本，是一种以"布扎"的方法和技能为核心，混杂了古典美学、民族主义思潮、实用的职业化思想的多元、杂糅、开放的知识体系。

张开济求学十分专注，心无旁骛，好胜而努力。他热爱文化和艺术，同时也理性务实。第一代本土培养的建筑师在入行时受到多方的诘难，张开济既有积极的态度、"毛遂自荐"的勇气，也有舍得放弃当下利益而着眼于长远收获的理性精神，这是他能在艰难的起步阶段，获得与众不同阅历的个性基础。

民族危机中的大学时代，复兴和发扬民族文化成为时代的号角。罗家伦校长所提出的"国难当前，中央大学要以'为中国建立有机体的民族文化'为自己永久的负担和使命"为莘莘学子注入毕生努力的方向和使命感。他提出的"诚、朴"学风以及开放的学术风范对于张开济起到终身的影响[9]。

---

[5] 张镈. 回到故乡——建筑师张镈回忆录[M]. 北京：中国文化出版社，2011：19.

[6] 同上.

[7] 张镈. 我的建筑创作道路[M]. 北京：中国建筑工业出版社，1994：11.

[8] 张镈. 回到故乡——建筑师张镈回忆录[M]. 北京：中国文化出版社，2011：20.

[9] 潘谷西主编. 东南大学建筑系成立七十周年纪念专集1927-1997[G]. 北京：中国建筑工业出版社，1997：96.

第 3 章

初出茅庐：战火中的艰难起步

建筑科工业技师证件照

1935
—
1949

3.1 "黄金十年"尾声中的开端

抗战爆发前两年，民国建设还在"黄金十年"的尾声中有序进行。张开济先后进入两家著名的建筑事务所——英商公和洋行和中国人开办的基泰工程司，积累从事建筑设计的初步经验，并结识一批重要人物。

公和洋行（Palmer&Turner Architects and Surveyors）是一家著名的英国事务所，1911年在上海开设分部后，总部便由港迁沪。它自1911年到1939年间在上海开业28年，是最具影响力的外国建筑事务所之一，设计建造了许多经典作品。"近代上海最辉煌的建筑中，有相当一部分出自公和洋行的设计"[1]。

张开济面试时恰逢公和洋行的业务低潮，重要的建筑师已经离开中国。老板威尔逊（George Leopold Wilson）坦言相告：近期业务状况不好，目前只有一个"小项目"——中国银行总部。张开济一心要进这个远东最大的事务所学本领，欣然接受不拿工资的苛刻条件。他的主要任务是绘制中国银行总部的大样图[2]，由于外语基础好，工作颇为顺利。这座高层金融办公大楼位于上海外滩寸土寸金的核心区，采用当时世界上最先进的钢框架结构，建造技术和配置设备皆为一流，施工照片常常刊登在报纸杂志上，广受关注，而它的设计过程颇为复杂。

中国银行前身是大清银行，民国期间改组并从北京迁至上海。时任董事长的张嘉璈邀请到刚从英国A.A.建筑学校毕业的陆谦受主持中国银行建筑科，力主银行大厦需要样式新颖以彰显实力，"银行实力足与驻上海的欧美银行抗衡，必须有一新式建筑，方足象征中国银行之近代化，表示基础巩固，信孚中外。"[3]。1934年中国银行成立大厦管理理事会，由公和洋行和陆谦受共同设计，预算为500万元。初期方案是一栋现代摩天楼，在狭长的地段上，充分利用空间并营造面向外滩的主体形象。建筑基座、楼身和屋顶以密集如哥特束柱般的竖向线条平滑衔接，挺拔高耸，现代流线型兼具哥特式的崇高感，体现当时欧美最新潮流。

然而，1935年宋子文出任董事长之后，建造风向大转，倡导高效便利成为新的目标[4]，董事会将造价预算删减至50%[5]。1937年《建筑月刊》上登载的由公和洋行和陆谦受联合设计的中国银行已经成为一个具有民族色彩的方案（图3-1）。建筑外观为古典三段式，阶梯状收头。建筑墙身点缀中式花窗，主入口使用匾额、梁架和石狮等中式元素，次入口等部位也有浓郁的中式风格装饰。中国银行成为外滩建筑群中唯一有中国建筑师参与的，并体现中国元素的建筑。

这栋建筑采用与众不同的"民族形式"源于时代背景。东北沦陷后民族主义情绪高涨，蒋介石幕僚成立文化学术组织"新中国建设学会"，推动民族传统文化的复兴，宣传"新中国建成之日"即"民族复兴之时"，将民族复兴与新中国建设合二为一[6]。政府自上而下推行将儒家文化和现代化结合的"新生活运动"，倡

[1] 郑时龄. 上海近代建筑风格[M]. 上海：同济大学出版社，2020：185.
[2] 张开济访谈录像[Z]. 张开济家人收藏.
[3] 邹勋. 文化竞夺的空间象征[D]. 上海：同济大学，2007：26.
[4] 宋子文原话为："中国银行并不是要修造一所华丽的房屋，来表示我们资产的力量，我们唯一的宗旨，是要增加我们工作的效率和顾客的便利"。
[5] 邹勋. 文化竞夺的空间象征[D]. 上海：同济大学，2007：29.
[6] 蒋红艳. 复兴月刊民族复兴思想研究[D]. 长沙：湖南师范大学，2014.

※图3-1 上海外滩中国银行方案比较：早期现代版与最终实施版
图片来源：（左）上海外滩中国银行计划改建新屋[J]．建筑月刊，1935，3（1）；（右）：陆谦受，公和洋行．中国银行总行大厦最后录用之图案[J]．建筑月刊，1937，5（1）：3.

导"礼义廉耻"和生活"艺术化、生产化、军事化"。1935年10月中国共产党人长征胜利到达陕北，开辟延安根据地。在党的组织下，北京大学生举行反蒋抗日的"一二·九"爱国运动。国共两党在此时期都积极宣扬"民族文化"和"爱国"立场，各种领域涌现的中式符号具有特定的时代意义。

体现民族精神的设计手法主要有两种，政府项目以带有大屋顶的"中国固有式"为主流，留德建筑师奚福泉则尝试了另一条更现代的道路。国民政府计划建设一座可以兼做国立戏剧音乐院、美术陈列馆的国民大会堂，奚福泉中选的设计虽然有对称构图和中式细节，但整体风格为简洁的现代装饰艺术，建筑去掉"大屋顶"改为平顶，造价更为经济，节省下来的资金用于配置先进设备，为大型公共建筑带来一股新风，会堂于1936年11月竣工[7]（图3-2）。

外滩中国银行的设计思路类似国民大会堂。建筑师陆谦受在海外成长但中文修养深厚[8]，1930年毕业于英国A.A建筑学校，受现代主义的影响较大。张开济在关于中国银行的回忆中特别提到陆谦受的贡献，认为他的设计很有特色[9]，从公和洋行工作者的视角印证了陆谦受在设计中起到的作用。

如何在现代建筑中传达民族精神是近现代中国建筑界的首要课题，张开济初出校门之际，学习到"非大屋顶"的现代方法——在高层建筑上，以功能主义为基础，折中融汇装饰艺术手法、古典比例和中国传统装饰，呈现简约同时充满民族色彩的现代都市公共建筑形象（图3-3）。大楼入口立九级台阶、如意纹立柱、"貔貅"

[7] 赖德霖等．中国近代建筑史第四卷摩登时代——世界现代建筑影响下的中国城市与建筑[M]．北京：中国建筑工业出版社，2016：249-250
[8] 中国建筑学会建筑史分会．全球视野下的中国建筑遗产——第四届中国建筑史学国际研讨会论文集（《营造》第四辑）[M]．上海：同济大学，2007：12.
[9] 张开济访谈录像[Z]．张开济家人收藏．笔者注：公和洋行在1932年已经建成一座需要传达民族精神的建筑——亚洲文会大楼，尝试过在高层上使用民族化的语言，因而甲乙双方都有提出具体手法的可能。

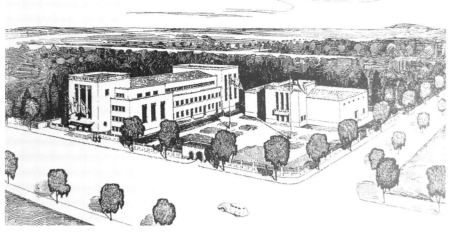

※图3-2 奚福泉设计的国立戏剧音乐院及美术陈列馆（国民大会堂）
图片来源：赖德霖，等. 中国近代建筑史第四卷摩登时代 [M]. 北京：中国建筑工业出版社，2016：249.

※图3-3 上海外滩中国银行正面及中式细部
图片来源：作者拍摄

石雕，在"中国银行"的横匾下，有一幅孔子周游列国的百工浮雕，象征"财富源于劳动，金融基于士工"，蕴含"富民强国"的寓意[1]。建筑外墙点缀寿字和古钱币形花窗，屋顶为平缓的四方攒尖顶，设计从前卫的现代高层转为折中主义的民族风格，达到降低建造成本和实现精神象征的双重目标。

张开济在公和洋行见识到国外事务所的运营模式和摩登高楼的建造细节，半年之后便辞职离开。直接的原因是他无法忍受技术平庸而盛气凌人的英国建筑师，外加威尔逊声称自己年轻时不拿薪水工作长达七年，经济独立的前景实在令人绝望。离职时，他照例获得一封推荐信，其中一句评语给他很大刺激："他会成为一个很

[1] 建筑可阅读：外滩有座绿色四方攒尖顶的老建筑，你知道是哪一座吗？[EB/OL]. https://www.online.sh.cn.

好的绘图员"[2]。

"绘图员"的评价并非是对张开济能力的贬低，但反映出西方建筑师眼中本土专业人员有限的前途。在西方，建筑师事务所有明确的分工和待遇等级。19世纪下半叶到20世纪上半叶，一名学徒升级到建筑师需要用20多年的时间。20世纪初，美国的绘图员已然"大都受过良好的教育，大多数都是大学毕业生，没有受过大学教育的绘图员也会参加哥伦比亚大学的一些额外的课程或是去巴黎美术学院的美国毕业生开设的画室中学习工作"[3]，然而从绘图员到开业建筑师仍然需要10年的历练。张开济毕业时，第一代留学归国的中国建筑师尚处在创业时期，激烈的行业竞争中，本土建筑学子甚至与事务所培养的学徒相比都不占优势，因而洋建筑师认为"绘图员"是他们未来较好的归宿。张开济对此评语很不服气，视之为辱，立志将来要开办最好的建筑事务所[4]。

通过同学引荐，张开济于1936年春入当时国人开办的最大事务所基泰公司任助理建筑师，先后在上海和南京分部工作。公司中同样本土科班出身的建筑师还有同学张镈、孙增蕃等共五人，形成一个较为亲密的小群体[5]。张开济在基泰有三个重要收获。1. 结识基泰大老板关颂声，并成为杨廷宝实际工作中的"徒弟"。2. 学习并积累了"中国固有式"设计的初步经验。3. 试用一个月后，开始支取薪水50元，调入南京分部后涨至75元，从此经济独立[6]。

杨廷宝是中国第一代建筑师中最为核心的成员之一，生于1901年，毕业于美国宾夕法尼亚大学建筑系。他不但有扎实的西洋古典建筑基础，而且于中式营造也下了非常的功夫[7]，具有融贯中西的能力。跟随他多年的张镈总结他一生的创作生涯以"中而新"、"中而古"两个目标为努力方向[8]。杨廷宝是一位有着教师般传道授业解惑精神的"老板"，他指导张镈用摆面积块的方式对功能形成"量"的概念，要求做图时平面采用网格法，立面要标注轴线和高程，并且非常重视建筑的交通流线以及经济合理性。张开济在杨廷宝领导下工作，他在回忆中提到，杨廷宝总是随身带着一本速写册和一个卷尺，看到感兴趣的建筑细部，就马上测量一番，用速写记录下来，成为建筑设计上的多面手，无论业主提什么要求，都能以出色的设计应对[9]，给张开济树立了一个优秀职业建筑师的榜样。抗战西迁成都后，关颂声曾经组织张镈和已经被介绍到新华兴业公司担任设计部主任的张开济两人跟随杨廷宝以图书馆为课题，进行专门的设计训练[10]。因此，张开济与杨廷宝虽无师承之名，却有师徒之实。

目前已知张开济在基泰时期完成的两项工作为：1. 跟随杨廷宝将国民党中央党史陈列馆的施工图画了一遍[11]；2. 设计南昌国民大会堂方案及施工图[12]。张开济留有相关文字如下："我在大学毕业之后，曾经在'基泰'工作过一段时间，杨老的代表作之一，就是南京党史陈列馆，这是一座完全民族形式的建筑，我有幸参加了这个工程，完成了它的全部施工图纸。不过杨先生并没有停留在简单的继承传统上，而是有所创新"[13]。张开济没有详细指出"有所创新"是指哪些内容。张镈则

---

[2] 张保和. 怀念我的父亲张开济[Z]. 张开济家人收藏文稿, 2012.
[3] 耿欣欣. 从制图术到设计——1920—1943年间的《铅笔制图》和美国建筑从布杂向现代主义的转变. [D] 南京: 东南大学, 2013: 21.
[4] 北京市建筑设计研究院有限公司档案室. 张开济干部档案[A]. 张开济撰写材料.
[5] 同上, 孙增蕃撰写材料.
[6] 同上, 张开济撰写材料.
[7] 据张镈回忆, 在主持天坛祈年殿和东南角楼的修缮工作中, 杨廷宝曾向一线有经验的老师傅侯良臣虚心求教. 张镈. 我的建筑创作道路[M]. 北京: 中国建筑工业出版社, 1994: 15.
[8] 同上, 14.
[9] 张开济. 建筑师的典范——纪念杨廷宝诞辰九十周年[J]. 建筑师, 1991 (42): 1.
[10] 北京市建筑设计研究院有限公司档案室. 张开济干部档案[A]. 张开济撰写材料.
[11] 张开济. 无题[Z]. 张开济家人收藏手稿.
[12] 张开济提及时候, 称之为"小型中山纪念堂". 张开济访谈录像[Z] 张开济家人收藏. 笔者采用彭怒《关于中国第二代建筑师张开济先生建筑创作的历史研究》博士后出站报告中的表述方式.
[13] 张开济. 个人经历[Z]. 张开济家人收藏复印件.

回忆杨廷宝"承担了国民党的党史陈列馆和监察委员会两栋建筑的设计,他比较完全彻底地以《清式营造则例》为蓝本,从屋顶、斗栱、墙身、柱廊到玉石栏杆、须弥座台基等,用现代材料和技术,创造了两座外形一致的传统中国清式建筑"[1]。一个看见创新,一个看见仿古,可谓见仁见智。张开济所说"完成全部施工图纸"当指这两栋建筑中后一栋的图纸[2]。

南京国民党中央党史史料馆用中国传统造型满足现代功能。赖德霖认为它比例挺拔舒展,加大重檐之间的间距和提高平台的手法传袭了北京协和医院和上海特别市政府大楼的做法,而比例更完美,是杨廷宝最优秀的作品之一(图3-4)。他分析杨廷宝用学院派的古典比例关系与中国固有的风格进行融合的设计尝试[3],两个最常见的比例是3∶5和1∶1.414。笔者受此启发,用张镈提及的杨廷宝"方格网"方式[4],对党史纪念馆作了一次新的分析(图3-5)。主体部分按照杨廷宝的习惯,以标高为基准,从楼板的位置进行分割,基座以上正好囊括在12个正方形网格中,基座部分则是方格高度的1/2;平面的柱网也以方格型为基础,对称均衡分布。也就是说它的比例既符合西方古典建筑遵从的黄金分割比,也符合现代设计的方格网模数,这或许是杨廷宝在多种体系中寻找关联性的一种方式。

南昌国民大会堂设计未留下图纸,彭怒2001年所作张开济访谈是目前仅有的相关资料,"此方案平面基本为方形,四边各附以一稍短的窄长方形,其中一面作舞台及后台,另外三面为入口门厅及辅助用房。观众厅屋顶为八角攒尖的传统琉璃瓦屋顶,四周门廊也采用传统屋顶"[5]。纪念堂是民国时代新的礼制空间,具有政治和文化的双重属性[6],为中国历史上首创。通过张开济的描述可知,他设计的会

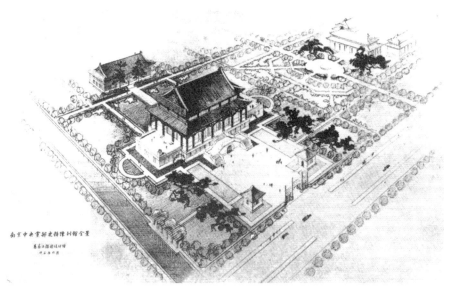

※图3-4 国民党中央党史史料陈列馆及中央监察委员会办公楼
图片来源:王建国主编. 杨廷宝建筑论述与作品选集1927—1997 [M]. 北京:中国建筑工业出版社,1997:66.

[1] 张镈. 我的建筑创作道路 [M]. 北京:中国建筑工业出版社,1994:15.
[2] 张开济访谈录像 [Z]. 张开济家人收藏. 张开济提及"这是两栋一样的建筑,我做了后一栋的施工图"。
[3] 赖德霖. 中国近代建筑史研究 [M]. 北京:清华大学出版社,2007:309
[4] 张镈. 我的建筑创作道路 [M]. 北京:中国建筑工业出版社,1994:26
[5] 彭怒,等. 关于中国第二代建筑师张开济先生建筑创作的历史研究;关于建筑历史、历史学理论中几个基本问题的思考;高技派建筑思潮研究 [D]. 北京:清华大学,2001:40.
[6] 赖德霖. 民国礼制建筑与中山纪念 [M]. 北京:中国建筑工业出版社,2012:93-94.

堂型制非常接近吕彦直的广州中山纪念堂——以"八角攒尖"、"四周围以短廊"的方式将西方的集中十字平面的文艺复兴类型翻译成中式建筑[7]。

为设计好南昌国民大会堂，张开济仔细翻阅基泰工程司旧工程图纸中传统式样建筑的构造细部，以了解古建构造作法，并将自己的领悟运用在国民大会堂的施工图中[8]。然而，老板关颂声认为工程尚未落实，完全不必如此深入，后来方案由于各种原因未能建造[9]。这是张开济第一次独立进行"中国固有式"设计，通过模仿学习了基泰工程司的经验。作为一个新人，他对建筑工程的社会性和过程把控尚无经验，但可以窥见他初入职场肯深入钻研和不遗余力完成工作的勤勉。

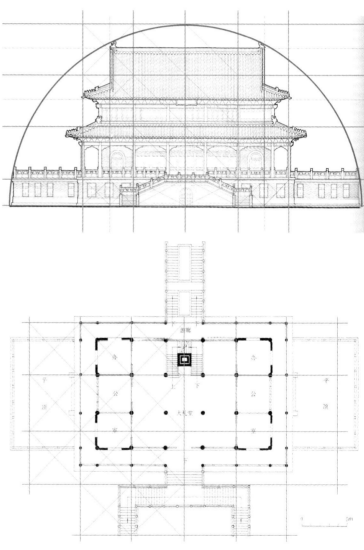

※图3-5 国民党中央党史史料陈列馆正立面和平面分析
图片来源：作者改自王建国主编. 杨廷宝建筑论述与作品选集1927—1997 [M]. 北京：中国建筑工业出版社，1997：66.

[7] 赖德霖，等. 中国近代建筑史第三卷 民族国家——中国城市建筑的现代化与历史遗产 [M]. 北京：中国建筑工业出版社，2016：181-182.
[8] 彭怒，等. 关于中国第二代建筑师张开济先生建筑创作的历史研究；关于建筑历史、历史学理论中几个基本问题的思考. 高技派建筑思潮研究 [D]. 北京：清华大学，2001：40.
[9] 同上。

3.2 抗战西迁中的快速成长

1937年夏，日本侵华战争爆发，国民政府的复兴计划被打断。战火迅速蔓延，8月爆发"淞沪会战"，11月20日上海沦陷。国民政府宣布中央政府和机构迁往陪都重庆。这个内陆重镇一跃成为战时全中国的政治、经济、文化、军事中心，市区建筑面积爆炸式增长。

1935年重庆市政府等级的营造厂只有15家，1939年竟达到250家[1]，战争初期人口47万，末期达124.6万[2]。建设中心西迁，众多建筑师和建筑事务所也相继入西南地区寻找工作机会。然而本土培养的建筑师们的窘境并没有因此得到改善，因为留学一代建筑师在战前已经打下一定基础，可以凭过往业绩在西南地区找到工程，而刚走出校门的年轻人则缺乏雄厚的社会关系和建成项目做资本。张开济比较幸运，1937年春，基泰大老板关颂声介绍他到成都新华兴业公司建筑部担任主任，他于战争爆发前入川就职，成为一名独当一面的主持建筑师。

新华兴业公司是南开校长张伯苓为兴建南渝中学所创办的公司。1936年，张伯苓非常有预见性地决定在四川办学，选定重庆郊外沙坪坝为校址，命严伯符[3]、宋挚民[4]、李达和自己的儿子张锡羊共同协助南开主任喻传鉴筹划建校。南渝新校园地处偏远，规模宏大，建造起来十分艰难。早期由华西公司承担建造，后期工程更加复杂，张伯苓便令张锡羊筹建"新华兴业公司"以完成建校任务，但公司在经济上自主经营土木建筑工程，独立核算[5]。

张开济的业务能力受到张锡羊的认可，但他脾气耿直，与当时的公司协理意见不合，张锡羊怕张开济辞职，时常与他聊天加以宽慰。一年后张锡羊将张开济调入严伯符管理的重庆分公司，更便于就近参加南渝中学的建设。1938年冬，张开济向经济部领取了建筑科工业技师的执照[6]。

沙坪坝靠近重庆磁器口码头，1933年重庆大学在沙坪坝建成永久校舍，抗战期间中央大学和南渝中学相继迁入，这一带逐渐成为重庆的"沙磁文化区"。南渝中学（南开中学）在成渝路巴县公路一侧，沙南街1号。张开济收藏的"重庆私立南开学校校舍鸟瞰图"为一晒制的蓝色底图，上面用红色铅笔标注各个建筑的"说明"及标号，局部有修改的痕迹。图纸署名：新华兴业公司建筑部设计监造，下方"成都、重庆、自流井"应是公司三个分部地点。时间为"中华民国廿八年一月"，即1939年1月。

校史记载，南渝中学的第一期校舍完工于1936年8月底，随后开始招生。第二期校舍建设开始于1937年5月[7]，约1938年10月完成[8]，同年12月，教育部批准将"私立南渝中学"更名为"私立南开中学"[9]。据此推测，张开济在成都与重庆期间主要参与了学校的第二期工程和第三期的部分工程[10]。"重庆私立南开学校校舍鸟

1 杨秉德. 中国近代城市与建筑（1840-1949）[M] 北京：中国建筑工业出版社 1993：375
2 同上。
3 严伯符，时任南开建筑课职员。
4 宋挚民，南开校友，从事土建工作，志愿协助建校。
5 喻娴文，叶谦吉. 思慕他，学习他，继承他的事业[Z]. 南开中学一九四八级北美校友会出版《南开通讯》，2008（31）编号31107.
6 北京市建筑设计研究院有限公司档案室. 张开济干部档案[A]. 张开济撰写材料。
7 宋璞主编. 重庆南开中学1935—1952年大事记[G]. 重庆：重庆出版社，2011：15.
8 宋璞主编. 张伯苓在重庆1935—1950 [M]. 重庆：重庆出版社，2004：46.
9 宋璞主编. 重庆南开中学1935—1952年大事记[G]. 重庆：重庆出版社，2011：32. 注：建校初，因教育部规定私立学校不允许开设分部，所以定名"南渝中学"，"七七事变"日军炸毁天津南开。校友呼吁下，教育部批准南渝中学更名为南开中学，实现蒋介石"有中国即有南开"的承诺，见大事记29页。
10 根据《重庆南开中学1935—1952年大事记》1938年9月纪要。第二期三期工程包括：女生部楼房、图书馆、科学馆、第二和第三男生宿舍、第二男生食堂、教职员住宅（9所）、女生食堂、银行及合作社、校医院、运动场、自来水工程、厕所（3座）、工友室及仓库、特殊教室、单身教职工宿舍（34间）。

瞰图"是更名后的校园全貌图。1939年5月初,日军对重庆进行大轰炸后,张开济随公司离开市区到较为偏远的南开中学避难,大约在完成第三期工程中女生宿舍的设计后[11],于6月离开重庆,取道香港回沪。

新华兴业公司1939年绘制的"重庆私立南开学校校舍鸟瞰图"与校园官网提供的1936年"南渝中学校舍全图"有较多不同(图3-6、图3-7)。笔者推测"南渝中学校舍全图"为聘请专业建筑师前校方自绘,其中涂黑部分为已建"第一期工程",若推测无误,第二、三期工程应为形成学校风貌的主要部分。

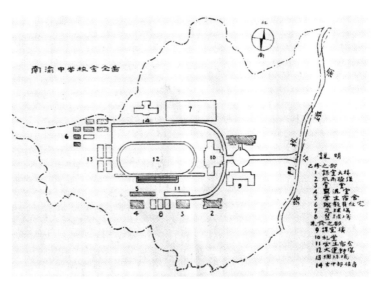

※图3-6 南渝中学校舍全图
图片来源:重庆南开中学官网http://nks.edu.cn/xxcms/nkgk/446.jhtml

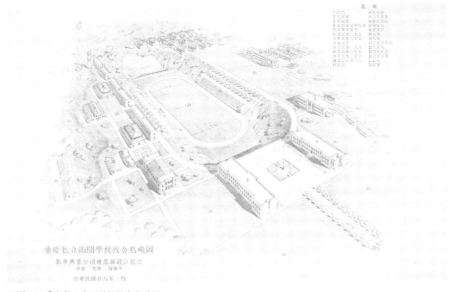

※图3-7 重庆私立南开学校校舍鸟瞰图
图片来源:张开济家人提供

[11] 1939年3月,校董会汇报学校建设及费用时提到拟建"女生宿舍(平房)3所,容300人"。

"重庆私立南开学校校舍鸟瞰图"显示当时的校园规划结合了巴洛克式轴线和现代功能分区的概念。一条东西向的主轴线贯穿全局，先自校门起，经一条林荫大道到达由范孙楼和芝琴楼围合成的礼仪广场。广场中耸立着庄严的旗杆。再向前，是一个利用下沉山谷形成的大运动场，路径和空间轴线分离，绕运动场两侧前行，一侧沿途设有图书馆，一侧沿途设有风雨操场兼礼堂，随后分别是女生生活区和男生生活区。操场看台利用地形修建，省去许多施工量。操场尽端地势再次跌落形成一道断崖，人工修整好的断崖下是一个天然鱼塘。塘南侧是教工宿舍津南村，更远是发电室和水塔等设施。从生活区望向礼仪广场，自然地形的层层抬高使旗杆高耸，成为视觉中心，而从教学区望去则一览无余，视野开阔。

教学建筑群朴素现代，总体为平顶，部分是小坡顶，有的单体（如大礼堂）采用"平坡结合"的方式，并在建筑山墙上做入口，因地制宜，灵活实用。礼堂、食堂、校医院、合作社共同形成的一个广场周边，两种屋顶建筑汇聚到一起（图3-8）：男生宿舍（标号9）是平顶，后面一排食堂等公共空间（标号6）都是

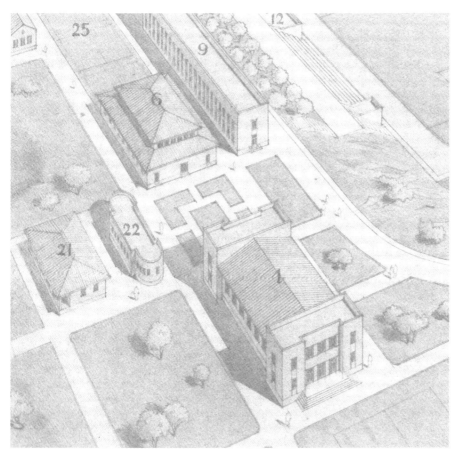

※图3-8 重庆私立南开中学广场及周围建筑
图片来源：张开济家人提供

坡顶，轴线入口处的校医院（标号22）和消费合作社（标号21）则一个是有流线型特点的现代建筑[1]，一个是坡顶建筑，对比鲜明。整个校园中只有少数如"津南村"、三期完成的女生宿舍（标号16）采用民居坡顶形式[2]（图3-9）。1990年杨嵩林执笔完成的《重庆南开中学范孙楼实测报告》显示，重庆南开中学主楼的平屋顶实则是歇山顶，封上高女儿墙后呈现平顶外观。用女儿墙封坡顶的做法在西南地区很常见，因为坡顶有利于应对多雨的气候，如果不用坡顶，就需用油毡防水，增加造价。坡顶封平"这种处理方式既尊重了当地气候经济条件，又在外立面上表达出时代特征"[3]。

南渝中学的色彩处理十分成功，令人印象深刻。1938年10月，张伯苓在校友聚会中提到南渝中学建筑："第一，要美观；第二，要坚固；第三，要速成；第四，要价廉。诸位可以看到南渝一座座的橙红色的大楼，用钢砖砌成的。但是，那是钢砖吗？不是的，那也是普通砖，不过用了红灰来填缝罢了。"[4]张开济去世后，郑孝燮[5]回忆说："张开济是我的老学长，当时物资紧张，他设计了沙坪坝南渝中学，即现在的南开中学，青砖砌成，红灰浆勾缝，既节省，又漂亮"[6]。李海清在《中国建筑现代转型》中记载，"据张铸回忆，汪坦证实，张开济于1936年在'新华兴业公司建筑部'工作时设计的南渝中学教学楼——'范孙楼'，其外墙用青砖砌筑，勾嵌灰缝用不同凡响的红色砂浆，使墙面产生有如阳光明媚的动人效果，世人无不称赞"[7]。文中的时间记忆有误，但是郑孝燮、张铸、汪坦等前辈的回忆，言之凿凿。学校前后共建了三期，过程复杂。范孙楼是一期就完成的校舍，张开济是沿袭了已有做法，还是工作中的创造？范孙楼是否在他到来后重新勾了砖缝？都有待证明。无可置疑的是，张开济积累了经济短缺时期的有效经验：造价低廉的砖木建筑

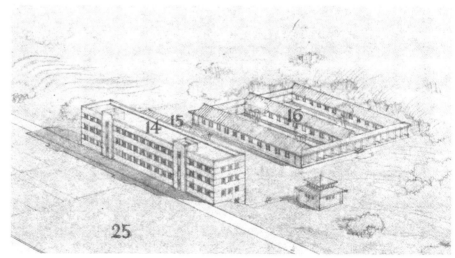

※图3-9 重庆私立南开中学女生宿舍和受彤楼
图片来源：张开济家人提供

[1] 笔者推测，流线型建筑有可能是张开济设计，这种类型20世纪30年代在上海较为少见。
[2] 中国建筑学会建筑史学分会. 2019年中国建筑学会建筑史学分会年会暨学术研讨会论文集（下）[M]. 北京：北京工业大学，2019：8.
[3] 朱振通. 童寯建筑实践历程探究（1931—1949）[D]. 南京：东南大学，2006：46.
[4] 宋璞主编. 张伯苓在重庆1935—1950[M]. 重庆：重庆出版社，2004：48.
[5] 郑孝燮（1916—2017），国立中央大学建筑工程系1942届毕业生。中国城市规划与建筑学家、古建与文物保护专家。
[6] 他的作品屹立在祖国大地——记刚故去的一代建筑设计大师张开济[J]. 华中建筑，2006（10）：200.
[7] 李海清. 中国建筑现代转型[M]. 南京：东南大学出版社，2004：222.

中，如何用构造手法处理常见的材料以达到经济、美观、实用的综合效果。

重庆南开中学工程是张开济接触大规模建造的开端。校园建设过程中，南开校方基建方面的负责人华午晴、学校主任喻传鉴、重庆分部经理严伯符等都参加过南开系多所学校的筹建，经验十分丰富。他们在艰难的条件下创办私立学校，殚精竭虑追求高效和优质，如采用"连环供应流水作业式施工法"解决校园自行供水、供电的困难，采用就地取石等方式节约时间和劳力等，创造了高速优质的建造奇迹[1]。有这样的甲方，初出茅庐的张开济定然受益良多，在工程实践中积累起校园建设和大规模建造的初步经验。

抗战时期西南地区的建筑设计是一个近代建筑史上值得关注的话题。业内对这一阶段建筑成果有两种不同评价。一种认为抗战时期条件简陋，所修建的都是简易的临时建筑[2]；另一种认为正是抗战推动了现代建筑在中国的发展。从沿海地区迁徙到西南的建筑师们面临资金短缺、材料不足、施工技术低等困难，对建筑设计的关注焦点从"形式"转为：1. 安全，能抵御战争破坏；2. 廉价，能在资金很低、物质匮乏的条件下完成建造；3. 可行，就地取材并使用当地工人；4. 简洁，避免复杂的建造。

邓庆坦分析了抗战对中国现代建筑发展的作用[3]。首先，防空的要求使形式的重要性让位于材料、结构、经济。其次，战争使科学和理性再次成为社会的主导意识，在传统与现代之争中占了上风："国家之安全，人民之生存无不靠科学，没有科学便不能立国"，"我们愿意保存自己的旧文化，而我们的旧文化却不可能保护我们，只有现代化才能救中国"[4]。第三，建筑界对"中国固有式"进行反思，对现代建筑的认识从经济实用上升到与新的社会和文化相关联。他还认为，正是因为战争，张镈、张开济、唐璞这一代建筑师的独立设计生涯从现代建筑开始，他们的现代实践与上一代留洋建筑师向现代建筑的转变共同标志着中国现代建筑在社会实践中占据了主导的地位。

年轻人在哪里都是喜欢交友的，新华兴业公司业务不算很忙，张开济一边以"下江人"[5]的视角观察和体验着蜀中特有的风土人情，一边尽可能地寻找实践的机会。一日，一家叫"新新"的新闻社找他做店面装修，并特意请隔壁新闻社的同行，同是下江人的李有伦来与张开济接洽。两个年轻人一见如故，张开济谈吐风趣幽默，深得李有伦的赞赏，他觉得张开济与自己的朋友宋崇实有些相似，又同是杭州人，立即加以引荐[6]。宋崇实毕业于复旦大学，与张开济是复旦系的校友。另有张开济中大的校友冯天觉也常来聊天，相似的年龄、出身和喜好让几个年轻人很快成了好朋友。四个人一起合伙下馆子"拼饭"，无话不谈。

在朋友们眼中，青年张开济个性鲜明，天资很高。他非常热情、风趣幽默，具有领导力，但同时性格有些偏执孤傲，讲究名士派头，"择交是比较严的。行为暴戾的他不交往，人品粗俗的他不交往，作风卑劣的他不交往，谈吐不够风雅的他不

[1] 喻娴文，叶谦吉. 思慕他，学习他，继承他的事业[Z]. 南开中学一九四八级北美校友会出版《南开通讯》，2008（31）；编号31107.
[2] 童寯. 我国公共建筑外观的检讨. 童寯文集（一）[M]. 北京：中国建筑工业出版社，2000：120.
[3] 邓庆坦，邓庆尧. 1937—1949：不应被遗忘的现代建筑历史——抗日战争爆发后的现代建筑思潮[J]. 建筑师，2006（02）：85-92.
[4] 同上.
[5] 在重庆、四川一带，下江人指长江中下游地区外省人。
[6] 北京市建筑设计研究院有限公司档案室. 张开济干部档案[A]. 李有伦撰写材料.

交往"[7]。他热爱建筑师工作，追求专业技术的进步，经常把自己找到的专业知识和信息拿来跟朋友分享，而且能听取外行朋友的意见。钻研起自己的业务，他"可以几天不出门埋头工作"[8]。但是张开济继承了父亲的清高个性，喜欢与朋友们交往，而不愿意厮混于官僚之间，有时"工程终将在可以成熟的时候不谈了"[9]。

张开济在成都遇到了卢锡麟的弟弟卢锡华，中学时他常到卢家玩，与卢家兄弟都熟悉，战乱中在内地相遇，分外亲切。他得知此时卢锡麟已成为鹤记的厂主，也在云贵川一带承揽业务，并在昆明设置了营造厂的办事处。中大的老同学徐中、张镈等也纷纷随工作入川。新旧朋友在乱世中相互勉励提携，有时朋友给他介绍项目，有时大家相约到青城山游玩，享受着战乱中短暂的宁静。

1939年春末夏初，中大校友们在重庆聚会，会后张开济邀请大家到自己工作的新华兴业公司参观，并拿出自己购买的相机把玩留影，同学们意犹未尽，策划不久再聚[10]。然而没到再聚之日，重庆便遭到空前的大轰炸[11]，仅头两天，就有4400人死亡。张开济侥幸逃过一劫，亲眼目睹城市被炸得面目全非，"断臂、残腿、碎尸已挂满树枝之上，惨不忍睹。"[12]他遇到护着身怀六甲的夫人从防空洞逃出的老同学张镈，相互庆贺劫后余生[13]。张开济所住的青年宿舍在空袭后受到火灾威胁，不敢入内，只能在公园度夜。"黑暗中，他看到很多人躺在公园里，于是他也就在他们旁边躺下过了一夜。第二天早上才发现那些躺在地上的都是在空袭中遇难的死人，令他惊吓，难过不已"[14]。

战争再一次改变了张开济的人生轨迹，为了躲避轰炸，他离开市区，随公司搬到郊外的南渝中学居住。重庆一度较为繁荣的建设局面在大轰炸后全面停滞，无事可做。一日，张开济偶遇父亲的好友吴老伯，带来家信并为他购买了机票，催促他返沪以免父母牵挂。张开济便辞去新华兴业的工作，取道香港回到上海[15]。

3.3 孤岛开业的中国第二代建筑师

上海租界在周遭的战火中成为一座畸形繁荣的孤岛，建造活动与战前相比数量骤减，但不断涌入租界的难民提供了廉价劳动力，社会游资大量集中带来住宅建造的异常活跃。从改善贫民生活的新村、职工宿舍到中产阶级的现代公寓、花园洋房及富豪的新式别墅，各种类型等级的住宅纷纷出现在上海。

张开济在渔阳里家中休息了一段时间，偶然在报上看见顾鹏程事务所的招聘广告，便前去应聘。顾鹏程（1899—2000）是浙江海盐人，中学在天津南开就读，大学毕业于同济大学土木工程系，专业主攻建筑材料，尤其是防水材料。他自办的工程公司非常需要有经验的建筑师，与张开济一谈即合，爽快答应支付200元的月

---

[7] 北京市建筑设计研究院有限公司档案室. 张开济干部档案[A]. 宋崇实撰写材料.
[8] 同上，李有伦撰写材料.
[9] 同上，李有伦撰写材料.
[10] 同上，张开济撰写材料.
[11] 1939年5月3日、4日两天日机不加区分地对军事目标和平民生活区域进行大轰炸，死伤惨重.
[12] 张镈. 我的建筑创作道路[M]. 北京：中国建筑工业出版社，1994：29.
[13] 同上.
[14] 张保和. 怀念我的父亲张开济[Z]. 张开济家人收藏文稿，2012.
[15] 北京市建筑设计研究院有限公司档案室. 张开济干部档案[A]. 张开济撰写材料.

薪[1]。顾鹏程性格温和，为人厚道诚信，张开济与他很投脾气，在事务所工作了两年多。当时事务所内还有一名德国建筑师，张开济向他学习了高级住宅的室内设计手法，完成了不少高档住宅项目[2]。

1941年，中国农工银行投资上海蒲石路570弄地块，拟建12栋独立式花园洋房，称为"蒲园"[3]。经刘既漂[4]介绍，中央大学1934届的伉俪夫妇费康和张玉泉参加了此项地产设计并最终获得"蒲园"的设计权。为了应对接踵而来的施工建造，费康夫妇邀请实践经验较为丰富的张开济加盟。此时顾鹏程的事务所正清闲，协商后张开济便辞去工作，于1941年10月正式宣布成立费康、张开济、张玉泉三人合作的"大地事务所"，三人议定每人月支400元，赢利均分[5]。费康夫妇搬入更宽敞的法租界霞飞路南徐公寓，以便兼做工作坊，张开济负责组织人力，从顾鹏程事务所拉来年轻的建筑师陈登鳌、结构师邱圣瑜等参与项目合作。随后，张开济也离开渔阳里父母家，迁入霞飞路697弄19号独立生活，亲戚为他介绍了一老仆"刘妈"照顾他的起居。

费康与张玉泉的长子费麟记录了童年看父母与朋友们一起完成蒲园设计时的场景："蒲园中标后，家中来往的客人很多，爸妈请了不少朋友一起帮忙赶图，张开济、陈登鳌、沈祥森叔叔也来和爸爸妈妈一起动手设计。我经常站在图板边看他们一笔一笔熟练地画。那时全用维纳斯（Venus）铅笔制图，图纸注上中英文双语，叔叔熟练地徒手写上仿宋体中文和大写的英文字母，尺寸全用英制。图板边放了铅笔刀，磨铅笔尖用的砂纸板，还有擦图片、曲线板、三角板、比例尺、丁字尺。为了画鸟瞰图，爸爸专门请木工师傅定做了一根2米多长的直尺，用来画透视线。有时还嫌不够长，就把灭点钉在墙上，拉一根长线来代替直尺"[6]。

战争白热化了，12月9日，太平洋战争爆发后日军进占租界地区，上海从孤岛时期进入长达3年9个月的沦陷期。此时，"大地事务所"的年轻建筑师们正在全力以赴地完成这个西班牙风格住宅群的最后设计。图纸以外，还做了建筑单体的模型[7]，与实景高度相似。阳历新年到来前，用2米多长定制直尺绘制的"蒲园"全景鸟瞰图已完成（图3-10）。图面上，一块三角形场地沿街开阔，尽端狭窄，12栋花园洋房分列于一条笔直的干道两侧，狭窄的端头设一栋独门独户别墅。干道两侧又按统一间距划分3排，每排根据场地宽窄，灵活地设置一栋、两栋联排甚至更多栋组合，最大化地利用空间。仔细分辨，尽端独栋别墅和沿街的大别墅为一种户型，西班牙细节丰富；中间的几栋更简约现代，由相似的中等户型进行组合，沿着地块内主干道的5栋都有流线型阳台。整个图面充满异域风情与现代生活的格调，紧凑而舒适的设计为地产开发带来最大的利润。

全景图成为《申报》上销售广告的宣传图。正如广告所说，凝聚了这批青年建筑师心血和热情的蒲园"因地制宜、个别设计，式样美观，装设新奇，园林匝绕，宅宅独立，房屋宽大，配置得宜"，在市场上大受欢迎。"大地事务所建筑师费康、

---

[1] 北京市建筑设计研究院有限公司档案室. 张开济干部档案[A]. 张开济撰写材料.
[2] 同上.
[3] 蒲石路即今上海市长乐路，蒲园位于今长乐路57弄1-9号。
[4] 刘既漂（1901—1992），广东人。里昂大学美术系毕业，选修建筑学。归国后曾经在中央大学教书，是张开济、张玉泉、费康的老师。费康夫妇曾在刘既漂广州事务所工作。刘既漂曾与李石曾的侄子李宗侃合办建筑公司。
[5] 北京市建筑设计研究院有限公司档案室. 张开济干部档案[A]. 张玉泉撰写材料.
[6] 费麟. 匠人钩沉录[M]. 天津：天津大学出版社，2011：47.
[7] 张开济收藏资料中有模型照片，张开济家人提供。

※图3-10 蒲园全景图
图片来源：张开济家人提供

张开济、张玉泉"的名字也随之登在报上，广而告之了。

而立之年，张开济经历了意外的几番变故。离家不久，他的母亲便病逝，年仅56岁，令他意外而悲伤。丧事之后，他又匆匆投入到工作中，蒲园马上要开始施工，甲方邀请的监工是张开济在中大的一位学长。大地事务所主要由沈祥森负责现场管理，建筑师们也需常到工地查看和解决问题，可是这位学长并未因同学之宜而特别关照，反而是处处刁难，令沦陷时期的施工加倍艰难。

蒲园终于在1942年秋天竣工，刘既漂对于建成效果十分满意，自己也买了一栋，并在入住新居之后举办了一次家宴，邀请大地事务所的建筑师们和开发商、建筑商、当地名流等一起庆祝乔迁之喜，餐后众人在园中合影留念。作为一个摄影爱好者，张开济为刚刚竣工的蒲园拍摄了许多珍贵的照片（图3-11~图3-15）。这些保留至今的仅一寸大小的黑白照片图像清晰，质量上乘。从完成的照片看，竣工实景与设计图纸、模型高度一致。

※图3-11 蒲园实景照片
图片来源：张开济家人提供

※图3-12 蒲园西班牙风格大型别墅照片
图片来源：张开济家人提供

※图3-13 蒲园简约现代风格中型别墅照片
图片来源：张开济家人提供

※图3-14 蒲园入口：图纸与实景
　照片对比
图片来源：张开济家人提供

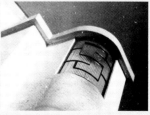

※图3-15 蒲园设计的中式细节
图片来源：张开济家人提供

第3章　初出茅庐：战火中的艰难起步（1935—1949）

照片中的"蒲园"南欧风格鲜明又简约现代。广告所说"装饰新奇"当指在西班牙风格中混杂着现代设计与传统的中国符号。圆形窗的花格、细钢窗的窗格、专门设计定做的吊灯和门的云纹装饰上都有中国图案，由于"小而精"，它们与整个风格似乎并不冲突，十分得体地点缀在西式框架中。战争中，弘扬民族文化的宣传深入人心，"新生活运动"倡导的儒家精神和西方生活方式相结合成为住宅设计的引导。华信建筑师事务所的设计观点具有一定代表性："住宅种类繁多，须不失美观、实用、经济、坚固各点……本国生活情形略与欧美不同，故外观虽尽多采仿欧美而内部之布置仍完全以适合本国生活习惯也"[1]。"蒲园"在地产市场中获得成功，尽管这种模仿和拼贴的手法在专业建筑师手下可以做到形式整体，风格清新，但是却渐渐被张开济自己所否定，经历过战争和独立开业之后，他更倾向于"真实"而不矫饰的设计。

天有不测风云，12月底，年仅31岁的费康不幸感染了"白喉"，竟然在3日内溘然而逝，大地事务所也就随之解体。张玉泉继续经营"大地"，张开济则和结构工程师邱圣瑜合作，另外成立了一个"伟成"事务所[2]。

3.4 困顿建筑师与其文化价值观

"伟成"生不逢时，1943—1945年是抗战胜利前最为艰苦的时光，物价飞涨，民生艰难。张开济在一片萧条中竭力寻找机会立足，有时与同学合作住宅设计，有时做些店面装修（图3-16）。房东徐定虎是中央药房的经理，委托张开济改造中央药房。沿街两开间五层高的店面为简洁的装饰艺术风格，以立柱、阳台等构件本身做装饰线条，同时在女儿墙、阳台栏板和窗下墙等区域有节制地点缀中式符号。张开济对待自己的作品非常认真，即便是店面装修也在完成后拍照留影，为今天留下这些孤岛时期小型设计的一手资料。

西迁内地的朋友们陆续回沪，有时到张开济住处借宿或者聚餐。1944年，经济状况愈加困难，倔强的张开济宁向银行透支借贷，不肯向家中开口。旧历年底，他已入不敷出到难于支付刘妈的工钱，一时伤感，叹息自己学有专长，大学毕业后未尝有任何懈怠，奋斗了近十年竟然落得如此潦倒。刘妈却一如既往照料和宽慰他，甚至自己掏钱买米渡过难关，令张开济十分感动，以家人相待[3]。

沦陷期间上海的文化传播受到日伪的严密控制，进步文学青年纷纷西进或者南下，社会氛围十分压抑。1943年10月，颇有名气的女作家苏青为度过艰难时局，创办了一本新杂志——《天地》。受林语堂提倡艺术人生和性灵文学的影响，这本杂志抓住沦陷期低落愁苦的市民心理，收集嬉笑怒骂之杂文、反映社会人生的小

[1] 华信建筑事务所. 导言[J]. 中国建筑 1937（29）: 2.
[2] 北京市建筑设计研究院有限公司档案室. 张开济干部档案[A]. 张开济、张玉泉撰写材料.
[3] 同上，张开济、张玉泉撰写材料.

※图3-16 沦陷时期张开济完成的上海中南大药房和中央大药房店面设计
图片来源：张开济家人提供

说，以"一切杂见杂闻杂物而志之"。刊物巧妙地避开政治话题，借助新文化运动启蒙的自由民主打开市场，倡导"大众文学"、"女子写作"，呼吁不同社会阶层站在"人性"的立场，谈论可以共情的体验[4]。"我希望在我们的'天地'之中，能够把达官显宦，贵妇名媛，文人学士，下而至于引车卖浆者都打成一片，消除身份地位观念，以人对人的资格来畅谈社会人生"[5]。《天地》杂志大获成功，如苏青所期望，撰稿人形形色色，既有知名政客、也有各路文人，而最受瞩目的是年轻女作家张爱玲，她凭借一篇"封锁"风靡沪上，成为杂志的明星撰稿人。

1944年6月，《天地》杂志收到一篇署名为"下江人"的稿件，题名《蜀话》。作者描述自己入川的所见所闻，以一个外乡人的视角，白描的手笔，轻松诙谐地将蜀地特有的风情娓娓道来，引人入胜，正是《天地》所期待的。奇怪的是"下江人"并未留下通信地址。编辑只得发文后加注："下江人先生：乞示通讯处，俾奉稿费"[6]。8月，"下江人"又发来"续蜀话"[7]，自此，每月或者隔月，此人都有文稿寄来，文字幽默，构思大胆，匪夷所思，却又令人回味无穷。例如在张爱玲和苏青发表"谈女人"系列文章后，他也针对女性话题，以表格方式写作"出妻表"[8]等文参与论战，虽然观点针锋相对，但是其新颖独到无出其右，深得主编青睐。在《吃书人》(Edible Edition)[9]一文中，作者脑洞大开，构想可以吃的书，兼具科幻色彩和哲学寓意。每次投稿作者都变换笔名，配合谈论主题以"某人"自称，不留地址也不索取稿费。主编苏青在"编辑后记"中向读者特别推荐并介绍了这位有趣的"怪人"[10]。

苏青不知，困顿中的张开济在用文字疏解自己的烦躁。经济极端拮据的时期，他却为何变换笔名隐匿地址，不索取稿酬？笔者揣摩：张开济有强烈的专业归属感，并不愿以文人自居，唯有建筑师才是他认可的终身职业和谋生手段。他必然非

[4] 韩春岫. 苏青与《天地》[D]. 济南：山东大学, 2008.
[5] 发刊词[J]. 天地创刊号, 1943 (1): 2.
[6] 下江人. 蜀话[J]. 天地, 1944 (9): 37-40.
[7] 下江人. 续蜀话[J]. 天地, 1944 (11): 26-27.
[8] 散淡的人. 出妻表[J]. 天地, 1945 (15, 16): 8-9.
[9] 吃书人. Edible Edition[J]. 天地, 1944 (14): 8-9.
[10] 同上, 32.

常同意苏青在发刊词中所说:"文人实不宜自成为一阶级,而各阶级中却都要有文人存在"。五四之后,中国现代知识分子区别于传统士大夫最为显著的特点,就是他们不再是纯粹的文人,而是有自己专属的职业并以此谋生。

初试牛刀后,张开济一发不可收,连获刊登十余稿(图3-17)。这些文章构思巧妙,视野开阔,令笔者今日看了都不由称奇。对一位建筑师而言,而立之年实在年轻,但是人生观和价值观已经形成,《天地》中的几篇重要文稿非常难得地留下张开济青年时期在专业、生活、社会问题上敏锐的观察与成熟的思考。

《蜀话》和《续蜀话》折射出张开济在内地的生活及见闻。他的文笔如摄影镜头,切换自如地介绍了成都、重庆、万县等地的交通状况、城市风貌、山川名胜以及他对各个地区物产、风土细致入微的观察。他的文章知识丰富、视野开阔又妙趣横生,从中可以窥见张开济曾经参加的一些专业活动,如在成都曾经为都督夏之时设计住宅,因故未建,但是获得主人邀请赴家宴;曾参加"郭师长"家的上梁仪

※图3-17 张爱玲设计的《天地》杂志封面及张开济以不同署名发表的文章
图片来源:张开济家人提供

式,领略了川蜀特有的建筑风俗;曾游览青城山、参观成都川汉铁路纪念塔、万县公园等。文中对成都、重庆和万县市容以及街面风貌的点评是目前看到的张开济最早的建筑评论文字。他的美学观在建筑、城市、服饰乃至生活态度中都是一致的,即推崇"真实"而"质朴"的作风,因而痛斥街巷中虚假的"西式门面",认为其恶俗比房屋的破败要糟糕得多。

《衣食住》[1]一文,署名"有心人"。文章在点评"住"的部分透露了作者的专业身份——首先批评国人在"住"的问题上投入的关注和研究不足,随后对都市里弄住宅作了尖锐的批评和分析,认为其暗淡的采光、陡峭的楼梯、复杂的高差以及传统天井格局都已经不能适应当下追求卫生、高效、私密的现代生活。应该如何解决居住问题呢?张开济指出国人认为公寓是一种洋化和贵族化的住宅,而他却认为"公寓乃中下阶级之唯一理想住所","设于一块可建此类'单开间三层楼'房屋三宅之地面上,改建一同样体积之房屋,惟内部不直分为三间而横分为三间,使每楼自成一层,而原有三部狭窄峻峭之楼梯则废而代以一部宽大平坦之楼梯,以供二、三楼住户进出之用"。文中对厨房的卫生状况、中式家具形式大于实用,西式家具摩登趋于怪诞等现象都进行了讽刺。无论中西,凡在住宅设计中华而不实,追求形式而有损实用和妨碍生活进步的做法,各打五十大板。

从人物研究的角度,最有价值的是《自说自话》[2]一文,署名"一个人"。张开济的个性一直受到两种不同评价,喜欢的赞他幽默风趣,且为人真诚,另一种则认为他性格倔强孤僻。他在此文开篇便自我剖析,坦言自己说话"言必由衷",直言相谈并不过多思考正确与否,只是依据Common sense发表意见,并对这个词的含义做了解释:"我之所以明事理,辨是非者,全凭一些Common sense而已。此字有译作常识者,我以为欠妥,但是我自己亦不能将其作简单明了之中国名词;但知一班最富'意识感'之辈,往往即是最乏Common sense之人耳"。在另一篇文章中[3],他更深入谈及自己在"常识"与"意识"间的取舍。"余之谈论,但求不背常识,不违逻辑,意识一物,向不顾问也","余平时不论谈天、看书、观剧,最注重者为兴趣,最不注意者为意识",认为"意识过分正确,反觉不近人情",对口号式的表演极其反感。他在文中通过叙述自己对食、色、狗的态度,表达崇尚理智、真诚,憎恶虚假的人生观。

艺术门类中,张开济最喜欢视觉艺术,其中又以建筑最为自豪。《自说自话》一文中谈及三点:第一,国人对建筑师的认识太少,"国人之知识阶级,亦有将工程师与建筑师并为一谈者,是直'不分泾渭'"。第二,评价当下常见住宅,认为水准平庸,华而不实,"或住于暗无天日之三楼三底石库门房屋,或住于勿中勿西之'康伯度式'洋房,或住于奇形怪状之所谓'立体式'洋房,或住于不伦不类之'假西班牙式'洋房……实类乎图画中之'连环画'、音乐中之'摩登歌曲'……"第三,张开济文字中第一次提到北平的风貌,并聚焦于其"色调之美","色调单纯,

---

[1] 有心人. 衣食住[J]. 天地, 1945 (20): 7-12.
[2] 一个人. 自说自话[J]. 天地, 1945 (18): 1-8.
[3] 正人. 从女人谈起[J]. 天地, 1944 (13): 6-9.

对比强烈，面积庞大，其魄力岂是粗知一二西洋彩色学之皮毛者所敢梦想者，其壮丽亦岂此辈所能梦想"，"若于黑白照相中，观察北平，则犹之于无声电影欣赏梅兰芳，同为事之最欠公允者"。

张开济厌恶一切没有技巧，工艺上粗制滥造的事物和思想上老于世故的人。他喜爱新事物新艺术，但是不喜欢新诗和摩登歌曲，认为前者平庸，后者不如民间小调动人。他倡导大众艺术，"我以为要倡导艺术，宜先解放艺术，宜把艺术从镀金的镜框里，大理石的座子上，富人的客厅里，以及美术馆的大厦里解放出来，而推行应用于大众之起居服用以及日常生活。须使艺术'电车化'，成为'大众可乘'，换言之，亦即须使大众生活艺术化，我又以为与其积极的提倡生活艺术化，不如消极的防止生活'恶性艺术化'，后者既较前者更有必需，复较前者，轻而易举。下列为我对于后者的具体建议，读者如愿遵行，则不但间接提倡艺术，且亦直接提倡节约，一举两得，功德无量"。随后，张开济洋洋洒洒提出自己的十六条反对盲目追随商业潮流和西化的具体建议，之后又一一举例，同样详尽地阐述自己与传统"伪"道士在思想上的天壤之别。篇幅所限，笔者各取片段以飨读者。

- 房间墙上与其挂些不堪入目的"时人书画"（包括洋画在内），或一望知假的"古人真迹"，不如挂张清爽点的月份牌，（至少还可以查查日子）而与其墙上挂月份牌，又不如任墙壁裸体。
- 与其花瓶里插纸花，不如插鸡毛掸帚，（以其尚有实用），而与其花瓶里插掸帚，则不如连花瓶也省省。
- 与其房间里陈设国产石膏像（如裸女像，总理像等），不如陈饰无锡"大阿福"。
- 床上与其铺印花被单，不如铺条白布被单。
- 一切新书封面与其五彩图案"美术字"，不如单色纸张正楷字。
- 与其假三层（最上面的窗后，往往可以透视青天，内地多此类建筑。）"西式门面"，不如三开间老式店堂。
- 有钱人与其在西湖边上造"假宫殿式"的小型市政府，或"假立体式"的小型时疫病院，而极度谦虚的称之为"××茅庐"，或"××草舍"，不如造所真正的茅庐或草舍。
- ……
- 总之，与其"假艺术"，不如"无艺术"。

我性好维持风化，但绝非"伪"道之士，故请中国老太爷，老先生，外国老太太，老小姐切勿把我引为同道，因为我的风化观念与他们的颇有进出。我并不反对他们所痛心疾首的下列事物：一、淫书春画、二、电影里的"寝室场面"、三、裸体跳舞、四、职业娼妓[1]。我所最痛心疾首者，认为有伤风化者却为下列人物：一、变相娼妓的交际花；二、行为放诞的闺秀；三、三妻四妾的丈夫；四、谋杀亲夫的淫妇；五、不守清规的和尚；六、自命风流的男人和自作多情的女人[2]。

笔者认为，这部分文字至为珍贵，不但可以解读张开济的审美观和价值观，同时也清晰呈现出，张开济具有后五四一代自由知识分子的思想特征，关注和重视事物的文化价值，直面人性，质疑虚伪矫饰。他讽刺盲目跟风西化、宣扬消费主义的思想；他不热衷于政治，反感"意识正确"和"口号"，但同时也反对文化精英化、贵族化，向往社会平等；他追求西方的文明与先进，但是绝不持拿来主义，也并不崇洋媚外；他毫不掩饰对民族文化的感情，赞赏有高度艺术水准的传统文化和来自日常生活的民间艺术，但唾弃封建腐朽的思想和生活方式。这些价值观是他在美学上崇尚"真实"与"质朴"的思想来源。

3.5 战后转机与伟成建筑事务所作品

1945年8月15日，日本投降，八年抗战终于结束。张开济在举国欢庆中与同学孙增蕃参加上海市政府举办的延安路外滩抗战纪念"胜利门"设计竞赛，获得第四名。他得知第一名的设计独具匠心，以展翅欲飞的大鹏表达胜利和对未来的憧憬，十分折服，并认识了这位国立中央大学建筑工程系的低班校友戴念慈。战争胜利后，"伟成"的业务开始好转。中学好友董维宝介绍张开济认识了中国银行建筑课的土木工程师孙庆棠，两人一起合作完成上海宝元通门市部和宝元通总管理处改建工程等项目[3]。这一年的旧历年底，刘妈兴高采烈，买了七只老母鸡庆祝这来之不易的和平新生活[4]。

出国深造一直是张开济的心愿，1946年春天他参加了教育部举办的自费留学考试。5月，他在南京正式注册"伟成建筑事务所"，此时距他离开大学校门整整11年。想到毕业后长年处于战乱之中，如今能有足够的资质和经验注册自己的事务所，张开济颇感欣慰，但他知道这只是实现理想的第一步，事务所能否真的揽到业务，立足行业并兴旺发达，不但需要自己继续奋斗，而且要仰仗国内能有持久和平的建设时期。夏天，张开济到北平会见朋友，在"军调部"所在地——协和医院的门口第一次看见"解放军"[5]，他默默地驻足观看了一会儿，衷心希望国家不要再爆发内战，和平解决新政权的归属。不几日，他接到父亲来信，告知弟弟开敏病故，匆匆赶回上海[6]。

战后还都，南京人口激增，建筑业务发达。张开济的同学卢锡麟已回到南京，

---

[2] 原文每一则下有详细解读，笔者省去。
[3] 北京市建筑设计研究院有限公司档案室．张开济干部档案［A］．张开济撰写材料．
[4] 同上。
[5] 同上。
抗战胜利后，马歇尔来华进行军事调停。于北平成立"军事调处执行部"，简称"军调部"。该组织由三名委员组成，国民党、共产党、美国各派遣一名代表，美方代表担任主席，办公地点设在协和医院。当时的称呼不应为"解放军"，本文沿用了张开济在档案中的原文，取其简明易懂。
[6] 同上。

承包了"农民银行"的一个工程。农民银行是南京政府最主要的金融机构四行两局一库[1]之一。抗战胜利,蒋介石任命陈果夫为中国农民银行董事长。陈果夫出身贫寒乡村,曾在上海老式钱庄学徒,对于金融和中国乡村问题有极大兴趣和深入的研究,相信合作运动可以解决农村问题,因而终生倡导和推行。他于1946年11月成立了国民党在大陆最后一个金融机构——中央合作金库。陈果夫倡导廉洁,他整顿农行,规定主要业务为协助合作金库,开展"农村救济"。1946—1947年间,中国农行的资本实力大大提升,形成与其他三大国立银行比肩之势[2]。

卢锡麟写信告之张开济,农行管理处有一批宿舍要造。因好友宋崇实是陈果夫堂弟陈惠夫的同学,张开济经过介绍认识了陈果夫的秘书程世杰。张开济风趣的谈吐和随身携带图样的诚意给程世杰留下好印象,答应把他的图样拿到董事会上评比。评比结果,张开济被陈果夫聘为农行建筑顾问[3]。随后,他以顾问身份参加了一批宿舍的内部设计选拔,农行总务处长告诉他:从三个建筑师的设计中选优。他衡量了对手,认为很有把握,而且这个方法看来十分公平,便专心设计而没有进行任何应酬活动。最终,设计权落到了方案不符合设计要求而奔走钻营的另一位设计师手中[4]。张开济意识到承揽设计任务无法脱离世俗的一面,自己只专注于建筑的艺术与技术而不屑研究人情世故难免有些过于理想主义。

不久,农行又要造宿舍,张开济再次从上海到南京,借住在中学同学郑裕峥家。这次他终于赢得了设计权,遂邀请郑裕峥一同合作[5]。郑裕峥毕业于清华大学土木系,自己也开办了一个事务所,因此"伟成"仍由张开济独立经营,两人相互介绍业务,张开济做建筑设计,郑裕峥配结构,根据每一项业务的来源和工作量协商设计费的分配[6]。他们陆续合作了"合作金库""公路总局"的一些项目,类型包括住宅与办公楼。业务蒸蒸日上,张开济在中山北路华侨旅馆包了一个房间,并聘郑裕峥的监工鲍兆峰为"伟成"雇员,担任工地监理。张开济教鲍兆峰绘制施工图,在月薪之外,按照绘制图纸的工作量另加酬劳[7]。忙不过来时,张开济曾另聘一位监理员,但该监理员不久因病去世。鲍兆峰在"伟成"参与了十余个项目,直到南京解放前夕才离开[8]。

工作关系,张开济与陈果夫的秘书程世杰、罗童松等非常熟悉,因为充满理想主义,被他们戏称为"共产党"。张开济与陈果夫本人也见过几次,并为陈氏家人设计过住宅。陈果夫对建筑与卫生的关系颇有研究,曾与张开济谈论自己的建筑观点。最后一次在上海见到陈果夫,他已卧病在床,将要前往台湾养病。看了张开济为自己的连襟刘泌做的住宅设计图,陈果夫邀请张开济赴台开展业务[9]。张开济经历了独立开业的艰难,深知建筑业务的兴旺有赖社会上层的支持,但他目睹国民党官场的种种腐败现象,感到非常失望。虽无强烈的政治倾向,但他对腐败深恶痛绝,内心向往一个清廉、民主的政府,婉言谢绝了陈果夫的邀请。

张开济战后在南京设计的这一批建筑,是他人生中第一批集中、大量、从业务

---

1 四行:中央、中国、交通、农民银行,两局:中央信托局、邮政储金汇业局,一库:中央合作金库。
2 杨者圣. 国民党教父陈果夫[M]. 上海:上海人民出版社,2017.
3 北京市建筑设计研究院有限公司档案室. 张开济干部档案[A]. 张开济、宋崇实等人撰写材料。
4 同上。
5 同上,郑裕峥撰写材料。
6 同上。
7 同上,鲍兆峰撰写材料。
8 同上。
9 同上,张开济撰写材料。

接洽到施工建造完全独立创作的作品,是我国私营时代刚刚萌发的由本土培养的建筑师独立经营的小型建筑事务所的作品(图3-18),也是战后南京恢复建设时期的作品,建筑类型、样式、建造工艺和思想都保留着时代的印记。"伟成"事务所时期的项目图纸,保存至今的有三项:中国农民银行京行四条巷宿舍、中央合作金库办公大楼、交通部公路总局第一运输处广州路宿舍。

中国农民银行京行四条巷宿舍(附录2:附图1-1~附图1-5)是银行职员住宅,1947年6月完成设计。建筑群位于一菜刀形基地,共有两栋乙种宿舍(图3-19)、

※图3-18 伟成建筑事务所委任契约
图片来源:张开济家人提供

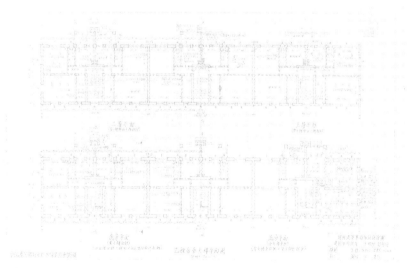

※图3-19 中国农民银行京行四条巷宿舍,乙种单元住宅平面图
图片来源:张开济家人提供

第3章 初出茅庐:战火中的艰难起步(1935—1949)

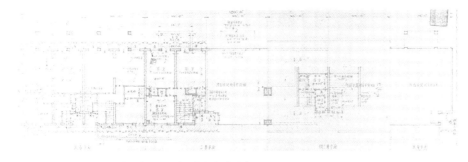

※图3-20 中国农民银行京行四条巷，甲种联排住宅平面图
图片来源：张开济家人提供

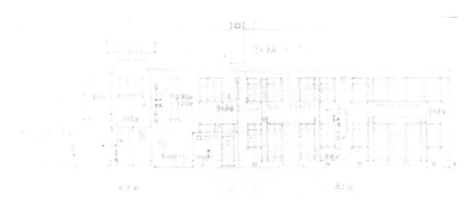

※图3-21 中国农民银行京行四条巷，甲种联排住宅立面图
图片来源：张开济家人提供

一栋甲种宿舍（图3-20、图3-21）和大门、车库等辅助设施。辅助用房沿街形成管理的边界，门房呈圆形转角，方便汽车出入，整体外观具有装饰艺术色彩。

甲种宿舍为7户的联排住宅，每户两层加阁楼，面积约150m^2；乙种宿舍是主力楼型，一梯两户三层高的单元房，每栋3个单元，每户约60m^2。两种宿舍虽然等级有差别，但是基本的居住功能是类似的，每户都有起居室、餐厅、厨房卫生间一套以及卧室，并有仆人卧室和箱子间（储藏）。与战后作为范型的由杨廷宝所设计的公教新村住宅相比，甲种宿舍居住品质更高，但空间分割受砖混结构影响不如公教新村灵活，因为后者是框架结构，可以有1室户、2室户的区分。乙种宿舍与公教新村格局相似，但房间面宽更大，在厨房外的平台处还设有垃圾通道，更为舒适宽敞。

两种宿舍都是砖墙承重结构，局部设有砖柱，配150mm×180mm钢筋混凝土过梁，架杉木檩条坡屋顶。外观以黄沙石灰粉刷为主，间以少量清水砖墙。两种住宅采用了一些标准化的措施，如：开间面宽约7800mm，通过不同组织模式，以及进深方向的变化，形成不同的居住等级，最终主卧及起居室长宽比例舒适、规则，而楼梯、卫生间等附属部分则经济紧凑，毫无浪费。

太平巷中央合作金库办公大楼（附录2：附图2-1~附图2-8），1947年底完成设计，建筑总面积2000m²左右，首层占地约650m²，平面呈"H"形，三层坡顶。空间紧凑、经济、便捷（图3-22、图3-23）：中央是交通及公共空间，左右两翼各切分为三个大办公室，又可以再切分为六个小办公室。坡顶内还设一阁楼层。整体流线简洁、布局均衡，使用灵活。

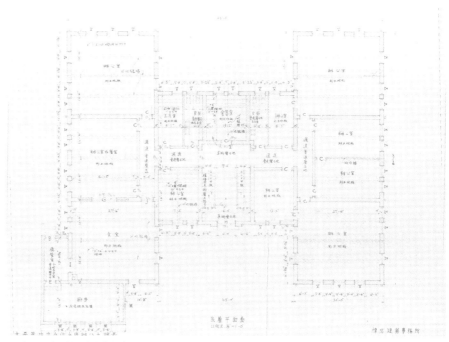

※图3-22 太平巷中央合作金库办公大楼首层平面图
图片来源：张开济家人提供

※图3-23 太平巷中央合作金库办公大楼立面图
图片来源：张开济家人提供

办公楼为砖木结构，所有的洞口上方加钢筋水泥过梁。首层一侧拆去隔墙作为公共餐厅，并在主体建筑以外加建厨房。斩假石基座，墙身用清水砖墙和水泥粉刷墙面形成竖向线条，使建筑显得更挺拔，墙身无其他装饰，只在大门处略加中式花窗。办公大楼右侧有一栋已在建设中的"训练大楼"，据现有资料推测，应为张开济所设计。张开济的设计经济实用、灵活高效，与廉洁、低调的陈果夫行事风格十分契合。

交通部公路总局第一运输处广州路宿舍，设计完成于1948年7月，共有三种类型建筑（图3-24）：三排联排住宅、一栋独栋别墅、一排工房，工房下层为车间，上层为司机宿舍。地块南向依山，故而联排与别墅在北，工房在南。三种建筑通过平面功能清楚地区分等级，形态上具有共同的语言，形成简洁和谐的整体性。

联排住宅为南向入口，起居室面南，北为厨房和仆人房间，二层有一南一北两间卧室和一个卫生间，利用坡顶最高处做储藏。建筑外观首层为清水砖墙，二层水泥拉毛粉刷墙面，青洋瓦屋顶。联排设计较农行宿舍更为紧凑，每户面宽仅5100m，进深方向为9900m，两层共约100m^2（图3-25、图3-26）。

独栋别墅规模较大，建筑面积约480m^2（图3-27）。东侧为双车位车库；西侧

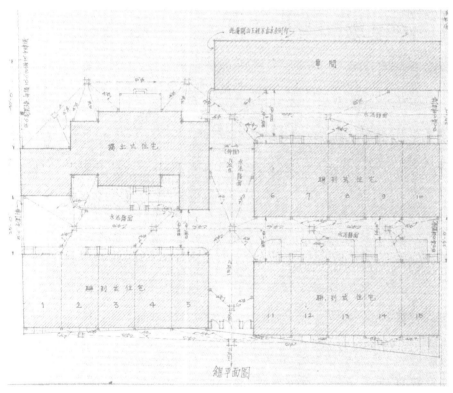

※图3-24 交通部公路总局第一运输处广州路宿舍总平面图
图片来源：张开济家人提供

为服务空间，有厨房、供餐室、佣人房和门房；中间部分是主要空间，首层南向的餐厅、起居室、书房为连通的流动空间，北向设独立客房。二层为卧室，南向三间，北向一间。建筑外观为水泥拉毛粉刷墙面，斩假石转角柱，青洋瓦屋顶。围墙设有琉璃花格装饰，铁艺大门，虽然空间充裕开阔，但建筑外观仍然比较朴素。工房为一南向单廊建筑，两侧为楼梯，中间五个标准开间。

这三套图纸反映出一些规律。首先，每一项都是整体设计：场地是独立封闭的区域，设计包含从场地规划、道路设计到建筑主体、室内装修、大门及门房、车库及设备等的全部内容。这种设计方式可能源于收费制度[1]，但客观上促进项目的整体性，使空间利用、建造施工的各个方面更加节约高效。其次，项目属于机关投资建造的职工住房，规格为中档。住宅的类型多样，办公楼具有一定的综合体性质。第三，建造技术以砖木结构为主，辅以钢筋混凝土构件，结合了空间灵活和低技价

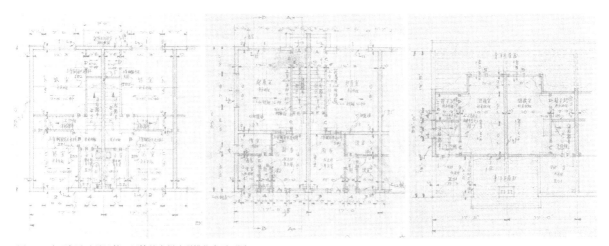

※[图3-25 交通部公路总局第一运输处广州路联排住宅平面图
图片来源：张开济家人提供

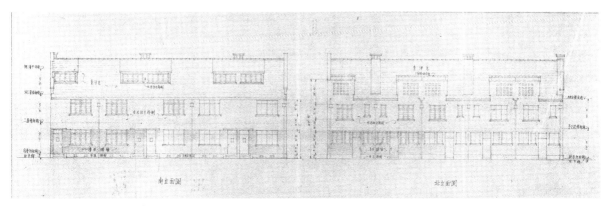

※[图3-26 交通部公路总局第一运输处广州路联排住宅立面图
图片来源：张开济家人提供

[1] 李海清. 中国建筑现代转型[M]. 南京：东南大学出版社，2004：5. 书中提到1938年版《建筑法》规定建筑师收费为造价的4%～9%，如连同室内设计一道做则高达15%。促使建筑师有条件精心设计，并有责任直接参与工程监理。

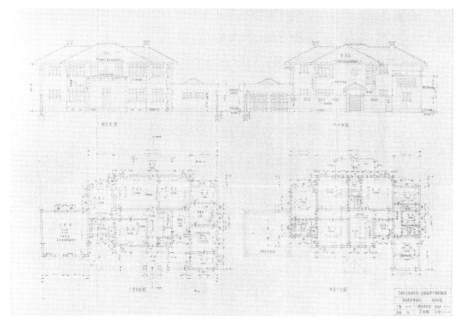

※图3-27 交通部公路总局第一运输处广州路别墅图
图片来源：张开济家人提供

廉的优点。第四，建筑外观和内饰都简朴实用。在功能性的形态基础上，外墙通过材料的组织，形成立面的比例，重点部分采用铁艺和琉璃花砖进行点缀，同时具有现代功能主义和古典主义的双重美学特点。

张开济常用的一些构造做法，如清水砖墙、水泥粉刷、水泥拉毛、斩假石和磨石子地面，大多为近代极为成熟的做法。他接触的项目主要来自私人业主、政府机构和地产商，于投资和空间使用方面追求高性价比，强化了建筑师对流线组织、方位安排、尺度处理、空间利用方面的职业敏感，以及在建造体系和构造做法中寻求综合优化方案的本能。

除了这三套图纸，目前在张开济保留的资料中还有为数不少的工程照片，有待进行分析和辨认，但从这些项目的设计类型、风格、手法综合判断，符合张开济这一时期作品的特点，本书选登其中的两个案例。

第一个项目笔者称为"办公"（图3-28）。根据其建筑形态、场地关系的特点，基本可以确认为是南京太平巷"中央合作金库办公大楼"及"训练大楼"的竣工实景照片。唯"训练大楼"的平面遗失，它在"中央合作金库办公楼"总平面上的呈现不完整，所以有待更多研究加以最终确认。

这是前后两期工程，第一期双坡顶建筑应为"训练大楼"，由坡顶内廊围合成一个院落。入口处外墙饰以浅色涂料，形成大门形象，其比例格局与中南大药房店面十分相似。精心设计的雨落管将雨水引导到内院。照片取景展示摄影者在有意记录构造做法和效果。第二期的四坡顶建筑应为前述"中央合作金库办公大楼"，首层一侧突起的体块是餐厅部分。建筑比第一期更自由活泼，色彩分明。

第二个项目笔者称为"别墅"（图3-29）。这一坡顶别墅水平展开，周边有水面和丛竹，疑似西南地区设计。从建筑外观看应为一不对称平面，舒缓的坡顶形成较深的挑檐，配合横向展开的平台，具有美国建筑师赖特的草原别墅风格。上大下小的弧形立柱有流线型的韵味，与张开济在1951年的"燕京饭店"入口所采用的立柱造型基本一致。与学生时代相比，张开济的设计从关注现代形式向持有现代原则转变，并发展出一套在低技术、低造价条件下的成熟手法。

※图3-28 第一个无名项目：办公（疑为南京太平巷中央合作金库办公大楼及训练大楼）
图片来源：张开济家人提供

※图3-29 第二个无名项目：别墅
图片来源：张开济家人提供

3.6 本章小结

张开济在战争年代的动荡时局中，在社会对本土培养建筑师的质疑和排斥中，依靠微弱的人脉和刻苦自律的精神，努力立足于行业，逐步实现自己的建筑师梦想。毕业11年后他注册了自己的事务所，并在战后恢复时期打开一个不错的局面。他的成长历程，完整勾画出早期本土培养的建筑师从进入社会到独立开业的艰难和曲折。通过积累来自各类事务所的经验，体会市场对不同类型建筑设计的多元需求和行业竞争之残酷，他在实践中逐渐形成自己的设计风格。

十余年中，张开济完成了"中国固有式"和"现代设计"两种类型设计经验的积累。"中国固有式"主要来自战前公和洋行和基泰公司的大型项目。他学习了解上一代建筑师在现代高层中进行民族化的手法；通过绘图、研究和模仿跟随杨廷宝和基泰案例学习传统形式的现代设计方法，这是他新中国成立后成为"民族形式"代表性建筑师的经验基础，也可以视作从"中国固有"到"民族形式"在建筑师个体经验上的传承。

战争背景下，合理、经济、安全、适用的现代设计原则得到极大推广，现实引导着设计思想的转变。张开济在成都、重庆和南京独立完成的日常生活、办公、商业项目都是现代设计。与学生时代相比，他从侧重现代设计的形式发展为持有现代原则，对于"经济"、"合理"所具有的社会意义和实践价值有深刻了解，对建筑功能、形式、结构、材料的再认识包含了建造层面的意义,磨练出面向真实需求的"现代设计"技能。此外,民国建筑管理制度也推动建筑师进行项目的"整体设计",培养建筑师具有全面、综合考虑问题的专业素养。

他在《天地》杂文上发表的杂文具有与西方20世纪初的"先锋艺术"相同的观念,即艺术不应与日常生活隔离,文化艺术要走下高贵的殿堂,面对当下与未来。出于对社会生活、风土人情、人物百态细致入微的观察,他善于从生活和专业的双重视角辨析城市建设、建筑设计、住宅设计的优劣,并进行评论。重"Common sense"[1]而轻"意识形态"是张开济在各种环境下,保持独立判断的思想基础。他对中西新旧文化持有的二元批判态度或许有助于形成不走极端的、辩证的建筑设计思考方式。他关注建筑师的社会地位,认为国人对这一职业认识不足,未能在民众的生活改善上发挥其价值。张开济在美学上崇尚"趣味"、"质朴"和"真实",反对商业地产的华而不实和虚假模仿。他反感官僚政府的贪婪腐败,内心向往民主和公平的社会、具有服务"大众"的进步思想,这是他在"跨越1949"的政治道路选择中的重要思想依据。

---

[1] Common Sense维基百科解读为"那些显而易见的真理或传统智慧,人们不需要诡辩就能掌握,也不需要证据就能接受,因为它们与整个社会主体的基本(常识)智力能力和经验非常一致。"

第 4 章
抉择与机遇：过渡时期的继承与开创

与沈阳开国纪念碑方案合影

1949

—1952

4.1 思想进步与道路选择

国民政府教育部举办的"三十五年度公费留学考试"揭榜，张开济考取了专业第二名的好成绩，准备前往美国伊利诺大学深造[1]。他申请护照、兑换美元，做好了准备，但工程繁忙，便决定项目完结之后再圆留学梦。然而，政权交替带来意想不到的人生机遇，1949年1月31日，北平和平解放，这座在学生时代给张开济留下美好印象的古老都城将发生翻天覆地的变化。他已在英文杂志和一些公开发行的进步书刊上读过对共产党边区政府和长征情况的介绍[2]。"二战"后蒋介石政府经济政策失败，在社会各界的批判声中，张开济思想上逐渐认同这个倡导人民民主专政的，执行"民族的、科学的、大众的"文化纲领的新政权[3]。

开国大典前夕，中国人民政治协商会议确定新中国首都为北平，改称北京[4]。这座旧都并非中国近代建筑业的中心，新首都建设首先要解决技术人才的引进。设计单位开出优厚条件，政府出面组织并请梁思成等业内知名人士协助召集人才。"要千方百计地团结、培养建设人才，首先要团结、培育技术人才，这是决定我们能不能迅速建设社会主义新中国的关键问题。"[5]。在这样真诚热烈的氛围下，沪宁一带建筑师大量北上汇聚到新首都的建设工作中。

1949年夏，南京、上海等地已陆续解放，张开济与顾鹏程等朋友再次到北京访友。归途中他到天津探访舅父许季上，告诉他自己考虑新首都建设可能会有大量机会，想来北京开办事务所，待完成一些工程，筹得更充裕的资金后再赴美留学。舅父听了很不以为然，他精通哲学，洞悉社会将要面临的巨大变革，指点张开济，新社会应该参加政府组织的建设工作[6]，而不是办私人事务所。

张开济随即给业内知名人士梁思成写了一封信[7]，表达了自己的意愿。正在大力召集专业人才的梁思成很快给这位未曾谋面的建筑师回信（图4-1）：

开济先生：

接到你十一月三十日信，知道你急于要解决你的今后出处问题。现在北京建设工作中，最需要的是建筑师。国营华北建筑公司（企业性的）正在找有经验的建筑师，同时，即将改组出来的北京都市计划委员会的企划处——将来将负起中央各部会大部分建筑设计——也需要多位建筑师，所以你的服务，是正为各方面所争求的。企划处之出来，至少尚须待十天乃至年底，那是我直接领导的工作，你若愿屈就与我合作，我是欢迎之不暇的。但若要急于决定，我也可以介绍你到华北公司。华北与市企划在工作上也有密切的联系，但是另外一个单位。接到这信后，希望你能即来京一谈，到京后请先通一个电话，约定时间会晤。专复并致。

梁思成

1949.12.3

[1] 彭怒，等. 关于中国第二代建筑师张开济先生建筑创作的历史研究；关于建筑历史、历史学理论中几个基本问题的思考；高技派建筑思潮研究[D]. 北京：清华大学，2001：47.
[2] 北京市建筑设计研究院有限公司档案室. 张开济干部档案[A]. 张开济撰写材料.
[3] 同上.
[4] 北京建设史书编辑委员会. 建国以来的北京城市建设[G]. 1985：23.
[5] 《中国建筑业年鉴》编委会. 1994中国建筑业年鉴[G]. 北京：中国建筑工业出版社，1995：453.
[6] 张开济. 尚堪回首[M]. 北京：北京出版社2003：1.
[7] 根据梁思成的回信，张开济于1949年11月30日写信给他。

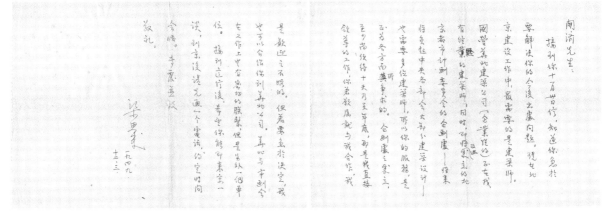

※图4-1 梁思成给张开济的回信原件
图片来源：张开济家人提供

张开济立即到北京见梁思成，由于梁负责的都委会编制尚未落实，他再次回到天津，随即接到已先行回沪的顾鹏程来信，邀请他同到北京参加"永茂"建筑公司工作[8]。

1949年9月，北平军管会[9]副秘书长李公侠受命筹建永茂系统的建筑公司[10]。他聘用原北平龙虎事务所主持人钟森出任公司设计部经理，因北京专业人员力量不足，李公侠提出从上海、香港等地招聘人才。钟森邀请大学同学顾鹏程来京担任永茂设计部总工程师并在上海招募人才[11]。顾鹏程引荐了包括伟成事务所在内的四个私营公司加入永茂，聘请张开济担任副总工程师。据永茂建筑公司设计部员工名册记录，顾鹏程与张开济于1950年1月入职，是南来建筑师中最早的两位[12]。事实上1949年底，顾鹏程、张开济就已经在钟森陪同下从上海来到北京，正式参加永茂工作[13]。

4.2 新工作环境与社会关系

永茂建筑公司设计部筹建时只有几位干部，1950年招到技术人员后快速扩大。搬至王府井东厂胡同5号时，公司的49位职工中已有42位技术人员[14]。国营设计单位既是工作团队，也是集体生活的"大家庭"，为职工提供宿舍、食堂，周末还举办舞会等娱乐活动。1950年3月10日，永茂设计部在《人民日报》刊登广告，正式开展各项业务[15]。张开济既是公司副总工程师，也是设计部主任，他的月薪高于另一名副总，与顾鹏程同级，领取1500斤小米[16]。总工程师顾鹏程为土木专业出身且

---

[8] 北京市建筑设计研究院有限公司档案室. 张开济干部档案［A］. 张开济撰写材料.
[9] 北平军管会即北平市军事管理委员会.
[10] 永茂系统几个公司：建筑公司、实业公司、利华公司都是在1949年8月后，全国恢复生产时期相继组织起来。为适应国家建设需要，以清管局拨给的几个小型工厂以及三百多万周转金为基础，军管会抽调两个干部及华大几个学员，成立了建筑公司. 北京市档案馆馆藏档案. 北京市建筑公司永茂各科室的计划与总结［A］. 档案号032-001-00006.
[11] 刘亦师. 永茂建筑公司若干史料拾纂（二）；制度建设（1949~1952）［J］. 建筑创作, 2017（05）：66-73.
[12] 同上.
[13] 北京市建筑设计研究院有限公司档案室. 张开济干部档案［A］.
[14] 北京市建筑设计研究院有限公司. 北京市建筑设计研究院组织史资料（1949.10—1992.12）［G］. 概述.
[15]《中国建筑业年鉴》编委会. 1994中国建筑业年鉴［G］. 北京：中国建筑工业出版社, 1995：454.
[16] 刘亦师. 永茂建筑公司若干史料拾纂（二）；制度建设（1949~1952）［J］. 建筑创作, 2017（05）：66-73.

已50出头，年富力强的张开济是建筑设计的主力。根据王弗对新中国恢复时期建筑业状况的回忆，永茂"当时延聘的设计人员，先到市建设局交验履历，根据学历资历领取执照。有工程师、副工程师职称的，方能正式承担设计任务。"[1]

永茂建筑公司迅速发展以适应形势的需要。1950年9月21日改名"公营永茂建筑公司"明确其国有的性质。1951年6月，永茂建筑公司又按设计、工程、材料划分为三个子公司，设计部改称"永茂建筑设计公司"[2]，并正式成立了中国共产党支部[3]。独立后的"永茂建筑设计公司"设置两个设计部及人事科、业务科、办公室三个管理部门，张开济的老同学张镈在1951年3月底自香港返回北京加入永茂，张开济担任第一设计部主任、张镈担任第二设计部主任[4]（图4-2）。同年10月，华揽洪携全家从法国回到北京，加入永茂公司，并被北京市人民政府聘为北京都市计划委员会的第二总建筑师[5]。永茂汇聚各路精英，形成了当时北京一支最强大的设计力量，在统一管理下，建筑师们各自带领团队完成指定项目，个人的工资酬劳与具体任务没有关联，而是靠人事制度决定。

1950年夏天，张开济在单位舞会上认识了孙靖女士，经过半年的交往，两人于1951年元旦举办了简朴的婚礼。随后，张开济搬出单身宿舍，入住迺兹府内一栋高级住宅，同住的还有顾鹏程和刚回京的张镈两家，一位在清宫做过御厨的师傅专职为他们做饭[6]。孙靖出身于无锡籍的北京大家族，兄弟姐妹众多，同辈人中有著名的建筑师孙立己[7]、清华土木系教授陶葆楷[8]、农业科学家叶笃庄[9]等，单身来京的张开济不但建立起幸福的小家庭，同时拥有了一个知识精英型的大家族。1949

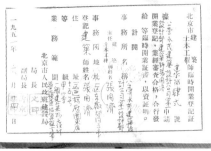

※图4-2 张开济1951年的建筑师执行业务手册
图片来源：张开济家人提供

1 《中国建筑业年鉴》编委会. 1994中国建筑业年鉴[M]. 北京：中国建筑工业出版社，1995：454.
2 刘亦师. 永茂建筑公司若干史料拾纂（一）：机构之创设及其演替，1949~1952 [J]. 建筑创作，2017（04）：240-245.
3 资料来自《北京市建筑设计研究院组织史资料（1949.10—1992.12）》第一章。第一任党支部书记为张若平。
4 北京市建筑设计研究院有限公司. 建院和我[G]. 2015：10.
5 华揽洪：1912—2012建筑创作专辑[J]. 建筑创作，2013（03-04）：96.
6 张镈. 回到故乡——建筑师张镈回忆录.[M]. 北京：中国文化出版社，2011：72.
7 孙立己（1903—1993）字竹荪，江苏无锡人。1925年毕业于交通部唐山大学土木工程系，1928年毕业于美国伊利诺伊大学建筑系，1931自办"孙立己建筑师事务所"，在上海、南京从事建筑设计，曾任上海国际饭店经理。1951年参与北京兴业投资公司与上海国际饭店共同策划的联合饭店（即和平宾馆）的筹建工作。
8 陶葆楷（1906—1992），江苏无锡人。清华大学著名教授。早年毕业于美国麻省理工和哈佛大学。1931年创建清华大学土木系市政及卫生工程组，曾任西南联大土木系主任，1946—1948年清华大学土木系主任，北京大学工学院土木系主任，1952年后任清华土木系和土木建筑工程系主任等职。
9 叶笃庄（1914—2000），安徽怀宁人，著名的农业经济学家。1934年自费留学日本，就读于东京帝国大学农实科。曾任国民党资源委员会经济研究所研究员、北平农事试验场副研究员。解放后任华北农业科学研究所编译委员会主任，翻译了《物种起源》。1957年错划为"右派"，劳改关押期间翻译了《达尔文全集》。

年前,张开济的业务关系与社会关系密切交织,形成一张错综复杂的网络,1949年后,承接业务的途径及合作关系都由单位决策,工作以完成国家任务为主业,社会关系与业务关系的交叉大大减少,变得扁平和单纯(图4-3)。

永茂建筑公司第一年人员、资金即增加了六倍多,每月完成的工程量约扩大十倍,达三十四万余平方公尺[10],是永茂系统发展最快的一支。过快的发展带来一些大大小小的冲突,其中行政干部和知识分子之间的关系、建筑师相互之间的关系是最主要的矛盾。由于公司总经理李公侠信任知识分子,在物质和精神上都给予技术人员较好的待遇,干群关系比较融洽。但是来自不同背景的人员"思想情况极端复杂,特别是技术人员的山头宗派以及各种部门的本位主义思想造成严重的不团结现象"[11],经过"整顿家务运动"和开展批评与自我批评,建立整体观念,纠正官僚主义思想和作风,公司状况才有改观。新中国成立初期,工业产品上涨,小米下跌,员工实际待遇受到一定影响。永茂的部分技术人员组织起来抗议,要求进行薪水的保本保值,公司最终以"薪资协商会议"给予回应并适当调整了薪酬[12]。张开

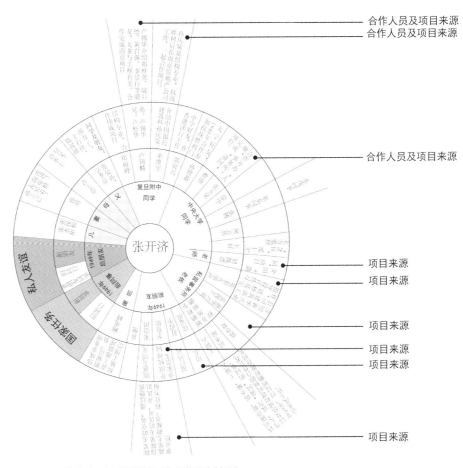

※图4-3 1949年前后,张开济社会关系与业务关系分析图
图片来源:作者根据张开济简历、档案等资料绘制

[10] 北京市档案馆馆藏档案. 北京市建筑公司永茂公司各科室的计划与总结[A]. 档案号032-001-00006。
[11] 同上。
[12] 同上。

第 4 章 抉择与机遇:过渡时期的继承与开创(1949—1952)

济没有参与加薪的斗争，他认为国家目前经济极度短缺，而给技术人员的待遇是相当优厚的，自己愿意受些损失与政府、大众共度经济上的难关[1]，因为思想的"进步"招来一些同事的不理解。

1951年，公司人员在政治与专业两个层面开始经历学习和改造。"抗美援朝"运动，纠正了技术人员普遍具有的亲美崇美思想。"民主改革"运动，设计部门的工程师们结合设计与施工进行专业思想改造，端正自己的立场。1951年底开始的"三反"运动中，永茂受到一次比较沉重的打击。因为扩大建筑业务范围的运作与政策公文批示之间对接不严密，公司总经理李公侠受"非法木材经营风波"影响被停职[2]，建筑师们受到无辜的怀疑。张开济也被打成老虎之一，长子张保和回忆，"他（张开济）被打成大老虎，即贪污犯。当然，这是一个子虚乌有的罪名。我记得我妈妈告诉我当时公安部一个处长经常到我们家来，调查我们家的经济情况。"[3]张开济被停职反省，抓入"打虎队"审查并失去了两个月的自由。最终，公司节委会给出调查报告："经过调查甄别结果，根据现有材料，关于张开济贪污受贿的问题不能证实"[4]。经此一场运动，整个公司人心浮动，情绪低落，工作处于半停顿状态。

1952年4月，市委组织部调富有组织经验和工程经验的沈勃[5]前来担任公司副经理，主管设计工作并负责安抚在运动中受到伤害的永茂公司员工们，单位内逐渐恢复和谐的气氛，重焕发展的生机。1953年，公司决议迁到城外南礼士路，这一带是复兴门外护城河发水时的淹没区，荒废无人，出了城门便是土路，一切基础设施皆无，与城内有天壤之别。然而，新首都的建设必然要向东西郊扩展，公司领导通过思想工作动员员工搬迁。作为城市建设最重要的一支力量，北京市建筑公司设计部[6]入驻西郊，象征着大规模的新首都建设即将伴随过渡时期的结束和第一个五年计划的开始而启动。

1950年4月，梁思成主持的"北平市都市计划委员会"已更名"北京市都市计划委员会"，并由北京市人民政府公布正式人选名单，张开济当选为29位委员之一[7]。近代欧美民族国家建构的过程中，城市规划成为政治法令落实到空间层面的工具。20世纪20年代，广州首任市长孙科引入"都市规画"这一术语，将美式的规划咨询机构改为具有一定决策权，隶属地方政府的城市规划机构，设置并行而隶属不同部门的工程设计委员会和建筑审美会[8]。抗战期间，国民政府陆续颁布《建筑法》和《都市计划法》，奠定中国近代城市规划"制度化"的基础，促使城市规划与建设的初步分化[9]。新中国建立的都市规划委员会基于民国时期的制度经验和人才积累，因而能在短时间内快速有效地进入工作状态，同时也不可避免地将旧的思想和理论带入到新组织中。

北京都市计划委员会由市政府的官员、职员以及规划师、建筑师、工程师、艺术家构成的技术团队共同组成。其中建筑师约占7席，包括张开济中大的3名校友，永茂3位同事（华揽洪加入后占4席）。民国时期隶属于不同部门的规划、工程营造

1 北京市建筑设计研究院有限公司档案室. 张开济干部档案［A］. 张开济撰写材料.
2 导致李公侠记过的"非法木材经营风波"开始于三反之前，只是时间上与三反运动重合. 资料来源：刘亦师. 公营永茂建筑公司右十史料拾萃（三）：国民塑造与国家建构［J］. 建筑创作2017（05）：74-79.
3 张保和. 怀念我的父亲张开济［Z］. 张开济家人收藏手稿.
4 北京市建筑设计研究院有限公司档案室. 张开济干部档案［A］.
5 沈勃，1918年生于山东，1943年加入中国共产党，成为北大工学院第一个地下党支部的委员. 新中国成立后担任北平市第七区区长，在城建工作中清理整顿环境并进行了城市地形测量.
6 根据梁永兴回忆文章，1952年4月，公营永茂建筑公司改名为"北京市建筑公司设计部"，这一单位名称使用至1953年3月28日，再次改名"北京市建筑工程局设计院". 梁永兴. 时光倒流：北京市建筑设计研究院往事［J］. 建筑创作，2014（Z1）：442-450.
7 李杨. 新中国成立初期北京都市计划委员会相关史实考论. 北京档案史料4［M］. 北京：新华出版社，2016：230.
8 吴东. 近代"都市计划委员会"制度研究［D］. 南京：东南大学，2018：18.
9 同上，22.

和建筑审查工作被归入同一个委员会。都市计划委员会及人员由中央人民政府政务院正式任命，均持有政务院颁发的任命通知书，因此，都委会不但是城市规划和建设方面的政府智囊团，同时也带有政府机构的性质[10]。

加入都委会扩大了张开济的专业交往圈层。在这个学术团体内，他得以与华南圭、陈占祥、林徽因、侯仁之、费孝通、冯法祀等学者们交往，拓展视野，形成学科交叉的知识圈。1955年，都市计划委员会被执行苏联规划理论的新组织取代[11]，但其工作方式以及成员持有的欧美学术理念对张开济有深远的影响，他与同属都委会成员的戴念慈、侯仁之、华揽洪等终生保持着学术上的交往，并在城市建设领域有诸多共识。

4.3 新工作方式与新建筑类型

初创时期，永茂的经营具有过渡时期的特点，在报纸上刊登广告，同时完成上级下达的任务。基层技术组织分为三级：总工程师室——设计部——设计部建筑组。张开济既属于总工程师室，也直接在一线建筑组内带领同事工作，与他一起合作的有傅义通、周治良、欧阳骖、张兆栩等，都是刚刚从学校毕业的年轻人，求知欲很强，张开济很乐于跟他们在一起，并将自己的经验传授给新一代建筑师[12]。回首往事，他不由羡慕年轻人的幸运，新制度下，他们毕业即受到社会的热情欢迎，可以无后顾之忧地专心搞业务，不必再经历自己当年的种种磨难。

为保障设计质量，永茂参照行业惯例和经验，实行《设计监造工作暂行规程（草稿）》[13]，并以《北京市建筑设计试行简则》作为设计工作执行文件[14]（图4-4）。《规程》规定建筑设计工作的流程、各阶段的任务和建筑师的责任，将工作细分为草图、正图、估算及订立施工合同、施工指导及工程检查、设计建造工作总结等各个阶段，规定图纸的等级标准，如："略图以1：200为准，用单线绘制，只做平面，必要时可做断面"。《简则》规定建筑设计的基本要求，如房基线的范围界定、建筑高度和街道宽度的比例、街巷长度与宽度、建筑与邻户的关系，以及消防、采光、通风、楼梯和辅助空间的规范等。此外，公司还逐渐形成总结制度，由全体参与设计的人员和业务员对工程的技术、过程及思想作风进行讨论，并形成报告同图纸一同存档，建立起单位制的基本工作方法。

经济恢复的三年中，北京的建设规模小、类型也较少，主要工作目标是改善和安置住房。这一阶段实行多种经济并存的政策，投资渠道多元，管理尚未统一，又缺乏专业媒体对舆论的引导[15]，成为一个自由多元的设计时期。建筑风格在宽松的环境下"百花齐放"，出现一批有鲜明现代性的作品，如杨廷宝设计的和平宾馆和

---

10 李扬. 新中国成立初期北京都市计划委员会相关史实考论. 北京档案史料4[M]. 北京：新华出版社, 2016: 229.
11 同上, 231.
12 北京市建筑设计研究院有限公司档案室. 张开济干部档案[A]. 张开济撰写材料.
13 刘亦师. 永茂建筑公司若干史料拾纂（二）：制度建设（1949~1952）[J]. 建筑创作, 2017（05）：66-73.
14 北京市建筑设计研究院有限公司. 北京市建筑设计试行简则[G].
15 1954年才开始组织并发行专业刊物。6月出版《建筑学报》创刊号；7月出版《建筑译丛》创刊号；10月出版《建筑》创刊号。资料来自：刘亦师. 新中国建筑刊业之肇基时期（1954—1966）[J]. 建筑师, 2014（06）：99-107.

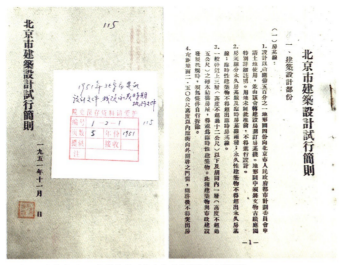

※图4-4 永茂公司1951年执行的《北京市建築設計試行簡則》
图片来源：梁永兴提供

华揽洪设计的北京儿童医院。

社会转型带来新的建筑需求。大量人口迁入北京后，住宅是最急需的类型，大片新居住区伴随机关厂房快速出现在城市东西郊。第二类重要建筑是学校。教育是现代国家满足工业化发展中各项人才需求的重要领域，也是社会主义制度下培养高素质干部和劳动者的机构。北京原有十余所高校，大部分规模等级较小。经济恢复时期北京城市规划尚未出台，文教区位置尚未最后确认，但是由于城内空间过于局促，人民大学、民族学院等在抗日根据地已成立的教育机构便抢先落户于北京西郊。张开济为民族学院设计了教学楼群，朝鲜战争爆发后[1]他被陆军大学筹备委员会聘为"校舍筹建处顾问委员会委员"[2]。第三类是工厂、机关的办公及配套服务用房，此时办公楼尚未大量落实，但"疗养院"已经开始建造。疗养院是社会主义制度下，与"劳动模范制度"相配套的特殊福利机构[3]。

代表国家形象的公共建筑也开始启动。虽然政府部门的经济极度拮据，但是开国大典前，天安门广场已经开始改造，并为人民英雄纪念碑奠基。纪念碑的设计先后征求了100多个方案，以梁思成的设计为主导，不断吸收上至国家主席，下至各方民众的意见进行调整，张开济也曾代表单位参加过集体大讨论。1958年，富有民族色彩，又大胆突破传统型制的40米高纪念碑终于隆重落成。规划部门在1950—1954年间陆续做了15个天安门广场的方案，争论的焦点为：第一，天安门广场应该突出政治中心还是文化中心？第二，新旧行政中心重叠，"新旧关系"应该如何体现？在这15个方案中，有11个在广场周边设置了超高层建筑，体现出大众普遍希望以新的、科学、进步的形态来代表新国家和新政权，期待新形象胜于模仿旧式样的高涨情绪[4]。

---

[1] 朝鲜战争于1951年6月爆发。
[2] 信息来自张开济保留的陆军大学筹备委员会聘书，由张开济家人提供。
[3] 白思鼎（Thomas P. Bernstein），李华钰. 中国学习苏联——1949年至今[M]. 香港：中文大学出版社，2019：255-270. 劳动模范制度20世纪30年代末来自苏联，指在风景优美的地方建设有医疗和修养设施的疗养院，供首长和先进生产者、劳动模范等进行休息度假，以体现工人是受到国家和集体尊重的主人。
[4] 董光器. 古都北京五十年演变录[M]. 南京：东南大学出版社，2006：137-138.

4.4 多元尝试与现代设计立场

社会学家金耀基认为,社会转型的含义有二,一是社会处于转型的过程中,二是形成一个转型的社会,其特点是具有新旧、东西、中外体系杂然并存的现象[5]。经济恢复时期北京的城市建设规模小,但是行业的传统、欧美理论与苏联影响共存,建筑师个人观点也可以较自由地展现,因而张开济在过渡时期的探索中,设计方案呈现出现代设计和民族形式的不同风格。

清廉的政务院大门

府右街北段原属皇城西北角凸起的部分,是清末摄政王载沣的王府。民国二年,朱启钤将府右街北延,贯通到西安门大街。切入街东的中南海曾为袁世凯总统府及北平市特别市政府,新中国成立后将政务院设置于此。

1949年任中南海修建股股长[6]的卜一明回忆:新中国成立后,中央人民政府设在中南海南区,出入大门为西长安街新华门。政务院办公设在中海,出入大门为府右街上的北平市政府旧门,由于此门破败不堪,1950年由永茂公司张开济负责在旧门原址修建一座新的大门[7](图4-5)。

※图4-5 政务院大门街景
图片来源:作者手绘。

[5] 秦晓. 当代中国问题:现代化还是现代性[M]. 北京:社会科学文献出版社,2009:030-033.
[6] 白振刚,贾晓明. 新中国成立前后的国家机关事务工作——人民政协筹备会庶务处处长周子健的回忆[J]. 纵横,2009(06):16-19.
[7] 卜一明. 他时刻想着人民——回忆周总理勤俭建国的一件小事[N]. 人民日报,1996-8-5(011).

"大门为中国古建筑式三门洞出入型式，基座为汉白玉须弥座，墙身为大块磨砖对缝墙，门顶为起脊斜山屋顶，绿琉璃瓦顶面"[1]。预算为当时的人民币七千多万元（七万多斤小米）。因为涉及政府形象，这个设计被送给周恩来审阅，周恩来提出中国农民的生活还贫困，要求一切从俭。卜一明一夜未眠，第二天找张开济，协商如何降低造价，将汉白玉须弥座改为普通的花岗石，绿琉璃瓦改成普通的灰合瓦，尽量使用修缮中南海的旧料，"在张开济总工程师通力合作下，修成了目前坐落在府右街的国务院西门，工程结算下来花了不足五千元。"[2]。

这座大门位于府右街上的中南海西北角，大约是一项最小的"政府工程"，大门现状很可能还保持着张开济设计的样貌：灰色的顶，屋顶起坡比较陡峭，侧面呈三角形，墙身为三门洞，基座部分为灰砖。张开济熟练地使用古建筑的语言，对材料等级有充分的了解，形式设计上很可能融入了基泰时的经验。

政务院是当时国家最高权力机关，新政府的务实节俭彰显出不同于旧政权的形象与立场。这样一个重视民生、克勤克俭的政府，对于具有进步思想的张开济而言，正是他在前半生动荡不安、官僚腐败的社会中所憧憬的。

大屋顶序曲

中央民族学院是新中国建设的第一批高校，在国家经济恢复时期是相当大规模的工程。1950年12月政务院宣布在北京设立"中央民族学院"，1952年夏季学院便迁入了西郊新校舍。

张开济主持设计的民族学院教学楼建筑群，位于西郊白石桥附近荒芜的农田里[3]。校园规划非常独特，以一座东西向双坡顶礼堂为核心，南北向行列式布局的教学和办公楼共同组成"中心+院落"的格局。礼堂的主入口别出心裁地设置在山墙上，东西两侧形成供运动和绿化用的"大院落"（图4-6）。这种独特格局可能来自校门东向[4]、教学办公楼要争取南北向、以建筑围合院落的综合考虑。当时北京的城市规划方案还未形成[5]，校园圈地面积较大，单层建筑分散式排布可以充分利用空旷的场地条件。经济恢复时期，生产条件和技术条件落后，尚未有节约用地理念，今天看来过于简单的做法也是快速大规模建造的必然。虽然规划手法并不成熟，但"院落式"大学校园的意向具有本土传统色彩。

建筑风格为全套中式，"这个建筑群完成后，其中还有许多亭子和牌坊，再加上其他陪衬，便会建成近代的古典建筑群了！"[6]。单体的精美弥补了场地规划的单调。"大屋顶、灰砖青瓦，磨砖对缝，画梁红柱；整个校园典雅隽秀，错落有致，花草树木点缀其间，美丽如画。被誉为具有民族特色的花园式学校。"[7]（图4-7）。这是新中国最早一批采用"民族形式"的作品，1954年落成后梁思成在建筑学会成立大会上对它倍加赞扬，认为它既美观又经济。然而，它随即被批判梁思成民族形式的文章形容为"经济上浪费，艺术上狭隘"[8]。反浪费运动中，又被指责为"单

---

[1] 卜一明. 他时刻想着人民——回忆周总理勤俭建国的一件小事[N]. 人民日报, 1996-8-5（011）.
[2] 同上.
[3] 民族学院教学楼群的主体工程包括行政楼、教学楼、大礼堂等，1954年全面竣工后，总建筑面积达约42680平方公尺，包含53幢房屋。
[4] 20世纪50年代西郊只有一趟公交车经过民族学院东侧的城市干道，即今天的中关村南大街。
[5] 西北文教区的规划在1952年底才正式宣布。
[6] 顾雷. 中央民族学院建筑中的浪费[N]. 人民日报, 1955-3-29（002）.
[7]《走进中央民族大学》编委会. 走进中央民族大学[M]. 北京：中央民族大学出版社, 2006：4.
[8] 尚汉主编. 陈十文集京华待思录[Z]. 北京市城市规划设计研究院, 年份不详：166-167.

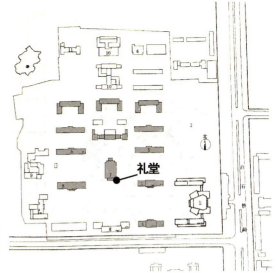

※图4-6 民族学院早期教学楼群平面
图片来源：作者改制．底图为：北京市建筑设计志编纂委员会．北京建筑志设计资料汇编上册［G］. 1994: 135. 中央民族学院教学主楼总平面．

※图4-7 民族学院早期教学楼群现状
图片来源：https://www.sohu.com/a/191844615_162758

纯摹仿古代建筑，脱离时代，脱离人民，脱离党和政府的政策，把建筑引上了'形式主义'的境地。"[9]

笔者认为，这个设计体现了社会转型时期的特征，折中混搭且浓墨重彩的建筑形式有着苏式"大屋顶"所缺乏的活力（图4-8），是"民族形式"的序曲。分析建造过程，可以看出设计者张开济和审批者梁思成在"民族形式"观点上的差异。

1. 要素重构的手法

民族学院教学楼群为南北方传统建造形式的组合。屋顶举折弧度较大，有挺拔的屋脊线和高鸱吻，具有南方古建的秀美；建筑的入口部分以北方官式建筑最华美的朱红立柱和彩画进行组合。素雅的灰砖建筑与华丽的入口在视觉上形成强烈对比，呈现一种沉静又灿烂的效果，要素重构使之区别于任何传统的式样。而位于核

[9] 顾雷．中央民族学院建筑中的浪费［N］．人民日报，1955-3-29（002）．

行政楼　　　　　　　　　　教学楼

礼堂大门　　　　行政楼入口　　　礼堂室内

※图4-8 民族学院早期教学楼群20世纪50年代旧照
图片来源：http://www.jiaxiangwang.com/cn/bjbeijingcity-haidian.htm

心的大礼堂，入口设于南侧山墙，在功能和形态上都突破了古建的范式，格外不羁。对照梁思成20世纪30年代设计的北平仁立地毯公司，可以看到梁倡导民族形式"中而新"，常常采用的手法就是要素的重构。

2. 庄严灿烂的色彩

民族学院的色彩"鲜明"而"灿烂"。近代早期的中外建筑师普遍认为色彩是中国传统建筑的特点，林徽因在1932年"论中国建筑之几个特征"中认为源于木料不能经久，中国建筑产生色彩的特征[1]；民国时期的南京《首都计划》在"建筑形式之选择"中论述了中国建筑"颜色之配用最为悦目也"；童寯在1925年参观惠具利展览会后所发表文章中提到惠具利在中国绘制的肖像"和谐鲜明"，"皆极庄严灿烂之致，最能表东方之美"[2]。由他的用词联想到英国建筑史家福格森在《印度和东方建筑史》中的偏见"中国建筑和中国的其他艺术一样低级。它富于装饰，适于家居，但是不耐久，而且完全缺乏庄严、宏伟的气象。"[3]便能够理解为什么童寯十分在意惠氏对"庄严灿烂"的展现，也就能进一步理解梁思成、林徽因对于中国官式建筑中色彩灿烂气势恢宏的推崇。

对于使用砖石混凝土材料的现代建筑而言，传统彩画失去了存在的科学依据，已变成纯粹的装饰。一些建筑师不再认同继续使用彩画，张开济便是其中之一。他在随后的"四部一会"工程中坚决拒绝使用彩画体现民族形式，因此很难想象他会

---

[1] 林徽因. 林徽因的另面人生 [M]. 台北：台湾商务印书馆股份有限公司，2005：17.
[2] 童寯，赖德霖. 参观惠具利展览会记 [J]. 建筑师, 2020 (06)：106-107.
[3] 赖德霖. 中国近代思想史与建筑史学史 [M]. 北京：中国建筑工业出版社，2016：36-37.

在民族学院教学楼建筑群中主动选择如此鲜艳的色彩。

3. 屋顶的设计演变

民族学院的含义是"培养少数民族的学院",建筑为何采用汉族传统古建形式?决策的过程颇为复杂。张开济最初设计的式样是他所熟悉的洋瓦四坡顶,因校方不同意,便改为平屋顶,缀以中国的花饰,勉强通过。这时,有干部和建筑师建议民族学院采用"民族形式",建设单位同意了这个意见。张开济本人非常反对这个做法,理由有两个:一个是民族学院是否应该采用这种形式,应慎重考虑;一个是预算投资不多,如采用大屋顶至少要追加投资百分之十以上。随后张开济用图纸表达了自己的观点。他画了两份图,一份是洋瓦四坡屋顶,另一份是具有民族形式的大屋顶。把前者画得很大、很漂亮,把后者画得小而且简陋。然而,握有审批权的梁思成却依然通过了"民族形式"的设计,并提出两点补充:把窗子做成正方形,把门窗漆成朱红色,以增加中国建筑特有的形式和色调[4]。

设计过程中,张开济和梁思成的思想差异是明显的,校史纪念册中一句谬误很可能记载了真实情景:"新校舍由清华大学土木建筑系著名建筑学家梁思成先生主持,按我国传统建筑风格设计"[5]。笔者相信梁思成在此项目设计中起到了远大于"审批"的影响。张开济在甲方使用者和官方审批者之间进行意见平衡,并试图传达自己的观点,最终不得不在梁思成的"协助和支持"下进行了一次折衷式的民族形式尝试。

单元式住宅的开锣戏

1951年,张开济受北京市政府的委托,在复兴门外真武庙设计一片具有"邻里单位"概念的住宅区,这是新中国成立后第一个较大规模的住宅建设工程,同时也是北京最早的楼房和单元式住宅群(图4-9)。

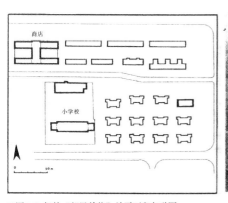

※图4-9 复外"邻里单位"总平面和鸟瞰图
图片来源:董光器. 北京规划战略思考[M]. 北京:中国建筑工业出版社,1998:226.

---

[4] 民族学院的设计过程信息来自:顾雷. 中央民族学院建筑中的浪费[N]. 人民日报,1955-3-29(002).

[5]《走进中央民族大学》编委会. 走进中央民族大学[M]. 北京:中央民族大学出版社,2006:4.

"邻里单位"是美国人科拉伦斯·佩里（Clarence Perry）提出的居住区组织的概念，核心理念是通过小学生源数量推导家庭数量，从而控制邻里单位的规模[1]。这个理论契合了当时美国中产阶级的家庭结构和社会需要，使土地开发模式从原来的小块土地细分出售转化为更高效的整体开发，并解决公共设施配套问题，得到社会广泛的响应和积极推广。"邻里单位"在1949年之前就传播到中国，在日据时代东北地区、民国南京首都规划和上海大都市规划中都曾经进行尝试，但由于战争和经济条件，并没有成规模地实践。1949年6月，梁思成在人民日报上发表"城市的体形及其计划"一文，全面阐述自己对现代城市规划的思考和建议，文中倡导用"邻里单位"的方式进行未来国家的住宅建设[2]。过渡时期宽松的环境给"邻里单位"理论在中国的落地创造了一个时机。

真武庙"邻里单位"一共建有24栋住宅楼，第一批13栋位于真武庙头条南侧，是清混水砖墙（清水砖墙和混凝土结合），洋瓦坡顶的三层单元式住宅，建筑面积约16000m²。张开济对项目做了比较详细的回忆：

> "工程坐落在复兴门大街的南侧，现在复兴门商城的位置，全部工程包括13幢住宅楼和一座合作社用房。住宅总平面约为一万六千平方米，全部住宅均为三层楼房，砖木结构，连楼板也采用木龙骨的上铺木地板做法，平面均采用一梯服务两户的格局，分'甲''乙''丙'三个标准。'乙'种盖得最多，是带厨房和厕所的两室户。'丙'种标准最低，采用了室外楼梯和合用厕所。'甲'种只盖了1栋，都是户型最大户"[3]

在标准最高的甲式住宅设计中，张开济专程请教梁思成应该如何布局。"梁先生对我说，按照北京的传统，住宅的正房和下房之间应该有适当的隔离，一则以防止厨房里的油烟气味直接侵入居室，二则以避免主人与工友之间的互相干扰。于是我就设计了一种T字形的单元平面来代替一般的条形平面，前面向南的是正房，后面拖个尾巴，作为厨房和工友用房，两者之间用个短外廊相通，这样就满足了梁先生的要求。"[4]

从旧照片上看，真武庙"邻里单元"呈行列式排列，三层高的住宅退离红线较远，"在当时周围空旷的土地上显得十分高大、突出"[5]。张开济民国时期在南京、上海已经积累了丰富的住宅设计经验，他之请教梁思成，一方面是虚心求教，另一方面也体现出职业建筑师的本能。新中国的建筑设计并不直接面对使用者，而是面对各级"单位"，审批者代表最高等级的单位意见。梁思成的思路表明他尚未认识到新制度下，居住模式将会改变，因而自然地延续了旧社会制度下的家庭结构和生活方式。

复外真武庙"邻里单位"是新中国集合住宅的"开锣戏"[6]，它应用美式理论，延续民国建造经验，同时也记载着建国初期建筑师们对于未来中国的想象和认识的局限。20世纪60年代，真武庙一带又陆续建设了许多住宅，逐渐形成真武庙住

[1] 江嘉玮. "邻里单位"概念的演化与新城市主义[J]. 新建筑, 2017（04）: 17-23.
[2] 胡志刚. 梁思成学术实践研究（1928—1955）[M]. 北京: 中华书局, 2017: 280.
[3] 张开济. 从"邻里单位"到"恩济里"[Z] 张开济家人收藏手稿.
[4] 同上.
[5] 资料来自网文"1950年代, 北京那些高档住宅"，公众号: 北京日报·旧京图说 2020-03-18.
[6] 张开济. 从"邻里单位"到"恩济里"[Z] 张开济家人收藏手稿.

区，住宅类型曾达到16种之多。改革开放之后，随着复兴门大街的繁荣，沿街三层的"邻里单位"住宅已经与之不相适应，在20世纪80年代全部拆除。

纪念性雕塑

1950年春，永茂设计部应邀参加沈阳市政府组织的沈阳开国纪念塔设计，这是公司第一次参加竞赛，张开济带领傅义通、周治良和张兆栩组成设计团队。经过认真研究和反复推敲，他们提交的方案是一座具有现代雕塑色彩的纪念碑（图4-10）。碑身主体以四根擎天石柱托着一个金色大圆球，塔基有大型解放军主题的浮雕，塔心树立一座毛主席像。设计构想以四根石柱代表工人、农民、小资产阶级和民族资产阶级，金色圆球象征各阶级在中国共产党领导下的空前团结。

纪念碑造型简洁现代，有明显的装饰艺术特征。设计说明表达了设计者对新国家形象的理解："本设计采用新型风格，而不采用吾国古式建筑之任何形式"，"纪念新国家的诞生，一切文化艺术应该具有新的形式。"[7]。这个设计理念与梁思成设计人民英雄纪念碑的理念大相径庭，但非常接近梁同代建筑师过元熙[8]在20世纪30年代发表的"新中国建筑"[9]理念，即以科学进步的方式创造适用于中国环境的现代建筑。过元熙认为中国传统建筑在精神和技术上都落后于时代，代表国家的专馆，"自然该用廿十世纪科学构造方法，其式样，当以代表我国文化百年进步为旨志，以显示我国革命以来之新思潮及新艺术为骨干，断不能再用过渡之皇宫城墙或庙塔来代表我国的精神"[10]。

※图4-10 沈阳开国纪念碑竞赛方案
图片来源：周治良存 刘江峰提供

[7] 沈阳开国纪念碑照片，周治良保存，刘江峰提供。
[8] 过元熙，1905年生于江苏无锡。1929年毕业于美国宾夕法尼亚大学建筑系。1930年获得美国麻省理工学院建筑系硕士学位。1933年在美国监造"中国参加芝加哥博览会之热河金亭"。新中国成立后曾经在北京院工作。
[9] 过元熙的"新中国建筑"指新的中国建筑形式。
[10] 过元熙. 博览会陈列各馆营造设计之考虑[J]. 中国建筑, 1934, 2（02）: 12-14.

张开济认为应该舍弃一切传统的陈旧样式，用新艺术体现新的国家制度和时代精神，这种思想在新中国成立初具有一定普遍性。参加人民英雄纪念碑雕塑工作的中央美院研究生陈天在回忆中说"看了（人民英雄纪念碑）施工中的方案模型，我们大失所望。我当时心想怎么是这样一副样子呢？丝毫没有一点新气象，完全是明清时代一种普通的碑形，没有新意也反映不出开创了新纪元时代感这样的一种造型夹在天安门和正阳门前门之间人们会把它当成哪一个时代的产物呢？"[1]。

同样在1951年，张开济的老师谭垣与张智、黄毓麟和雕塑家张充仁参加了"上海人民英雄纪念塔"竞赛，并获得一、二等奖。一等奖设计方案为一高塔，塔顶一颗硕大的红五角星，代表党的领导；下缀四颗小五星，代表全国各族人民团结在党的周围。塔前有群雕，塔身装饰云彩，塔基刻有花圈浮雕。二等奖碑的造型象征渡江的帆船[2]。与之对比可以看出，虽然沈阳开国纪念碑在基座处采用毛主席像和解放军浮雕，但是，抽象简洁的几何形态，概括有力的竖向线条是它给人的第一印象，也是最突出的形式特征。张开济的设计手法比前辈更抽象和现代，具有不同的美学倾向（图4-11）。

发榜之后，永茂获得第二名，张开济颇为失望，他在给周治良的纪念相片背后写道"殊负众望，姑留此纪念以励将来如何"[3]。纪念性建筑设计重在形式，而形式并非单纯取决于美学。与天安门人民英雄纪念碑和上海人民英雄纪念碑相比，沈阳开国纪念塔对于一个工农联盟的政权而言，形式不够雄壮，偏于抽象而缺乏"大众"色彩。根据目前的查询，这一设计竞赛最终没有落实建造。

现代设计案例

张开济在民国时期形成的现代设计方法和观点，在过渡时期继续使用在大规模公共建筑中，并随着新建筑类型和规模的需要有所发展，目前已发掘到的重要现代设计案例为"小汤山疗养院"与"燕京大饭店"，主要合作者都是傅义通。

小汤山疗养院位于北京城北，是供军委和部委职工使用的内部疗养机构[4]，由四个疗养区和一个理疗室组成。彭怒2001年采访了张开济、傅义通，并对小汤山疗养院进行了调查研究，她认为这个项目中大量延续了张开济民国时期的实践经验，体现出一种"朴素的现代性"[5]。

根据现有资料，小汤山疗养院是一个由多个单位参与的"集群"项目。由于相关史料和具体图纸的缺失，目前尚无法明确建筑师与作品的对应关系。从现有小汤山疗养院的早期图片中，可以看到许多值得关注的细节（图4-12）：一栋建筑采用平坡结合的屋顶组合成起伏错落的建筑轮廓线；单柱支撑大平台形成深远而不对称的入口，有美国流水别墅和"蒲园"小别墅的影子；结构直接作为装饰暴露；墙面局部采用格子窗幕墙和转角窗。在另一栋建筑中（图4-13），出现了如重庆南渝中学校医室一样的弧形墙和现代简约的开窗。这些娴熟的现代设

[1] 陈天. 忆人民英雄纪念碑修改方案的前前后后[J]. 西北美术，1993（04）：58-59.
[2] 同济大学建筑与城市规划学院. 谭垣纪念文集[M]. 北京：中国建筑工业出版社，2010：137.
[3] 沈阳开国纪念碑照片，周治良保存，刘江峰提供.
[4] 彭怒，等. 关于中国第二代建筑师张开济先生建筑创作的历史研究；关于建筑历史、历史学理论中几个基本问题的思考；高技派建筑思潮研究[D]. 北京：清华大学，2001：57.
[5] 同上，57-62。

※图4-11 谭垣设计的上海人民英雄纪念碑
图片来源：同济大学建筑与城市规划学院谭垣纪念文集[M]. 北京：中国建筑工业出版社, 2010：137-138.

※图4-12 小汤山疗养院旧照1
图片来源：北京建设史书编辑委员会. 建国以来的北京城市建设[G]. 1985：3-22.

※图4-13 小汤山疗养院旧照2
图片来源：中国建筑设计研究院院史陈列馆

计手法记录着张开济和他同时代建筑师们在新中国成立初期所具有的"现代设计"共识。

另一个现代设计同样有重要的研究价值,信息来自张开济收藏的"燕京大饭店透视图"和模型照片(图4-14、图4-15)。透视图显示,建筑应为一L或U形平面,砖红色涂料外墙,楼高六层,主体七层。入口有浅柱廊,上托由楼板与墙面等建筑构件形成的白色体块,直通到顶,形成一个竖向构图,突出入口。白体块正面为通透大窗,显得十分轻盈和现代,与砖红色开小窗洞的主体咬合在一起形成鲜明对

※图4-14 燕京大饭店透视图
图片来源:张开济家人提供

比。楼顶上有大型白色汉字店招作为装饰，字大而不刺眼，突出的是四面迎风招展的红旗，檐口上的店名为红色，从人视高度观看非常醒目。

这样体量和层高的饭店，在新中国成立初期并不多见，图上注明的完成时间是1951年7月20日，绘图者署名"Fuyitong"，即傅义通[1]。根据刘亦师关于20世纪50年代北京新建大型旅馆的研究，1956年前北京的高等级饭店一共是六个，其中只有由张镈主持设计并完成的前门饭店原名"燕京饭店"[2]。相关资料显示，前门饭店（燕京饭店）于1954年开始筹备，1955年开工，最初高度为十三层，经过四次修改，定为主楼八层[3]。在刘亦师的另一篇关于20世纪50年代宾馆的文章"重谈和平宾馆——兼及北京现代建筑史研究"中，谈到和平宾馆的建设计划是在1951年11月1日前开幕，施工过程中，因层数问题提到由张镈设计的七层燕京大饭店图纸已经得到都委会批准[4]。由此可见，"燕京饭店"这个项目，早于1954年已经开始研究，张镈设计的是最终实施版。

※图4-15 燕京大饭店大比例模型
图片来源：张开济家人提供

[1] 傅义通，于1950年1月入职永茂，是设计部接收的第一批大学生，在经济恢复时期，傅义通曾先后跟着张开济和华揽洪工作，信息来自北京院提供的傅义通生平。
[2] 刘亦师. 20世纪50年代北京新建大型旅馆建筑初探[J]. 建筑师，2017（05）：91-100.
[3] 北京市档案馆馆藏档案. 燕京（前门）饭店筹备处筹备工作总结报告和燕京饭店全面规划[A]. 档案号082-001-00026.
[4] 刘亦师. 重谈和平宾馆——兼及北京现代建筑史研究[J]. 建筑学报，2017（12）：74-80.

对比而言，杨廷宝设计的和平饭店（起初名为联合饭店）是过渡时期"现代建筑"的代表作品，由公私合营的北京兴业投资公司和上海国际饭店共同筹建，顾客定位为国内一般来京游览者，是一个经济型的酒店；前门（燕京）饭店1954年筹备时定位为社会主义企业化经营的高级饭店，招待外宾及国内高级首长，并可以举办各种大型专业会议为主要任务[1]。和平宾馆一共156间客房，最大客房30m^2，最小仅16m^2；前门饭店共401间客房，最大房间62m^2，最小23m$^{2[2]}$，规格等级要比和平饭店高很多，两所饭店的形式差异与其投资定位的不同有直接关系。

综合以上信息，这张"燕京大饭店透视图"可能是早期由张开济设计的一版经济型方案，后来因为饭店的投资和定位发生了改变，方案未能实现。这个现代版的设计中，入口处的弧形墙、主体上的横向长窗、在楼顶和入口设招牌、楼顶阶梯状退台等手法，在张开济与同学孙增蕃大学时期作业"商埠大厦"中都有体现。张开济还保留着一组大尺度的模型照片，根据与环境的比对，大约有1∶5的比例，模型与表现图几乎完全一致，在过渡时期的工作条件下，很可能由建筑师们自己动手制作完成，由此可见当初设计部对此项目的重视。

4.5 本章小结

1949—1952年过渡时期，旧的社会秩序已经解体，新的社会秩序正在摸索中逐步建立。建筑师们加入政府组织的设计单位，投身建设一个独立强大的民族国家，从自由职业者成为国有公司单位制度下的一员。他们受到新政府良好的礼遇，参与国营设计院的创建，参与"单位制"各项规范和制度的建立，通过努力学习，思想上和工作方法上适应新的环境，进行初步的转型。

张开济是国营设计院最早的主持建筑师之一，从1949年前的私营公司老板转型为专一的技术负责人，他在行业内的专业地位大大提高，但是作为职业建筑师的设计自主权也极大收缩。过渡时期的建设规模十分有限，但是他有机会参与创造了许多新的建筑类型，在多种经济形式并存和宽松的政治环境中，建筑创作呈现出短暂的多样性。建筑师们沿用民国时期积累的一切经验和来自欧美的城市、住宅理论，通过移用、组合、放大等方式应对新的社会需求，在继承中开创新社会制度所需要的理想建筑类型。

张开济主张用现代设计来表现新国家的诞生和时代精神，他在住宅、疗养院、饭店等项目中尝试了自己熟悉的现代手法，坚持"经济合理"原则，通过建造的逻辑呈现功能主义美学。同时，受梁思成影响，张开济设计了单位里最早的，未受苏联理论影响的民族形式教学建筑群。他在民国时期积累的"民族传统"和"现

[1] 北京市档案馆藏档案. 燕京（前门）饭店筹备处筹备工作总结报告和燕京饭店全面规划[A]. 档案号082-001-00026.
[2] 刘亦师. 20世纪50年代北京新建大型旅馆建筑初探[J]. 建筑师, 2017（05）. 91-100.

代设计"的经验基础上,按照新社会制度的要求,继续在两种不同方向上进行创作。

民国时期,中国未能启动全面的工业化进程,"中国固有式"和经济高效的现代建筑并存,在意识形态和经济建设中都未构成冲突。1949—1952年的过渡时期,宽松的政治经济环境提供了两者继续并存的条件,但即将开始的集中一切力量进行大规模工业化建设的道路和严重恶化的中美关系,将使"民族性"和"现代性"这两种风格面临日趋激化的矛盾。

第 5 章

筚路蓝缕：国营设计院的专业负责人

带队参加武汉长江大桥竞赛获得一等奖

1953
—
1957

5.1 苏联经验与水土不服

1953年中国政府开始进行第一个五年计划，苏联经验取代一切旧的知识体系成为国家建设的范本。北京市上报给中央第一个总体规划——《改建与扩建北京市规划草案要点》[1]按照苏联专家的建议，确定中央首脑机关设在旧城中心，以长安街、正阳门等干线为主进行旧城改造。而现实中，发展较快的却是北京东郊、东北郊的工业及配套居住区，西北郊的文教区、西郊的办公及配套居住区。

尽管建设量逐年上升，北京的住房短缺问题却积重难返。大力推进工业化的重任下，政府能投资于住房的基建资金比例基本低于10%，1955年甚至降到6.6%的最低点。中国仿效苏联建立起低工资低租金的福利分房制度，保证住宅供应的数量与质量完全掌握在政府手中，通过这种集中管理的模式，控制并降低非建设性投入，提高工业积累，以达到在经济短缺、生产力薄弱的国情下，能赶超西方发达国家的发展战略目标[2]。

剑桥大学盖而纳（Ernest Gellner）教授的理论模型认为，"向工业主义过渡的时期，也必然是一个民族主义时期"[3]。20世纪30年代，斯大林批判形式主义和构成主义，提出"民族形式"就是苏联的社会主义现实主义，这一思想被"二战"后社会主义国家共同奉为建筑设计圭臬。1954年创办的《建筑学报》，在第2期上通过多个社会主义国家的先例，宣传在社会主义制度下，建筑师本着对人民负责的态度应该谨慎而深思熟虑地对待历史建筑，因为其中包含了人民的创造[4]。同时揭露"世界主义的思想正是美国垄断资本侵略全世界的计划，也就是奴役其他各国人民的表象；因此必然是反对各民族自己的文化的"[5]。经过宣传，批判形式主义[6]没有在国内立即引起大的争议，但持有现代主义观点的海归建筑师们自此被扼杀了发展的机会。"民族形式"从一个建筑风格变成了政治立场正确的不二选择。

梁思成继承发扬中国传统建筑文化的夙愿与苏联倡导的"民族形式"理论达成共识，他希望新创办的《建筑学报》"响应毛主席所提出学习苏联的号召，以介绍苏联在城市建设和建筑的先进经验为首要任务，其次是介绍我们自己在建设中的经验"[7]，为中国的"民族形式"打通学术和政治之间的道路。《建筑学报》前两期选登了三个最新的"民族形式"设计案例[8]，张开济撰写的"三里河办公大楼设计介绍"是其中之一（图5-1）。这是他在全国建筑界的第一次亮相，旋即成为"民族形式"设计的代表性人物。张开济在文中认真、详尽地介绍了项目从格局到细节的一切内容，包括"周边式"和"结构选型"如何来自苏联理论和中国经验的双重思考，以及苏联专家的指导过程、国内专家的意见交流、经济节约限制下各种具体措施和效果，并附有建筑的平面图和立面图，细致的论述和精确的数字令介绍既全面又深入。

---

1 董光器. 古都北京五十年演变录 [M]. 南京：东南大学出版社2006：27. 1953年11月郑天翔组织的工作小组综合华揽洪　陈占祥的规划方案，正式提出《改建与扩建北京市规划草案要点》上报党中央，这是北京市上报党中央的第一个总体规划成果。
2 张丽凤. 中国城镇住房制度变迁中政府行为为目标的逻辑演进（1949—2008）[D]. 沈阳：辽宁大学，2009.
3 （英）厄内斯特·盖而纳. 民族与民族主义 [M]. 韩红，译. 北京：中央编译出版社，2002：53.
4 （俄）阿·弗拉索夫. 在波兰建筑师第一次代表大会上的发言 [J]. 建筑学报，1954（02）：86.
5 （德）瓦尔特·乌布利希. 国家建设事业与德国建筑界的任务 [J]. 建筑学报，1954（02）：68.
6 "形式主义"即现代主义。
7 发刊词 [J]. 建筑学报，1954（01）.
8 这三个案例的介绍文章为：张镈的"北京西郊某招待所设计介绍"、张开济的"三里河办公大楼设计介绍"和陈登鳌的"在民族形式高层建筑设计过程中的体会"。

※图5-1 张开济在《建筑学报》上发表的第一篇文章"三里河办公大楼设计介绍"
图片来源：张开济. 三里河办公大楼设计介绍[J]. 建筑学报, 1954（02）: 100-103+126-132.

以苏联的数据为基础，建工部根据中国国情制定了一套城市建设定额和指标，作为计划经济体制下设计、计划、管理工作的基本依据。设计单位接到上级任务之后，先根据定额和指标做工作量的粗估和细估[9]，然后按年、季、月制定切实可行的计划，通过层层审核批准实施。计划管理工作同时也规定了从院长到每个设计人员的分工与责任范围[10]。

虽然苏联经验在新中国的城市规划、建筑形式、设计指标与工作模式等方面解了燃眉之急，但是由于国情差异，陆续出现水土不服的情况。1954年，经济形式更加严峻，因为在五年计划中，国家预计拨给各主要工业部门的基本建设投资约占工业投资的80%，其中三分之二以上集中在后三年支出，而新建、改建的企业要到后两年才能开始生产，越来越大的投资需求和尚未提升的产能之间的差额难以弥补，只有动员全国执行厉行节约政策，才能完成国家的宏伟计划[11]，因此增产节约和反浪费的呼声一浪高过一浪。工业化积累加剧了"民族形式"与经济短缺的冲突，一方面意识形态禁锢现代主义，另一方面国家建设需要经济高效，因而矛盾进一步激化。

梁思成提出，研究传统建筑的"文法"和"词汇"，通过不同建筑体系"文法"和"词汇"的"可译性"进行"民族形式"创新[12]。他的方法引起以陈干和高汉为代表的建筑界人士的质疑，随之展开辩论，许多建筑师认为梁对"民族形式"的理解过于狭隘和保守，缺乏对新时代和现实生活的正确认识。此时，苏联的风向已因斯大林去世[13]发生巨大转变。1954年12月，赫鲁晓夫在全苏建筑工作人员会议上发表"论在建筑中广泛采用工业化方法改善质量和降低造价"[14]的讲话，强调为了建

9 粗估由设计室和设计负责人商量进行，细估就是根据国家计委规定的工作量预算表做子项与图纸目录，根据定额做出货币工作量的预算，由具体设计者执行。
10 中央建筑工程局设计总局工业及城市建筑设计院. 设计计划管理工作暂行办法[J]. 建筑, 1954（2）: 32.
11 一九五五年五月十四日人民日报社论. 开展全面节约运动[J]. 建筑1955（06）: 3.
12 梁思成. 中国建筑的特征[J]. 建筑学报, 1954（01）: 36-39.
13 斯大林于1953年3月5日去世。
14（俄）尼·谢·赫鲁晓夫. 论在建筑中广泛采用工业化方法改善质量和降低造价[J]. 建筑, 1955（2）: 4.

筑工业化，必须重视标准设计和运用标准设计，批评建筑工作者关注形式和特殊设计，造成巨大浪费。这篇讲话在中国引起巨大反响，建筑工程部要求国营建筑企业的全体干部和技术人员深入学习。"民族形式"在中国学术界受到质疑，失去苏联理论支持，与国内经济现状发生冲突，其华丽的形式立即成为轰轰烈烈的反浪费运动的靶子，被斥为保守落后的"复古主义"。

1955年，反浪费运动对"民族形式"的批判不断加压。2月，建工部部长刘秀峰指出，当前的主要问题是：过于注重艺术形式，脱离适用和经济的根本原则，在"民族形式"的掩护下走复古主义道路，给国家带来巨大浪费[1]。3月28日《人民日报》社论"反对建筑中的浪费现象"将建筑界的反浪费运动推向社会，社论指出建筑是国家建设计划的一个重要组成部分，不能脱离国家计划的轨道。国家对建筑的要求是："一切建筑都应该做到适用、经济并在可能条件下注意美观。适用就是要服从国家和人民的需要，这永远是建筑中头等重要的问题"[2]。社论的最后，点名批评了建筑学会"在该会出版的两期建筑学报上，人们找不到关系建筑中经济问题的文章，相反的却可以找到许多宣传错误建筑思想的文章，甚至刊登有关严重浪费和形式主义倾向的论文和设计图"[3]。

5月，反浪费运动提升为全面节约运动，其性质已经上升到"犯罪"[4]。国务院副总理李富春指出在浪费现象中最突出的是非生产性的建设修建得过多、过好、过早，忽视"实用、经济、可能条件下的美观"的原则，盲目追逐"民族形式"造成浪费。他以数字说明1952—1954年间"大屋顶"愈演愈烈，建筑上的装饰浪费了大量资金，并特别点名批评正在为财政部建造的三里河办公大楼（即"四部一会"）。"民族形式"全面叫停，李富春坚决要求"四部一会"以身作则，未完工的主楼"大屋顶"必须即刻下马。

张开济最早的"四部一会"方案采用了平顶和小坡顶[5]，设计中选后，苏联专家要求增加民族形式的比重，改为大屋顶并登上《建筑学报》成为全国性的示范。他不由自主陷入了这场"民族形式"的风波，经历了从巅峰到低谷，从被极力推崇到被彻底否定的大起大落，4月间已经连续在官方报纸上为"大屋顶"作公开检查，此时只能在建筑材料已经就位的情况下，违心地同意删去大屋顶，以一个平顶戛然收场。而反浪费风波过去之后，他又因为没有坚持"大屋顶"致使"四部一会"的整体面貌受损而遭到多方指责。张开济晚年回忆起这一段历程，感叹自己"反复检查，内心十分痛苦"[6]。缺失主楼大屋顶的"四部一会"办公楼是张开济终生的遗憾，也成为特殊历史时期无声的纪念碑（图5-2、图5-3）。

张开济在工作中以自己的理解执行苏联理论。他公开发表的第一篇文章"怎样在建筑设计中厉行节约"[7]对设计工作中产生的极端现象做了批评，指出无重点地提高标准和不合理地因陋就简都过于片面，"节约"并不影响"美观"和"对人关怀"，建筑师应该打破保守思想开发创新，并为工程精打细算进行全面而综合的考

[1] 刘秀峰. 在建筑工程部设计及施工工作会议上的总结报告[J]. 建筑, 1955 (03): 3.
[2] 一九五五年三月二十八日人民日报社论. 反对建筑中的浪费现象[J]. 建筑, 1955, (04): 3.
[3] 同上.
[4] 1955年5月14日, 人民日报社论"开展全面节约运动", 阐释了经济形势越来越严峻的原因和厉行节约的必要性。这篇社论措辞严厉地指出,"任何工作机关, 任何企业部门, 任何工作人员, 如果在节约问题上不采取认真的严肃的负责态度, 随便浪费国家资财, 就是对国家对人民的犯罪行为。"
[5] 沈伊瓦, 张开济. 从容回首——建筑大师张开济访谈录[J]. 新建筑, 2006 (02): 107-112.
[6] 张开济访谈录像[Z]. 张开济家人收藏.
[7] 张开济. 怎样在建筑设计中厉行节约[N]. 人民日报, 1954-1-16 (002).

虑，才能做到真正的节约。这篇评论态度中肯客观，入情入理，文章最后提到学习苏联的先进经验是节约的重要途径。

然而，一年之后张开济对教条地执行苏联理论提出了异议。1955年底，国家建设委员会委托城市建设总局进行全国楼房住宅集体宿舍的评选，张开济是十五个评委之一。针对竞赛反映出来的僵化学习苏联理论现象，他在《建筑学报》上发表

※图5-2 三里河办公大楼未完成"大屋顶"的主楼
图片来源：张开济家人提供

※图5-3 三里河办公大楼有"大屋顶"的配楼
图片来源：张开济家人提供

"关于住宅标准设计一些问题的商榷"[1]一文，分析了僵化搬用苏联的面积指标和计算方式产生的多种问题，并倡导：一. 设计小面积独户住宅，反对"合理设计不合理使用"；二. 建议住宅标准要多样化，分等级，以适应工人的实际需求；三. 单纯追求K系数导致大房间大面积的不合理倾向[2]，建议以户为单位研究经济问题。建筑师们在实践中发现外来理论水土不服的问题，但他们没有修改指标和计算方式的权力，只能反馈意见引起有关部门关注，以期进行条例的修改。

1956年初，党中央发起"百花齐放，百家争鸣"运动，在最高领导人的一再鼓励下[3]，各界工作者们纷纷阐述六年来堆积的问题。经过1955年的"反浪费运动"和"全面节约运动"，建筑师们在设计工作中无所适从，"执笔踌躇，莫知所从，左右摇摆，路路不通"[4]。甚至因为反浪费过激，走向降低质量的极端，造成工程问题频发。"百家争鸣"中，建筑界围绕专业与行政的关系、党对待知识分子的态度、反对教条主义、反对僵化照搬苏联经验等话题展开讨论。最核心的议题是城市规划和建筑设计是否应该照搬苏联经验，是否应该在国家工业化需求下接受倡导节约高效的现代建筑理论。

华揽洪是单位中坚持现代设计理论的代表人物，他在"谈谈和平宾馆"[5]一文中通过有理有据的分析，深入剖析这一被批判的现代作品。访谈文章中，他提出建筑师要"用高度技巧来组织朴素美丽而又方便舒适的住宅区"，"用最小的钱，办必要的事"[6]才是符合国家过渡时期总路线的做法。另一篇著名的文章是清华大学学生蒋维泓、金志强所写"我们要现代建筑"[7]。文章犀利地指出，社会主义建筑的新形式应该使用新的技术、材料，符合现代化生产，追求现代美。现代建筑的形式差异来自社会进步和文化交流，而不是意识形态。

张开济撰写的"反对'建筑八股'拥护'百家争鸣'"[8]一文提出建筑设计要具有创造性，倡导以建筑设计竞赛作为专业界鸣放的方式。他反对政治对专业的干扰，提出党与政府的责任是制定原则，在此基础上应该让建筑师自由发挥，自由竞争，这是良好设计的保障。他提议建筑设计（包括城市规划）在必要时可以采用国际竞赛的方式征求方案，这暴露了他对苏联理论和西方理论一视同仁、重视设计的科学性和客观性而缺乏意识形态立场的"右倾"思想。

华揽洪发起关于"沿街建房到底好不好"的话题[9]，对僵化地采用苏联"周边式"后在公建和住宅设计中造成的问题进行讨论。《北京日报》收到五六十篇来稿，陆续发表了其中的八篇。张开济提出的观点是：基本上同意华揽洪的论点，但是不能简单做出结论，需要根据房屋性质、街道状况等因素具体分析，他建议将问题改为"不要把房屋都沿街建"或者"反对滥用周边式规划方式"[10]。这是他一贯持有的不走极端路线，具体情况具体分析的思路。此外，他还提出"一个现代城市的主体不应该是它的街道，而应该是它的街坊"[11]。周边式重在美化城市的立面和塑造城市的形象，而张开济关注的是城市中涉及大众日常生活的一面。

[1] 张开济. 关于住宅标准设计一些问题的商榷[J]. 建筑学报，1956（03）：112-115.
[2] K值是以经济为原则的苏联住宅设计理论中的重要参考系数，指居住面积在建筑面积中的比值，是当时中国住宅设计最基本的两个指标之一。
[3]（美）R.麦克法夸尔，费正清. 剑桥中华人民共和国史. 革命中国的兴起1949—1965[M]. 谢亮生，等译. 北京：中国社会科学出版社，1990：255-257.
[4] 周荣鑫. 中国建筑学会周荣鑫理事长的会务报告[J]. 建筑学报，1957（03）：9.
[5] 华揽洪. 谈谈和平宾馆[J]. 建筑学报，1957（06）：41-46.
[6] 杨永生. 建筑百家争鸣1955-1957[M]. 北京：知识产权出版社 中国水利水电出版社，2003：149.
[7] 同上：57.
[8] 张开济. 反对"建筑八股"拥护"百家争鸣"[J]. 建筑学报，1956（07）：57-58.
[9] 北京的建筑师热烈讨论"沿街建房"问题[J]. 建筑学报，1957（01）：54.
[10] 同上.
[11] 同上，55.

这场争鸣以1957年发起的"反右"运动结束，华揽洪与陈占祥关于苏联城市规划理论的多重质疑，触动了制度模仿的根本，被打为"华陈反党联盟"。蒋维泓也划为"右派"，后于"文革"失踪。张开济在单位领导的力保下才得以免于划为"右派"[12]。意识形态决定论使中国的建筑设计进入长时间的封闭和禁锢状态。

5.2 集体创作模式的建立

张开济的工作一年比一年忙，新中国成立后六年内，平均每年主持设计的建筑面积比他在新中国成立前十五年内所完成的总和还多[13]。1954年，他经手的工程更呈现爆发式的增长，往往多个大规模项目同时进行，速度快得不可思议。百万庄住宅区这样超过十万平方米的项目，方案设计时间只有一个多月，计划施工工期只有四个月。作为大型国营设计院的"总工程师"，他必须承担每个经手项目的技术决策人和专业负责人角色，但参与每项设计的深度有所不同，有时是"设计方案"、有时是"指导设计"、有时是"主持工作"。集体创作制度将人力资源集中组织为一个庞大的"机器"，建筑师是它的"马达"，最大化地发挥作用，带领技术人员高速完成超大规模建设任务。

设计项目主要来自上级主管部门，在单位内由计划科进行统一管理和分配。北京院[14]将承接的设计项目划分为二十五个大类，根据各个设计室的基本定位和工作量进行合理分配，目的是统筹力量，聚焦重点，积累经验，快速提高业务水平[15]。1953—1954年，北京院针对施工单位提出的意见，进行了一年多设计工作的改革。统一绘图的要求和各项专业技术的标准，建立以岗位责任制为中心的设计管理制度，并仿效苏联的经验，形成三段设计、三级管理和三审制度等管理规则。此外，还通过组织建设项目回访、经验总结、评选优秀等措施提高设计的质量[16]。以张镈、张开济、赵冬日为首的总工程师们是设计院技术制度建立和执行的核心力量。他们不但负责自己室内的项目，还需参加技术委员会，每周审查院级工程的初步设计并共同制定决议[17]。1955年国家建委委托建工部和城市建设部分别制定工业与民用建筑设计标准，全国分为六个大的区域[18]进行住宅的标准化设计。北京院当年成立了标准室，由朱兆雪总工程师任主任，张开济、杨锡镠两位总工程师负责住宅设计和建筑配件的指导工作[19]。

设计室是最核心也是最基层的设计组织，北京院共设六个设计室，主任分别由一名总工程师和一名政治干部担任[20]。张开济担任二室主任，主要负责住宅和办公设计，许多重要项目分布于城市西郊的三里河、百万庄到西直门一带，成为20世纪50年代社会主义建设成就的示范展示区。与其他各室一样，二室分若干建筑

---

12 张镈. 回到故乡——建筑师张镈回忆录[M]. 北京：中国文化出版社，2011：160.
13 张开济. 把建筑设计质量提高到世界水平[N]. 北京日报，1956-2-3（008）.
14 根据梁永兴回忆文章，1954年11月10日，北京市建筑工程局设计院更名"北京市设计院"，1955年6月20至1960年4月更名"北京市城市规划管理局设计院"。本书为了行文简洁连贯将各个时期统称"北京院"。梁永兴. 时光倒流：北京市建筑设计研究院往事[J]. 建筑创作，2014（Z1）：442-450.
15 2021年1月28日，在北京市建筑设计研究院有限公司采访梁永兴所作录音笔记。
16 沈勃. 北平解放，首都建设札记[Z]. 北京市城市建设档案馆编：70.
17 同上.
18 六个分区：华北、东北、华东、西北、西南、中南。
19 沈勃. 北平解放，首都建设札记[Z]. 北京市城市建设档案馆编：72.
20 同上，71.

设计小组,各组由工程师、技术员、助技员、实习生等不同级别的人员共同组成[1]。设计室内配备结构组、设备组、电气组、预算组,并设一名计划员,由计划科直接领导。院长每月召开会议检查计划执行情况,通过这个方式将国家的五年计划落实到具体工程的管理中。

这一时期,宋融、卜秋明、刘开济、庄允昌、吴希猛等都是张开济的重要合作人,其中宋融、卜秋明、刘开济、庄允昌四位组长被称为张开济手下"四大金刚"[2]。张开济非常器重宋融,两人合作完成的任务最多。宋融1948年毕业于重庆大学建筑系,1950年进入永茂。由于工作出色,他1954年成为最年轻的组长,跟随张开济参加了许多重要工程,如中央民族学院、三里河及百万庄的居住区、劳动保护展览馆等,并于1957年合作完成了重要的工程——北京天文馆的建筑设计和建造施工。

5.3 技术人才的改造利用

20世纪50年代,知识分子在发挥所长和思想改造的双重作用力下逐渐完成了个人的社会主义改造。虽然政策反复变化,但是国家建设急需人才,从市委到单位的干部对建筑师们非常重视。北京院成立初期的领导李公侠为人正直,放手信任技术人才,他与张若平、沈勃等领导总结出礼遇技术人员的有效方法和方针,既坚持政治原则,又在工作和生活中给予关怀,为单位的发展创造了团结的基调[3]。沈勃主持工作后,进行设计改革,建立设计管理制度,十分关心设计人员工作条件和生活细节,甚至仿效国外为建筑师争取制服、套袖等福利。虽然干部作为政策的执行者,和知识分子之间难免产生一些矛盾,但总体关系比较融洽,许多领导赢得知识分子们的信任。

技术人员首先要改变的是资产阶级立场。周恩来在"关于知识分子问题的报告"中指出"(知识分子)除了同工人阶级和共产党一道,并没有什么别的出路"[4]。建筑师在近代中国的社会阶层中属于知识精英阶层,改造中他们首先要检讨自己的阶级意识,强化自己是普通民众一员,通过批评自己的工作,深刻检查自己的阶级意识、思想动机,以及对国家和人民未尽到的责任。张开济中学时代就接受了服务社会的教育,他曾在《天地》发表的杂文中表达文学艺术应当走下精英殿堂,走向大众的进步思想,但他的谈吐举止、专业思想无疑具有知识精英的色彩。学习"知识分子报告"后,他在文章中深刻反思,总结1949年前后最大的不同是:业主不再是官僚资本家和买办阶级,而是人民大众,因而自己应该改变立场,为国家和人民服务,并认识到"我们工作的好坏,不仅影响国家的建设,而且还直接影

---

[1] 信息来自北京市建筑设计研究院有限公司. 1963年北京市建筑设计院职工名册 [G]. 北京市建筑设计研究院有限公司提供.

[2] 《建筑师宋融》编委会编. 建筑师宋融 [M]. 北京:中国城市出版社,2004:36. 有版本认为"四大金刚"是宋融、刘开济、庄允昌、邱圣瑜.

[3] 刘亦师. 永茂建筑公司若干史料拾纂(二):制度建设(1949~1952)[J]. 建筑创作,2017(05):66-73.

[4] http://www.ce.cn/xwzx/gnsz/szyw/200705/30/t20070530_11542574.shtml

响人民的生活,因此我们在'满足人民的经常增长的物质和文化需要'上就处于很重要的地位"[5]。

专业思想改造的核心是要放弃欧美理论转向苏俄经验,把建筑学中的"资产阶级"、"唯心主义"层面剥离,只留下经济与技术部分。正如赖德霖在研究中,将刘敦桢对梁思成的批判概括为"建筑科学观与建筑社会观对建筑文化观的批判"[6],建筑的经济性、科学性被归为唯物的社会主义性质,而文化性艺术性则归为唯心的资本主义性质,形成学科内的自我分裂和批判。张开济热爱文化和艺术,但就建筑设计的思想根源而言,他持有的"经济合理"原则与唯物的建筑观点十分契合,并没有根本性的冲突。他反对用"大屋顶"体现民族性,不得不屈从时采用"经济合理化"的措施,以求降低形式带来的浪费。1955年张开济在《北京日报》上公开发表"我一定努力克服资产阶级设计思想"的检查,对于采用大屋顶造成的造价和空间上的浪费进行深刻检查。为了过关,他不得不丑化自己修改建筑工程局疗养院和"四部一会"的屋顶方案源于眼红西郊宾馆被赞美以及为自己树立"人工纪念碑"的思想,而顺从建筑审核部门的要求是"政治责任感不强",具有"个人主义思想"。"从今后我一定加强理论学习,提高自己的政治觉悟,克服个人主义思想,与资产阶级唯心主义设计思想划清界限。"[7]张开济计算了几个项目中因"大屋顶"而浪费的资金以及空间面积,套用赫鲁晓夫的话自我批评"北京市的住房目前还是很缺乏的,而四十万的资金却至少可以修建四千平方公尺的宿舍,但是我却把这笔资金浪费在追求人民并不喜爱、并不需要的建筑轮廓线上了[8]。"笔者相信,尽管违心地承认自己的动机,但张开济认真进行了计算,深刻认识到形式主义产生的浪费,这是他发自内心的感悟。

"一五"期间,张开济公开发表了9篇文章,除学术刊物之外,在《人民日报》和《北京日报》上发表数篇文章,以建筑专家的身份宣传如何在建筑界落实党的政策,也借此传达了自己的设计观点。他很少按当时的话语模式,套用马克思主义理论进行专业诠释,而是经常以苏联理论中"对人的关怀"这一设计原则进行分析。五四之后的中国知识分子,通常有两种关怀,一种是自己的专业领域的关怀,另一种是社会关怀[9]。"对人的关怀"符合一边倒学习苏联的政治要求,同时也符合人文主义精神,具有对社会的关怀和专业层面的理性逻辑。在复杂的政治形式下,张开济通过掌握微妙的平衡点维护着自己的专业信仰。

对于爱惜名誉的知识分子而言,登报进行公开检查使个人尊严面临巨大挑战(图5-4)。许纪霖认为,自由知识分子的全部自信建立在两块基石上,一是自己具有超然立场,代表公共良知;二是自己追求的知识是客观中立,对人类文明具有进步意义的[10]。新中国成立后的思想改造中通过"阶级立场"和"为谁服务"的问题使知识分子产生与民众疏离和知识的罪恶感,因而摧毁了他们建立在"政治中立"和"知识神圣"基石上的自信[11]。此外,以下几点可能也有助于旧知识分子们逐步

---

5 张开济. 把建筑设计质量提高到世界水平[N]. 北京日报, 1956-2-3 (008).
6 朱剑飞主编. 中国建筑60年(1949—2009):历史理论研究[M]. 北京:中国建筑工业出版社, 2009:246.
7 张开济. 我一定努力克服资产阶级设计思想[N]. 北京日报, 1955-5-13 (002).
8 赫鲁晓夫在全苏工作者会议上批评建筑师"他需要美丽的轮廓线,但是人们需要住房。"
9 许纪霖. 安身立命[M]. 上海:上海人民出版社, 2019:336.
10 许纪霖. 中国知识分子十论[M]. 上海:复旦大学出版社, 2011:196-197.
11 同上.

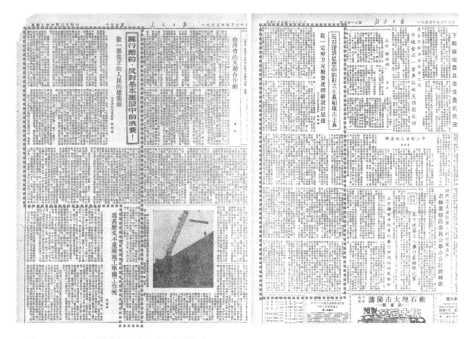

※图5-4 1955年张开济在报纸上发表的公开检查
图片来源：张开济. 做一个真正的人民建筑师[N]. 人民日报1955-4-27（002）.
张开济. 我一定努力克服资产阶级设计思想[N]. 北京日报1955-5-13（002）.

适应这种冲击：一，社会主义计划经济时代单一的集体化制度，使人没有辞职的退路；二，在接受改造的同时得到重用。张开济在反浪费运动中，一边检查，一边工作，非但没有"靠边站"，而且不断被委以重任，令他可以发挥所长，专业技术不断提高；三，自我批评成为一种新的教育模式。党和国家的领导、单位行政负责人都在重大问题上带头进行自我批评，并以对"国家"和"人民"负责的名义进行反思，使这种思想检查成为一种自我进步的仪式。

5.4 西郊建筑群与第一次民族形式探索

"三里河办公大楼"是国家经济和工业建设的五个重要机关在西郊建造的新办公楼群，因而被简称为"四部一会"[1]。为了解决职工住宿问题，1953年和1954年在三里河东部和北面的百万庄修建了两片配套居住区。这三个相互关联的建筑群皆由张开济主持设计建造，它们与苏联展览馆等建筑的落成，让布满坟茔的百万庄和荒芜的西郊迅速成为社会主义新首都的形象代表。杨廷宝感叹"使一个解放前住过北京的人今天重新到了北京，由天安门经西长安街出复兴门，绕百万庄再由西直门进城，他就会叹一口气说北京的确已经大大地改观了。"[2]

[1] "四部一会"即二机部、冶金部、地质部、重工业部和国家计划委员会。
[2] 杨廷宝. 解放后在建筑设计中存在的几个问题[J]. 建筑学报，1956（09）：51-53+50.

1. "梁陈方案"的投射

西郊建筑群在一定程度上体现了新中国成立初期"梁陈方案"[3]的构想——将新行政中心迁至西郊。政府选择苏联专家在旧城建设新行政中心的建议，却以另一种方式采纳了本国知识分子的意见以平衡外来理论。毛泽东曾向苏联专家提到两分格局：政府机关在城内，次要机关在新市区[4]。"四部一会"建筑群留下了两分格局构想的印记（图5-5、图5-6）。

苏联强调住宅的集中建造，目的是节约资金和发挥工业化优势。苏联理论认为，独栋房屋的质量、规模、艺术性都很差，浪费城市用地，影响城市的面貌。有秩序的城市中建设是集中综合地进行的[5]。苏联的集中建造采用"大街坊"的形式，即在城市街区中，由一栋或多栋住宅楼沿周边布置，对外形成街道，对内形成院落[6]，也称"周边式"。"大街坊"与梁思成倡导的美国"邻里单位"在规划理念上有相似性，都以公共社区及其服务半径作为住区规模和空间结构的基础，但是"大街坊"强调古典对称的形态和几何秩序，重在美化城市街道的意向，并用大型院落象征社会主义"公有制"和"集体化"。西郊三个建筑群都采用了这种苏联范式，但是张开济和他的合作者们在非工业化和经济短缺的条件下，结合自己的经验进行本土化处理，使之成为中国版"大街坊"。

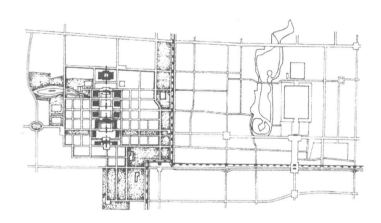

※图5-5 西郊行政中心梁陈方案
图片来源：董光器. 古都北京五十年演变录[M]. 南京：东南大学出版社，2006：7.

※图5-6 三里河行政中心模型
图片来源：张开济家人提供

3 梁陈方案指1950年2月，梁思成和陈占祥共同提出的《关于中央人民政府行政中心区位置的建议》，主张把新的行政中心设在北京西郊月坛至公主坟之间的地段，以利于新都建设和旧城保护。
4 董光器. 古都北京五十年演变录[M]. 南京：东南大学出版社，2006：8.
5 (俄) Б·斯维特利奇内. 苏联城市建设的迫切任务[J]. 城市建设译丛，1955(01)：5.
6 刘贺. 北京百万庄：街坊式住宅在我国的发展[J]. 北京规划建设，2018(02)：84-87.

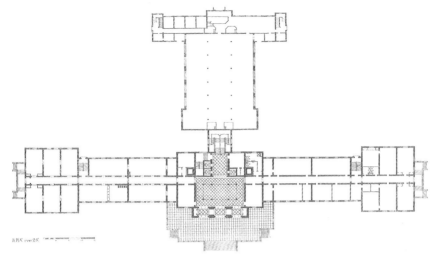

※图5-7 "四部一会"主楼底层平面图
资料来源:张开济.三里河办公大楼设计介绍[J].建筑学报,1954(2):100.

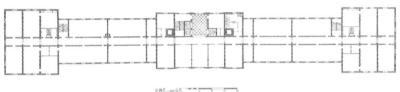

※图5-8 "四部一会"主楼标准层平面图
资料来源:张开济.三里河办公大楼设计介绍[J].建筑学报,1954(2):100.

2. 民族形式的"经济合理"化处理。

"四部一会"平面采用标准化的模数,十分紧凑高效,张开济为此花了很大功夫推敲尺寸[1](图5-7、图5-8)。设计以办公室开间为基本模数,按模数设置柱网,结构与功能空间相互配合形成和谐的整体。首层的入口大厅和电梯厅分前后串联设置。上到标准层,电梯厅成为交通厅,入口大厅上空设为办公空间,不留高门厅。结构与空间配合严丝合缝,没有冗余。

办公建筑群原计划使用钢筋混凝土结构,经过苏联专家建议[2],改用砖石结构以节约材料、降低造价、缩短工期。建筑群建成后曾因厚实的墙体过于封闭,建筑外观令人感到严肃、不够亲切受到指责,而这其实是受技术模式和"经济合理"原则限制,在诸项因素之间平衡的结果。受制于砖混结构和造价[3],楼群的窗户设计以需求为标准,兼顾洞口比例和采光面积,尽量降低热损失和造价。厚达一砖半的外墙有利于保温但加重了封闭感,张开济认为功能合理是主要的,形式上结实、稳定、大方也符合办公楼的形象,可以象征人民民主政权的坚强稳固[4]。通过降低结构标准,"四部一会"工程每一平方米建筑面积仅用铁10.09kg,110号混凝土$0.186m^3$,[5]达到了节约钢筋水泥、缩短工期、减低造价的目的。

建筑群虽然采用了大屋顶的形式,但只有部分屋顶使用琉璃瓦,房屋内外完全不用油漆彩画,斗栱等装饰均采用石雕的样式以避免单调。楼内除结构墙之外不做

[1] 沈伊瓦,张开济.从容回首——建筑大师张开济访谈录[J].新建筑,2006(02):107-112.
[2] 张开济.三里河办公大楼设计介绍[J].建筑学报,1954(02):100-103,126-132.
[3] 同上。实墙造价是木窗的一半。
[4] 同上。
[5] 同上。

隔断，每个标准开间的电灯与暖气都独立设置，以便将来灵活运用。此外，张开济尝试了加大建筑进深的做法，标准开间部分是17m，有的地方达到21m[6]，他发现不但节约了用地面积，而且也因为集约的原因提高了建筑面积的定额，并节省了室外道路、管线等工程。根据实际估算，17m进深要比13m进深的建筑每一平方米节约砖墙0.1m^3，减低散热量11.2kcal[7]。

传统建筑在外墙上通过构造形成收分，以增加透视度和视觉稳定感。张开济在"四部一会"的设计中简化施工，仅在房屋四角"抹角"[8]，同样形成收束的视觉感受，使建筑具有细腻和稳定的传统韵味，是一个成功的经验（图5-9）。

※图5-9 "四部一会"外墙、檐下和转角细节
图片来源：作者拍摄

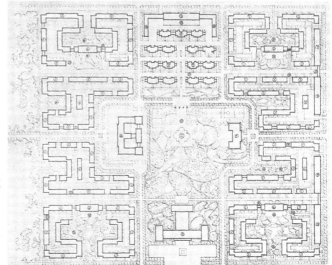

※图5-10 百万庄住宅区"双周边"规划总平面
图片来源：中国建筑学会.城市建设部勘测设计局合编.民用建筑设计图集第一集[G].建筑工程出版社，1958: 58.

---

6 张开济. 三里河办公大楼设计介绍[J]. 建筑学报，1954（02）: 100-103, 126-132.
7 同上。
8 同上。

第5章 筚路蓝缕：国营设计院的专业负责人（1953—1957）

3. "双周边"模式与放大"四合院"

三里河和百万庄居住区的规划模式被称为"双周边式"。"双周边"在"周边式"的基础上提高建筑密度，同时借鉴了中国住宅常见的"前庭后院"式功能布局。以百万庄为例，12.9hm²的方正地块，被切分为九个居住组团加中心公共绿地，中心绿地对称布置文化服务设施和小学校，服务于整个居住区（图5-10）。在每个"街坊"内，住宅衔接成内外两层，形成中心一个方正的大院落和两层住宅间狭长的小院落，托儿所设置在"坊"的中心位置[1]。

设计初衷是大院落提供公共休闲娱乐，形成室外的"客厅"，小院落作为服务区域，"为了照顾我国人民的生活习惯并与都市规划相配合，设计人员采用了'周边式'的住宅组合，把房屋空地划分为前庭和后院，在前庭里有花园、喷泉和儿童游戏场，把一切影响美观的部分如厨房、晒台、垃圾箱和供应道路都集中隐蔽在后院里，并且使每间房都能得到充分的阳光和空气"[2]。但是三里河居住区建成十余年后，张开济曾经进行回访调查，发现院落中逐渐添加附属设施或者居民私自搭建的构筑物以补充服务设施的不足，并没有实现公共休闲的理想。笔者走访目前保留比较完整的百万庄居住区，增建的构筑物已填满当初的院落，但在一些改变较少的地方仍可窥见原初构想：院内树木亭亭，尺度宜人，形成良好的社区环境（图5-11）。

当时通过研究发现，北京采用楼高与房距为1∶1.5即相当于莫斯科1∶2的日照效果，因而百万庄的一些楼间距做到1∶1.5[3]。"小院"紧凑"大院"开敞，院落之间相互连接，并不封闭。《北京市设计院1956年度技术总结街坊报告》中对比了国棉二厂的院落和百万庄的院落，认为前者过于封闭，需要40m×50m的大尺度才感觉舒适，而百万庄居住区却因为不过分封闭仍然感到舒适[4]。

"四部一会"采用"周边式"，但设计的重点却在"院落"（图5-12）。张开济在"三里河办公大楼设计介绍"中，开篇便详述布局的综合考虑："总平面布局采用了'周边式'，周边的内部又利用建筑物来围合成若干院子，这样不但增加了建

※图5-11 百万庄住宅区院落现状
图片来源：作者拍摄

[1] 百万庄的托儿所设置在"坊"中心住宅的底层。
[2] 西郊百万庄住宅区工程开工[N]. 北京日报, 1953-8-23 (002).
[3] 华揽洪, 等. 北京市设计院1956年度技术总结街坊报告[J]. 建筑创作, 2017 (05): 96-109.
[4] 同上。

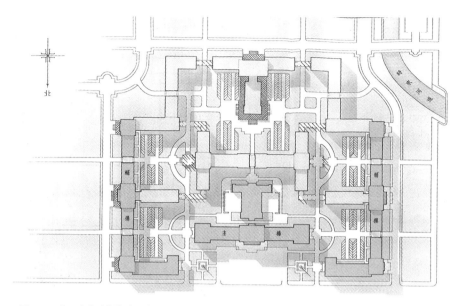

※[图5-12 四部一会办公楼总平面图
图片来源：张开济. 三里河办公大楼设计介绍［J］. 建筑学报，1954（2）：100.

筑密度，同时又避免了空地太大与房屋高度不成比例的缺点，而且在总平面设计上，也表现了我国北方传统四合院的风格。位于院内的建筑则利用周边外围建筑的门洞来作主要对外交通孔道，人们站在门洞的外口，就可以看见内院建筑的正立面，使这些拱门起了画框的作用，增加了构图的美丽"[5]。他的文字展示典型的布扎思维，即通过一套"空间动作"，同时完成使用功能、空间体验和视觉形象的设计。这些内部的院落以T字形主楼和L形配楼围合成，对外形成城墙般的"边界"。主楼有意后退，以形成入口处沿街的前院，并力求减少主楼阴影对马路北侧建筑的遮挡，保障从路面观看主楼具有最佳视角27°[6]。主楼和配楼之间断开以引入阳光，避免院落中落下大面积阴影。

4. 天际线与小坡顶

作为空间形式的重要组成，建筑单体及群体的轮廓线是"布扎"体系非常重视的设计要素。张开济关于民族形式的思考，来源于两个鲜明的空间原型，一是北京旧城低缓水平的天际线，二是四合院的院落空间。这两者与其笼统地说是"民族性"的精华，不如说是北京传统城市与空间的"地域性"特征。

"四部一会"主楼高十层，副楼八层，主楼屋脊高46公尺，等同于北京鼓楼的高度[7]，在当时应该算作"高层"。即便加大大屋顶的屋檐出挑，形式上还是存在屋檐与楼高"比例"协调的难题[8]。张开济在整体构思上强调建筑屋檐以下的"水平线"，一方面通过挑台划分墙身比例使之和谐，另一方面通过挑台弱化竖向划分，形成统一的水平轮廓，使几个大屋顶浮起在水平线上，模拟传统北京城的天际线。对比陈登鳌设计的北海办公大楼，可以清楚地看到不同的划分手法和形式意向

---

[5] 张开济. 三里河办公大楼设计介绍［J］. 建筑学报，1954（02）：100-103，126-132.
[6] 同上。
[7] 同上。
[8] 同上。

※图5-13 四部一会办公楼立面(上)与北海办公楼立面(下)对比
图片来源:(上)张开济. 三里河办公大楼设计介绍[J]. 建筑学报, 1954(2): 100.
(下)陈登鳌. 在民族形式高层建筑设计过程中的体会[J]. 建筑学报, 1954(2): 104.

(图5-13)。后者为纵横向处理,中央主入口和两端角楼具有"塔"的特征,手法类似现代高层的处理。

张开济的手法接近民国时期董大酉在上海新市区图书馆的设计,通过简洁厚重的"墙"让现代的体量和屋顶泾渭分明,成为一种王颖称为"局部仿古模式中国民族形式"[1]。强调大屋顶下"水平线"的手法,在张开济同一时期其他民族形式建筑中也有明确的体现,如1954年建成的北京建工局疗养院,以色彩分割屋顶与水平体量,更突出强化了"水平线"的设计意向。

西郊三个建筑群的初始方案都采用没有出檐的"小屋顶","四部一会"最初还采用了平屋顶,可惜均没有实现。张开济早年积累了大量坡顶设计的经验,体会到平坡结合在使用、建造和丰富天际线方面具有的优势,因此晚年他一直希望推广和尝试坡屋顶或者平坡结合,断言小坡顶将取代平屋顶[2]。

"大屋顶"与挑檐、檐下的古典细节几乎不可分离,因而在现代设计中,需要协调古今形式的矛盾。坡顶则完全不同:不需要做升起弧线,坡度自由;结构和构造细节简洁;坡顶与平顶相比,材料只多屋面瓦,坡顶与墙身衔接不需要复杂过渡,收缩屋顶,或者轻微悬出都可以完成形态的交接并形成丰富的轮廓线;此外,坡顶在建筑物理上也有优势。

1 王颖. 探求一种"中国式样:早期现代中国建筑中的风格观念"[M]. 北京:中国建筑工业出版社, 2015: 143.
2 孙逊. 十年呼吁终成定论——张开济谈控制高层住宅, 发展多层、高密度住宅[J] 住宅科技, 1990(07): 13-14.

5.5 福利制度下的现代住宅设计

理解张开济及他同时代建筑师在住宅建设上的思想和贡献，首先要了解他们所面对的社会问题，即我国住宅建设的起点，其极度短缺的状况已为今天的国人所难以想象。1956年，张开济带领同事编写了《北京市设计院1956年度技术总结——住宅设计报告》，结合单位的实践，并参考了六个兄弟单位³和十余处住宅案例，对北京城市住宅状况进行了综述和总结（图5-14）。报告"前言"中提到当时工人住宅非同一般的拥挤。4～5个人合住一间是普通状况，个别竟然7～8人合住一间，常常厨房、卫生间都住了人。许多家庭没有"床"，只有联通的"炕"，不仅供全家人睡眠，而且起居、储藏甚至安放火炉都在"炕"上。这样的现状使得建筑师对于浴室、客厅、甚至沙发等常规住宅功能的考虑都显得脱离现实。

1. 福利制度与住宅设计

集中力量发展工业化的政策下，我国效仿苏联采用福利制度管控住宅建设，住宅依据"定额"，采用"标准"进行设计。为降低造价控制投入，设计采取内移卫生间，应用K系数等技术经济指标的措施，全国各地的住宅方案在"经济"指标约束下逐渐"大同小异"。一些设计为了追求更好的建筑系数，开始脱离实际使用的合理性，片面加大房间面积，通过几家"合住"降低系数，给居住者带来严重的困扰，被称为"合理设计，不合理使用"。

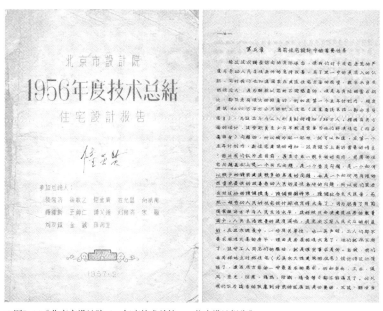

※图5-14《北京市设计院1956年度技术总结——住宅设计报告》
图片来源：张开济家人提供

---

3 六个单位分别为：全国总工会生活住宅部、北京市总工会生活住宅部、城市建设部、城市建设部民用设计院、建筑工程部设计总局、第四建筑工程公司。

新中国初期，住宅建设在"经济"与"合理"之间博弈，走了一段极端化的弯路。《北京市设计院1956年度技术总结——住宅设计报告》总结了1949年后我国住宅发展的四个阶段[1]。第一个阶段即过渡时期，主要根据1949年前的旧经验进行设计。第二个阶段开始于1953年，被称为"学习苏联先进经验的阶段"，为了控制住宅基本建设的投资，采用标准图纸、K系数等经济指标和周边式布局等苏联经验。1955年底开始进入第三个阶段，响应中央精简节约的要求，户型面积大幅度降低，平面简化，建造工艺偷工减料，片面追求减低造价导致住宅品质的恶化。由此带来的反思促进了第四阶段转变时期的到来，设计单位再次提高对住宅品质的要求，并重启住宅模式探索。

2. 非工业化建造模式

社会物质条件和建造条件决定了建筑设计采用的范式。李海清在研究中将这种物质性的先决模式称为"建造模式"。非工业化的大规模建造是张开济必须面对的现实。三里河的建筑面积约89000平方公尺，百万庄街坊住宅面积达116000平方公尺，但是均采用3层以下的砖混结构。百万庄建造场地条件差，而施工计划只有4个月，工期非常紧张。开工前大约每天要运到一千多吨材料，合马车一千二百车次，卡车六百车次。施工现场布满荒草坟丘，仅有的三条通往大路的沟道崎岖不平，下雨更泥泞不堪。施工单位清除土方修建两条四里长的道路之后日夜兼程运料，才保证工程于1953年8月9日顺利开工。施工过程当中缺少必要的机械设施，许多材料靠人工运送[2]。

张开济主持的《北京市设计院1956年度技术总结——住宅设计报告》中实事求是地指出：施工工业化是未来发展的方向，但是"反对把工业化看作不是一个手段而是一个目的，而不顾当时当地的具体情况，也不问实际效果如何，而一味追求工业化"[3]，文章认为，苏联机械设备多而劳动力少，冬季施工任务大，工业化施工虽然成本高，但是仍然应该提倡。我国机械设备少，劳动力富裕，大部分地区可以全年施工，情况与苏联有很大不同，甚至相反[4]。我国当前主要的问题是住宅有无的矛盾，要以较少的钱造较多的房子[5]，以"寸土必争"、"锱铢必较"[6]的精神，满足广大人民的急迫需要。

3. 新方法与旧经验的过渡

建于1953年的三里河与百万庄住宅是新方法和旧经验的过渡，一方面学习了苏联模式，尝试由"单元拼凑"组成低层大规模的周边式，另一方面也延续了民国时期的设计经验，住宅为浅进深、大开间、明厨明厕，主要用房讲求舒适，辅助用房高度紧凑，基本都是平直单元格局[7]。

《北京日报》介绍百万庄设计采用苏联经验[8]，以"单元拼凑"的方式进行组合，一个多月就完成了可以容纳6000人居住的住宅设计。报道中注释了"单元拼凑"的含义，即按照每户60或者75平方公尺的标准形成基本类型，然后通过单元组合形成

---

[1] 张开济，等. 北京市设计院1956年度技术总结住宅设计报告[G]. 北京：北京市设计院，1957：4-6.
[2] 西郊百万庄住宅区工程开工[N]. 北京日报，1953-8-23（002）.
[3] 张开济，等. 北京市设计院1956年度技术总结住宅设计报告[G]. 北京：北京市设计院，1957：44.
[4] 同上，45.
[5] 同上，16.
[6] 同上，41.
[7] 苏联"周边式"中有"转角单元"，我国这一时期因为经济、技术的原因，转角部分由直角建筑组合而成。
[8] 西郊百万庄住宅区工程开工[N]. 北京日报，1953-8-23（002）.

总体布局中需要的建筑平面,以减少重复设计,提高工作效率。1954年后出版的学术刊物中,详细介绍过苏联"拼联式住宅"(图5-15),用十五种单元可以拼联起一切必要的住宅,大大减少标准住宅的总量[9]。"单元拼凑"即一种简化的"拼联式"。

百万庄与三里河小区都是国家机关宿舍,建筑类型上除了单元住宅、单身宿舍之外,还有更高级别的双层并联式住宅(图5-16)。单元住宅平面与张开济在伟成事务所时期的设计有许多相似之处,室内比例接近方形,采光通风良好,与苏联寒冷地区的大进深内廊式单元完全不同,与北京院标准室在同一时期设计的小开间单元相比也要舒适得多。高级领导使用的双层并联式住宅,主体空间宽敞实用,辅助

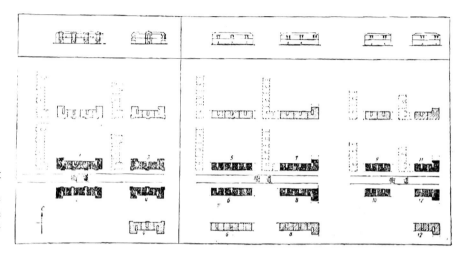

※图5-15 苏联"拼联式住宅"设计法
图片来源:(俄)A·加拉克契奥诺夫. 论结合城市建设要求考虑标准住宅设计问题[J]. 城市建设译丛,1955(01):9.

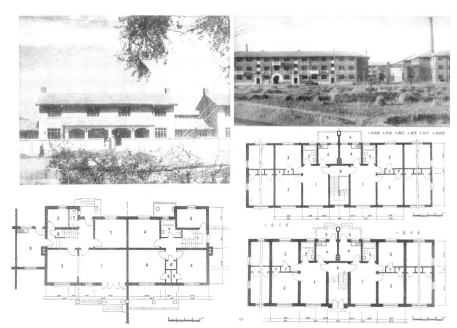

※图5-16 百万庄并联式住宅和三里河单元住宅
图片来源:中国建筑学会,城市建设部勘测设计局合编. 民用建筑设计图集第一集[G]. 建筑工程出版社,1958:58-59.

9(俄)A·加拉克契奥诺夫. 论结合城市建设要求考虑标准住宅设计问题[J]. 城市建设译丛,1955(01):9.

空间极其紧凑。厨房与主体连通又独立，利用北向服务空间降低层高做出错半层的勤务室，这类高度集约的手法具有石库门住宅的特点。虽然1976年唐山大地震后外加的结构破坏了原有立面，但仍能看出初始设计中利用楼梯间和入口形成立面的竖向分割，饰以简化的中式纹样，这些处理手法具有伟成事务所时期的特点。

4. 本土化的研究

《北京市设计院1956年度技术总结——住宅设计报告》总结当时的主要问题：一. 滥用"合理设计，不合理使用"原则，忽视住宅特性，违背基本功能。二. 忽视日常生活的需要，对人的关怀不足。三. 在设计方式上，建筑师"闭门造车"，主观片面。报告结合苏联等国家的先进经验，如降低楼层高度、改善平面关系、改善厨卫格局、减少楼梯宽度、放大窗户面积等，对我国目前缺乏多样化的现状作深入分析，详细论述倡导"小面积"住宅的原因和制定标准问题。

张开济认为，建筑师不能被动执行任务，更不能仅仅追求完成建筑系数，而是要发挥所长，主动在"国计"和"民生"之间寻找平衡，使得综合效益最大化。在社会主义制度下，决定住宅标准是一个核心问题，"需要把国家政策、国民经济、人民需要与技术可能等等多方面综合起来，一同考虑权衡"[1]，真正做到"用有限的投资来最快的改善劳动人民的居住条件问题"[2]，在不同服务对象之间，为广大职工群众设计经济合理的住宅是建筑界最重要的内容。"建筑师是的确管不到分配的，但是必须认识到我们却有责任通过我们的设计，来为最大限度的合理分配，合理使用，创造条件，创造可能性"[3]。因此报告中强调，建筑师做工作既要了解国家相关政策、投资预算、规划要求，又要深入调查人民的工资收入、生活方式和风俗习惯等，要收集充分的资料作为合理设计的依据。

5.6 博览建筑中的范式与突破

文化博览建筑是现代社会重要的公共建筑，在社会主义国家是向大众进行文化宣传和科学教育的机构。张开济在六十多年的建筑设计生涯中，总共设计了三座文化博览建筑和一座科普博览建筑，除了中国革命博物馆和历史博物馆，其余三座都在"一五"期间完成。

1. 中央美术学院的陈列馆[4]

中央美术学院陈列馆建于1954年，位于北京王府井大街东侧中央美院旧校址的东南角，南临帅府园胡同，东临校尉胡同。建筑面积约1680m²，矩形平面向北微微凸起呈品字形，平屋顶砖混结构，总高14m。这座美术馆规模虽小，却是新中国第一座专业美术馆。1962年中国美术馆建成之前，国家重要的美术展览都在这

---

[1] 张开济，等. 北京市设计院1956年度技术总结住宅设计报告[G]. 北京：北京市设计院，1957: 17.
[2] 同上，16.
[3] 同上，11.
[4] 中央美术学院陈列馆后更名为"中央美术学院美术馆"。

里举行,这个场所成为几代美术工作者的集体记忆。

美术馆外观为经典的西方古典主义三段式,装饰细节使用大量北京传统民居的做法(图5-17)。主立面为凯旋门式,檐楣上设一14m长"文艺为工农兵服务"的带状主题浮雕。凯旋门"洞口"中嵌入仿木构架的三开间柱廊,装饰由素色混凝土预制构件模仿的彩画和雀替。凯旋门两侧实墙以四岔砖雕中间砌斜方砖的传统墙心做法[5]替代西洋古典建筑中的线脚和装饰。

建筑平面十分简单,入口门廊连接交通厅,交通厅北、东、西三侧是展厅,可以串联,也可以独立使用(图5-18)。三层为美协工作场所,设置礼堂和办公室。首层沿街设置的主次入口可以通过交通厅相连,此外在东北角又为美院内部单独设置了一个小入口,三个入口展现出美术馆面向校园和社会的双重身份[6],紧凑的功能平面与古典外形结合得十分自然。展厅由北向单侧高窗采光,由于室内的宽度仅8m,高度仅4m,采光效果不是很理想[7]。尽管如此,作为新中国最早的美术馆,它具有重要的历史意义。

长浮雕由中央美院第一批雕塑系研究生[8]在教师的带领下完成,共5组题材,以工农兵浮雕为中心向两翼展开,右边代表建筑艺术、绘画艺术,左边代表纺织艺术、陶瓷艺术,其形式、手法令人联想到民国时期公和洋行与陆谦受设计的上海外滩中国银行门楣上的"孔子周游列国"浮雕。这是新中国最早的大型浮雕作品之一,在美术史上具有重要价值。2002年,中央美院迁址,美术馆划归协和医院,

※图5-17 中央美院美术馆旧址现状
图片来源:作者拍摄

[5] "四岔砖雕,中间砌斜方砖"的做法名称参考马炳坚所著《北京四合院建筑》。
[6] 校园东侧目前设置了围墙,但是东入口依然保留,推测初衷是能方便人员向街道疏散。
[7] 清华大学土建系建筑物理教研组,詹庆旋. 中央美术馆的采光设计[J]. 清华大学学报(自然科学版),1961(02):35-50.
[8] 中央美院第一批雕塑系研究生于1950年入学。

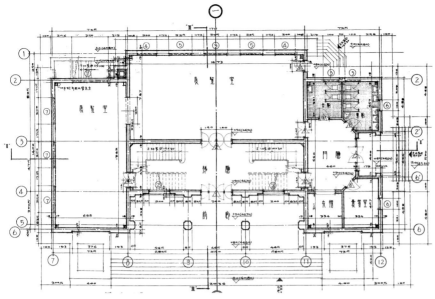

※图5-18 中央美院美术馆首层平面图
图片来源:郭娴娴提供

一度面临拆除,美术界专家学者们联合签名,呼吁保留这座"美术人心目中的北大红楼!"并举办了隆重的告别展——"人民·历史"以纪念它在新中国美术史上的贡献。展览组织者在建筑外立面搭上梯架,让观众可以上至10m高处,近距离欣赏这块浮雕带。

2. 劳动保护展览馆

劳动保护展览馆(附录2:附图4-1至附图4-11)建于1956年,位于宣武区虎坊路与永安路丁字路口(图5-19)。建筑平面呈"U"字形,主轴对着永安路,建

※图5-19 劳动保护展览馆
图片来源:《建筑创作》主编. 北京市建筑设计研究院(BIAD)60周年丛书,纪念集[M]. 天津:天津大学出版社,2009: 69.

筑面积6300m²。展览馆主要用于宣传劳动保护政策，通过定期举办展览推广劳动保护工作的研究成果和先进经验[1]，因此除了展厅之外，还设有讲堂、阅览、政治厅等功能。

这个大型展馆同样采用了砖混结构，通过把入口部分切分成两个平行厅的方式，将跨度控制在12m以内，用井字梁上托钢筋混凝土板，厅内无柱。为使展品避免阳光直射[2]，主展厅通过屋顶连续的天窗采光，开窗面积率为1:4，设有磨砂玻璃吊顶[3]。从东侧主入口进入公共区域后，南北两翼的线型展厅由东向西逐步抬高，至西端，在展厅下方设置办公、仓储空间，形成一条完整的由东向西升高的流线。这种功能与流线的组织方式与三年后的中国革命博物馆和历史博物馆非常相似。

建筑外形为折衷风格，利用主立面两侧的楼梯间形成凯旋门式样，门头正中是旗徽。入口处为五开间三层高的大尺度门廊，廊内墙身分为门、浮雕、窗三部分。门与柱头均尺度高大，柱头采用水泥预制件云纹雀替和向前挑出的栱头做装饰，与旗徽呼应，突出苏式建筑宏伟的风格。凯旋门两侧摆放的高大的工农铜像增添了社会主义国家的气息。建筑的檐口和墙身使用大量中式细节，比如：屋檐的中式装饰、四岔石膏雕饰中间砌斜方砖的传统墙心做法以及室内利用井字梁做彩绘平闇顶等。从入口门廊设计图纸可以看出工作具有"整体性"，从建筑设计深入到精装，地面材料和尺寸等细节都一一注明（图5-20、图5-21），最终结构、空间、构造几个体系完美整合为一体。

3. 北京天文馆

20世纪30年代，我国天文事业的先驱和科普活动家高鲁、张钰哲、李元等提出建造天象馆的设想。新中国成立后，在学者们和政府的共同努力下，终于在

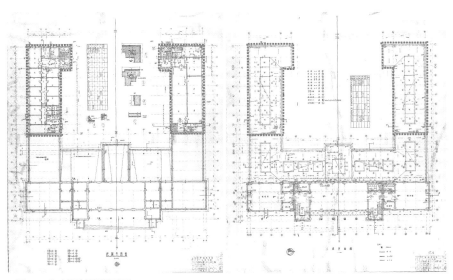

※图5-20 劳动保护展览馆平面
图片来源：北京市建筑设计研究院有限公司

---

[1] 全国劳动保护展览会在筹备中[J]. 劳动, 1959(16); 35.
[2] 《建筑师宋融》编委会编. 建筑师宋融[M]. 北京：中国城市出版社: 51.
[3] 清华大学土建系建筑物理教研组, 詹庆旋. 中央美术馆的采光设计[J]. 清华大学学报（自然科学版）, 1961(02); 35-50.

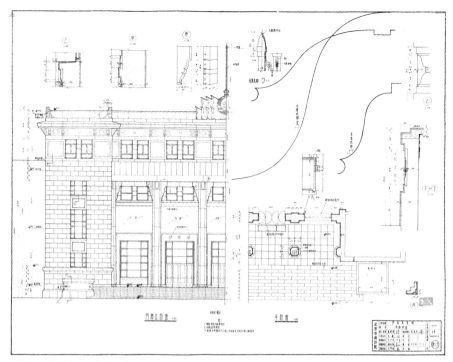

※图5-21 劳动保护展览馆门廊平立面
图片来源：北京市建筑设计研究院有限公司

1954年9月落实了兴建计划。天文学家陈遵妫担任馆长，负责筹建，北京市委委托北京设计院沈勃负责设计和施工组织，这项具有开创性的任务最终交给张开济，由他主持建筑设计和建造[1]。

1955年11月，陈遵妫在《人民日报》上发表文章"中国第一座天文馆的兴建"并公示建筑的立面图。文章阐明，资本主义制度下，天象仪是以营利为目的的资本主义电影院。而以苏联为代表的社会主义国家是将天文馆作为普及天文知识和进行研究活动的机构。北京天文馆的经营方针"自然毫无疑义地要走苏联莫斯科天文馆的道路"[2]，首先是一个提高人民科学素养、破除迷信、宣传唯物主义的教育机构，其次要进行爱国主义教育，宣传国家历史上伟大的天文成就，同时也是进行科学研究、观测活动以及培养青少年的天文学校。北京天文馆将成为未来全国各个城市建造天文馆的示范。

1) 选址、布局和特点

张开济和他手下的年轻建筑师宋融随同中科院、北京市文委领导、陈遵妫馆长一行参加了基地的选择。专家们经过多次踏勘，借鉴莫斯科市将天文馆设置在动物园附近以吸引青少年游览的经验，最终选址于西直门外北京动物园南侧的农田中[3]，期待结合北京西北文教区的规划，在这一带形成文化游览区。

北京天文馆及其附属建筑（附录2：附图3-1至附图3-7）占地约25000m²，基

---

[1] 李元. 我国第一座天文馆的建造[J]. 中国科技史料，1980（02）：88-98.
[2] 陈遵妫. 中国第一座天文馆的兴建[N]. 光明日报，1955-11-4（003）.
[3] 陈永汶. 行走天穹——中国现代天文学家陈遵妫传[M]. 北京：华文出版社，2007：173.

地高于道路1.5m左右，南面有一条铁道经过。场地分东西两个区域，服务性附属建筑在东，主要游览建筑在西，自成格局并为将来扩大为一个天文公园留有余地。布局原则是利用高地减省土方，为了减轻铁路震动的干扰，建筑物尽量靠场地北端布置[4]，形成一个由中轴和两翼对称布局的T型平面。

天文馆中轴线穿过主入口、设有"傅科摆"的入口大厅、天象厅，连接南侧庭园（图5-22），两翼平行于街道，设置可以独立使用的展览厅和演讲厅。八角形的门厅是建筑的枢纽，最突出的特点做了正交和斜交两套交通体系（图5-23）。正交的是一般参观流线，而斜交形成醒目的进入天象厅的流线。天象厅为了远离铁道干扰紧邻北侧门厅，但是流线上却需要经过环廊，延长了路径。天象厅入口与环廊通向观景平台的入口有意识地错位，以增加天象厅的物理稳定性和减少灰尘对精密仪器的损伤。建筑外观具有装饰艺术风格，八角形的斜面凸出了门厅，但是又与两翼平滑连接，设计的匠心还在于：通过斜面可以改善北立面没有光线的沉闷感[5]（图5-24）。

2）经验来源及调适

当时世界上已建成三十多座不同风格的天文馆，北京天文馆的原型最接近美国洛杉矶的格里菲斯天文台。1935年张开济喜爱的杂志《铅笔尖》（Pencil Points）上刊登过一则评论，认为格里菲斯天文台由于建于山地，天文台的主体穹顶在山地一侧比例和整体关系完美，而从位于另一侧的入口看去，穹顶低于主体建筑，造成形态比例上的失调[6]。北京天文馆吸取经验，非常重视街景及参观者视觉中的穹顶形象。从北侧看，主穹顶通过鼓座完整隆起在水平展开的主体建筑上，两侧气象台和小天文台后退至庭园另一端，使独立的主体建筑轮廓简洁有力，形象清晰。从南侧

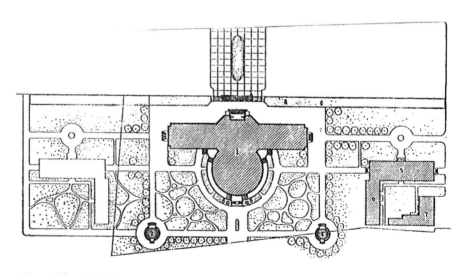

※图5-22 北京天文馆总平面
图片来源：北京天文馆. 北京天文馆五十年1957—2007 [G]. 北京天文馆编印, 2007: 10.

4 张开济，宋融，邱圣瑜. 北京天文馆 [J]. 建筑学报, 1957 (01): 1-13.
5 同上。
6（美）THE UPPER GROUND [J]. PENCILPOINTS, 1935 (5): 225.

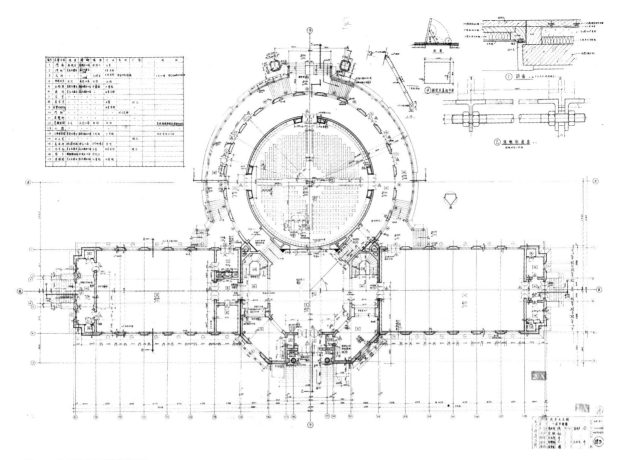

※图5-23 北京天文馆首层平面图
资料来源:北京市建筑设计研究院有限公司

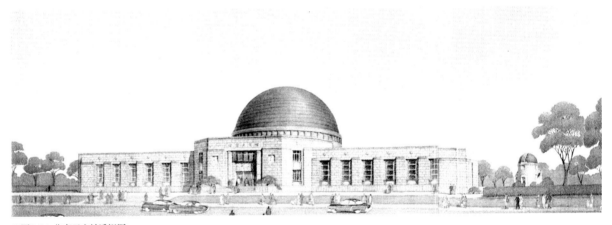

※图5-24 北京天文馆透视图
图片来源:北京天文馆. 北京天文馆五十年1957—2007[G]. 北京天文馆编印,2007:10.

看,为加固墙身而微微凸起的壁柱保留着格里菲斯天文台的装饰艺术手法,但穹顶、主体、台基体量层层收束,更具有流线型的简洁和整体感。在20世纪50年代西直门外空旷的田野中,北京天文馆的大穹顶具有崇高、科学和神秘的色彩,与路北高耸的苏联展览馆呼应,在古老的西直门外散发出一个现代国家面向未来的新时代精神(图5-25)。

北京天文馆的内饰融合了苏联斯大林格勒[1]天文台的经验。1956年底,馆长陈遵妫受邀到苏联参观莫斯科、斯大林格勒和基辅等城市的天象馆和天文台。1954年建成的斯大林格勒天文馆是一座新古典主义的万神庙式建筑,顶端站立工人般粗壮有力的女神像,门厅里有大幅金碧辉煌的斯大林像壁画。陈遵妫曾征求张开济的意见,想仿照斯大林格勒天文馆,在门厅内也做一个彩色石拼的巨幅毛主席像。张开济表示为难,说这种彩色碎石要从意大利进口,需动用外汇,而且时间也没有保障,陈随即打消了这个想法。后来两人协商以一名青年美工画的"太阳日珥图"放大作为室内壁画,并配以郭沫若的诗句和书法作为门厅的主题,获得了同样好的效果而大大降低了成本[2]。

3)多工种合作

北京天文馆是多学科团队"合作"的成果:设备来自民主德国的捐赠,空间必须满足其专业性要求。同时,天文馆的外形要符合"大众"的审美品位并能传达主

※图5-25 20世纪50年代北京天文馆周边环境
图片来源:北京天文馆. 北京天文馆五十年1957—2007[G]. 北京天文馆编印,2007:29.

---

[1] 俄罗斯城市,1925—1961年间称"斯大林格勒",1961年改名伏尔加格勒。
[2] 陈永汶. 行走天穹——中国现代天文学家陈遵妫传[M]. 北京:华文出版社,2007:173.

题信息，艺术家们承担了这部分工作。建筑师是团队的"中枢"，负责组织施工，并协调决策者、使用者、施工者、设计者、艺术家的各方要求。

北京天文馆引入了国际先进的建造技术、施工经验和方法。直径23m，双层结构的薄壳天象厅由民主德国派来的专家和工程师协助完成[1]。穹顶水平切分为环形带，每个环形带由水平和斜向钢构件组成的三角构成，斜构件等长，水平构件逐级收缩并递减，从而完成穹顶的搭建。全部构件来自德国，误差极小，施工中使用特殊的可转动脚手架做混凝土浇筑（图5-26）。

天文馆主体结构为造价低廉的砖加混凝土构件，而外观厚重端庄似乎石砌。墙面做法为张开济熟悉的"斩假石"，通过控制色彩使其有真实石材的质感，配合铜皮圆顶，呈现壮丽效果[2]。他在民国时期的工程中常用这种工艺，以廉价的材料作出经久耐用且美观的设计，是一种经济节约条件下高性价比的选择。

北京天文馆檐口和壁柱的顶端，贴有"预制斩假石"[3]花饰。这些花饰并非纯粹的装饰，也有一定的功能作用。其一、在铜皮穹顶与墙身衔接的位置，雨落管埋入预制斩假石花饰，将雨水导入屋顶，再经过檐沟排出，保证了穹顶形象的完整。其二，从墙身大样可以看出，檐口和壁柱顶端的预制件正好位于钢筋混凝土构件外，起到遮挡构件与上方砖墙两种材料缝隙的作用（图5-27、图5-28）。

张开济再次与艺术家团队合作，美术家吴作人组织艾中信、周令钊、滑田友、王临乙、曾竹韶等著名艺术家为建筑量身定制宣传我国古代天文成就的装饰，为建筑添加民族色彩。正门外墙上点缀了三块线条灵动的浮雕，东西两侧是日、月神，正中4.8m长，1.7m宽的汉白玉上雕刻着我国古代象征星宿的青龙、白虎、朱雀、玄武四象[4]。门厅天顶上的壁画展示了中国古代飞天的神话与传说。主体建筑的所有装饰细节，远看似西方的线脚，近看无一不是为天文馆定制的中式图案，檐口的飘带和凸壁柱顶端冉冉升起的祥云等细节使整个建筑充满浪漫的民族形式，呈现一种新颖的中国装饰艺术风格（图5-29、图5-30）。

※图5-26 穹顶的钢结构和施工过程
图片来源：北京天文馆. 北京天文馆五十年1957—2007［G］. 北京天文馆编印，2007：14-15.

1 张开济，宋融，邱圣瑜. 北京天文馆［J］. 建筑学报，1957（01）：1-13. 文中记载民主德国专家为"卡尔博士"和"库尼斯工程师"，天象厅的圆顶部分的结构由卡尔博士设计。笔者尚未查到专家的英文全名。
2 张开济，宋融，邱圣瑜. 北京天文馆［J］. 建筑学报，1957（01）：1-13.
3 施工图标注为"预制剁斧石"，见附录图纸。
4 这组作品由著名的雕塑家滑田友、王临一、曾竹绍共同创作，可惜这批艺术品在"文革"中被捣毁。

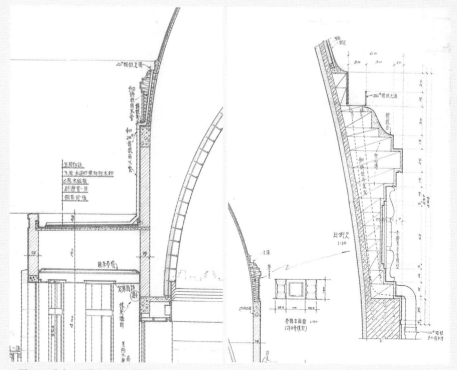

※图5-27 北京天文馆穹顶雨落管做法
图片来源：北京市建筑设计研究院有限公司

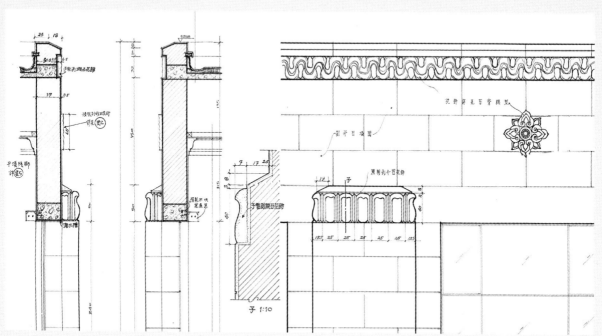

※图5-28 北京天文馆外墙做法
图片来源：北京市建筑设计研究院有限公司

※图5-29 北京天文馆外墙现状
图片来源：作者拍摄

※图5-30 北京天文馆入口的汉白玉雕刻和室内的天顶壁画
图片来源：北京天文馆. 北京天文馆五十年1957—2007 [G]. 北京天文馆编印，2007: 32.

4. 三座博物馆的比较与评价

这三座博物馆为张开济"二五"期间主持建造中国革命博物馆和历史博物馆积累了范式、技术、人员组织的经验。它们的共同点是在低技术、低造价的条件下，进行大规模文化建筑的创作。砖混建筑长于在小开间的居住和办公空间中发挥作用，劳动保护展览馆却通过井字梁进行大展厅的建造，用连续天窗进行自然采光；北京天文馆用砖墙结构完成了复杂的形体组合，将艺术、技术和空间融为一体。中央美院陈列馆和北京天文馆都采用建筑与雕刻结合的手法，这与张开济的爱好，经历有一定关联。他自己即为中国美术协会成员，因此在人员合作中具有很好的凝聚力。同时，这两项工程的多学科合作体现出社会主义国家"一盘棋"的制度优越性，在国庆工程中这一特色将发挥到极致。

北京天文馆一定程度上，突破了苏联的古典范式，是最具有现代色彩的作品。建筑外观比例适宜，内部大小空间的"体积组合"巧妙合理，例如：八角形门厅空间高大，周边过厅低矮——利用上空安排了办公空间，同时烘托了门厅的高度。门厅一角的垂直交通连接上下楼层十分方便，并利用休息平台解决附属卫生间的功能，既方便又隐蔽（图5-31）。合理细致的空间处理使北京天文馆成为宏大的苏联风格盛行时期一个尺度宜人，空间紧凑的公共空间案例。

梁思成曾经建议北京天文馆使用传统攒尖顶，认为圆顶在传统文化中象征"坟丘"。张开济坚持"外形表现内容"[1]而选择了穹顶，他已经不再完全听从梁思成在民族形式上的建议。天文馆的所有形式、细部都根据功能需要重新演绎而不是模仿西方古典范式，但其端庄对称的轮廓依然与现代性和科学性有较大距离。1957年《建筑学报》第1期是"天文馆"专刊，介绍了世界各国的20座天文馆，其中不乏如耶拿天文馆、莫斯科天文馆等更为现代的作品。林乐义[2]同期发表文章介绍波兰西里

※图5-31 北京天文馆门厅及楼梯间尺度
图片来源：作者拍摄

---

[1] 张开济，宋融，邱圣瑜. 北京天文馆[J]. 建筑学报，1957（01）：1-13.
[2] 林乐义（1916—1988），我国著名第二代建筑师。1937年毕业于上海沪江大学，1948年赴美国佐治亚州理工学院学习并兼任客座讲师。1950年回国，曾任建设部建筑设计院总建筑师。

西亚天文馆，称其"创造性地解决了呆板、笨重、对称的问题，同时又巧妙地结合着天文馆的功能和特点"[1]，似乎颇有针对性。天文馆设计小组在方案介绍中，认为形式"庄重拘谨也许有余，新颖活泼可能就很不够了"[2]，也颇有自我批评的含义。

北京天文馆能否采用现代主义形式？笔者认为可能性极低。1954年底《建筑学报》第2期发表"西德建筑的悲剧"一文，称西德的现代主义建筑是美英干涉者和西德帝国主义者相互勾结的文化政策，是对城市和建筑艺术的破坏[3]。馆长陈遵妫到苏联学习，主要参考对象为古典的列宁格勒天文馆而非早期具有现代构成色彩的莫斯科天文馆。这样的背景下[4]，北京天文馆综合各种要求，在意识形态和科学性之间达成了统一，它单纯而鲜明的形象体现出"天文学为社会主义建设服务"的内涵以及"科学的、民族的、大众的"文化纲领。

1957年9月29日，国务院副总理陈毅、北京市副市长吴晗、中国科学院副院长竺可桢以及数百位国内外来宾出席北京天文馆的开馆典礼。国家总理周恩来及其他国家领导人刘少奇、陈云、邓小平等也先后来到天文馆参观，给予高度评价[5]。1958年6月25日，国家邮电部发行了一套特种邮票以纪念北京天文馆的建成（图5-32），它的建筑形象深入人心，成为具有时代色彩的文化符号和国家追求科学进步的象征，是新中国影响最广泛的文化建筑之一。

※图5-32 北京天文馆首日封及特种邮票
图片来源：百度百科词条"北京天文馆（1958年发行的特种邮票）"

[1] 林乐义. 波兰西里西亚天文馆[J]. 建筑学报，1957（1）：66.
[2] 张开济，宋融，邱圣瑜. 北京天文馆[J]. 建筑学报，1957（01）：1-13.
[3] （德）柯尔脱·马葛立芝教授. 西德建筑的悲剧[J]. 建筑学报，1954（02）：78.
[4] 北京天文馆设计于1954～1955年，建成于1957年。
[5] 北京天文馆. 北京天文馆五十年1957—2007. [G]. 北京天文馆编印. 2007：19-28.

5.7 天安门观礼台的现代性

为迎接新中国建立5周年庆典，1954年初北京市政府决定将天安门前的临时观礼台改为砖混结构的永久性构筑，虽然是一个小工程，但是位置重要，涉及天安门广场的形象，有关方面为此举办了设计竞赛。在一群效仿背景建筑的华丽方案中，张开济的设计思路脱颖而出：新构筑物低于天安门城墙，并采用与城墙完全一样的色彩，让观礼台消失在环境中（图5-33）。

这个设计构思巧妙，简单实用，大大完善观礼活动的功能和流线，而对天安门几乎没造成任何影响。建筑外观为水泥抹灰，观礼台下方添加卫生间、休息室和其他礼宾设施，5个圆形拱券入口与天安门城楼相对应，交通顺畅。建筑总面积1658m^2，有效使用面积增加约800m^2，可以容纳近4000人。

天安门广场建国后经历了不断的扩展，在代表封建秩序的皇城中心植入代表"人民"的宏大尺度，成为社会革命和社会转型的象征。张开济的设计体现出对历史环境的尊重，观礼台包容了集体与个人、历史与当下，体现出理性精神和谦逊态度。张开济尊重环境并非偶然，同样在1954年，他组织宋融、刘开济和尚在北京兴业公司工作的巫敬桓一同参加武汉长江大桥桥头堡设计竞赛。同事回忆他"花了很大功夫专门去武汉把周围环境仔细拍下来，回来向我们详细地交代清楚"[6]，桥头堡设计获得了专家组评选的一等奖[7]。张开济晚年将自己的创作观总结为"三尊重"，其中"尊重环境"一项包含了历史环境和自然环境。

※图5-33 天安门观礼台现状
图片来源：作者拍摄

[6] 陈琛. 实在人张开济[J]. 南方人物周刊，2006（26）：62-63.
[7] 北京市建筑设计研究院有限公司档案室. 张开济干部档案[A]. 注：第一轮评比中，专家评出三个一等奖，上报中央后周恩来总理选择了最经济的一个，即桥梁工程师唐寰澄设计的方案。

※图5-34 天安门观礼台获得2011年度北京国际设计周暨首届北京国际设计三年展"设计北京大奖"经典设计奖
图片来源：张开济家人提供

　　天安门广场观礼台是"一五"期间张开济最精彩的现代设计作品，简单而高明，与传统和谐共生。他自己常说，观礼台的设计要领是"此处无声胜有声"[1]。新中国建设初期，举国上下团结一心，奋力追赶现代化、工业化，文艺作品中讴歌的都是破旧立新的魄力、社会竞争的勇气和人定胜天的气概。尊重历史、尊重自然这样的理念非常异类，不符合时代潮流。如果问张开济先生为何会做出这样具有超前意识的设计？他或许会回答"我只是凭着Common sense设计"。观礼台以现代意识和空间智慧避开时代的局限，赢得持久的赞誉。2011年，张开济先生去世5年后，天安门观礼台获得北京国际设计周首次设立的年度设计奖——十大"经典设计奖"（图5-34），评语为："其设计思想超越了任何既定的形式和范围，在一个知识边际尚不清晰的年代演绎了极简主义设计理念，将现代设计与传统文化完美结合"[2]。

5.8 本章小结

　　社会主义建设时期，张开济作为国营设计院的总工程师，带领团队完成国家计划中的大量任务，工业化程度低、经济短缺、非生产性投资受到严格控制是他长期面对的创作环境。他是集体创作时代单位中的核心技术力量之一，在工作中起到多重作用：方案设计、主持设计、评审设计等；在住宅、博物馆等新中国建筑类型中

---

[1] 余玮. 张开济的自豪与无奈[J]. 华人时刊, 2007 (07): 16-21.
[2] https://news.163.com/11/1013/22/7G9EEEJ600014JB5.html.

开拓"范式",积累经验;作为知名建筑师,他的专业评论文章在宣扬党的建筑政策、统一行业思想、分析设计问题上产生社会影响,发挥了建筑师在国家工业化道路上的最大作用。

建国初期,设计背后的政策制约是"一边倒学苏联",教条地搬用外来理论最终导致水土不服。张开济负责的工作室侧重住宅与办公的设计,他认为为广大职工群众设计的住宅是社会主义制度下最重要的建筑类型,并涉及国计民生的综合效益。他与同事们结合中国现状和1949年以前积累的经验,对外来理论进行本土化调适,在非工业化模式下,高速度大批量完成住宅设计建造任务。他倡导建筑师要制定适应国情的住宅标准,设计低造价人性化的住宅方案,解决住宅的极度短缺问题。此外,他开始了博览建筑设计的积累,在民族形式的制约下,形成以流线和技术为核心的,混合美、苏、中多种语言的新中国折衷风格。

张开济在个人和专业的思想层面经历了去精英化的改造过程,通过自我反思、公开检查和"民族形式"的风波,逐步建立了自己的"阶级立场"和"为谁服务"的政治业务观。在国家宏观计划的指导下,建筑师必须在经济合理的原则下完成国家建设和服务人民生活的任务。"经济、技术"和"文化、艺术"的割裂对建筑设计的整体性、全面性和综合效益伤害极大,"人性"和"尺度"也将无所依托。张开济用苏联理论中"对人的关怀"作为专业思想改造的理论支点,兼容"人本主义"的专业要求与"服务人民"的政治要求。

第一次民族形式探索时期,在苏联理论的局限下,国内的建筑设计走上了与社会发展相矛盾的道路,禁止采用"现代设计",也先弘扬后批判"大屋顶"的民族形式。形式语言成为建筑设计的敏感问题,呈现出苍白空洞的态势。事实上,现代设计原则最符合国家工业化发展和资金积累的要求。张开济在北京天文馆和天安门观礼台等少数项目中,突破了苏联模式的束缚,逐渐提炼出一些在僵化的政策约束下,具有现代设计原则、特点并符合自己民族形式观的设计理念和手法。

1. 进行体积计算:以"经济合理"为原则,方案注重高度精炼的交通流线和空间的立体组合,紧凑高效,避免冗余。

2. 重视综合效益:综合平衡的思维方式使张开济所持的"经济合理"原则不至走向极端的片面节约,他的建筑设计关注包括形式美在内,各个方面的综合效益。

3. 用"大进深"节约造价:加大建筑进深可以有效节约用地和造价,这是张开济在实践中获得的经验,为后来的多层高密度住宅设计提供参考。

4. "放大四合院":此做法来自20世纪50年代学习苏联"大街坊"过程中的本土化措施,具有在现代集合性空间中重新演绎传统空间形态的意义。

5. 追求简化和神似的民族形式手法:张开济的民族形式设计往往简化构造和彩画等工艺、强调横向水平构图、不以模仿原型为目的,追求古今之间的神似而非形似。

第6章 二五计划时期：第二次民族形式的探索

参加人民大会堂竣工验收留影

1958
—
1963

"一五"计划的顺利完成极大增强了政府的自信，然而，农业的落后限制了工业消费品的增长，中央希望通过劳动力的集体化提高工农业的产量，由政治干部而不是保守的技术专家在生产中进行更多的掌控，在各行各业中充分发动群众的劳动力和热情，多、快、好、省地建设国家。

　　1956年起，中苏关系出现变化，毛泽东主席提出，将全面学习苏联的态度调整为"不能盲目学习"[1]，同时放宽了向欧美学习的途径。中苏两国处在不同发展阶段[2]，认识上的差异引发冲突。1960年，苏联撤走专家，中苏关系走向断裂，中国虽然在各个领域仍以苏联模式为标准，但开始积极探索符合自己国情的道路。

　　国家计委聘请以谢·阿·勃得列夫（С.А.Бодрев）[3]为组长的苏联专家指导新组建的都市规划委员会，于1957年春完成新一轮北京规划[4]，这一版方案发展大工业的思想更加突出，改建城区的要求更加迫切[5]。1958年，中共中央八届六中会议正式提出：城市人民公社将成为改造旧城和建设社会主义新城的工具[6]。

　　新中国成立后，建筑技术和施工的工业化受经济条件限制，发展比较缓慢。"二五"期间以"快速设计，快速施工"为核心的"技术革新，技术革命"虽然有一些不切实际，但引发了技术研究热潮。这一时期建筑业最重大的项目是庆祝建国十周年的"十大工程"，由于时间紧任务重，这些项目"边设计边施工"的特殊要求有力地推动了技术的突破。十大工程普遍采用了冬季施工法和雨季施工法。双轮手推车、喷浆机等革新工具的发明使长期靠肩挑人抬的工地运输实现了水平运输车子化与垂直运输机械化，在钢筋绑扎、木作加工、水暖加工等领域涌现出多种发明[7]。十大工程的施工中，还涌现出青年突击队长张百发、李瑞环等一批建设行业的劳动模范，他们从建筑工程的实践中逐渐走上各级领导岗位。

---

1 白思鼎（Thomas P. Bernstein），李华钰. 中国学习苏联——1949年至今［M］. 香港：香港中文大学出版社，2019：4.
2 同上，导论.
3 李浩. 来华技术援助城市规划的四批苏联专家（1949—1960年）［J］. 北京规划建设，2019（01）：168-171.
4 董光器. 北京规划战略思考［M］. 北京：中国建筑工业出版社，1998：330. 这一版方案为1957年春提出的《北京城市建设总体规划方案》，补充修改后1958年6月以草案形式上报中央.
5 同上，329-339.
6 中华人民共和国国务院公报1958（36）. 关于人民公社若干问题的决议［G］. 1958.
7 北京建设史书编辑委员会编辑部. 建国以来的北京城市建设资料第五卷房屋建筑上册［G］. 1992：54.

6.1 国庆十周年工程

"新中国十大建筑"特指为中华人民共和国成立十周年献礼的十个重点工程[8]。1958年9月初,北京市副市长万里召开动员大会,传达工作任务[9],指出国庆工程是"六亿人民在世界各国面前展示我们的制度,表现出优越性"[10]。会后市委和中国建筑学会立刻联名邀请全国的专家来京参与设计,同时做建筑材料和施工的准备,一个月内就要开工。

北京院[11]承担了十大建筑中的多数设计。张开济负责其中的革命博物馆和历史博物馆、钓鱼台国宾馆两个工程,这显然与他在文化博览建筑以及住宅设计上的经验和声望分不开。经过初步研究,原定革命博物馆和历史博物馆合二为一,组成一个整体,由中宣部和文化部负责,北京院和清华大学合作设计,北京院团队负责施工。钓鱼台国宾馆由外交部负责,北京院团队负责全部设计与施工。46岁的张开济迎来了职业生涯中最艰巨和重要的时刻。

十大建筑既是政治挂帅,"多、快、好、省"时代的产物,也是以举国之力进行集体创作的巅峰之作,在不到十个月内顺利完成从设计到建造的全过程,创造了建筑史上的奇迹。建工部部长刘秀峰指出,建筑设计中"个人创作和集体创作相结合,以专家为首的集体创作"是理想的方式[12]。他总结当时最为行之有效的办法是两个"三结合",即单位内部为行政领导干部、工程师和一般设计人员的结合;单位外部为设计单位、建设单位、施工单位三结合。做为国庆工程的总负责人,周恩来总理自始至终保持着对建设过程的高度关注。"(周总理)对每一个工程从研究任务书到审查设计图纸,都亲自参加并主持会议。在施工阶段,更常去工地现场踏勘"[13]。

革命博物馆和历史博物馆设计初期提出了八十多个不同的方案,经过大小几十次集体讨论,最后由北京院和清华大学合作,吸取多方意见进行补充和改进而成[14,15]。张开济曾回忆具体合作经过:北京院和清华大学都参加了方案评选,设计院由张开济带队,清华大学由校长蒋南翔和建筑系党委书记刘小石带队。经过反复研讨,双方的方案逐渐大同小异,然而透视图一次比一次大,色彩越来越鲜明。清华汇报思想境界高,设计院工程经验丰富,相持不下时,主持会议的文化部副部长钱俊瑞对张开济说:"你是老大哥了,应该让让小弟弟们"[16]。最终商定两个单位合作设计,由张开济负责,凡事都召集双方人员共同设计、讨论和协商解决[17]。

不到一年中要完成两个国庆工程,张开济作为主持人忙碌异常。方案设计中的意见汇总和更改,施工中各个部门间的相互配合都由主持人协调解决。主持人民大会堂建造的老同学张镈曾说自己到了工地后,三天没有讲一句完整话。张开济在位于天安门的革命博物馆和历史博物馆及位于玉渊潭的钓鱼台国宾馆两处工地奔波,

---

[8] 十大工程特指1958年9月到1959年10月1日间为庆祝十周年国庆而完成的项目,最终确定的是:人民大会堂、革命博物馆和历史博物馆、军事博物馆、农业展览馆、民族文化宫、工人体育场、北京火车站、民族饭店、华侨大厦、钓鱼台国宾馆。

[9] 原定十大建筑:人民大会堂、革命博物馆、历史博物馆、国家大剧院、军事博物馆、科技馆、艺术展览馆、民族文化宫、农业展览馆、苏联展览馆,另加玉渊潭附近修建、几栋别墅式宾馆。

[10] 李扬. 博物馆建筑所见新中国建筑文化——以中国人民革命军事博物馆为中心[J]. 中国博物馆, 2017 (02): 7-13.

[11] 1955年6月20日至1960年4月,单位名为"北京市城市规划管理局设计院"。梁永兴. 时光倒流:北京市建筑设计研究院往事[J]. 建筑创作, 2014 (Z1): 442-450.

[12] 刘秀峰. 创造中国的社会主义的建筑新风格[J]. 建筑学报, 1959 (Z1): 3-12.

[13] 张开济. 缅怀周恩来总建筑师[Z]. 张开济家人收藏手稿.

[14] 余辉音. 宏伟壮丽的博物馆[N]. 人民日报, 1959-9-20 (003).

[15] 具体方案的形成或已经难以辨析,《建筑学报》上"建筑事业上集体创作的范例"一文刊登的信息为"中国革命和中国历史博物馆平面及立面设计分别采用了清华大学及北京市城市规划局设计院的方案",清华的研究资料展示师生向周总理汇报,立面设计获得肯定。

[16] 张开济. 尚堪回首[M]. 北京:北京出版社, 2003: 344.

[17] 张开济. 国庆十大建筑设计追忆[J]. 纵横, 1996 (09): 26-28+3.

忙得吃不上饭。"为了争取时间，国庆工程几乎都是边设计边施工的"，"设计图房内总是整夜灯火通明，有很多施工单位负责人在现场坐等图纸。经常是一幢楼的基础图纸完成时，已是午夜，施工人员马上拿到工地上，连夜放线、刨槽，真可谓分秒必争，急如星火"<i>¹</i>。

十大建筑的工地无不人声鼎沸、千军万马。边设计、边施工、边备料，速度太快造成许多问题，当出现一些必须返工的情况时，尤其容易引发不同人员的冲突。"工期又奇紧，工地不愿返工，这是一个很大的矛盾。作为博物馆和国宾馆两个工程的总主持人，我有责任来协调这些矛盾。因此我必须花费很多时间和工地负责同志打交道，说服他们同意办理'洽商'"<i>²</i>。张开济知道自己在两个工地的施工负责人面前是"最不受欢迎的人"，压力很大，"在解放前，作为一个建筑师，在工地上都是我说了算，而今我却要处处求人，实在不是滋味，不过一想到国庆工程的重大意义，我为它任劳任怨，也是心甘情愿的"<i>³</i>。

建筑师的设计决策也遇到来自各个层面的挑战，张开济进行了力所能及的专业把控。革命博物馆和历史博物馆的设计中，他根据多年的经验，坚持主张门廊柱的比例不随人民大会堂的圆柱加粗，使方柱具有的"木构"意向和视觉效果得以按预想实现。他主张选择材料不要一味追求低造价，而是在经济、美观与耐久性之间取得平衡。钓鱼台国宾馆项目中，他为了让建筑尺度与园林匹配，多次与严格遵从苏联模式制定任务书的外交干部进行协商<i>⁴</i>，虽然在一些细节处仍难以避免速度太快带来的问题，但是基本保障了工程的完整性，呈现出设计的初衷。

中国革命博物馆和中国历史博物馆——革命性·民族性·现代性

国庆工程是新中国成立后的第二次民族形式探索，外来的理论和传统的法式不再是束缚，如果说有什么明确的方向性，那就是周恩来总理所说的"古今中外，一切精华，含包并蓄，皆为我用"<i>⁵</i>。

革命博物馆和历史博物馆的基本形式由周恩来总理亲自确定，"革命历史博物馆可以和大会堂基本对称，但建筑面积要小些，做成一虚一实。"<i>⁶</i>这两个建筑是天安门广场重要的组成部分，广场以一种大无畏的革命精神突破了古典建筑群的格局。"打破封建格局、资产阶级的建筑理论和现有一些广场尺度的束缚，广开思路，大胆地去考虑广大群众集体活动所要求的尺度，去正确认识新中国人民的精神面貌。"<i>⁷</i>，"为什么人民时代的建筑不能超过帝王时代的宫门呢？"<i>⁸</i>。随之，人民大会堂也以同样的气魄，超出原任务书要求的10万m²形成一个长逾300m，面积超过17万m²，可容纳万人大礼堂的国家最高等级现代政治建筑。上海的六位专家提出反对意见<i>⁹</i>，认为天安门广场的尺度恐怕出现"旷"、"野"，并与建筑比例失调<i>¹⁰</i>。梁思成对于建筑立面设计提出"中而新、西而新、中而古、西而古"的排序观点，并认为选定的大会堂方案属于最末一级——"西而古"<i>¹¹</i>。虽然他的观点并未对最终的决

1 张开济. 尚堪回首[M]. 北京：北京出版社，2003：345.
2 同上，346.
3 同上.
4 江仙. 张开济："无为"建筑师[J]. 文史参考，2012（16）：74-76.
5 张镈. 我的建筑创作道路[M]. 北京：中国建筑工业出版社，1994：157.
6 人民大会堂专辑[J]. 建筑创作，2014（180+181）：33.
7 赵冬日. 天安门广场[J]. 建筑学报，1959（Z1）：21.
8 同上.
9 六位专家为吴景祥、冯纪忠、黄作燊、谭垣、赵深、陈植。
10 张镈. 我的建筑创作道路[M]. 北京：中国建筑工业出版社，1994：154.
11 张镈. 我的建筑创作道路[M]. 北京：中国建筑工业出版社，1994：153.

策产生影响,但"中而新"的理论得到较为广泛的认同,并逐渐成为民族形式的探索方向。

这座国家级博物馆全称"中国革命博物馆和中国历史博物馆",实际是两个馆,1969年后曾改名"中国革命历史博物馆",[12]简称"革历博"。特殊的两馆建制使它的性质介于文化博览建筑和政治建筑之间,具有"重大政治意义、历史意义",外形必须壮丽、明朗、朴素近人[13],体现社会主义国家的民主制度与革命精神。博物馆基地在天安门广场以东,体量比中轴对面的人民大会堂小10万m^2,通过采用"目"字形平面,围合起四个内院和一个前庭,"以虚充实"和人民大会堂保持平衡。建筑的基本型制是平顶柱廊。西方古典城市常以建筑柱廊围合广场,但是天安门广场长800m,围合感无法形成。人民大会堂设计组对"柱廊"形式的解读是"象征全国人民团结在党的周围"[14]。在紫禁城的背景下,两大新建筑的"平顶、挑檐、围廊、重台"[15]与其说是体现与传统环境的关联,不如说其庞大的体量和柱廊式的立面呈现出浓重的苏式西洋古典色彩,但新一轮民族形式的探索不再受到全面学习苏联要求的束缚,设计倾向于通过空间布局和形式的推陈出新赋予古典式样现代中国色彩(图6-1)。

为了植入民族性,一些设计放弃了"布扎"体系视为核心的"比例"关系。张镈在人民大会堂的柱式设计中采用柱高为柱径的12.5倍,既不同于西洋古典式样,也不同于中国传统木构,柱头设计为莲瓣式样直接托举在檐下,同样与中西传统都不同,略带古埃及色彩。这种做法被梁思成和谭垣等老一辈建筑师指责"西而古"和尺度失调。笔者认为张镈的目的在于打破旧规范,"取得人们喜闻乐见的比较熟悉和习惯的概念"[16]。奚小彭关于人民大会堂装饰设计的文章中,清楚地表达了这

※图6-1 天安门广场鸟瞰,1959
图片来源:中华人民共和国建筑工程部,中国建筑学会.建筑设计十年1949—1959[G].北京(内部资料),1959:(无页码).

[12] 中国革命博物馆和中国历史博物馆原为两馆建制,在1969年9月合并为中国革命历史博物馆。1983年恢复两馆独立建制。信息来自:搜狗百科"中国革命历史博物馆"。
[13] 赵冬日.天安门广场[J].建筑学报,1959(Z1):21.
[14] 北京市规划管理局设计院人民大会堂设计组.人民大会堂[J].建筑学报,1959(Z1):23-30,83-89.
[15] 赵冬日.天安门广场[J].建筑学报,1959(Z1):21.
[16] 北京市规划管理局设计院人民大会堂设计组.人民大会堂[J].建筑学报,1959(Z1):23-30,83-89.

第6章 二五计划时期:第二次民族形式的探索(1958—1963)

种折衷选择背后的原因：用传统的纹样缺乏新意，用镰刀、星星、锤子，缺乏严肃性，吸取一切中外的装饰精华，但是不能照抄，因而最终选择了中国魏晋唐宋的卷草纹加以现代性的修改[1]。

张开济在"革历博"的设计中尝试了更抽象的"民族性"植入方式。1. 通过组织院落空间，解决与人民大会堂体量悬殊的问题，形成具有中国传统意向的水平展开空间。2."柱式"具有中式木构的意向。虽然没有采用传统的手法，但是现代梁柱构件之间的咬合关系以及两个"额枋"间镶嵌镂空装饰板，模仿了古建筑檐下梁架斗栱及彩绘的细部，却是全新的做法。

博物馆的北部是革命博物馆，南部是历史博物馆，两馆由门厅和礼堂连接。门厅礼堂向东后退，给西侧入口让出一个三条游廊围合成的前庭。平面布局中的四个内院各有分工，两个作为公共交通、休息之用，另外两个较小，是后勤部门的服务院（图6-2）。工期制约下，工程不能挖地下室，因而首层设置了设备房、库房和行政办公以便于运输；公共庭院保障了首层办公空间大部分都有自然采光；二、三层是主要的展区，局部升起四层作珍藏、办公、研究用；建筑底层南北两馆各有独立门厅，且四个方向都可与城市道路相连，具有都市文化建筑的特征。

由于门厅后退让出前庭，两侧展厅的水平流线无法闭合。张开济与合作者们设计了一个立体的路径解决流线闭环的问题（图6-3、图6-4、图6-6）。参观者从西侧主入口进入博物馆，通过前庭和大台阶进入二层中央门厅。门厅向前（即向东）拾级而上是中央大厅，向左右（即北、南）分别进入两个博物馆。参观者依照单向流线沿"C"形平面参观，走到西端，设有垂直楼梯（在凯旋门的门墩位置），可以选择下楼退出参观，或者上三楼继续参观。上三楼后，参观流线反向流动，参观完毕恰好回到入口门厅位置，再经垂直交通下到前庭，通过门廊望去"从空廊列柱

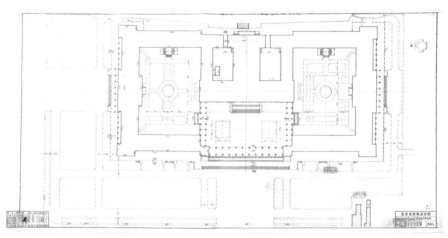

※图6-2 中国革命博物馆和中国历史博物馆总平面图
图片来源：北京市建筑设计研究院有限公司

[1] 奚小彭. 人民大会堂建筑装饰创作实践[J]. 建筑学报, 1959 (Z1): 31-32+22.

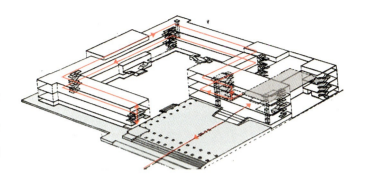

※图6-3 中国革命博物馆和中国历史博物馆流线
图片来源：北京市规划管理局设计院博物设计组. 中国革命和中国历史博物馆[J]. 建筑学报, 1959 (Z1): 33-39.

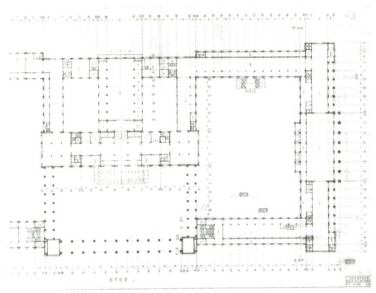

※图6-4 中国革命博物馆和中国历史博物馆一层平面图局部
图片来源：北京市建筑设计研究院有限公司

※图6-5 中国革命博物馆和中国历史博物馆入口空间和立面图
图片来源：张开济家人提供

第6章 二五计划时期：第二次民族形式的探索（1958—1963）

的空间里看到雄伟的人民英雄纪念碑出现在一片蔚蓝天空下"[1](图6-5),前庭形成的景框中,中国革命的艰苦卓绝和眼前的情景融为一体,使人的情绪得到升华。这条路径让天安门广场成为革命博物馆和历史博物馆空间体验不可分离的一部分,实现建筑与场所的共生。

张开济的探索不在于"破",而在于"立"。他抽取"空间"意向,在超大尺度的建筑上进行了"中而新"的尝试。中国革命博物馆和中国历史博物馆的平面虽然是对称式[2],但剖面图展示出院落的组合以及游廊的运用带来空间的连续性、流动性、秩序性与围合感,令建筑呈现出中国传统意向而不再是苏联式的西方古典风格,在十大建筑中独树一帜,在这一轮民族形式的探索中,是具有新意和进步性的作品(图6-7、图6-8)。

探索民族形式的同时,"革历博"也保留着时代印记,在立面上呈现出苏联风格和中国民族色彩的折中。博物馆的立面端庄对称,饰有徽章式的政治性图案。主立面再一次运用了"凯旋门"加旗徽式样,与劳动保护展览馆相比,"革历博"的凯旋门更强调柱廊形成的节奏而非尺度。建筑师进行立面整体设计后,旗徽再由工艺美院教授根据建筑图进行二次创作而成[3]。在两侧墙墩的处理上,张开济否定加雕塑的苏联式做法,以四方攒尖的小坡顶收头,用简约化的中国传统形式体现新的民族色彩。

革命博物馆和历史博物馆是当时世界上单体体量最大的博物馆之一,参观路线长2km,陈列面积约23400m²,可以同时容纳观众1万人。过大的尺度不可避免地带来一些问题。陈列室为了增加布展墙面,每隔一段距离设置一个横向隔断,形成展示单元[4](图6-9)。这些二次布置使路线交叉重复,原有的"开敞"性被减弱。外观设计中,石材的尺度、栏杆的高矮都尽量控制,避免过度放大造成尺度失衡。但是仍然存在没有化解的矛盾:26.5m的主体虽然已达7、8层楼高,但与500m的天

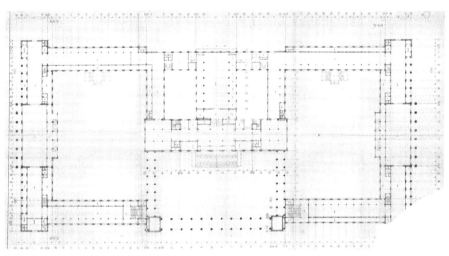

※图6-6 中国革命博物馆和中国历史博物馆二层平面图
图片来源:张开济家人提供

[1] 北京市规划管理局设计院博物馆设计组. 中国革命和中国历史博物馆[J]. 建筑学报, 1959(Z1): 33-39.
[2] 采用对称式也是出于结构安全的需要。
[3] 余玮. "零距离"走近建筑巨匠张开济[J]. 神州, 2004(04): 18-22.
[4] 北京市规划管理局设计院博物馆设计组. 中国革命和中国历史博物馆[J]. 建筑学报, 1959(Z1): 33-39.

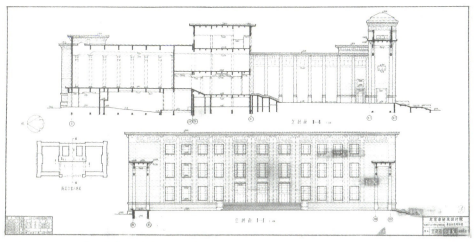

※图6-7 中国革命博物馆和中国历史博物馆东西向剖面
图片来源：北京市建筑设计研究院有限公司

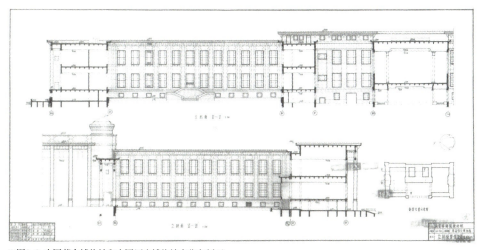

※图6-8 中国革命博物馆和中国历史博物馆南北向剖面
图片来源：北京市建筑设计研究院有限公司

※图6-9 中国革命博物馆和中国历史博物馆展厅室内
图片来源：北京市建筑设计研究院有限公司

安门广场相比，仍显得低矮；博物馆采用侧光辅以人工照明的方式，主要原因是天窗和高侧窗会造成外立面的大片实墙，而"有关领导一再指出，为了更好地迎抱天安门广场的空间，为了照顾广大人民的习惯与爱好，建筑物的内外部都应力求明朗开敞"[1]。外墙的窗子比例与一般窗户相近，但是尺度大了3倍，窗心墙也较普通高大许多[2]，尺度失去准则（图6-10）。

博物馆的结构和设备都是当时国内最先进的。现浇钢筋混凝土框架结构，"每道砖墙的高1.5~2m处，均布设有钢筋混凝土的抗震带"[3]，与柱子浇筑在一起提高抗震能力。建筑平面布局均衡，以减小因为刚度不对称引起的扭转，地基进行硒化处理，中央大厅采用十字交叉梁地基[4]。综合系统比较复杂，电气包括照明、动力、有线广播、电话、子母钟、报警器、防雷等设备，并设置两路供电，以便在线路故障时，在0.2秒之内自动切换电源。陈列室、中央大厅和南馆文物库房约4万m²设有冷热空调。各种管道长达19155m，纵横交错于建筑物上下，安排得当，满足需要并且便于检修[5]。

博物馆材料选择在质量、品种、造型、色彩和建筑的风格特点方面作了综合考虑，发挥材料特长。有几个成功的经验：外墙采用预制斩假石，面积达40000m²，是当时国内最大规模的尝试[6]。施工中，一小部分斩假石的色彩与规定不符，施工单位本打算放弃不用，但张开济要求将这部分预制板分散放到墙面上，不但可以避免浪费，而且墙面色彩的变化反而增加了石头的真实感（图6-11）。陈列室内采用了深棕色天然橡胶地面，具有隔声、吸音和保温的性能，易于清洁，减少行走疲劳，经长期使用证明是一次正确的选择[7]。

在对这座博物馆的自我评价中，张开济有时称它具有"中而新"的特点，有时认为它与人民大会堂都是"西而古"，只是程度略轻一点，他的矛盾表达反映出对于其中各种尝试的肯定，以及对中国革命博物馆和中国历史博物馆终未能跳脱出西洋古典窠臼的遗憾。如果将革历博与民国时期虞炳烈设计的"国民大会堂"方案、奚福泉设计的兼作国立戏剧音乐院的国民大会堂等建筑相比，其空间在革命性、民族性和现代性上的推进是不言而喻的。

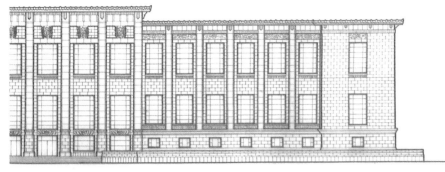

※图6-10 中国革命博物馆和中国历史博物馆北立面局部
图片来源：北京市建筑设计研究院有限公司

1 北京市规划管理局设计院博物馆设计组. 中国革命和中国历史博物馆[J]. 建筑学报, 1959（Z1）: 33-39.
2 同上。
3 李保国. 浅谈中国革命博物馆、中国历史博物馆的建筑[J]. 博物馆, 1984（01）: 23-30, 54.
4 北京建设史书编辑委员会编辑部. 建国以来的北京城市建设资料第五卷房屋建筑上册[G] 1992: 93.
5 李保国. 浅谈中国革命博物馆、中国历史博物馆的建筑[J]. 博物馆, 1984（01）: 23-30, 54.
6 北京市规划管理局设计院博物馆设计组. 中国革命和中国历史博物馆[J]. 建筑学报, 1959（Z1）: 33-39.
7 李保国. 浅谈中国革命博物馆、中国历史博物馆的建筑[J]. 博物馆, 1984（01）: 23-30, 54.

※图6-11 中国革命博物馆和中国历史博物馆外墙材质和细部
图片来源：作者收藏革命历史博物馆宣传画

钓鱼台国宾馆——东方园林意境中的民族性

中央决定建造一个有特色的国宾馆以招待出席建国十周年庆典的外国友人。1958年9月，外交部部长张闻天向北京市委提交了建造迎宾馆的请示，"在北京阜成门外玉渊潭东北，北至阜外大街，南至永定河引水河，西至玉渊潭路，东至三里河路的相连的两块地皮上，组成一个迎宾馆区。区内包括16幢别墅，每幢供一个代表团住用；服务楼3幢，供我国工作人员居住办公和公共之用"[8]。实施工程基本按此规模兴建。外交部提出具体要求，"整个区域应是一个大花园，每幢别墅又是一个小花园。要求布局活泼而不呆板，给人以美感。"[9]，每幢别墅按住15人计算，单栋面积约2850m^2。

宾馆建于金代钓鱼台旧址，清乾隆曾手书"钓鱼台"三字嵌于台座西面，台南有行宫，台左有养源斋等建筑[10]。据张开济回忆，市委书记刘仁[11]等领导决定采用低层分散式的设计原则，开挖人工湖、建设亭台楼阁、栽种大量花木，以形成中国园林意境[12]。工程占地约42hm^2，总建筑面积约4.8万m^2[13]。别墅散布在园林中，每一栋面积约3000m^2。外交部提出的要求已细化到"基本为二层，一楼净高5公尺，

[8] 北京市档案馆馆藏档案. 北京市城市建设委员会外交部关于建造迎宾馆问题的请示［A］. 档案号047-001-00049.
[9] 同上.
[10] 北京建设史书编辑委员会编辑部. 建国以来的北京城市建设资料第五卷房屋建筑上册［G］. 1992：135.
[11] 刘仁（1909—1973）原名段永酆（段永强），四川土家族人。1927年入党，中华人民共和国成立后，历任中共北京市委组织部部长、市委副书记、第二书记，中共中央华北局书记处书记.
[12] 张开济. 尚堪回首［M］. 北京：北京出版社，2003：347.
[13] 北京市建筑设计志编纂委员会. 北京建筑志设计资料汇编下册［G］. 1994：663.

二楼净高4公尺。外墙面基座用石头，基座上部的外墙面用面砖或其他贴面材料"[1]。外交部的干部参照苏式标准，希望建筑尽量高大，而张开济据理力争，尽可能降低建筑高度以体现园林的意境和宜人的尺度。

宾馆中公共部分以传统中式风格修建，以符合园林的基调，养源斋成为一个以假山围合的不对称四合院[2]。大型独立别墅的格局类似"花园洋房"，屋顶平坡结合，装饰艺术、民族风格、南欧风格、现代简约等各种手法自由混合，令每幢建筑风格各异，可识别性很强。单体设计的一个显著特点是在山墙面设主入口，与民族学院礼堂入口手法相似，汽车坡道驶入拉伸出的雨篷之下，宾客出入十分方便。各式雨篷与山墙形成平坡结合的主入口造型，打破了沿中轴设置大台阶、大坡道的标准范式。张开济反对将国宾馆设计得高大庄重，戒备森严，反对建造三层高琉璃瓦大屋顶的宫殿建筑，坚持"要多一些园林气，少一些沉重。"[3]

钓鱼台国宾馆的设计受到工期和各方限制较多。张开济留下很多遗憾，比如他亲自设计的大门，因施工和绘图过程中出现误差而不能及时修正，导致一些细部尺寸和比例的失调；别墅中的房间经过多次协调，高度仍然过大，造成室内空空荡荡的感觉等，但总体实现了采用传统园林空间意向与格局体现民族形式的初衷。张开济在设计中尽力进行本土化和园林化的尝试，如选用天然的竹子作成竹篱笆替代院墙，坚固、适用、美观，不但节约了大笔资金，而且为宾馆添加了东方的意境和趣味[4]。

6.2 "中而新"的济南南郊宾馆

钓鱼台国宾馆完成之后，张开济于山东济南主持设计建造了另一个国家级的园林式宾馆——济南南郊宾馆。笔者认为这是张开济在第二次民族形式探索期间最为满意的作品，延续了他在民国时期和过渡时期的个人风格，更好地展示在钓鱼台国宾馆中不够纯粹、统一的"园林"意境和理想的"中而新"形式。

济南南郊宾馆位于济南市宁静的马鞍山路，三面环山，占地78万m^2，建筑面积为6.189万m^2[5]。建筑由张开济负责，庭园规划由著名的风景园林专家程世抚负责。张开济留下一段1960年1月22日至2月22日[6]在济南南郊宾馆现场的工作日记，笔者摘录日记中提及的部分工作内容如下：

1月23日　上午八时半抵济南，九时半去工地，下午与彭局长、王孔处长谈话，晚间看电影"冰上姐妹"并跳舞，见舒同[7]同志。
1月24日　下午与邝研究乙楼问题；晚间与王处长及工地同志谈大理石问题。

[1] 北京市档案馆馆藏档案. 北京市城市建设委员会外交部关于建造迎宾馆区问题的请示[A]. 档案号047-001-00049.
[2] 20世纪80年代改建后假山背后增加了建筑和围廊。
[3] 余玮. 红色建筑师张开济[J]. 百姓, 2006 (11): 48-51.
[4] 竹围墙现已经被替换。
[5] 济南南郊宾馆. 五十年回眸——济南南郊宾馆建馆五十周年纪念[G]. 济南南郊宾馆编印, 2009: 009.
[6] 这段日记未标注年份，笔者根据记录中提到的多部电影的发行时间推测为1960年。
[7] 舒同（1905—1998），时任山东省委第一书记。

1月25日　上午与沈研究宾馆大样图纸，与张刘研究俱乐部内部。下午与孔处长及工地同志谈宾馆余留问题。

1月26日　访设备组及倪总。

1月28日　上午参加省方团拜及看木偶戏，工地王处长、李处长来拜年。下午至彭局长、王处长、李处长等家拜年，又去工地拜年，陪同舒同政委[8]一行人参观工地。

2月1日　与邝汪同赴工地，听李处长谈上海订货情况，与工地（人员）谈老乙楼更变问题，下午一时回处，二时与孟厅长，倪总、孔处长等开会谈室内装饰工作问题，晚间与邝谈老乙楼问题。

2月2日　倪总及老方来，与我及张仲一同志及邝共同决定老乙楼内部色彩。

2月3日　下午与邝、汪沈同去工地看灯样及老乙楼。晚间与邝研究老乙楼大样。

2月4日　与刘克荫审查俱乐部钢窗。

2月5日　下午与邝、沈、汪同去工地，看老乙楼及甲楼，晚间与王处、两位李处长及沈、邝、刘等开会谈材料加工订货问题，至十时半。

2月7日　上午画俱乐部门厅内部。

2月8日　上午与邝校对两楼钢窗及内部装饰，下午与邝继续研究甲、乙楼钢窗。

2月9日　上午去工地看老乙楼，中午回处，下午搞礼堂内部方案。

2月10日　上午在处搞礼堂内部方案。下午与彭局长、张处长及张中一、倪总等开会讨论俱乐部内部方案，晚间继续开会，至晚间十一时。

2月11日　上午与邝、刘、汪同去工地看老乙楼及新乙楼，中午回处，下午孔处长等来谈卫生设备国外订货事，研究甲楼内部。

2月12日　下午工地白主任来谈俱乐部用砖问题。

2月13日　上午与邝、单永寿同去工地，看老乙楼及甲楼，一时回家，王处长来谈电气问题。

2月14日　上午金秘（书）长彭局长，以及有关同志开会讨论南郊工程用纺织品问题，下午一时半陪金秘（书）长去看老乙楼，三时回家。

2月15日　上午与邝研究甲楼装饰问题。下午与刘、单研究总平面室外照明问题。

2月16日　下午与邝、单同去工地将甲楼电气装置逐室作一检查。

2月17日　上午与邝研究甲楼余留问题，下午研究宴会厅内门。十时半开会讨论俱乐部装修方案至深夜一时半。

2月18日　上午研究大样，下午讨论俱乐部装修方案，晚间讨论灯具问题。

2月19日　上午与邝、刘、汪同去工地，看老乙楼，新乙楼及甲楼，中午回

---

[8] 舒同时任省委第一书记，日记原文为"舒同政委"。

处。下午四时去火车站接李院长[1]等一行五人，向院长汇报工作。

2月20日　上午陪李院长等同去工地检查，下午具体谈俱乐部立面问题及其他问题，晚间绘俱乐部立面至晚一时半。

2月21日　上午李院长检阅几幢小楼图纸，下午与邝、沈、汪同去工地，五时与邓省长、金秘（书）长、彭局长等开会。

张开济的出差时间跨越了中国人最为重视的农历新年"春节"[2]，年初一这天，他还陪同省委第一书记舒同等一行人参观工地，足以说明任务重要而紧张。日记展现出张开济在新中国成立后作为主创建筑师的形象。他在一个月内几乎每日下工地，与各级领导、工地人员、合作部门协商问题：讨论俱乐部和礼堂的内部装修，研究灯光效果，开展一系列定购设备、灯具、石材的工作，视察设备的安装，有时需要在现场进行俱乐部和礼堂的室内装饰及立面设计。南郊宾馆的设计施工必然是紧随钓鱼台国宾馆之后便展开并快速推进，才能在短短三个月内即深入到研究室内设计和设备安装的进度。选用同样的东方园林风格和同一个工程主持人，从侧面反映出国家领导人对于钓鱼台国宾馆的认可。

南郊宾馆总平面规划简明有序，主要服务区虽然有中轴线，但是客房楼、俱乐部和别墅都是非对称平面，配合自然的园林道路，形成较为活泼的格局（图6-12）。各处建筑和庭园相得益彰，没有僵化雷同的空间模式，比钓鱼台国宾馆更具自然意境。济南南郊宾馆的建筑没有采用"大屋顶"而是普遍采用错落有致的

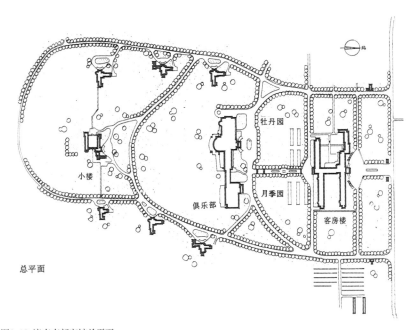

※图6-12 济南南郊宾馆总平面
图片来源：北京市建筑设计院编. 建筑实录[G]. 1985：112.

1 李院长，应为时任北京市城市规划管理局设计院副书记、副院长的李正冠。
2 1960年的农历初一是1月28日。
3 济南南郊宾馆. 五十年回眸——济南南郊宾馆建馆五十周年纪念[G]. 济南南郊宾馆编印，2009：009.

"小坡顶",通过材料和构件的组合形成光影丰富的立面构图。建筑的入口设简单的平板雨篷,下垂筒灯,干净明快。装饰性的元素不再采用传统符号,而是直接用更为简洁抽象的工业产品替代。比如水泥花饰带和围栏栏板都采用预制的混凝土构件,有节制地进行点缀,具有工业感和现代美(图6-13)。

宾馆最重要的建筑是设有宴会厅的俱乐部(图6-14)。建筑采用自由平面,小坡顶和平顶组合,屋顶平缓出檐,错落有致。入口立面纵向切分为两侧"实"中间"虚"的三段构图,柱子一直顶到薄薄的屋檐下,与檐下装饰带咬合,拉长纵

※图6-13 济南南郊宾馆旧照
图片来源:济南南郊宾馆. 五十年回眸——济南南郊宾馆建馆五十周年纪念[G]. 济南南郊宾馆编印,2009:20-22.

※图6-14 济南南郊宾馆俱乐部
图片来源:北京市建筑设计院编. 建筑实录[G]. 1985:110.

向线条，非常洗练而且隐隐有木构的味道。柱、窗间墙形成的纵向线条，统一而富有变化，展示出布扎教育的功力。张开济在这个设计中使用的建筑语言延续了南渝中学和小汤山疗养院的设计，自由、朴素、亲切宜人，而且更加成熟、洗练和统一。墙身及屋顶以瓦、砖、混凝土三种常见材质相互组合，具有以"比例"为核心的古典建筑美学和以"功能"为核心的现代建筑美学的双重特征。宴会厅南向设弧形玻璃幕墙，由一圈柱廊界定出就餐区和过道，就餐区顶棚装饰石膏图案，突出高等级餐厅的效果。柱头素雅无花饰，与风口结合，简约而理性（图6-15）。俱乐部外观朴素亲切，内部精致秀美，具有转译为当代语言的民族色彩，与南郊宾馆的园林景观相得益彰。

※图6-15 济南南郊宾馆俱乐部宴会厅
图片来源：北京市建筑设计院编. 建筑实录[G]. 1985: 113.

6.3 集体化住宅与旧城改造

中国集体化住宅的思想源自苏联。20世纪20年代，苏联进行了一系列集体化生活实验，目的是解决住房短缺，并通过家务社会化打破传统家庭格局，将资本主义社会中以自我为中心的个人改造成社会主义大集体中的一份子，达到消灭阶级差异、性别差异、城乡差异的目的。苏联的集体化实验通过多种渠道传入我国，但是限于经济、技术水平和动力机制，我国一直没有进行尝试[1]。

"二五"期间在大力改造旧城的任务推动下，北京院标准室于1958年开始设计城市人民公社的"母图"。1960年以"母图"为基础，在内城四个区试点建造。除

---

[1] 张开济在《北京市设计院1956年度技术总结——住宅设计报告》中曾提及：苏联早期出现过"集体宿舍式住宅"，但是很快被否定。

了宣武区因为经济原因退出，其他三个试点都顺利完成，其中福绥境大楼品质最高，被称为母图的"升级版"[2]。大楼施工图的图签上，室主任和总工程师一栏签名为"张开济"，工程主持人为"张长儒"[3]。2009年8月28日，建筑评论家史建采访了张长儒，根据他的回忆，当年自己所在的设计二室于1960年根据母图完成了"鲁迅馆北住宅"的深化设计，建筑也在同年建成，室主任张开济在母图的修改中起到了决定性的作用[4]。

福绥境大楼位于北京阜成门内白塔寺西，鲁迅纪念馆以北的大片低矮民居中，建造时项目名称为"鲁迅北住宅"。原本计划建造5栋同样的三段式高楼，北侧临街的两栋形体轻微变化，令楼群呈现一种彼此的呼应，形成一个社区（图6-16）。然而，方案只落实了东南角的一栋，即今日的福绥境大楼，建筑总面积21380m²，8层楼，高30.16m（图6-17）。

大楼平面呈现折尺形，从东向西分为Ⅰ、Ⅱ、Ⅲ三段。首层有大面积公共服务区域，包含食堂（餐厅）、幼托、服务、小卖、保健理发、公共浴室等，地下室为幼儿园和食堂厨房。其余层以居住为主，包括标准单元、少量特殊户型和宿舍，每一层都设有公共卫生间和公共厨房（图6-18）。大楼最突出的集体化住宅特征有以下几点：1. 设有公共食堂和服务设施；2. 居住单元不带厨房，必须到食堂就餐或者在公共厨房中制作；3. 为儿童设置集体宿舍。据张长儒回忆，Ⅲ段幼儿园上面是儿童宿舍，儿童上学后便可以住进宿舍，继续过"集体生活"[5]。

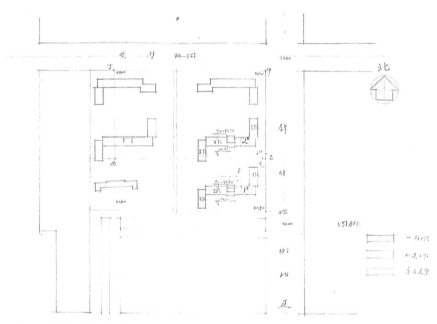

※图6-16 福绥境大楼总平面图
图片来源：张开济家人提供

---

[2] 史建. 北京的"马赛公寓"建筑师茶座[J]. 建筑创作，2012（02）：16-21.
[3] 张长儒，北京市建筑设计研究院有限公司退休工程师。1932年出生，1950年参加工作，根据1963年《北京市建筑设计院职工名册》，他在20世纪60年代初为第二设计室十一级技术员。
[4] 史建. 北京的"马赛公寓"建筑师茶座[J]. 建筑创作，2012（02）：16-21.
[5] 同上。

※图6-17 福绥境大楼现状
图片来源：作者拍摄

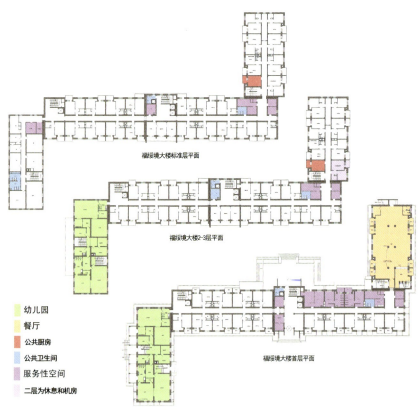

※图6-18 福绥境大楼功能分布图
图片来源：作者指导，李皓妍绘制

单元类型的单一和公共服务设施上的高规格成为鲜明对比。宿舍最主要的户型1#单元与2#单元只是南北方向的差异，而地下室的公共食堂有饭店标准的专业布局，配有备餐、管理用房；地下厨房有两部食梯运送食品；主副厨、库房、流线等十分完整，烧烤等设施齐备。[1]

大楼采用混合结构，Ⅰ段为内框架结构，跨度为8m，以兼顾首层的餐厅和标准层的4m单元开间；Ⅱ段门厅为内框架结构，两翼为横墙承重结构以适应单元需要；Ⅲ段为7.2m开间的横墙承重结构，以兼顾幼儿园及宿舍需要。结构体系分为各自独立的三段，每段上下对应，除了垂直交通之外没有竖向流动空间，横向因承重墙也无法形成空间流通。

根据张长儒的回忆，张开济起到决定作用的母图修改中有几个重要的设计调整[2]：1. 将母图中对称的"U"字形平面改为了非对称的"Z"字形以利采光；2. 入口门厅从两层高改为一层高以利节俭；3. 每层设服务设施，以便住户足不出户可以满足所有生活需求；4. 标准单元不设厨房、餐厅设专业配置等措施，以便形成"服务社区"的功能格局；5. 将原本设在楼外的烟道藏入电梯旁的暗空间。

平面布局从对称到非对称的改动带来的变化意味深远。打破对称的根本原因是让更多住户获得好的采光，其次，在楼群之间形成呼应，围合起内院空间。打破对称或许还暗含着弱化庞大体量的意图，使这栋楼在平淡中有了一点活力，形成与刻板的苏联风格不同的视觉感受。20世纪50年代，张开济在小汤山疗养院、济南南郊宾馆、新疆招待所等许多项目中都采用了不对称平面作为建筑主入口。

对称不但是古典建筑最常见的形式，也是社会主义乌托邦特有的形式。德国社会学家齐美尔（Georg Simmel）曾经论述，一切美学最初的动机都是为了对称，因为对称在具有偶发和杂乱的现实中呈现出理性，对称的清晰和易于识别、方便管理使之成为一种审美[3]。他认为对称的倾向是一切专制社会独有的形式，原因是对称体现了内部均衡、外部完美，各部分与中央统一协调的关系，"乌托邦总是按照对称的原则对它的理想国进行详细的设计"[4]，这是追求和谐、平衡、理性的社会主义与追求非对称的、强化特殊性的个人主义之间在形式上的区别。

张开济修改两层高门厅为单层，降低造价，去除冗余空间，使大楼更符合普通集合住宅的功能，而这一批集体化实验住宅中等级略低的安化楼则按照母图设置了两层的高门厅，体现出苏联公共建筑的气派。

福绥境大楼是当时为数极少的高层住宅，是一场旧城改造的"大跃进"实验，它虽然是在城市人民公社化运动的号召下建起来的[5]，但实际上与福绥境人民公社并没有直接的关系。大楼不但配备先进的电梯和设备齐全的餐厅，设计中还隐藏着许多与那个年代的思想相矛盾的运营构想：餐厅可以兼顾到对附近社区的服务[6]、大楼内有开水服务和订餐服务、租金不菲远远高于一般住宅[7]等。史建认为："大跃进"和"文革"之间，有一个独特的时期，"可以称为早期社会主义市场经济实验

---

[1] （日）原研哉主编. 理想家：2005［M］. 北京：生活书店出版社有限公司. 2016：192.
[2] 史建. 北京的"马赛公寓"建筑师茶座［J］. 建筑创作，2012（02）：16-21.
[3] ［德］G·齐美尔. 桥与门——齐美尔随笔集［M］. 涯鸿，宇声，等译. 上海：生活·读书·新知三联书店上海分店，1991：219.
[4] 同上.
[5] 北京市地方志编纂委员会. 北京志·市政卷·房地产志［M］. 北京：北京出版社，2000：35.
[6] 史建. 北京的"马赛公寓"建筑师茶座［J］. 建筑创作，2012（02）：16-21.
[7] 建筑师茶座 记忆与再生［J］. 建筑创作，2012（02）：10.

时期，福绥境大楼实际上是这一短暂时期的社会住宅实验项目之一"[1]。

激进的集体化生活未能实现，很快福绥境大楼内的公共厨房和食堂变成了私人分割的领地和街道办公空间。由于国家政策的转变，类似的乌托邦建筑没有再修建。大楼庞大的体量与旧城环境的冲突今日看来依然触目惊心，它是张开济在旧城改造中对高层大体量建筑破坏传统尺度和古都风貌的切身体验，是一次快速工业化将对传统城市格局产生威胁的警钟。

6.4 评论中的现代设计宣言

"二五"期间，建筑界围绕建筑的形式和风格展开全国性的讨论。什么才是社会主义中国建筑设计的方向？梁思成提出的"中而新"获得比较普遍的认可，袁镜身[2]的解释具有代表性："所谓'新'，就是能代表我们国家新的生活和新的气象，能代表科学技术的发展没有古来的味道。所谓'中'就是富有中国的风格和色彩并为中国人民所喜爱，而不是外国的'洋式'建筑"[3]。国庆工程之后，建筑工程部部长刘秀峰发表重要文章"创造中国的社会主义的建筑新风格"，总结新中国成立后在建筑问题上走过的弯路，强调研究建筑的基本观点是"社会性"、"阶级性"、"发展观"、"唯物观"和党的政策，用辩证的方式将各种设计观点都进行了分析。然而，这些思想理论层面的解读并不能直接运用于设计，说起具体方法，依然是"政治挂帅"和"走群众路线"。

张开济在"二五"期间发表了5篇文章，也参与了对建筑艺术的讨论，其中"试论北京工人体育馆的建筑艺术"是最为重要的一篇设计点评。1961年4月4日至14日，第26届世界乒乓球锦标赛在北京举行，这是新中国成立后举办的第一次世界级体育比赛，十分隆重。随着实况转播，刚刚落成的主赛场北京工人体育馆赢得广泛关注，建筑界掀起新一轮关于建筑艺术的讨论。

北京工人体育馆是一个以功能为核心的现代设计，但现代主义以及现代设计在当时仍无法跨越意识形态这一关成为可以公开讨论的创作方向。《建筑学报》于1961年至1962年间刊登多篇评论文章，评论者们不约而同地采用了一种策略：即先论述现代建筑理念与党"适用、经济并在可能条件下注意美观"的建筑方针政策具有共性，可以紧密结合，然后对这个建筑给予充分肯定。

张开济在"试论北京工人体育馆的建筑艺术"中详细分析了体育馆从整体到局部，从外形到技术的各个层面（图6-19）。评论围绕着两个关键词展开，即"空间"和"审美"。他对建筑的大量分析立足于空间的判断，在关于体育馆以楼梯分割休息空间的做法中，他认为这样使人在休息时"可以看到上、下、左、右的空

[1]（日）原研哉主编. 理想家：2025[M]. 北京：生活书店出版社有限公司，2016：193.
[2] 袁镜身，1919年生于河北，曾任《石家庄日报》总编辑，新中国成立后一直从事建筑工作，曾任北京建筑工程设计院院长，1979—1982年任国家建筑工程总局副局长.
[3] 袁镜身. 关于创作新的建筑风格的几个问题[J]. 建筑学报，1959（01）：38-40.

※图6-19 北京工人体育馆，1961.
图片来源：《建筑创作》主编. 北京市建筑设计研究院（BIAD）60周年丛书，纪念集[M]. 天津：天津大学出版社，2009：247.

间，感觉就分外开敞明朗，人们在内部走动或上下楼时，视野就更丰富活泼，瞬息多变"。他分析吊顶的处理方式，不是一味扩大空间，而是关照人体尺度，"使人能更好地享用空间"。他认为体育馆的成功之一是内部空间不是用装饰体现艺术性，而是利用空间本身体现丰富活泼效果。在分析结构选型中，他认为体育馆选用先进结构，但并没有片面处理结构与空间的关系，而是将技术和艺术合为有机的整体。他非常明确地指出，"建筑的目的，本来就是为了创造空间，组织空间……这应该是建筑艺术中很重要的一个问题"[4]，"加上大屋顶或者贴上牌坊之类的装饰，也不能创造出新风格，只会把我们带回复古主义或者折衷主义的道路上去"，指出工体是"真实的、合理的、健康的、符合时代精神的"为建筑设计"明确了一个创作的方向"[5]。

张开济认为体育馆的形式与内容统一，称赞其以楼梯做立面变化、以圈梁做立面构图的模数并供人擦窗站立、造型轻盈挺拔的形象符合体育馆的内容等现代手法。他批驳"为新而新"、"以怪为美"、"玩弄结构"、"标新立异"等不健康的设计理念，肯定北京工人体育馆考虑结构而不唯结构的做法。他认为建筑自重减轻，在经济方面意义十分重大，"我以为轻巧的感觉应该是今后一般新建筑的一种共同特征"，"合理减轻房屋自重，不仅是结构工程师的责任，也是我们建筑师的责任"，这种观点今天依然走在时代前列。"体育馆的美不是复杂的形体，繁琐的装饰以及高贵的材料堆砌而成，但设计者也不是消极地认为简单就是美，而是在构图、色调、空间处理等方面用了更多的脑筋"，"以较少的代价取得较多较好的效果"。张开济认为工人体育馆在"民族形式"的体现上尚显薄弱，但他明确表示加大屋顶和中式细节的做法不是正确的方向。

张开济对于现代建筑设计的认识有了质的飞跃，不但超越了学生时代的"功能折中主义"，也突破了1949年前后的建筑实践经验。他延续了民国时期的个人价值观、美学观，但是与现代建筑理论更好地融合在一起。追溯他所能接触到的现代设

[4] 张开济. 试论北京工人体育馆的建筑艺术[J]. 建筑学报，1961（08）：7-8.
[5] 同上。

计思想来源,其理论,尤其是"空间"概念,从何而来?

张开济的遗物中有一本薄薄的小册子,《大师之后的现代主义建筑》(*Modern Architecture since the Generation of the Masters*)[1],内页上题字*To Mr. Zhang Kai-Tsi with colleague's friendship.Ernesto N.Rogers PeKing 1956*[2]。欧内斯特·罗杰斯(Ernesto N.Rogers)[3]是意大利著名的现代建筑评论家和建筑师,他在意大利建立理性主义时期和战后从理性主义到以历史作为设计来源的思想转变中,占有重要的位置,是现代建筑理论史上的重要人物(图6-20),1956年他在米兰设计了代表作维拉斯加塔(Torre Velasca)(图6-21)。张开济如何与他相识,尚待找到更多具体信息。罗杰斯曾在20世纪50年代末到20世纪60年代初在美国、德国的多所大学任教,1956年他被美国建筑师学会授予荣誉院士,前往美国讲学,并有机会与弗兰克·劳埃德·赖特(Frank L. Wright)会面,同年,他曾到中国演讲[4]。从书的题词推测,他是在设计院组织的活动中与张开济进行了专业交流。

《大师之后的现代主义建筑》(*Modern Architecture since the Generation of the Masters*)(图6-22)是罗杰斯1956年刚发表在自己主编的意大利《卡萨贝拉》(*Casabella Continuità*)杂志上的文章[5]。他在文中追溯了现代主义四位大师的共性

※图6-20 欧内斯特·罗杰斯(Ernesto N.Rogers)和《卡萨贝拉》(*Casabella Continuità*)211期
图片来源:https://www.domusweb.it/en/biographies/ernesto-nathan-rogers.html

※图6-21 欧内斯特·罗杰斯(Ernesto N. Rogers)设计的维拉斯加塔 1956—1958
图片来源:https://archiveofaffinities.tumblr.com/2013/01/04

[1] 原书应为单位内部参考,非正式出版物,《大师之后的现代主义建筑》,笔者译。
[2] "致张开济先生——同事之间的友谊,欧内斯特·罗杰斯北京1956"笔者译。
[3] 欧内斯特·罗杰斯(1909—1969),1932年获得意大利米兰理工学院建筑硕士学位,同年与同学创建了B.B.P.R.公司,1953—1965年间负责《Casabella Continuità》(卡萨贝拉)杂志的编辑,1956—1958年间设计了位于米兰的TORRE VELASCA(维拉斯加塔)。他是意大利裔英国建筑师理查·罗杰斯(Richard G. Rogers)的堂兄。
[4] https://www.bloomsburycollections.com/book/ernesto-nathan-rogers-the-modern-architect-as-public-intellectual/ernesto-nathan-rogers-biography?from=search.
[5] Rogers, E.N. L'architettura moderna dopo la generazione dei Maestri [J]. Casabella-Continuità, 1956: 1-3.

※图6-22 张开济的《大师之后的现代主义建筑》(*Modern Architecture since the Generation of the Masters*)及阅读笔迹
图片来源：张开济家人提供

和个性，认为他们的主要贡献在于：在建筑设计中融合了美学和伦理问题，这具有开创性和重大历史意义。在他们看来，艺术不但反映现实存在，而且包含了道德、社会乃至政治追求，"公正"、"诚实"、"逻辑"和"真理"比"美"更值得信仰。从建筑师个性角度看，赖特的"空间"理论影响了欧洲建筑师，他是个人自由的歌颂者，用有机发展理论解释自己的创作观；格罗皮乌斯如同文艺复兴时期的阿尔伯蒂，是现代运动的良知，认为"好的建筑能治愈人类的问题"，他开创了方法，赋予现代设计形式与精神。密斯如同当代的伯鲁乃列斯基，展示了建造的纯粹和优雅，而柯布西耶则是米开朗基罗，是全才的造型艺术家。罗杰斯认为，作为整体概念的"现代主义"淹没了大师们的个性以及他们对于环境和历史的回应。对于自己这一代建筑师而言，历史性的任务是将现代主义大师们开创的事业，正确地继承并发扬光大，把传统、生活艺术和文化结构作为建筑设计的鲜活的来源。

罗杰斯认为建筑师的工作不是阐述形式和不同品味，给不健康的社会肌体穿上美丽的外衣，建筑师的工作关乎道德，让生活更有深度并从中提取必要的象征性，赋予生活形式。建筑师并不是凭借政策、社会学、统计数据和批判性就可以工作，他们吸收最鲜活的源泉的能力来自艺术。建筑师要恢复对传统的体验，并从中获取力量。今天现代建筑的真正威胁是"形式主义"，因而建筑设计要基于对某一种文化的体验，而不是矫揉造作，不假思索地模仿别人的做法。罗杰斯强调"健康"的、人性化的社区和城市空间，"空间"中要能体现时代，空间和时间相互呈现。他认为生活意味着不断变化，并非计划所可以预测，城镇的规划不在于建立未来的具体形式，而是策划如何在多元要素中，在自由的变化中达到愿景，设计师要聚焦于适应性的研究。

罗杰斯的观点主要针对当时欧洲战后状况，探讨如何继承或者批判现代主义的问题，其社会背景、行业发展背景与1956年的中国有极大差异。但罗杰斯认为美学伦理、文化艺术具有重要社会价值，建筑具有推动社会进步作用等思想，与张开济在20世纪40年代《天地》杂志上所阐述的个人观点，以及他在1956年的住宅设计报告中的思想有诸多共识。张开济在册子中划下的铅笔线印证着他对于文中赖特"空间"原则的传播、现代主义中包含艺术和道德层面、艺术对于建筑设计的重要性、建筑工作的社会意义以及对"形式主义"的批判等问题的重点关注。他在五年后的《试论北京工人体育馆的建筑艺术》一文中强调建筑的适用、科学、进步的基本价值，以及艺术具有的总体性高度等都与罗杰斯的理论有共同点。由此回想，在1958年之后开始的第二次民族形式的探索中，张开济已经接触过当时国际现代建筑中的最新思潮。他在中国革命博物馆和中国历史博物馆的设计及文字介绍中，非常突出的思想核心是关注"空间"而不仅仅是"形式"。

6.5 本章小结

"二五"时期，张开济进入建筑师生涯的巅峰时期。他成为国家级工程的主持者，负责两项国庆十大工程的设计和建造，随后完成的另一个国家级项目——山东济南南郊宾馆——可以看作十大工程的后续。十大工程为计划经济时期，建筑领域集体创作的最高成就。张开济凭借丰富的实践经验与人生阅历完成这个艰巨的任务，在专业性和政治性产生冲突时候，以"国家"和"人民"的需求作为服从依据，但耿直的个性和高度的专业责任感促使他在工作中始终不放弃建筑师的话语权，为每一处问题的合理化竭尽全力。

第二次民族形式探索的成果是改良式的。中国革命博物馆和中国历史博物馆、钓鱼台国宾馆摆脱苏联理论的束缚，从中国传统院落、园林等空间文化中提取经验，是一大进步，但是宏大的尺度和形式语言等方面仍然留下时代特有的苏联风格烙印。创作条件较为自由的济南南郊宾馆项目还原他作为建筑创作者的形象，项目的整体环境具有朴素的东方"园林"意境，建筑单体延续和发展了张开济"跨越1949"前后的现代设计脉络，是最接近张开济"中而新"现代建筑理想的实践案例。

1960年代初张开济发表了重要的建筑评论，明确指出"空间"是建筑创作的目的，现代设计才是正确的方向。他的现代设计理论水准的提升可能来自国内外的专业交流。罗杰斯针对欧洲战后问题所写的小册子《大师之后的现代主义建筑》对张开济理解中国的现代建筑发展道路具有重要启迪。他的现代设计思想趋于成熟，对过往的得失作了反省和判断。在《试论北京工人体育馆的建筑艺术》评论中，他否定第一次民族探索时期以仿古和添加装饰细节为主的做法，倡导以功能为原则，以空间为目的，适应现实需要和未来发展的现代设计。与罗杰斯总结的现代主义四位大师的共性相似，张开济认为现代建筑设计工作中包含了道德、社会乃至政治追求，因而他特别重视与国计民生相关的住宅问题，对住宅的研究是他在专业领域内持续关注的核心内容。"二五"时期激进的旧城改造中，集体化住宅的尝试是解决居住问题与旧城风貌保护在改革开放之前的一次交锋，预示了经济发展后，快速工业化、城市化将对古城风貌产生的严重威胁。

第 7 章

黎明之前:"靠边站"中的反思与预判

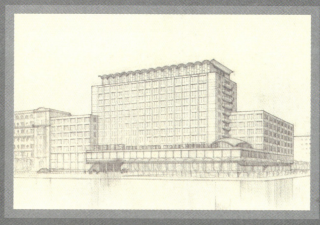

北京饭店东楼方案

1964
—
1977

7.1 戛然而止的设计人生

1960年下半年起，中央政府提出"调整、巩固、充实、提高"的八字方针，进行"二五"时期以来，工作中出现问题的纠偏。基建规模大量缩减，非生产性建设基本停止，建筑从业人员从1960年的557.3万人精简为1962年的193.3万人[1]，1961—1965年期间北京基本没有重大工程建设。

1958年10月起，北京市规划管理局设计院党组决定，"总工程师不再兼任设计室主任，以主要精力负责全院技术领导工作"[2]。1960年4月，北京市规划管理局设计院改名为"北京市建筑设计院"，张开济是四名总建筑师之一[3]。从此时起，他与张镈等第一代总建筑师不再直接带领设计室的工作，张镈称之为"退二线"[4]。但在彻底"靠边站"之前，张开济在日益恶劣的环境中，仍在持续进行工作，关注建筑业的各个领域，尤其是住宅研究。1961年12月15-25日，他与设计院的领导、同事共赴广东湛江，参加中国建筑学会第三次代表大会。这届会议以住宅建设为中心展开学术争鸣活动，并举办了住宅建筑图片展。张开济参加住宅组的讨论会，并做题为《做好住宅设计的细部处理》的发言，他深入讲述住户意见集中的几个问题：内浴厕通风不畅、明浴厕设计的布局、阳台设计细节等。他强调为了做好住宅设计，完善细部处理，专业之间要密切配合，设计与施工人员要协作，对调查研究工作要重视。会议期间，他随团参观了湛江、阳江、新会等地的填海工程、景区设计与新建筑，并在广州参加了市领导组织的专业座谈会[5]。

"大跃进"中，因为建设指标和造价一度过低，出现"窄、小、低、薄"的简陋住宅。中国建筑学会第三次代表大会上本着务实态度对住宅问题进行专题研究，激发出建筑师们的创造力，产生丰富多样的成果[6]，形成"文革"前一个住宅设计创作的小高峰。

1963年北京市土木建筑学会举办了一次农村与城市住宅的设计方案竞赛，选出了6个农村方案和10个城市方案作为优秀作品。张开济正在中央社会主义学院脱产学习[7]，他以专家身份在《建筑学报》上发表"北京市1963年城市住宅设计竞赛方案评介"[8]，点评了这十个优秀的城市方案。张开济认为优秀的方案都有追求节约投资、节约用地、独门独户、关注采光通风、远期和近期使用结合等特点。他言简意赅地介绍了每个方案的精华，对于"点式住宅""内天井""内楼梯""跃层式"等各种类型的优劣、差异、得失熟稔于胸，评价的主要指标为平面系数、外墙利用率[9]、户型的采光通风效果等。张开济肯定了这些设计的积极探索，提出要进一步落实以验证效果，尤其是占优秀方案3成比重的"小天井"模式，其采光通风状况需要进行实践检验。

"文革"开始时，张开济已"下楼出院"到自己12年前主持设计的三里河小

---

1 龚德顺, 等. 中国现代建筑史纲1949—1985 [M]. 天津：天津科学技术出版社, 1989: 93.

2 北京市建筑设计研究院有限公司. 北京市建筑设计研究院组织史资料1949.10—1992.12 [G]: 57.

3 同上, 61. 1960—1964年，北京市建筑设计院四位总建筑师：张镈、张开济、杨锡镠、张家德；三位总工程师：顾鹏程、朱兆雪、杨宽麟。

4 张镈. 回到故乡——建筑师张镈回忆录 [M]. 北京：中国文化出版社, 2011: 133.

5 中国建筑学会第三次代表大会秘书处编. 中国建筑学会第三届代表大会会刊 [G] 内部资料1962: 103.

6 吕俊华, 等. 中国现代城市住宅1840—2000 [M]. 北京：清华大学出版社, 2003: 158.

7 1963—1964年，张开济在中央社会主义学院脱产学习一年。张开济. 个人简历 [Z]. 张开济家人收藏复印件.

8 张开济. 北京市1963年城市住宅设计竞赛方案评介 [J]. 建筑学报, 1963（07）: 1-5.

9 外墙利用率指作为居室的外墙开间数/外墙总开间数。

区蹲点，并借此机会对居民、机关、商业服务人员作了调查访问。他在北京政协会议上作了"坚持下楼出院，坚持学习主席著作"的发言[10]，总结自己对于三里河小区设计的再认识（图7-1）。三里河小区使用中最为突出的问题是苏联周边式设计注重秩序和规律，却缺乏对日常生活的人性化考虑，服务建筑和附属用房严重不足。办公楼的后院中出现许多杂乱无章的食堂、车库、库房等临时性建筑，在住宅区的院子里出现菜站、副食店之类的杂乱建筑。由于缺少必要的粮店，居民买粮食需要跑二里地。调研后，设计院提出的解决方法是结合绿化、道路修正、管线维修等基础设施的维护，进行小区的新规划，以完善小区的使用为目的，挖掘用地潜力，增加服务空间。经过设计，改造中增加建筑2.5万 m^2，在住宅区的适当位置集中添加粮店、副食店、服务站、儿童活动站等用房。新的规划方案征求群众意见后进行反复修改，参加工作的团队包括房管局局长、房管所所长、工程师、管理员、工人等不同身份的成员。张开济总结"正确的设计只能从实践中来，而且一个设计的正确与否也只能从实践中才能得到彻底的检验。"[11]三里河蹲点是张开济分析和研究"周边式"的好机会，从"一五"期间照搬苏联理论到20世纪60年代以"调查研究"为方法，工作方式的进步提升了设计的科学性。

随后，设计院秩序陷入混乱，建筑设计、科研工作基本停顿[12]，张开济这一年54岁，正是一名建筑师最好的年龄，但他不得不放下工作，度过人生中一段艰难的岁月。

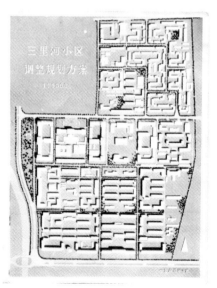

※图7-1 1965年张开济下楼出院到三里河小区蹲点完成调整规划方案
图片来源：张开济家人提供

---

[10] 张开济. 坚持下楼出院，坚持学习主席著作发言稿［Z］. 张开济家人收藏油印件，1966.
[11] 同上.
[12]《北京市建筑设计研究院成立50周年纪念集》编委会. 北京市建筑设计研究院成立50周年纪念集1949—1999［M］. 北京：中国建筑工业出版社，1999：9.

7.2 低谷中的理性思考

  1970年代初，在反对铺张浪费、严禁新建、扩建和改建楼、堂、馆、所，停止一切施工的形势下，建筑设计工作处于停顿中[1]。1971年10月，基辛格秘密访华后中国恢复了在联合国的合法席位，中美关系的破冰带来一次难得的设计机会。政府领导指示扩建北京饭店东楼以备未来之需。具体任务是，将客房总数从300余间扩大到1000间，使之可以胜任2000人的起居、餐饮、文化以及外事谈判等活动的接待[2]。以此为契机，北京院一批领导和建筑师回到工作岗位。

  清华大学、建研院戴念慈和陈登鳌、北京院张镈和张开济分别带领人员参加了北京饭店新楼的设计竞赛[3]。张镈回忆张开济主持的方案是一个"双过道方案"。"把垂直交通，分成几组电梯厅，背立相联。每组4梯、2梯并列构成一厅，符合垂直交通厅的合理要求，深约5.1m已能解决问题。双过道夹暗间的作法，对宾馆平面布局有利，有了人工采光、通风之后，把外墙可以开窗的周边，全部让给生活使用。"，张镈评价"客房入口作暗浴厕是惯例，能与中间夹心暗室管道相通，是个优点。客房面宽可以大大减窄，进深加大，对多排客房有利"[4]。

  笔者在张开济留下的图纸中发现了一幅铅笔表现的"拟建新北京饭店大楼"效果图，得以对张镈的回忆作一个建筑外形方面的补充（图7-2）。这个署名"生产组"的方案共十三层，两层裙房，十一层客房。建筑由三个体块衔接，朝向王府井的东南转角处有一覆盖壳体屋顶的大空间，外观具有现代感。建筑主体的竖向线条与筒型屋顶对应，呈现挺拔之势。裙房和主体的屋顶的薄壳结构突出了工业感。从入口位置和群房覆盖壳体的厅堂空间位置看，平面应该为框架结构的不对称自由布局。这是一个彻底的现代设计。主体部分的竖向线条带有微弱的装饰艺术色彩，屋顶预制筒型薄壳下的幕墙分格有中式韵味。

  混凝土壳体在20世纪50年代和60年代是工业化的象征，它的使用可以追溯到1954年建成的北京苏联展览馆、1955年建成的上海和广州中苏友好大厦，1955—1958年间戴念慈设计的中央党校礼堂用连续拱壳做出光影生动的主立面；1958年9月布鲁塞尔博览会许多国家展馆使用暴露结构的做法，其中六个方案刊登在《建筑学报》上[5]。张开济采用壳体展示结构与空间合一的现代设计意向，并在整体强调的工业化和现代性之外，用顶层玻璃幕墙的分格增加了一点传统的韵味，这是他在"试论北京工人体育馆的建筑艺术"中提出的不用大屋顶和花窗的民族形式的一种尝试。

  张镈的设计中选，他做了一个"山"字形平面，外观以"暖廊面罩"把北京饭店中楼法国建筑师设计的摩登古典立面罩起来，并延伸到新楼，用现代的手法掩盖古典设计。

---

[1] 王弗，刘志先. 新中国建筑业纪事（1949—1989）[G]. 北京：中国建筑工业出版社，1989：144.
[2] 张镈. 我的建筑创作道路[M]. 北京：中国建筑工业出版社，1994：204.
[3] 同上，208.
[4] 同上，208-209.
[5] Ji Guohua. Building Under the Planned Economy: A History of China's Architecture and Construction [D]. Zurich: The Swiss Federal Institute of Technology Zurich, 2007: 143.

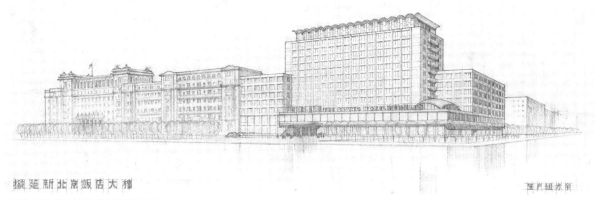

※图7-2 张开济主持的北京饭店东楼方案
图片来源：张开济家人提供

张开济自学生时代就专注自己的工作，对政治不感兴趣。但在这一时期，他对国家的前途和未来的发展道路进行了理性的思考。1972年春节，在内蒙古插队的大儿子张保和回家探亲，他鼓励当时只有小学毕业学历的儿子要坚持学习，待国家状况好转，一定有接受高等教育的机会。

张开济对孩子的"放养"是出了名的，同事们认为他高龄得子，因而宠爱异常。而张开济却有自己的教育观，他认为一个人首先要善良和正直，其次要培养自己敬业精神和人生的兴趣。1950年，他在思想报告中总结自己的观点："做人要天真，做事要认真，游玩要尽兴，工作要尽心"[6]。他自己这样做，也是这样引导孩子，从不因课业责怪孩子，最乐于带他们去公园，给孩子画画，满足各种培养爱好的要求，给两兄弟创造一个快乐游玩的童年。张开济对孩子唯一的要求就是学英文，而且"绝没商量"[7]。这在中美关系破裂的时代是非常危险的，他曾请一对周姓归国华侨教孩子英文，这对夫妇去世后，又请亲戚教，实在找不到老师，他就自己教。小儿子张永和回忆，"文革"期间自己还在英语课本外包了书皮儿偷偷学外语，父亲的坚持让他有了同龄人少有的英语底子，为改革开放后考上大学奠定了基础。

张开济早年在《天地》杂志发表的《自说自话》一文中坦陈"我之所以明事理，辨是非者，全凭一些Common sense而已"。中国是世界不可分割的一部分，社会必须向前发展，国家才能强大并立足于世，因而非正常状况迟早必然会调整，否则将分崩离析。Common sense[8]令张开济的头脑保持清醒和客观，在低谷中以理性而长远的眼光看问题，继续关注建筑领域的课题，并对新中国成立以来建筑业和专业领域经历的一系列问题进行系统的思考和总结。这一年，他进入国营设计院的引路人、北京旧城的保护者、提出"中而新"理论的梁思成先生在未竟的理想中抱憾离开人世。张开济自己也满了60岁，进入应该退休的年龄，但他已厘清了思路，自信而耐心地等候春天的到来。

---

[6] 北京市建筑设计研究院有限公司档案室. 张开济干部档案[A]. 张开济撰写材料.

[7] 张永和. 我的家教——以此短文纪念我父亲张开济百年诞辰[Z]. 张开济家人收藏文稿，2012.

[8] 张开济曾提及Common Sense不同于中文直译的"常识"，赖德霖教授认为"常情"更近原意。详见本文"结语"部分内容，213页。

7.3 从技术专家到知识分子

北京的住房问题一直十分突出，1970年代末更为严峻。如何快速修建适用住宅再次成为建筑界首要难题，是仿效发达国家建高层还是以较低的成本大量建多层，建筑师们对此展开长时间的争论。

1975年，戴念慈用笔名"今兹"在《建筑学报》上发表《在住宅建设中进一步节约用地的探讨》[1, 2]，针对未来25年内实现四个现代化的前景，提出工业人口大比例增加，要研究节约用地的问题。指出在社会主义国家"土地不是商品"，因而浪费严重是执行党的基建方针的一个思想障碍。文章以"一栋楼的基本用地"为基础，通过量化的分析，认为"五、六层楼比五十层楼节约用地"。1976年，在邓小平的支持下，北京前三门大街集中建造了35栋9-12层的高层建筑[3]，类型有板式高层和塔式高层两种。由于时间紧经验不足，这些住宅多数门厅、厨房、厕所面积狭窄，电梯设备少，使用不够方便。

张开济赞成"多层高密度"，认为高层会在经济、技术、节地，尤其是旧城环境的保护方面带来诸多问题。他向传统民居学习，于1976年完成一套"小天井住宅"设计方案（图7-3），核心理念是在单元中加入小天井以提高居住标准和节约用地。加入天井后每户加大2m进深，减少1m面宽，厨房内移后通过天井通风采光，外墙面全部解放出来作起居和卧室。建筑结构抗震合理，可以满足1室户、2室户和3室户的不同需求，平均每户不到50m^{2}而达到北京一类住宅标准。与当时通用的"76住1"相比，同样用地面积前提下，"小天井"住宅每1万户可以多建1640户；同样投资前提下，可以多建住宅640户[4]。

1977年4月国家建委建筑科学研究院调查研究室在《建筑学报》上发表《关于城市住宅层数问题的调查和意见》，结论为："必须有计划地普遍提高住宅层数，在大城市新建住宅应以五、六层为宜"，在北京等大城市中，可沿主要街道建设一部分十二层左右的高层住宅，"但不是解决居住问题的主要途径，不宜普遍推广"[5]。

张开济结合上述文章和自己的研究，于1977年8月完成"改进住宅个体设计，节约住宅建设用地"一文的初稿，中心内容为"少建高层，改进多层，利用天井，'内迁'厨房，加大进深，压缩面宽，节约用地，节省投资"（图7-4）。通过用地、造价、使用等方面进行高层和多层的比较，介绍英美国家在高层建筑问题上的研究成果及城市建设经验。文章认为城市住宅建设的方向必然是高密度，而高层只是方法之一，但是会带来一系列问题，"低层，高密度"才是未来可以节省建设投资，又受用户欢迎的住宅模式。文章介绍了用"小天井"加大住宅进深的研究成果，希望节约用地问题能引起设计人员的重视。经过与同行的交流和修改，张开济1978

[1] 今兹. 在住宅建设中进一步节约用地的探讨[J]. 建筑学报, 1975 (03): 29-31+24.
[2] 今兹. 在住宅建设中进一步节约用地的探讨（续）[J]. 建筑学报, 1975 (04): 28-32.
[3] 北京市地方志编纂委员会. 北京志·市政卷·房地产志[M]. 北京：北京出版社, 2000: 36.
[4] 张开济. 小天井式住宅设计方案图纸和说明[Z]. 张开济家人收藏手稿, 1976.
[5] 关于城市住宅层数问题的调查和意见[J]. 建筑学报, 1977 (03): 14-15+33.

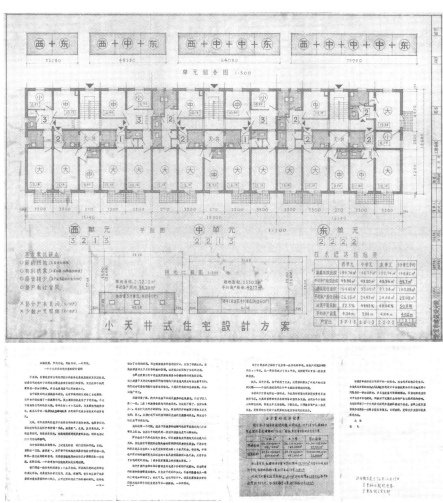

※图7-3 "小天井"住宅方案设计资料
图片来源:张开济家人提供

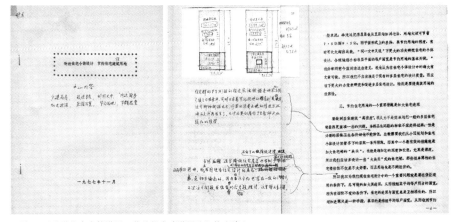

※图7-4 "改进住宅个体设计 节约住宅建设用地"修改稿之一
图片来源:张开济家人提供

年初将这篇文章发表于《建筑学报》[1]。

这一时期，国家建设部门、信息部门正在大量收集和分析苏联、欧美国家的住宅建设和高层信息，提供国家领导和专家参考，研究住宅政策。经历了十年"文革"，政府急需提高人民的生活水平，高层代表的新技术、高水准和快速解决住房问题的效能使它必然拥有大量拥护者。张开济1979年在《建筑学报》上发表《从北京前三门高层住宅谈起》[2]，肯定了前三门高层住宅在选址、结构选型、类型的多样化几个方面的成果。同时对板式住宅和塔式住宅会产生的问题作了分析，认为"我国的高层住宅是个新课题"，要创造适用于我国的高层住宅，并且建议少建高层，巧用高层。

美国史学家霍夫斯塔德（Richard Hofstadter）认为：现代的知识分子一方面固然与他们的专业知识或技术知识是分不开的，另一方面，仅仅具有专业或技术知识却并不足以享有"知识分子"（intellectual）的称号。他们以专业知识换取生活资料时只是一名职业人士，他要对自己的专业"充满庄严的敬意"，还要在专业范围内"严肃地追求真理"，不受外在权威的干涉，谨守自己的求真精神和节操，成为社会的良心，才能称得上是知识分子[3]。1978年3月，刚恢复总工职位的张开济被选为代表，出席全国科学大会，他在接受《人民日报》记者采访时说要"上前线，为社会主义的科学技术现代化冲锋陷阵"[4]。余生的30年中，他一直以积极的工作、直率的意见发表展示一个具有独立思考精神和社会责任感的现代知识分子的形象。他在改革开放前夕提出与最高领导人不同的住宅发展建议，1979年，他与同事周志莲、马文平合作完成"北京内天井大进深实验性住宅楼"的研究（图7-5），在随后的几十年中，成为反对高层住宅，倡导和研究"多层低密度"的带头人。

※图7-5 小天井研究的资料
图片来源：张开济家人提供

[1] 张开济. 改进住宅设计 节约建设用地[J]. 建筑学报, 1978 (01): 14-20.
[2] 张开济. 从北京前三门高层住宅谈起[J]. 建筑学报, 1979 (06): 21-25+6.
[3] 沈志佳编. 中国知识人之史的考察. 余英时文集第四卷[M]. 桂林：广西师范大学出版社, 2004: 148.
[4] 代表们的心声[N]. 人民日报, 1978-3-24 (004).

7.4 本章小结

　　1960至1970年代，张开济被迫中止作为实践建筑师的生涯，但他并没有消沉，反而在最低谷的时期，通过冷静、理性的思考，对国家的未来作出准确的判断，在"文革"末期已经积极主动展开对住宅设计问题的研究。

　　张开济反对大量建造高层，倡导在多样性中探讨多层高密度的住宅解决方案，以实现低造价、高品质的中国现代住宅。他在20世纪60年代住宅竞赛的思路中，提取"小天井"进行研究，通过大量分析总结、火灾实验、各地落实后的反馈和数据调查，于1976年完成一套"小天井住宅"设计方案，这是他提出的第一个多层高密度的成果。由设计单位和体制内建筑师进行专业问题的研究，再投入到实践中或者反馈到国家政策中去，是国营体制下的特有模式。张开济逐渐形成政府顾问和行业专家身份相结合的工作方式，即通过研究、设计、写作，在行业内外引起争鸣，对重要问题广泛探讨和分析，为政府的决策提供参考。他坚信良好的设计可以改善人民生活，现代建筑在社会发展和进步中具有积极意义，因而建筑师不该只做听命于上级的"绘图匠"，要努力维护职业的尊严，发挥专业所长以承担更多的社会责任。他已经从一名行业专家转型为超越行业利益，关注更大范围的国家整体利益的现代知识分子型建筑师。

第8章

重启征程：追求中国现代建筑道路

"中国建筑·生活·环境"展上代表中方签字

1978
—2006

改革开放，中国社会在短短十余年间，经历三级跳跃式的发展[1]，现代化进程在经济引擎带动下，再次飞速推进。1980年，邓小平发表关于建筑业和住宅问题的谈话："从多数资本主义国家看，建筑业是国民经济的三大支柱之一，这不是没有道理的。建筑业是可以赚钱的、是可以为国家增加收入、增加积累的一个重要产业部门。"[2]。

国家机构迅速进行相应调整，1982年成立城乡建设环境保护部，张开济的低班同学戴念慈、同事叶如棠等技术专家先后担任副部长职务。1988年撤销城乡建设环境保护部组建建设部。中国建筑从业人员完成增加值5018亿元，占国民生产总值的比重位居第四，比1978年增长35倍，平均年递增20.8%；综合和专业的勘察设计机构有1.2万个，各种建筑技术人才59.5万人[3]。建筑业从一个不能独立生产经营，需要依靠国家计划分配任务的行业变成一个生机勃勃的物质生产部门[4]和国民经济的重要支柱。

北京院[5]在企业化转型中结束了新中国成立以来不收设计费的历史，随后的26年中，完成的设计任务量和住宅建设量比改革开放前的26年翻倍还多，成为最早进入国际建筑市场的国内著名企业之一[6]。为了适应市场需求，1986年建设部联合财政部下发《工程勘察设计人员兼职的有关规定》，明确设计人员可以业余兼职，劳动所得归个人所有。1995年国务院签发《中华人民共和国注册建筑师条例实施细则》，开始执行一级注册建筑师考试制度[7]。自由职业者身份的建筑师再度出现，同时国营设计院的"单位制"依然存在，形成一级注册建筑师制度和单位制双轨并行。北京院著名的"八大总"[8]只有三位还在岗了，他们是1958年天安门广场上国庆工程的设计师与工程主持人：张镈、张开济和赵冬日。他们自1950年至1995年经历了完整的"单位制"历史，如今一方面以单位总建筑师的身份面对日益开放的新时代和新挑战，另一方面再次以"注册建筑师"的身份被单位聘用，并且有了接受社会兼职的自由（图8-1）。

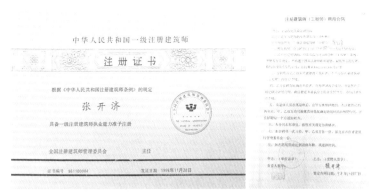

※图8-1 张开济一级注册建筑师证书及单位聘用合同
图片来源：张开济家人提供

[1] 1978年12月，十一届三中全会提出党和国家的战略重点从"以阶级斗争为纲"转移到"以经济建设为中心"。1984年党的十二届三中全会第一次明确提出：社会主义经济"是在公有制基础上的有计划的商品经济"，打破长期以来计划经济与商品经济对立的僵局。1992年邓小平在"南方讲话"中明确指出计划和市场都是经济手段，不是社会主义与资本主义的本质区别。随后召开的十四大正式提出建立社会主义市场经济，所有制从单一公有制向以公有制为主体的多种经济成文并存发展。
[2] 王弗，刘志先. 新中国建筑业纪事（1949—1989）[G]. 北京：中国建筑工业出版社，1989：179.
[3] 戴桂芳. 中国建筑业五十年发展回顾[J]. 施工企业管理，1999（10）：8-9.
[4] 傅仁章，都贻明. 中国建筑业改革和发展四十年[J]. 建筑经济，1989（09）：2-7.
[5] 1960—1989年，更名为"北京市建筑设计研究院"。梁永兴. 时光倒流：北京市建筑设计研究院往事[J]. 建筑创作，2014（Z1）：442-450.
[6] 北京市建筑设计研究院有限公司. BIAD北京市建筑设计研究院纪念集1949—2009[M]. 天津：大津大学出版社，2009：2.
[7] 杨舒宁. 我国建筑师管理双轨制及相关问题研究[D]. 广州：华南理工大学，2012：15-16.
[8] "八大总"指北京院早年八位著名的总工。根据梁永兴在《建院和我2》一书中的回忆，特指1950—1957年从全国各地请来的八位著名总工，按来院时间顺序为：顾鹏程（1899—2000）、张开济（1912—2006）、张镈（1911—1999）、杨锡镠（1899—1978）、朱兆雪（1900—1965）、赵冬日（1916—2005）、陈占祥（1916—2001）、华揽洪（1912—2012）。根据《BIAD北京市建筑设计研究院纪念集1949—2009》一书有关介绍，"八大总"出自20世纪50年代院内"一长八总"的技委会管理办法，八大总为：朱兆雪、顾鹏程、张开济、张镈、杨锡镠、赵冬日、杨宽麟（1891—1971）、华揽洪。

8.1 老骥伏枥志在千里：关于中国现代建筑的理论

改革开放后，张开济很快对困扰中国建筑业几十年的"现代化"问题进行了回答。与1961年的建筑评论相比，他围绕"什么是中国建筑现代化"以及"如何实现中国建筑的现代化"两个问题形成一套更完整、系统的理论。这套理论包含三大方面：一、建筑必须现代化。二、实现中国建筑现代化首先在"人"。三、以'三尊重'为核心的创作观点。这三方面代表了张开济所持有的"现代"方向、以"人——制度"关系为基础的深层结构理论和"人文"、"综合"、"可持续"的基本设计态度。

建筑必须现代化

1. 现代化≠工业化

张开济在1978年5月7日完成的"建筑必须现代化"[9]一文提出"建筑现代化是当务之急"，而"建筑工业化只是建筑现代化的一个方面"，用最新材料、技术和施工方法建造的不一定是现代化的建筑物。他认为中国建筑的现代化水平不足，不是技术问题而是设计问题，现代化追求的是内容而非形式。1980年10月，张开济在《人民日报》上发表"把北京建设成为一个优美的现代化城市"[10]一文，强调北京旧城具有独一无二的文化价值，提出几个保护古城的建议：

> 除了大量名胜古迹之外，大片的四合院也是北京城市的一个特色。它是我国一种传统的住宅形式，在组织室内外生活空间，避免户外干扰等方面都有独到之处，许多外国建筑师对此评价很高，应该选择一批质量较好的，地点适宜的四合院，成片加以保留，否则若干年后，北京的四合院可能将成为一个历史上的名称了。
> 不少人一谈到城市现代化，很容易联想到许多摩天大楼，其实一个城市的现代化与否，并不决定于它的建筑的高层化与否。高层住宅，有人认为节省土地，又壮观，其实在国外已经认为不够适用，是过时的，落后的了。许多从国外来访的建筑师，几乎众口一词地建议我们少建高层住宅，以免重蹈他们的覆辙。
> 北京作为一个现代化的城市，它的新建筑当然也必须现代化，但是不能片面的认为只要建筑物外形新奇就算现代化，也不能认为只要采用了最新的建筑材料、设备和施工方式，建筑就实现了现代化。我以为建筑现代化首先应该体现在它的内容和功能方面，一个现代化的建筑必须有效的满足广大劳动人民的现代化的生活及工作的需要……我们有些公共建筑中过分照

---

[9] 张开济. 建筑必须现代化. 二稿 [Z]. 张开济家人收藏油印件.
[10] 张开济. 把北京建设成为一个优美的现代化城市 [Z]. 张开济家人收藏手稿，1980.

顾了首长和外宾的需要,而对于广大劳动人民的需要却反而重视不够,可谓本末倒置……

文章认为,北京应该学习法国巴黎或英国伦敦式"优美的现代化",而不是高楼林立的纽约式的现代化。"城市现代化不等于建筑高层化",我们需要了解和采纳国外最新科技成就,但是不能不惜工本地、不顾实效地效仿,从实际出发,追求节能、经济、合理并勇于创新,才是建筑设计的现代化方向。

张开济强调"优美的现代化",即理想的城市仅有"经济合理""先进技术"是不够的,要保留和发扬自己独特的文化。这个观念用1994年后中国哲学界的另一个关于"现代"的表达方式解读,即"现代性"[1]。"现代化"是指一个工业化的提升过程,而"现代性"是一种更加先进和文明的体验。改革开放之后,我国经济现代化的过程快,文化的现代转型慢,不但呈现出分裂和冲突,而且前者对后者产生了裹挟和破坏。张开济认为在保护北京城市整体风貌的问题上,社会主义制度具有优越性,应当发扬制度优势,"要全面规划,不要零敲碎打,不要'封建割据'",以避免资本主义私有制下的城市碎片化,形成中国特有的城市现代性。

2. 民族化与现代化的统一

1983年,针对建筑设计如何突破千篇一律、实现多样化的困境[2],张开济在"首先多样化,争取民族化——谈有关建筑创作的两个问题"[3]和"建筑创作要走我国自己的路"[4]两篇文章中,对于民族化和现代化的关系进行论述。他提出新中国成立以来,不是模仿苏联就是模仿西方社会,都是出于意识形态或者从众行为下的形式主义,结果导致严重的千篇一律。

张开济主持的一些作品,如北京天文馆、中国革命博物馆和中国历史博物馆等,曾是全国性的"范本",指导模仿者的任务一度多得让他应接不暇。然而他认为,民族形式和现代化内容是统一而不是对立的,正确的方法不是提出范本和标准,而是鼓励"多样化",因而"建筑师有责任把现代化的内容和民族形式结合起来,而不是把他们对立起来"[5]。张开济认为梁思成提出的"中而新"是正确的方向,但是不应套用"大屋顶",而是一方面必须充分发挥有限物力条件下的经济效益,另一方面从建筑传统中吸取营养[6],建筑应该同时具有地域性和时代性:

> 建筑是人们利用当时当地所具备的物质条件所建造的,是用来满足当时当地人们的物质和精神的需要的,这些条件和需要都是因时、因地而异的。虽然随着科学技术的发达,文化艺术的交流,这些差异在一定程度内会缩小,但却不会完全消灭的。所以,一个建筑物应该是要反映出它建造的时代,又能反映它建造的地区。过去梁思成先生曾把建筑分成"中而

---

1 许纪霖,陈达凯. 中国现代化史1800—1949第一卷[M]. 上海:学林出版社,2006:002.
2 张开济. 首先多样化,争取民族化——谈有关建筑创作的两个问题[J]. 建筑师,1983(17):1-3.
文中提到:1983年7月,国务院《北京城市建设总体规划方案》批复文件的第五条提到"要充分注意住宅设计的多样化,克服千篇一律的状况"。
3 同上。
4 张开济. 建筑创作要走我国自己的道路[N]. 光明日报,1983-7-23.
5 张开济. 首先多样化,争取民族化——谈有关建筑创作的两个问题,[J]. 建筑师,1983(17):1-3.
6 张开济. 建筑创作要走我国自己的道路[N]. 光明日报,1983-7-23.

古"、"西而古""中而新""西而新"四大类,并批评了某些大型公共建筑的"西而古"的倾向。我是同意梁先生的意见的,因为一个现代中国的建筑要是"西而古"的话,那么它所反映的时代和地区就都错了。不过梁思成先生自己所提倡的大屋顶则是"中而古",也不是我们建筑创作的方向。只有"中而新"的建筑才是我们应该争取的目标。这就要求我们的新建筑在满足现代化需要的同时,还必须具有自己的民族特色。我们的建筑创作必须走中国自己的道路[7]。

……建筑师应该解放思想,开阔思路,提高理论水平,改变工作方式(把更多的精力用在立意和构思上),以及重新发现和重新认识祖国丰富多彩的建筑传统,以便从中获取灵感、吸收营养,从而逐渐创造出"中而新"的建筑,也就是有民族特色的新建筑来[8]。

3. 符合国情的现代建筑之路

如何走中国自己的现代道路,张开济认为除了前述民族形式问题,另一个重要问题是要研究和了解国情,针对国家文化"富"而经济"穷"的特点创造属于中国的现代建筑之路。

虽然改革开放带来了经济腾飞,但是国家工业化基础薄弱,人多、地少、物资短缺的基本国情从1949年前到改革开放初期,没有根本性的改变。作为一名经历了近代中国最贫困的几个历史时期,目睹一个现代民族国家创建中的艰难,熟知国家基本建设状况的老建筑师,张开济认为,走中国自己的创作道路,要"针对我国具体情况,参照国外建筑界的新动向,再加上自己的分析判断而提出主张和建议。"[9]西方的现代化只是一种参考范式,而不是唯一道路。

我的职业虽然是为建筑业服务的,但是鉴于现阶段国家的财力、物力和技术水平都比较低弱,我从来反对"大兴土木",赞成压缩基本建设规模,主张"少兴土木,缓兴土木"。总之,作为一个中国人,特别是一个中国建筑师,我在生活中和工作中都从来也没有忘记自己的祖国迄今为止,还是一个很穷的国家!可能有人会批评我气派不够,手笔不大,我并不为此而感到惭愧!

过去有一段时间,"勤俭建国"和"勤俭持家"都不提了。相反的,却大谈其"高消费"和"能赚会花"等。我对此实在很不理解,也不敢赞同。……我认为中国之"短"就是财力物力的贫乏,之"长"就是文化传统之丰富。[10]

---

[7] 张开济. 首先多样化,争取民族化——谈有关建筑创作的两个问题. [J]. 建筑师, 1983 (17): 1-3.
[8] 同上。
[9] 张开济. 我呼吁!一个老建筑师的心声 [Z]. 张开济家人收藏油印稿, 1987.
[10] 同上。

实现中国建筑现代化首先在"人"

张开济对中国建筑师的职业地位,一向十分关注。第一代中国建筑师从西方人手中争取到设计的权力,建立了中国的建筑学科和职业,令他十分自豪,晚年在多种场合做报告宣传中国早期建筑师的成就。但是中国建筑师的社会地位始终不能与西方建筑师相比,更多的是听命于行政领导的"匠",而不是受到尊重的艺术家和工程师,为此,他一直都在寻找提高中国建筑师地位的途径。他认为,一方面建筑师自我的修养要从道德和技术方面提升,做到令人信服;另一方面,社会对建筑师职业要尊重和理解,认识到其价值。实现中国建筑现代化首先在于"人"。

1. 建筑师的主体意识

1978年10月,中国建筑学会建筑设计委员会在南宁召开恢复活动大会,就建筑现代化和建筑风格问题进行了座谈。张开济在发言中指出建筑现代化的问题首先在"人"而非工作的对象,他提出三个有助现代化的措施:一、举办设计竞赛;二、推动建筑评论;三、进行建筑理论研究,核心都是调动人的积极性,培养建筑师的竞争意识、深度研究和独立思考的能力。这次讲话的内容形成一篇长文"实现建筑现代化,首先思想要现代化"发表于《北京日报》[1](图8-2)。

张开济在文中提出,设计水平要提高,关键是设计师思想要"进步"。建筑设计的落后源于建筑师的思想观念保守、落后[2],比如:设计追求气派,"好大喜高";长官意志决定一切;千篇一律,公式主义;涉外项目照顾、优待做得过分等。建筑师缺乏独立思考精神,在工作中因循守旧,互相抄袭,人云亦云,具有官僚主义和明哲保身色彩,如果设计者思想没有现代化,设计工作中也就缺乏创新性。

2. 社会对建筑师职业的认识和尊重

张开济认为"人"与制度的关系是建筑设计创新的条件。1986年,他在接受记者采访时,提出"不要用行政权力压制学术争鸣",重申他在1956年百花齐放时候的观点,呼吁保持学术独立,吸取经验教训不重蹈历史覆辙。

> 要实现学术民主,至关重要的一环,就是不要用行政领导的意见代替学术主张,不要用行政权力压制学术争鸣。学术主张应该通过同行间的争鸣来辨析,要通过实践来检验,不能由行政领导拍板,不能凭长官意志定是非。因为学术主张是专家学者在艰苦的科学实验和比较缜密的抽象思维的基础上提出来的,行政领导没有参加相关的科学实验和科学测算,就没有发言权……百家之言,孰为真理?只有通过'实践——认识——再实践——再认识'才能确认,而这个循环往复的过程,靠'争鸣'注入活力,搞行政干预就会断送生机。[3]

---

[1] 张开济. 实现建筑现代化首先思想要现代化 [N]. 人民日报, 1979-3-21 (003).
[2] 同上.
[3] 张书政. 不要用行政权力压制学术争鸣——建筑专家张开济谈当年北京城墙存废之争 [N]. 人民日报, 1986-11-9 (003).

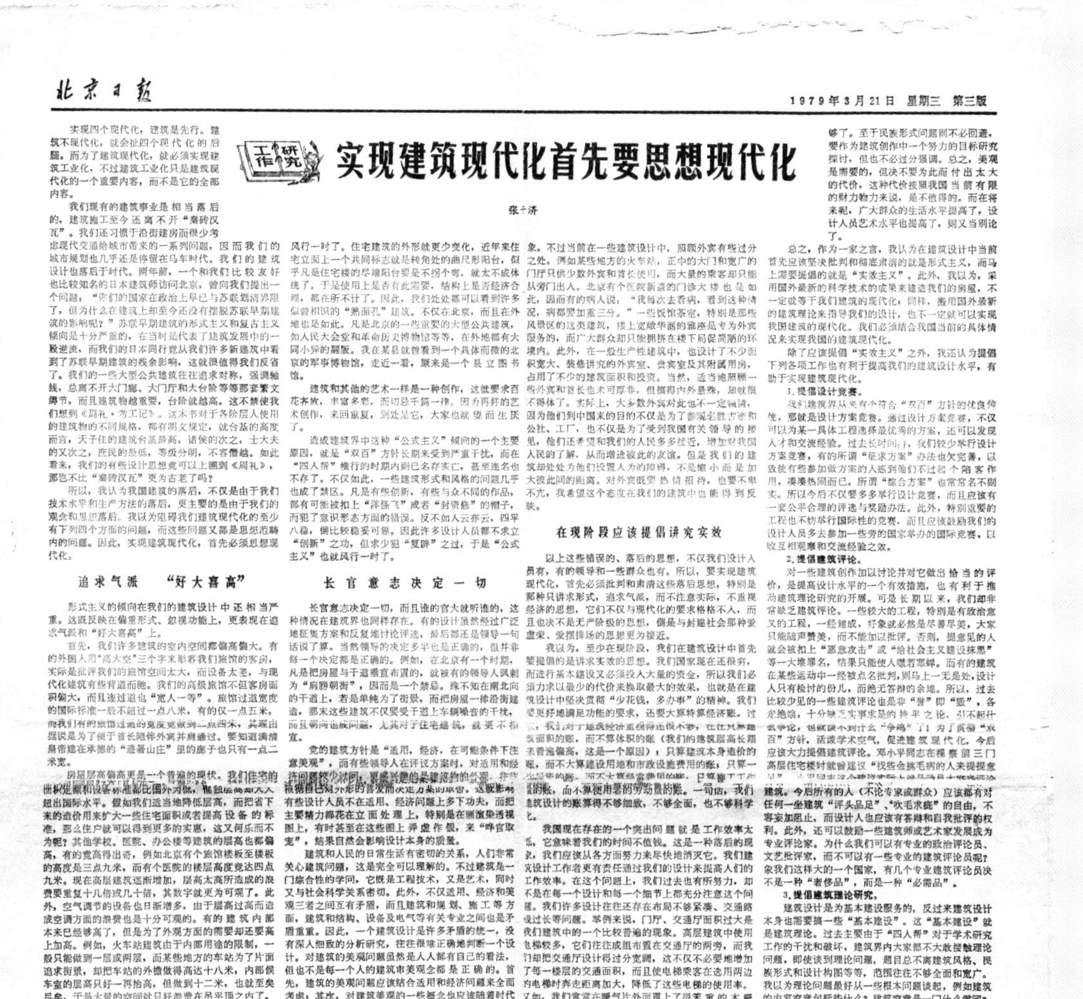

※图8-2 张开济. 实现建筑现代化首先要思想现代化[N]. 人民日报, 1979-3-21（003）.
图片来源：作者收藏

他始终认为"建筑师"是在国家建设中可以发挥重要作用的职业，社会要理解和尊重建筑师的工作，努力提高建筑师地位。

很少有人认识到建筑师的任务是为人们创造优美、舒适、高效率的生活环境和劳动环境，从而改进社会，造福人类。西方把伟大的政治家和建筑师相提并论，就是因为政治家和建筑师虽然岗位不同，但是他们的工作却都是在为人类的幸福出谋划策，绘制"蓝图"[1]。

3. 建筑师的社会责任

张开济认为中国建筑师的社会地位有待提高，人们要理解和尊重建筑师，而建筑师也需要"自重"，对于长官意志、商业利益要有抵御的能力，不能只和官员打成一片，要站在社会利益的角度思考问题。20世纪90年代初，北京一市领导号召"夺回古都风貌"，投其所好，城市的天际线中出现了大大小小的仿古"大屋顶""小亭子"。张开济为此给市领导写信，提出追随长官意志形成千篇一律的设计，对于城市面貌实际是破坏性的，领导应该加以制止和澄清，这"有助于把北京的建筑创作引到一个更广阔、更正确的发展方向"[2]。

他晚年总结的建筑师哲学兼具儒家文化和现代知识分子的精神。"不仅'国家兴亡，匹夫有责'，而且'改革成败，也人人有责'，尤其建设好坏，建筑师更难辞其责。所以每一个人，特别是我们知识分子，都应该关心国家大事，都应该正直放言，敢于坚持真理。谨小慎微，患得患失，未必可取。至于不问是非，一味迎合，只考虑个人得失，置国家利益，人民利益于不顾，更不是一个知识分子应有的态度了。"[3]

建筑创作观点

1985年，中国建筑学会召开研究繁荣设计创作方式的学术座谈会上，张开济将自己的现代建筑设计思想归纳为"建筑设计要三尊重"[4]。

第一，尊重人。建筑创作中要明确以"人"为主"建筑"为从，核心是以人为本。他对于"人"的概念在一些文章中体现为"群众"，或者"人民"，强调建筑的空间安排不能只关怀特权阶层，更要面向大众。"我们一些公共建筑如火车站中，贵宾室往往位置在最重要的部位，占用了很大的面积，这说明我们对于首长和外宾的确是很关怀的，但是对于广大群众，却不一定同样的关怀了"[5]。"尊重人"既针对个体、家庭，也针对社会和国家，是一种"人性"的表达。张开济曾经畅想天安门广场，应该是有绿化、水池、休息椅的地方，是人民可以使用的城市广场，具有公民社会公共领域的想象[6]。他提出尊重人不仅是满足物质需要，还要满足精神需求，"……关怀人的精神需要，这也就是应该尊重人的思想、感情和爱好"[7]。他观察农村乡土建筑，得出结论"喜爱装饰是人的天性，在建筑上也是如此。因此早期

---

1 张开济. 理解建筑师[N]. 人民日报 1988-5-9（003）.
2 张开济. 张开济总建筑师致北京市市长陈希同的信[J]. 建筑师, 1992（6）: 4-5.
3 张开济. 我呼吁! 一个老建筑师的心声[Z]. 张开济家人收藏油印稿, 1987.
4 张开济. 建筑创作要三尊重——中青年建筑师会上的发言[R]. 张开济家人收藏手稿, 1985.
5 同上.
6 祝勇. 在历史的线索中搜寻城市的定位——张开济访谈[J]. 鸭绿江, 2002（10）: 4-9.
7 张开济. 建筑创作要三尊重——中青年建筑师会上的发言[R]. 张开济家人收藏手稿, 1985.

现代建筑把装饰看作毒蛇猛虎，把所有建筑都搞得光秃秃，冷冰冰的方盒子，是不得人心的，至少是不够尊重人的思想感情的。"[8]

第二，尊重环境。张开济认为尊重环境首先是"因地制宜"，"建筑物必须落实在基地上，所以建筑设计更应该因地制宜。当然像过去那样，不问基地的地形地貌一律推平头，强调轴线，强求对称的设计手法现在已经少见了，不过迄今为止，建筑设计中'唯我独尊'，'旁若无人'的做法还是有的。我以为，一个新建筑的设计，特别是在旧城改建中，一定要尊重它四周的环境。一个人和一个国家都应该'睦邻'，一个建筑物也应该如此，要和四邻建筑'和平共处'，而不宜'打击旁人，抬高自己'"[9]。其次，尊重环境包含绿色、节能与环保。如同他在"把北京建设成为一个优美的现代化城市"一文中提到的，"近年来，由于世界上能源供应的紧张，节约能源已成为了建筑设计中的必须考虑的一个因素。所以国外建筑界有个口号叫做'高寿命，低能量'，意思是建筑的寿命要长，要耐用，而能源的消耗要低"[10]。

第三，尊重历史。悠久的历史和丰富的文化是中国人民的骄傲，我们不能妄自菲薄。"尊重历史其实也是一个尊重人的问题，因为历史是前人所创造的。传统是前人给我们留下的一份宝贵财产，我们应该很好的保持它和继承它。……去年十月间，我在纽约和贝聿铭先生晤谈时，他就托我向国内建筑师建议，要在创作中找寻我们自己的'根'，我以为'根'就是历史、就是传统。"[11]他认为在建筑设计中创新是完全必要的，创新和继承不是对立的。"创造性的继承传统本身就是一样创新，而片面地模仿西方的时兴形式并不等于创新。总之，为了尊重历史、尊重传统，我们的建筑创作应该探究民族化的问题，但是要因地制宜"[12]。

8.2 多重身份：建筑师、行业专家与政府顾问

改革春风唤醒神州大地之时，张开济已经66岁，作为一名建筑师，依然是精力充沛的年龄。他与张镈、赵冬日是设计院的"金字招牌"，长期被单位聘为总建筑师，在20世纪80、90年代参与了大量项目的设计指导工作，同时，他们也必然遇到与年轻一代竞争的局面。张开济对此非常坦然，他认为自己"有责任帮助和提高中青年建筑师，而不是和他们相竞争，更不是压制他们"[13]。自己的责任是要站得高，看得远，"把对个别工程负责扩大到对全社会和整个建筑界负责"[14]。

张开济晚年众多身份中排第一位的是"行业专家"，即建筑界具有话语权和学术地位的资深专业人士。他在1980年当选为中国建筑学会的副理事长，此外还先后担任北京市科协常委、北京土木建筑学会副理事长、中国城市住宅问题研究会副

---

[8] 张开济. 建筑创作要三尊重——中青年建筑师会上的发言[R]. 张开济家人收藏手稿，1985.
[9] 同上.
[10] 张开济. 把北京建设成为一个优美的现代化城市[Z]. 张开济家人收藏手稿，1980.
[11] 张开济. 建筑创作要三尊重——中青年建筑师会上的发言[R]. 张开济家人收藏手稿，1985.
[12] 同上.
[13] 张开济. 我呼吁！一个老建筑师的心声[Z]. 张开济家人收藏油印稿，1987.
[14] 同上.

理事长、北京市文物管理委员会委员等，在行业发展、文化保护方面做出很大贡献。他多年来完成的具体工作可以分为以下几类[1]：

1. 评审工作，包括：对建筑作品、设计竞赛、竞选投标的评审；对建筑教育机构的教学成果、研究成果的评审；给业内人士写专业水平审核报告。

2. 审核规范。1986—1987年间，他参与城乡部审核建筑规范的工作，主持小组讨论"总则"修改，审阅住宅规范、图书馆规范，以及电影院、剧场、托儿所等类型的规范。1987—1988年间参加"无障碍暂行条例"讨论，审核"无障碍规范"。

3. 研究工作，包括针对具体工程的技术研究和针对建筑学科学术问题的研究。张开济1979年与同事共同完成"北京内天井大进深试验性住宅楼"；1987年进行"内院式，多层，高密度"建筑群研究；1988年进行东城改建试验区设计；1989年在海峡两岸第二次建筑学术交流会上介绍我国前辈建筑师；1993年被中国建筑学会"建筑史学分会"聘为顾问；参与北京、合肥、杭州等多地的城市规划和区域规划的研究及讨论。

4. 专业写作，这是张开济晚年非常重要的一项工作内容，通过专业文章和一些相关的活动，他大力进行建筑评论、文化呼吁和专业交流及推广，具体工作可细分如下：

1）建筑评论，包括对设计方案和设计思想的评价。设计评论包括对黄龙饭店、香山饭店、阙里宾舍、清华图书馆新馆等新建筑项目的点评，以及对安徽、贵州、承德、杭州、上海等地的城市规划和城市风貌保护工作的评议，其中最大量的是对北京城市风貌保护状况的评论；思想评论包括对国家的方针政策、舆论环境、建筑师群体、人与制度关系等问题的感想。

2）文化呼吁：张开济1980年发表《为古建筑请命》一文之后，数十年内坚持以建筑专家的身份尽一切力量参与和呼吁对民族文化传统的重视和保护。他参加保护长城、十三陵、修复圆明园的各种组织，出席活动以示全力支持；他通过呼吁，成功地推动了保护北京湖广会馆、天坛神乐署、先农坛、哈尔滨圣索菲亚教堂、贵州侗族鼓楼和花桥等建筑的工作；他多次向市领导提交停止建造仿古"小亭子"、修复瓮城等保护城市风貌的建议书；20世纪90年代在北京因危改引起的大拆大建中为保护旧城他多次参与知名人士的联名上书。

3）专业交流及推广。张开济的发言常常被刊登在国内的报刊上，影响广泛。除了在专业刊物上发表学术文章之外，他以极高的频率就城市、建筑、文化等主题在阅读量最大的报刊上发表评论。笔者目前收集到的张开济文稿有约190篇。在各种刊物中，他发表文章最多的是《北京晚报》，发表类型最多的是"建筑评论与创作"（图8-3）。张开济认为建筑是面向人民生活的，他乐于以建筑专家的身份推广和普及建筑的知识，让广大人民了解建筑师的思想和国家有关政策，幽默而深入浅出的文笔令他的专业文章读起来轻松易懂，广受不同行业人士的欢迎。

---

[1] 工作信息大多来自张开济历年的"私人日记"，笔者通过与相关新闻、史料对照进行信息整理。张开济. 1983年—2001年私人日记[Z]. 张开济家人收藏原件.

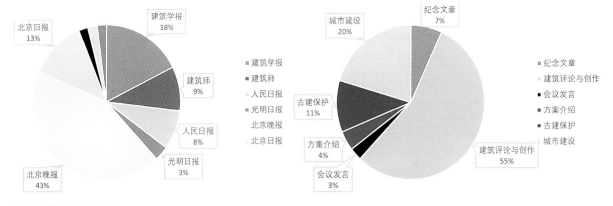

※图8-3 张开济的文稿统计
图片来源：作者根据现有文稿统计自制

5. 对外交流，张开济为我国建筑界的对外交流作出突出贡献，创造了很多历史。1982年，他代表中国建筑学会，负责与法国蓬皮杜文化中心工业创作中心合办"中国建筑·生活·环境"展，这是我国改革开放后在西方举办的第一个专业展，被载入新中国的建筑业历史；1984年他在旧金山事务所和加州伯克利大学作"中国农村住宅建设"（"Rural Housing in China"）报告，并与旅美台湾建筑师共同牵线，促成海峡两岸的专业交流；1987年赴德参加第三届国际无障碍论坛并作主题发言，是第一个向国际社会宣传中国无障碍建设成就的人；1988年应贝聿铭邀请参加在法国举办的建筑创作国际学术会议，作"中国当下建筑设计中的历史"（"History in Architecture Today in China"）发言；1988年参加在中国香港举行的首届海峡两岸建筑师座谈会；1989年在曼谷举行的海峡两岸第二次建筑学术交流会，作"数典不忘祖，温故能创新"的发言，介绍我国前辈建筑师；1990年在美国加州理工学院作"中国建筑的过去与现在"（"Chinese Architecture Past and Present"）报告；1995年参加中日两国举办的"日中博物馆·文物保护国际会议"，作"博物馆设计中的古为今用"报告等。此外，他还曾多次接待贝聿铭、会晤著名的日本建筑师黑川纪章、接待美国康奈尔大学师生、丹麦威卢克斯集团负责人、日本民居研究建筑师代表团等。

"建筑师"是张开济最为重视的身份。晚年他的建筑实践可分为"指导"和"创作"两类，有时在"指导"中也亲自作设计，亲力亲为伏案设计直到85岁左右。他参加了院内外"二七剧场"、西单民航售票大厦改建、北京西客站、新疆招待所新疆餐厅、德宝小区、望京小区、西城区桃园危房改建等重要项目的工作。1984年，他每日到全国人大招待所参与"人大办公楼"设计、讨论、修改、制作模型，持续3个月之久；1988年3月，张开济在政协礼堂与黄胄、刘海粟、李可染、黄苗子等艺术家讨论'炎黄艺术馆'，之后多次与黄胄及相关人员研究并绘制屋顶

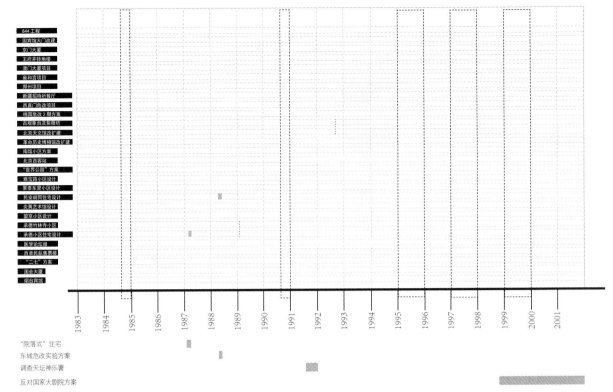

※图8-4 张开济1983—2001年间设计项目统计
图片来源：作者根据张开济私人日记自制

草图，直到建筑奠基；在民航售票大厦、北京西客站等的设计中，他与中青年建筑师共同合作，接触到CAD制图和电脑渲染等最新的工作方式。

笔者根据张开济留下的1983—2000年的工作日记，结合相关史料，整理出他在改革开放后参与的部分项目（图8-4）。其中最主要的类型是住宅设计。可以看出他参与设计的密度与经济体制改革时间上相互对应、设计与研究之间时间上相互对应。其中"北京天文馆"和"革命博物馆与历史博物馆"的改扩建是持续最久的两个项目，历时十余年，张开济以多种角色参与其中，直到九十余高龄。

张开济晚年设计的项目基本围绕研究工作展开，目的是通过实践检验自己的理论，形成"实践——理论——实践"的闭环。比如他进行反对高层和倡导多层高密度的建议，结合"合院式"、"小坡顶"的设计手法，进行"院落组合"的研究，并在承德竹林寺小区等实践工程中进行检验；他倡议建筑师要为农村服务，提出了农村建设的具体建议，并与天津大学建筑系合作到福建闽清县的农村，在地方政府支持下搞试点工程。他对于历史文化名城和文物古建保护的呼吁最终也落实到具体的设计实践上，并提出"旧瓶装新酒"的空间策略。

"政府顾问"是张开济作为国家级建筑师特有的一种重要身份。顾问制度是现代国家政府的一种智囊组织，政府决策机构与科学界、企业界、文化界等社会知识阶层架构交流通道，将专业建议带到政府决策中，提高管理和决策的科学化、民主化[1]。改革开放初，从中央政府到地方政府都逐步建立这样的结构，政府和学术界、知识分子群体之间形成一个有良性互动关系的阶段[2]。张开济在改革初期随科协等单位出国交流，撰写"考察报告"就是作为政府智囊的一种体现，此外，他主要通过北京市政协委员身份履行"政府顾问"的职责。1979年，他当选为政协常委并担任城建组组长，在北京城市建设方面组织和参与了大量调查工作。如：1983年视察北京天象台、东南角楼、文化宫违建，讨论琉璃厂一条街建设；1985年考察先农坛、卢沟桥、故宫皇极殿，与市领导谈古建筑保护，参加市政协和全国政协的抢救卢沟桥会议；1986年主持市政协城建组讨论本市基础设施问题，随全国政协调查北京城市污水问题，现场勘察水库、首钢钢渣山污染状况；随市政协查看湖广会馆及平阳会馆；1987年考察北京园林建设。1991年参加市政协的危房改造活动，讨论开放文物市场问题。1994年视察南新仓、东南角楼及城墙遗址，讨论瓮城方案，1996年，随市政协调查天坛神乐署拆迁问题等。有关建筑和文物保护的问题经常出现在张开济的提案中，并通过政协《简报》成为政府参考，为制定政策提供基础研究。他关于北京"西站"和天坛"神乐署"的议案被评为政协优秀提案。1983年起，他连续5届被聘为北京市人民政府的专业顾问，并获得过表彰，此外，他还被承德、贵州的地方政府聘为城市建设方面的专业顾问。

作为政府顾问，不但要具有前瞻性和预见性，同时也要保持意见的独立性与公正性[3]，不能与利益集团有所捆绑。张开济在高层问题上一直坚持自己的观点，但他鼓励不同意见之间进行辩论。他反对学术发言唯领导马首是瞻，规劝各级领导尊重知识，不混淆学术和行政，同时也反省"专家学者也应当自重，不要迎合长官意志，那种看领导眼色行事，迎合领导意图的心理或做法，不应当成为我们的学术传统"[4]。

"行业专家"、"建筑师"和"政府顾问"三重身份各有工作的层面和核心领域，在一些工作中，身份之间相互渗透形成交集（图8-5）。例如：政府派遣专家出国考察，进行经济建设信息的收集，同时也促成国内外的专业交流，是"行业专家"和"政府顾问"身份之间的交集；北京天文馆及中国革命博物馆和历史博物馆扩建设计持续了十余甚至二十余年，张开济在初期以建筑师身份介入，最终转化为专家和顾问的身份，甚至代表甲方与合资方进行商谈；在多层高密度住宅工作中，他的研究和实践相互印证，"专家"与"建筑师"身份的转换让设计具有研究性质；张开济以政协城建组长身份组织对古建筑进行考察，同时也以建筑师的身份对保护的具体办法提出建议，是"政府顾问"和"建筑师"身份的交集。分析表明，张开济具有层次非常丰富的工作架构，由此收集广泛的信息并获得多元视角下的判断和体验，这是他作为国家级建筑师所特有的工作模式。

---

1 李宏，马梧桐. 美国总统科技顾问委员会的运行机制及对我国的启示［J］. 智库理论与实践，2016，1（02）：108-113.
2 秦晓. 当代中国问题：现代化还是现代性［M］. 北京：社会科学文献出版社，2009：004.
3 李宏，马梧桐. 美国总统科技顾问委员会的运行机制及对我国的启示［J］. 智库理论与实践，2016，1（02）：108-113.
4 张书政. 不要用行政权力压制学术争鸣——建筑专家张开济谈当年北京城墙存废之争［N］. 人民日报，1986-11-9（003）.

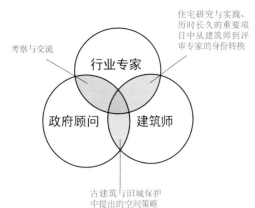

※图8-5 张开济多元身份工作模式图
图片来源：作者自制

两个首倡：为农村服务和无障碍设计

经济改革使农民收入大幅增加，农村出现"家家备料，村村动土"[1]的建设景象。村镇建设太快，按原有村镇规划编制的发展计划严重滞后，不能起到有效引导，农村出现乱占滥用耕地、不讲经济效益、缺乏整体规划等一系列问题。1983年4月，万里在住宅建设技术政策的论证会上提出，北京农村的建设活跃，北京院应该做些工作。但是受分配制度的约束，建筑设计单位没有农村的设计任务下达，无法直接为农村服务[2]。

1983年6月，建筑学会在上海嘉定召开全国首届村镇建设学术讨论会。张开济以建筑学会副理事长身份呼吁："为八亿农民服务，这是我们的责任，也是我们的光荣。因此，我在这里向广大的建筑设计人员、规划设计人员呼吁，为了使我们的精力、知识、学识真正为广大农民服务，我们应该从现在开始，把我们服务的主要方向，从城市移向农村把我们的工作重点从高楼大厦转移到农村建筑。"[3]（图8-6），他结合过去的经验，提出农村建设的观点：1. 重视经济效益，立足旧村镇改建，不大手大脚开发，不搞公共建筑的排场和随意模仿；2. 农民住宅也要提倡紧凑、合理、适用、卫生和安全，不能追求宽敞。现代化就是要紧凑、高效；3. 在有限的物力条件下，形式上要尊重文化传统。不怕土，就怕俗，村镇建设要强调乡土气和地方特色。1983年7月6日，《光明日报》头版头条刊登了张开济在此次会议上的呼吁，并将核心内容概括为"农民要盖房，土地要节约，村镇要规划，建筑师大有可为"[4]。

张开济不但以专家身份在社会需求和行业资源之间搭建桥梁，而且出于建筑师的职业本能深入实践。他先后到昆明、大连等地参加农村建筑设计竞赛的评审工作。1984年他访问美国加州伯克利大学时所做的"中国农村住宅建设"（"Rural Housing in China"）讲座中，详细列出了自己收集整理的数据，包括中国乡村结

[1] 广大建筑是应该把服务重点转向农村[N]. 光明日报, 1983-7-6（001）.
[2] 张开济. 中国建筑学会副理事长张开济总建筑师在全国村镇建设学术讨论会上的发言（记录稿）[R]. 张开济家人收藏文稿, 1983.
[3] 同上.
[4] 广大建筑师应该把服务重点转向农村[N]. 光明日报, 1983-7-6（001）.

※图8-6 1983年张开济在全国村镇建设学术讨论会上的发言稿和手稿
图片来源：张开济家人提供

构、数量、改革开放后农民收入增长的数值、农民房屋建设增长的面积、公共设施建设的状况等[5]。他对于中国政府历年的推动工作作了梳理，并对中国不同地域传统乡村的建筑风俗、建造传统、技术特点都进行了介绍[6]。他与天津大学建筑系合作，在福建闽清县地方政府支持下搞试点工程。尝试了几个措施：1. 节约用地，把大部分的住宅盖在山坡上，并利用坡度缩短楼间距。2. 就地取材，采用生土荷重墙，以最大限度降低造价。3. 在平面和形态上都努力保持地方特色[7]。1983年11月，他亲自到闽清现场参与讨论湖头大队规划方案，查看现场并征求群众意见[8]。

张开济是我国率先提出无障碍设计的建筑师，并指导北京院在这方面做出突破性工作[9]。1984年，北京院对残疾人的生活环境进行调查，发现他们在日常生活中遇到的困难是健康人难以想象的。1985年，中国残疾人福利基金会、北京市残疾人协会和北京院联合召开了中国第一次以"残疾人与社会环境"为主题的讨论会，张开济和一些建筑师出席并发了言[10]。会后三个单位联合发出《为残疾人创造便利的生活环境的倡议》，提出十项具体措施，得到北京市政府的重视和支持。在王府井地区，市民政局与有关部门开始进行环境改造，给街道增加坡道、设置盲文路牌、路口增加音响指示器、公共厕所增加残疾人老年人坐便器，这些改建成为国内第一批"无障碍"示范[11]。1986年，第一届国际残障人士康复论坛在北京举行，北京东四人民市场新楼、西单综合商业大楼和上海南京路等开始按"无障碍"要求进行设计。张开济参加了北京院和北京市政设计院进行"无障碍设计暂行规定"[12]的讨论和1988年"无障碍规范"的审核工作。

1987年，张开济在《建设报》上发表"关怀残疾人开拓'无障碍'环境——当前我国城市环境建设中的一个新课题"一文，指出：相对于高楼大厦和玻璃幕墙而言，"无障碍"更是建筑现代化的重要内容，可是我国至今也没有一座建筑是根

---

5 张开济. Rural Housing in China（中国农村住宅建设）[R]. 张开济家人收藏复印件.
6 同上.
7 张开济. Rural Housing in China（中国农村住宅建设）[R]. 张开济家人收藏复印件.
8 张开济. 1983年—2001年私人日记[Z]. 张开济家人收藏原件.
9 北京市建筑设计研究院有限公司档案室. 张开济干部档案[A]. 张开济撰写材料.
10 张开济. 第三届国际DESIGN FOR ALL论坛上的发言稿"Barrier-Free Design in China"（中国无障碍设计）[R]. 张开济家人收藏油印稿, 1987.
11 张开济. 关怀残疾人开拓"无障碍"环境——当前我国城市环境建设中的一个新课题[N]. 建设报, 1987-5-8.
12 同上.

据"无障碍"的要求设计的。随着我国老龄化的加快,不但在公共建筑中应该满足"无障碍"的要求,而且在住宅建设中也应该建造一定比例的专门供残疾人和老年人使用的"无障碍"建筑。

同年,75岁的张开济受建设部委托,只身前往德国杜塞尔多夫,参加第三届国际无障碍论坛,代表中国作题为"中国无障碍设计"("Barrier-free Design in China")的演讲,向全世界介绍了中国的残障人士生活状况、国家对残障人士提供的福利保障,以及刚刚起步的无障碍设计和取得的成果[1]。

8.3 高层≠现代化:多层高密度住宅的理论与实践

高层之争

如果给从20世纪70年代末持续到20世纪90年初的"高层之争"绘制一个时间线索,将清晰地看到不同时期政策、设计观点和社会背景之间的相互关联。经济体制改革带来巨大活力,但是国家生产力水平的提升并不能一蹴而就,"解放思想"之后政府依然要面对人口多、土地少、经济落后的现实,举步维艰地改善人民的生活水平。

邓小平批示关注高层问题之后,张开济于1978年在《建筑学报》第1期发表第一篇重要的反高层文章"改进住宅设计,节约建设用地",系统论述了高层"经济效益"差的弊端,建议以多层高密度作为住宅的主要类型。此后,他关于高层的文章频频出现在学术刊物、官方报纸和政协的建议中,成为反对高层者中的意见领袖。虽然各单位组织技术人员学习邓小平的批示和张开济的建议,但是关于高层的争议从未中止。1984年,张开济撰写"建筑高层化≠城市现代化"一文,邀请华君武配图后,向《人民日报》投稿。《人民日报》记者经过调查后认为学界对此争议较多,文稿不宜公开见报[2]。《红旗》杂志刊登张开济的文章"高层建筑要三思而行"后收到读者来信,对他的观点表示质疑。

高层的支持者和反对者在造价、维护、使用方便等问题上展开了大辩论。在许多相同的问题上,往往得出相反的结论。比如,关于节约用地,反对者认为高层唯一的节约用地的优点其实并不存在。他们通过对比居住区的数据,证实多层高密度甚至比高层更节省空间。支持者的观点认为,高层的高强度开发功能是不可否认的,"(香港)能在弹丸之地上解决那么多人的住宅问题,是难得的成功"[3],关于高层是否具有现代标识,反对者认为高层并不代表现代化,支持者认为"一点不承认高层建筑在形象上有一定程度的现代化标志,恐怕也有失偏颇"[4]。"(高层)并

---

[1] 张开济. 第三届国际DESIGN FOR ALL论坛上的发言稿 "Barrier-Free Design in China"(中国无障碍设计)[R]. 张开济家人收藏文稿,1983.
[2] 《人民日报》社退稿信[Z]. 张开济家人收藏原件,1984.
[3] 张德沛. 高层高密度符合我国国情[N]. 北京晚报,1987-11-24(003).
[4] 宋融. 手段多一点好——也谈高层住宅(上)[N]. 北京晚报,1987-10-1(003).

非由人们的好恶来决定，而是带有发展规律性的现象"[5]。关于高层使用上的便利与否更是见仁见智。

高层的核心问题是"高"，它的高强度开发功能建立在高度的优势上，但也正因为具有小面积、高强度"见缝插针"开发的优势，因而对旧城风貌产生巨大的破坏力。伴随专业圈内的争议，北京的城市建设和房地产业在快速发展，旧城风貌已经面临着高层的侵蚀。1985年8月24日，首都规划建设委员会发布《关于北京市区建筑高度控制方案的决定》。决定指出，"建筑的高度问题，是当前的突出矛盾"，"今后一切新建筑不得援例比高，凡设计方案未经首都建筑艺术委员会、市规划局正式批准的，其高度都应该按照本方案规定，重新考虑，改变设计。"[6]决议的核心原则为：一、北京旧城以内进行整体性保护，以故宫为核心，从平房逐渐提升到12m、18m、30m高度，最终到达旧城边缘为45m。二、市区以内原则上不得超过60m，除了重点文物保护区域附近，其他地区进行不同高度和宽严等级的划分，以协调保护和发展的关系。三、市区整体形成内低外高的城市轮廓线。

首规委控高令的出台并没有能减缓高层的建造，但是为旧城提供了一个保护的条例。北京的高层住宅增长速度很快，1986年，高层住宅竣工190万m²，占当年竣工住宅的37.9%。1987年7月10日，张开济再一次上书国家领导人，陈述自己十年来的呼吁："出于一个建筑师对人民、对国家的责任感，眼看国家的住宅建设朝着错误的方向发展，实在不能坐视"[7]。7月29日城乡建设环境保护部部长叶如棠传达意见给戴念慈、周干峙、林志群："我同意张总的基本观点。别的高层建筑不能一概而论，都加以限制，但高层住宅确实到了非控制不可的地步了。与其说这是个学术问题，不如说首先是个政策问题。这些年住宅建设的实践、业已确定的住宅建设发展目标和技术政策、国内外学者专家对它的关切和所作的论证，已经提供了决策的基本条件。"[8]

1987年12月城乡建设环境保护部公布《关于控制城市高层住宅建设及住宅户型的通知》指出"高层住宅比例增长过快、平均每户的建筑面积也偏大，有的缺乏足够的经济及社会效益分析；有的在市内'见缝插针'，破坏了城市总体规划，有的中等城市也盲目追求高层化，把高层化误与现代化等同起来。"[9]要求"城镇住宅以多层为主，控制高层的建造"，严格执行城市规划要求，高层申报立项作综合分析比较，并对住宅的综合造价及面积大小进行充分考虑，以保障住房制度的改革和住宅商品化进程（图8-7）。

1989年《城市规划》杂志约请京津沪三地的学者、专家对高层问题进行笔谈[10]，专家之间意见纷争仍然是激烈的。反对者认为高层并不适宜我国家庭生活，管理也是比较大的问题；高层需要的高标准服务超出目标负担能力，多层高密度更适合国情；只有当地价大大超过土建造价时，建高层才是经济的，盲目建高层是不正之风。支持者认为高层在我国盛行是有历史必然性的；住宅高层化是城市发展的出路

---

5 宋融. 手段多一点好——也谈高层住宅（上）[N]. 北京晚报，1987-10-1（003）.
6 首都规划建设委员会. 关于北京市区建筑高度控制方案的决定 [EB]. 首都规划建设委员会1985-08-24颁布.
7 张开济. 1987年7月10日给邓小平信 [Z]. 张开济家人收藏复印件，1987.
8 叶如棠. 1987年7月29日批复文件 [Z]. 张开济家人收藏复印件，1987.
9 城乡建设环境保护部. 关于控制城市高层住宅建设及住宅户型的通知 [EB]. 城乡建设环境保护部1987-12颁布.
10 高层住宅问题笔谈会 [J]. 城市规划，1989（04）：3-14.

※图8-7（左）首都规划建设委员会. 关于北京市区建筑高度控制方案的决定［EB］. 首都规划建设委员会1985-08-24颁布；（右）城乡建设环境保护部. 关于控制城市高层住宅建设及住宅户型的通知［EB］. 城乡建设环境保护部1987-12颁布.
图片来源：张开济家人提供

所在；高层住宅经济效益显著。此外，也有人不赞成"非此即彼"。张开济在讨论中介绍了承德竹林寺小区[1]案例，以证明自己"反对高层"的观点和"多层高密度"的研究是可行的。

1990年1月，北京市人民政府公布《关于严格控制高层住宅建设的规定》[2]，规定二环路以内不得建高层，二环以外有条件地建少量高层，高度进行控制，并且不得分散建设。违反规定的按违章建筑论处，违反规定审批者，追究行政责任[3]。同时《北京日报》发表北京城市建设主管部门的领导宣祥鎏、平永泉、刘小石联合署名的文章"必须严格控制高层住宅建设"，从高层的造价、面积计算、运营费用、电梯质量、用电和用水状况、消防等方面对于高层的不利因素一一作了解释，表明新出台的控高规定不但符合城市整体利益，同时也符合广大居民的根本利益[4]。这是北京市最严格的一次控高令，并得以保持了十余年。

住房福利制度和建造模式分析

张开济对于高层的担忧一方面是破坏传统城市格局，另一方面是"经济效益"不佳。结合20世纪80年代的社会背景，住宅模式的综合效益评价中，除建设成本和使用成本外，还应考虑社会福利分房制度和传统建造模式的深层影响。住房福利制度在改革开放之后，又持续了近二十年，在1998年才逐渐停止[5]。这意味着在20世纪80年代，住宅面积指标依然是设计必须严格依据的标准。经济条件改善，人们迫切需要进行住宅的合理化，从20世纪70年代的"住得下"快速提高到20世纪80年代的"住得下、分得开、住得稳"；1984年之后，商品住房的开发量逐渐增多，

1 高层住宅问题笔谈会［J］. 城市规划，1989（04）：3-14.
2 北京市人民政府令〔1989〕42号. 关于严格控制高层住宅建设的规定［EB］. 北京市人民政府1990-01-01颁布.
3 同上.
4 宣祥鎏，等. 必须严格控制高层住宅建设［N］. 北京日报，1990-1-8（003）.
5 吕俊华，邵磊. 1978~2000年城市住宅的政策与规划设计思潮［J］. 建筑学报，2003（09）：7-10.

住宅的标准更加大幅地提升[6]，对国家投入住宅建设的资金和土地数量提出挑战。

张开济1979年在"实现现代化首先要思想现代化"一文中指出"我们现有的建筑事业是相当落后的，建筑施工至今还离不开'秦砖汉瓦'"，"在现阶段应该提倡讲究实效"[7]。高层与多层，在建造模式上有很大不同，高层需要的工业化程度高，钢材需求量大。多层的建造以低端的砖混为主，建设成本低。

工业化道路上一个重要的生产指标就是钢材的产量。1976年，中国钢材产量约为2046万吨，而两个超级大国，苏联1976年的钢产量为14570万吨，美国为11634万吨[8]。中国的钢产量1981年上升到3650万吨，1990年为6630万吨[9]，于1997年突破1亿吨[10]。

改革开放之后，我国砖的产量却逐年递增，1985年的砖产量为2800亿块，高于世界各国砖产量的总和，由于材料丰富易取，有保障，在六种建筑结构体系中，投资和三大建材的消耗量最小。1988年，建设部预测，砖混住宅不仅不会被淘汰，而且将长期存在和发展，成为我国住宅建筑的主要结构形式。1992年，我国墙体材料产品仍是实心黏土砖，占墙体材料总量的95%[11]，国务院发布文件首次提出要大力发展节能型新墙体。直到2005年，国务院才提出：力争到2010年底，所有城市禁止使用实心砖，把砖的产量控制在4000亿块以下[12]。

建筑材料的生产是建造模式中的重要一环，也是国家住宅政策中必然考虑的问题。为此，1984年建设部组织了一次全国砖混住宅方案竞赛以开发住宅多样化，清华大学的台阶式花园住宅系列脱颖而出，在此前后，全国各地还有小天井大进深设计、退台住宅、无锡支撑体住宅、天津低层高密度住宅等"百花齐放"，对砖混住宅进行了标准化兼多样化的探索[13]。

反对高层运动持续了十余年，在国家现代化道路的积累时期，住房福利制度尚未瓦解、建造模式依旧需要沿用传统手工业的阶段，做出了适合国情并具有前瞻性的建议。张开济在反对高层的学者中，意见最坚定，态度最坚决，锲而不舍地呼吁长达十余年。他的一些意见和观点，如：节约用地、严格控制住宅建设和装修标准、控制高层倡导多层、节省投资重视经济效益、住宅建设不能脱离国情等最后纳入了政府决策，形成国家政策[14]。

"多层高密度"住宅模式的研究与设计

改革开放之后，大规模的住宅建设带来经济投资和节约用地之间的矛盾，张开济不满足于仅仅是呼吁控制高层，他希望能通过自己的设计积极地推进住宅建设，尤其是为北京的旧城改造找到既能保留传统精神，又能满足现代生活需要的新住宅模式。"文革"末期他提出的"小天井大进深"方案在面积指标上的确能提高建筑的使用率，但是因为在底层的采光、天井管理等方面具有一些先天性的弱点，推广起来不太容易[15]。

---

6 赵冠谦. 住宅设计的过去、今日与未来[J]. 建筑学报, 1996 (07): 8-10.
7 张开济. 实现现代化首先要思想现代化[N]. 北京日报, 1979-3-21 (003). 此为小标题之一。
8 一九七六年世界各国和地区的钢产量[J]. 包钢科技, 1977 (00): 70-73.
9 王彦佳. 中国钢铁行业产业生命周期及钢产量预测[J]. 预测, 1994 (05): 16-19+47+74.
10 李霞. 中国钢产量突破一亿吨[J]. 今日中国 (中文版), 1997 (05): 18-20.
11 黄白. 砖混住宅建筑技术发展的政策和措施[J]. 住宅科技, 1988 (04): 9-11.
12 于春刚. 住宅产业化—钢结构住宅围护体系及发展策略研究[D]. 上海: 同济大学, 2006: 54.
13 吕俊华, 等. 中国现代城市住宅1840—2000 [M]. 北京: 清华大学出版社, 2003: 212-213.
14 建设部、国家计委. 建设部、国家计划委员会关于贯彻执行《国务院关于严格控制城镇住宅标准的规定》补充意见的通知[EB]. 建设部、国家计委1990-09-06颁布.
15 吕俊华, 邵磊. 1978~2000年城市住宅的政策与规划设计思潮[J]. 建筑学报, 2003 (09): 7-10.

20世纪80年代中期,他结合自己的理论与经验再次进行理想住宅模式研究,设计了"内院式,多层,高密度"建筑群布局方案。1988年,北京市政府在东城区民安胡同划出1km²作为北京市旧城改建的试点。张开济根据18m限高初次将"内院式,多层,高密度"运用于实践(图8-8),并总结出砖混结构、院落式组团和平坡顶结合三项基本措施。

张开济创作的"内院式,多层,高密度"建筑群布局方案是一种"类四合院"模式,设想脱胎于"周边式"和中国传统四合院的结合(图8-9～图8-11)。居住区形成南北方向建筑高与间距约为1:2的标准庭园,享有宜人的外环境。每个院落有多个主次出入口,交通便利,形成从公共城市空间到家庭私密空间的一系列由公共、半公共、半私密到私密的丰富空间序列。尺度宜人的外环境形成邻里之间的交往空间,不但有北京传统街巷胡同的特色,而且使小区具有更好的亲切感和归属感。

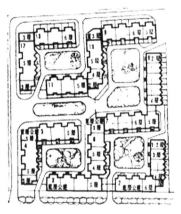
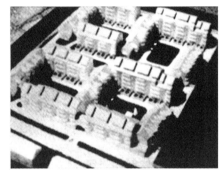

※图8-8 民安胡同总平面图和模型照片
图片来源:张开济家人提供

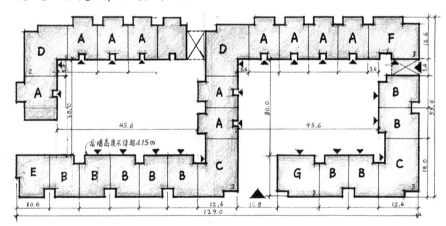

※图8-9 标准院落平面图
图片来源:张开济家人提供

建筑单体采用大进深平面和小坡顶，以标准单元为基础，通过增加特别定制的东西向单元、转角单元，增加居住空间的类型，改善因为围合院落而出现的不利方位，保证所有户型具有良好的通风采光，同时令院落组合形成错落有致的天际线。

张开济认为，应该在中国传统居住空间中寻找灵感，结合现代生活需要，探索出属于中国文化，富有传统人情味道的现代居住模式。他认为，从综合效益看，院落式替代行列式、坡顶替代平顶、多层替代高层是未来住宅建设的趋势[1]。研究出

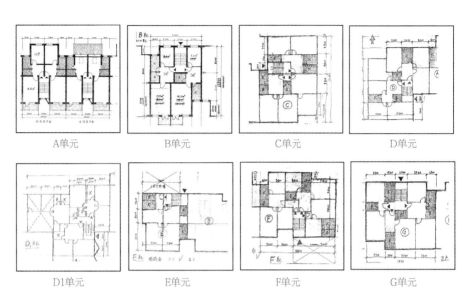

※图8-10 标准院落的标准单元和转角单元设计
图片来源：张开济家人提供

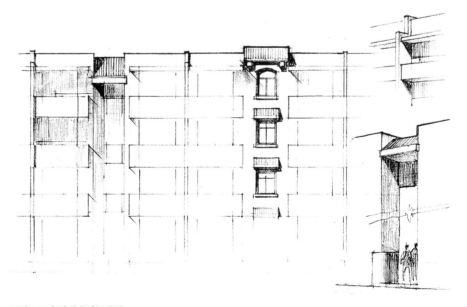

※图8-11 标准院落透视草图
图片来源：张开济家人提供

[1] 孙逊. 十年呼吁终成定论——张开济谈控制高层住宅，发展多层、高密度住宅[J]. 住宅科技，1990（07）：13-14.

一套完整成果之后，他寻找各种机会落实建造并进行概念的调整，最能体现"内院式，多层，高密度"构想的是承德竹林寺小区，此后他又进行北京景泰东里小区、南馆小区等项目的设计，并在与外单位合作的雅宝路小区规划、西直门德宝小区规划中也不同程度地尝试了这种住宅理论和模式。

1. 承德竹林寺小区

竹林寺小区位于承德旧城一块不规则的基地，由单元住宅组成甲、乙、丙三个院落，每个院落有两个出入口，从私密到公共的空间序列完整细腻（图8-12）。小区共400户，平均每户建筑面积52m^2，通过院落的组织，每一户都具有良好的方向，没有一户是完全向西或者向北，并且绝大多数具有穿堂风。小区内户型共有3种，70%为主要的2室户，20%为1室户，10%为3室户。

单元设计上尽量减少室内交通面积，最大限度提高使用面积，并留给住户自由分隔空间的余地。屋顶平坡结合，北向退台使前后楼的楼高与间距比达到1:2，超过1:1.5的规定，院内的舒适度得以提高（图8-13、图8-14）。建筑组团有丰富的轮廓线，周边式大院落的格局和便捷、多样、自由的交通流线获得居民的好评（图8-15）。

2. 景泰东里危房改造

景泰东里位于北京市崇文区（现已划入东城区），是第二批危旧房改造项目之一。张开济给景泰东里所做的规划是以多层高密度的院落式为主体，在小区沿街道

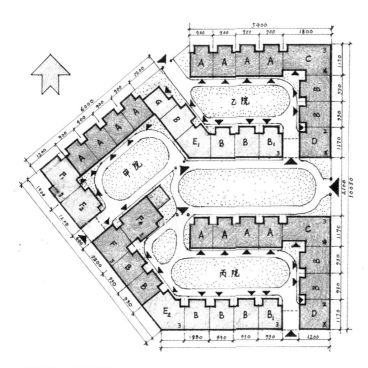

※图8-12 承德竹林寺小区规划图
图片来源：张开济家人提供

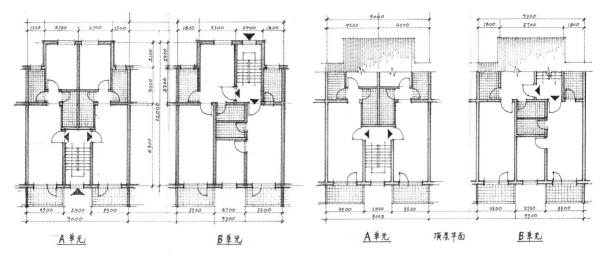

※图8-13 承德竹林寺小区标准单元设计
图片来源：张开济家人提供

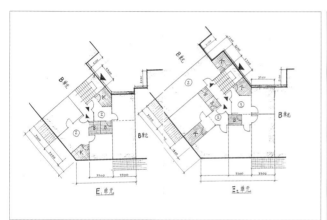

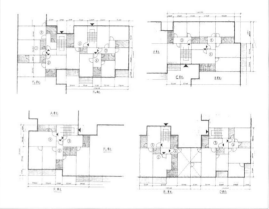

※图8-14 承德竹林寺小区转角和尽端单元设计
图片来源：张开济家人提供

※图8-15 承德竹林寺小区现状
图片来源：刘贺提供

边缘配置12层高层住宅、6层板式鸳鸯楼,全区住宅总面积可达117034m²,建筑毛密度为24382m²/hm²。院落组合的程序依然是:先设计标准院落(图8-16)、然后设计尽端单元,二者组合,共同实现户型标准化和多样性的平衡。这个设计用顶层北退台和坡顶相结合,缩小院落间距,提升住宅密度,顶层的阁楼空间丰富了户型,位于尽端的单元经过精心设计,同样具有良好的通风和朝向(图8-17~图8-19)。

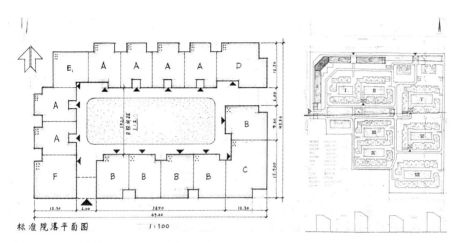

※图8-16 北京景泰东里小区标准单元图和总平面图
图片来源:作者根据张开济手稿整理

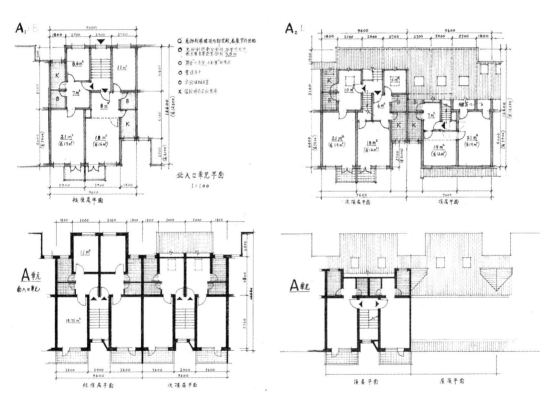

※图8-17 北京景泰东里小区屋顶北退台单元
图片来源:作者根据张开济手稿整理

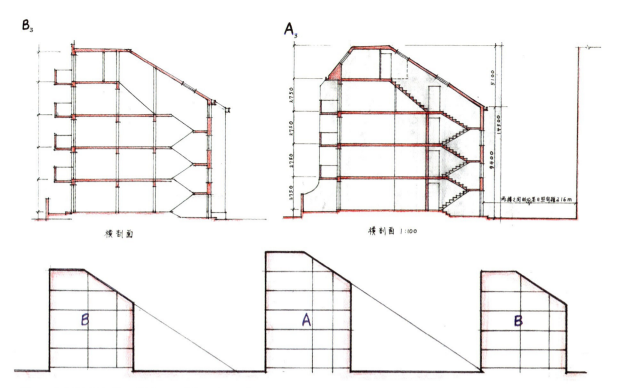

※图8-18 北京景泰东里A栋、B栋剖面及双院落日照间距示意图
图片来源：作者根据张开济手稿整理

※图8-19 北京景泰东里多层高密度住宅透视图
图片来源：作者根据张开济手稿整理

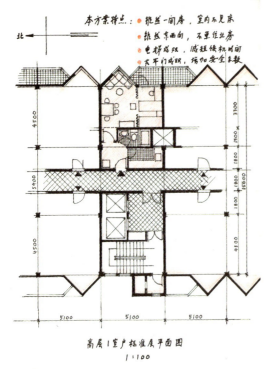

※图8-20 北京景泰东里小区高层设计图
图片来源：作者根据张开济手稿整理

张开济设计高层的思路与当初设计北京饭店东楼一样，即尽力把外墙让给起居空间，将卫生间等辅助功能内移（图8-20）。高层沿街布置，建筑原为东西向，通过设置45°转角窗改变日光入射方向，改善日照条件。平面布局中，电梯间并立以减少等候时间，增加使用的方便。张开济在设计图上总结要点："虽然一间房，室内不见床；虽然东西向，不要住北房；电梯成双，减短候机时间；太平门成双，增加安全系数"[1]。

8.4 文化交流：考察与宣传

从1977年下半年开始，中共高层领导频繁出访，寻求发达国家现代化发展的经验。邓小平在1978年3月召开的全国科学大会上指出：科学技术是生产力。四个现代化的关键是科学技术现代化，为学习借鉴国外的先进科学技术，国家机构和各行业决策层也纷纷组织出国考察。张开济遇到可以充分发挥他外交方面特长的好时机。十余年间，他先后多次出访英国、美国、法国、西德、意大利、比利时等国。他英语好、口才好、谈吐幽默、心态开明，善于寻找文化共识，又具有强烈的民族

[1] 张开济. 北京景泰东里小区高层1室户标准层平面图［Z］. 张开济家人收藏设计稿。

自尊，往往能在保持开放和谦逊的同时，体现出国家的文化自信。他在出国交流中不但学习外国的先进经验，而且不失时机地向国际社会宣传中国文化传统和政府的建设成绩，努力建构一个正面的国家形象。

1979年，张开济随中国科协考察团在西德、瑞典、英国、法国参观了大小博物馆25个，回国后撰写了"欧洲一些科技博物馆考察报告"[2]（图8-21），为筹建首都科技馆和博览建筑的发展收集信息，提供建议。

报告中对于欧洲博物馆的情况作了充分介绍，这类文化建筑受到国家的重视，数量大类型多，在民众生活尤其是青少年教育中影响广泛，其参与式的展览、重视科学技术史的展示、展出方式的新颖等都可以作为我国的借鉴。张开济注意到，英国最大，最受群众欢迎的约克城"城堡"博物馆是由两座17世纪的监狱改建而成的。"从中可以发现利用适当的旧有建筑加以改建或扩建，用来作为博物馆却是颇有可为的。"[3]此外，他注意到西方博物馆"扩建部分的建筑风格与原来建筑完全不同……我国今后有些博物馆也有扩建的必要，外形上是否都有与原来建筑完全一致的必要，也是值得我们研究的。"[4]。考察报告在总结博物馆建筑设计层面的先进经

※图8-21 张开济."欧洲一些科技博物馆考察报告"1979年手稿
图片来源：张开济家人提供

[2] 张开济. 欧洲一些科技博物馆考察报告[R]. 张开济家人收藏手稿. 1979年.
[3] 同上.
[4] 同上.

第8章 重启征程：追求中国现代建筑道路（1978—2006）

验之后，提出宏观层面的四个建议：首都与全国各地的博物馆相结合；综合馆与专业馆结合；大型馆与小型馆结合；新建与扩建改建结合。这次考察为国家发展博物馆建筑拓宽了思路，对于文物保护的策略上也有重要的启示作用。

1978年3月张开济前往法国考察，已移居法国的老同事华揽洪陪同他参观了蓬皮杜文化中心。在与蓬皮杜文化中心工业创作中心负责人的会晤中，双方达成了共同举办一次中国建筑展的愿望。经国务院批准和建筑学会的支持，由张开济带队赴巴黎签订协议并组织人员进行展览筹备。经中法双方协商，展览以中国日常生活展示为主题，定名为"中国建筑·生活·环境展"。这是中国与西方中断交往三十年后，建筑界在西方举办的第一次展览（图8-22）。

展览力求在有限的空间中，不是以口号和标语的方式，而是以实景真实全面地展示传统和当下、城市与乡村中的中国生活。约600m²的八角形展场被分为八个区域，展览以场景化的手法，通过照片、模型、实物反映中国人民生产、劳动、贸易、集市、居住、福利和文化娱乐状况。展览还介绍了北京、上海、苏州、绍兴、唐山、广州等不同类型城市的风貌，并展出著名园林网师园的模型和中国传统民居的大门。备展过程中，中法双方的工作人员通力合作，张开济与同事们在国内政治观念还很强的情况下，力排众议，选择具有人情味道的日常生活照片和实物，打破意识形态造成的文化隔膜，从一个全新的角度进行中国风貌的展示。

1982年5月18日，由中国建筑学会和法国巴黎蓬皮杜文化中心工业创作中心合办的"中国建筑·生活·环境"展览隆重开幕，中国驻法国大使和法国文化部长、华侨、知名人士等两千多人出席[1]。中国建筑学会副理事长阎子祥为团长、张开济为副团长的中国建筑代表团出席了开幕式。展览日程中还组织了多场增进中法双方历史文化认识的学术活动，并为此出版专刊。张开济为专刊撰写了介绍中国四合院

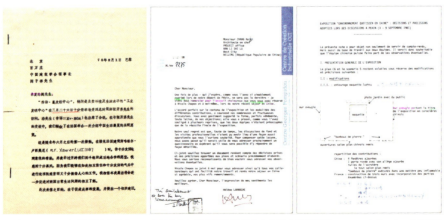

※图8-22（左一）蓬皮杜文化中心工业创作中心给中国建筑学会发来的合作邀请信，1978；（中、右一）"中国建筑·生活·环境展"中法工作信件，1982
图片来源：张开济家人提供

[1] 王弗，刘志先. 新中国建筑业纪事（1949—1989）[G]. 北京：中国建筑工业出版社，1989：209.

※图8-23 巴黎"中国建筑·生活·环境展现场照片,1982
图片来源:张开济家人提供

和探讨多层高密度的文章[2]。这是中法之间第一次民间性质的文化交流,向西方世界展示了一个真实的中国,受到热烈欢迎(图8-23)。西方媒体评价道:"中国日常生活展不带偏见地介绍了占世界人口四分之一的一个国家"、"采用了更谦虚、更深入的作法,保留了中国的'观点'和西方的感受性,表现了一般性,避免了特殊性"、"没有异国情调、没有官方的政治宣传,展出是成功的。"[3]。

8.5 文化守候:保护文物古建的思想与策略

张开济保护文物古建的工作开始于1979年。他出国考察,看到欧美国家对于历史文物的重视和保护,预感到我国对于古建筑的热爱和人们的文化、经济水平将成正比,"我深信我国人民的文化水平和经济水平一定会提高的,我就担心等不到那一天,有些古建筑已经不复存在了"[4],他并非古建筑专家,但是出于保护古建筑人人有责的信念,他开始发表文章,呼吁重视这个关乎民族文化传承的问题。

[2] 张开济. 中国四合院[R]. 张开济家人收藏手稿.
[3] 中国建筑学会. 巴黎"中国建筑·环境·生活展览"展出经过报告[R]. 张开济家人收藏原件,1982.
[4] 张开济. 我呼吁!一个老建筑师的心声[Z]. 张开济家人收藏油印稿,1987.

保护思想与工作方法

张开济保护文物古建的第一篇文章"为古建筑请命",约写于1979年10月,他将稿件先后发给吴良镛、单士元等建筑和文物专家征求意见,1980年发表于《文物通讯》第1期[1]。这篇文章迅速被推广,影响十分深远。《南方文物》、《江西历史文物》等杂志随即转载,《光明日报》记者发表对张开济的采访文章"著名建筑专家张开济呼吁抢救古建筑"[2]。随后,《建筑师》杂志也刊登了全文,并且补充了一节内容"保护古建筑与实现现代化的关系"[3]。

文中表达了张开济的文物保护思想,他批评政治运动中拆毁古建筑是破坏文化遗产,而粗暴地"维修"同样带来严重损失,古建筑保护反映了一个民族的现有文化水平。他指出追求民族形式的同时却缺乏正确的文物价值观,导致"一方面毁了不少无价之宝的真古董,另一方面却又花了大量资金来做假古董"[4]。他一口气点名北京十多处重要名胜古迹中的拆毁和修缮不善带来的古建损坏问题,事实清楚、分析透彻,看了令人触目惊心。他提出应该遵照陈毅曾经指示的原则,"修古建筑一定保持原状,不要对古建筑本身进行'社会主义改造'"。

"(陈毅)这话说得很中肯,也很有针对性,遗憾的是热衷于对古建筑进行社会主义改造的却至今大有人在!不少人往往把维修古建筑看作仅是一些修缮加固、油漆粉刷的工作,他们以为作到了"整旧如新"便是出色的完成了任务。有些同志甚至于还要对古建筑任意改造,画蛇添足,结果把一些古建筑搞得面目全非,叫人看了啼笑皆非,而他们还在自鸣得意!古建筑的修整和复原本是一项科学性和艺术性都要求很高的工作,所以在对某一古建筑进行修整之前,必须做好考证工作,拟就整修方案(包括必要的图纸和说明书),再送交有关单位审批后方能施工,在设计施工过程中更应该争取专家和老工人的参与和指导……"

他提出三点建议:一、所有古建筑的拆毁和修整都必须经过主管部门的审批。在遇到有争议的古建筑拆留问题时,可以由市人代会和政协参与古建筑问题的表决,以增强保护的力度和慎重。二、应该保留一些四合院和私家庭院。三、应该保护整个北京城的文物环境。

受到政治运动的影响,我国文物保护的工作起步迟缓,在20世纪50年代仅仅出台了关于在工业和农业建设中,如何保护发现的文物古迹的条令。1982年,著名的文物保护专家谢辰生起草了第一部《中华人民共和国文物保护法》[5],因而在改革开放初期,文物保护在法律上是个空白,张开济以建筑专家身份发出的呼吁就显得特别重要。

---

1 张开济. 为古建筑请命 [J]. 文物通讯, 1980 (1); 9.
2 著名建筑专家张开济呼吁抢救古建筑. [N]. 光明日报, 1980-1-16 (002).
3 张开济. 为古建筑请命 [J]. 建筑师, 1980 (4); 1.
4 张开济. 为古建筑请命 [J] 江西历史文物, 1980 (02): 2-6.
5 https://tv.cctv.com/2010/04/28/VIDE1359971359887806.shtml.
6 张开济. 1983年—2001年私人日记 [Z] 张开济家人收藏原件.
7 杨永生. 建筑百家轶事 [M]. 北京: 中国建筑工业出版社, 2000; 73.
8 张开济. 旧瓶不妨装新酒 [N]. 科技日报, 1987-3-11 (004).

张开济通过调查、撰文、呼吁、建议的方式,支持和参与文物古建的保护行动。1985年4月他在《北京晚报》发文"惜哉!先农坛"呼吁关注破败的先农坛"太岁殿",5月,他以北京市政协委员和调查组副组长身份随全国政协常委进行古建调查,随后市政府在专家调查研究的基础上决议将太岁殿腾空并开始修缮[6];1991年,他随政协人员参观天坛后发文"惜哉!神乐署",帮助神乐署获得社会有关部门的关注和保护。此外他还经常应邀参加各地的文物、风景名胜区的评审,发挥自己的专家作用挽救文物古建。1992年,他在哈尔滨主持评选全国优秀中小型建筑的会议期间,考察了"围困在楼群、商亭、摊点"之中,破败的圣索菲亚教堂。他评价教堂"美不胜收",给予极高肯定,但是批评当时缺少保护的现状"惨不忍睹"、并指责有关部门"见死不救"[7]。经过众多专家们的呼吁,并采取有效措施引起社会关注,圣索菲亚教堂获得新生,成为哈尔滨的城市地标。

建筑师的策略与方案

　　建筑师的身份使张开济在文物保护工作中,不但呼吁,而且能提出合理可行的保护策略。他提倡保护和利用相结合,参考国内外经验,建议根据古建筑本身的特点,将其转化为某一专题博物馆,保护古建的同时也使之成为在城市化过程中残存文物的"收容所",起到建筑与文物双重保护作用,并提供参观与研究的多功能使用。

　　他把这种做法形象地称为"旧瓶装新酒"[8],撰文进行宣传。根据他的策略,先农坛"太岁殿"内收藏了40余件古代建筑模型和100余古建筑构件等文物,改造成为"北京古代建筑博物馆"(图8-24);北京湖广会馆经过他的呼吁和宣传,成

※图8-24 先农坛"太岁殿"——北京古代建筑博物馆
图片来源:作者拍摄

为"北京戏曲博物馆";他建议天坛神乐署可以改为"古代音乐博物馆"。对于社会上的古建筑利用案例,他也从建筑师的角度给予点评。

> 东南角楼目前就利用得不很恰当。东南角楼是一座非常雄伟壮观的古建筑,也是北京硕果仅存的一座城墙角楼,现在明式家具展览会正在这里举办,为此我总感觉到它有些大材小用了。这里的"小用"绝不意味着"小看"明式家具……首先,角楼内部的空间非常高大,这些家具置身其间就显得特别的渺小,完全失去了应有的尺度感。其次,大量的同一类型家具成堆地放在一起,既无重点,也缺乏应有的背景,照明也很不够。整个展出给人的印象就像一个家具的旧货商店或家具仓库,像这样的展出环境对这些珍贵的明式家具,实在太"屈才"了。……我建议可以利用一些重点保护的四合院住宅,作为明式家具展览馆,展出的家具不宜太多,而应该各按其用途布置在不同性质的展室里。……至于东南角楼呢,则应充分发挥它本身的优势,让它"现身说法",成为一个"北京城墙城楼博物馆",在其中展出北京城墙城楼的有关文献、图纸和模型等[1]。

合理利用古建筑,还得"瓶"与"酒"匹配[2],这是他对于古建筑和传统文化的尊重,是建筑师对空间品质的敏锐判断,也是一种新的实现建筑理想的方式。

1995年8月,张开济在中日两国共同举办的"日中博物馆建筑·文物保护国际会议"上作了题为"博物馆建设中的'古为今用'"的发言,介绍北京利用古建筑作为博物馆的成功案例,总结中国将文物保护与博物馆建设相结合的经验,引起日本同行的极大兴趣[3]。

北京东城的天象台位于建国门附近的旧城墙遗址上,是一个重要的古建遗址和延续了500年的科学观察点,1969年北京地铁工程中面临拆除,经周恩来总理指示地铁绕行才得以保留。1992年张开济为天文馆扩建工程踏看了天象台现状,发现现场附近有三处古迹:古代掌管天文事宜的"紫薇宫"古建筑群、天象台和连带着一段残存城墙的东南角楼。他提出一套带有修复和保护城市传统风貌的整体设计构想(图8-25):先拆除一座建于城墙旧址上的高层,分期恢复东、南内段城墙,然后将天象台周边三个文物古迹的"碎片"重新整合为一个体现古都风貌的区域。张开济希望通过这个方式,控制住建国门一带高楼林立的趋势,保留城市传统格局,复原片段的城墙风景。

张开济算了一笔账,拆除的高层约6000m²。但是恢复的城墙,如果按照地面三层,地下一层,建筑面积可以达10000m²。如果能带动城墙西侧的地区经济发展则效益更大。他建议分期进行,先完成观象台、紫微宫附近的新建筑群和一小段

---

[1] 张开济. 尚堪回首[M]. 北京:北京出版社,2003:117。
[2] 同上,119。
[3] 张开济. 博物馆建设中的"古为今用"[R]. 张开济家人收藏手稿。

城墙的修复，高层暂时不拆，以减轻投资压力。随后再通过第二、三期完成整个规划。他提出修复的城墙可以"根据梁思成先生遗愿，辟为空中花园"[4]，供市民休闲游乐，观赏和体验古都的风情。张开济对这一项目十分重视，亲自带队完成了第一期"紫薇坊"的设计，工作过程中，他与北京市领导、北京天文馆领导以及文物研究所的专家们共同讨论，并为设计方案制作了精美的模型（图8-26）。

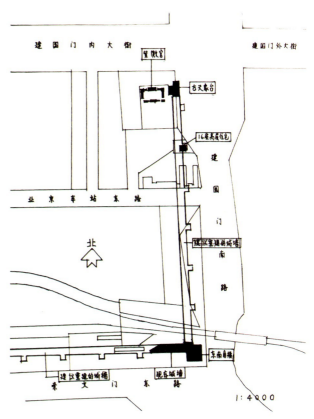

※图8-25 张开济"紫薇坊"小区规划方案，手稿
图片来源：张开济家人提供

※图8-26 张开济与紫薇坊方案模型的合影
图片来源：张开济家人提供

[4] 张开济. "紫薇坊"小区开发规划设想——夺回古都风貌的一个具体建议[Z]. 张开济家人收藏打印稿.

8.6 文化传递：城市更新与旧城保护行动

1992年，国家的经济体制改革进入市场经济时期，房地产市场爆发出的活力给北京步履维艰的旧城危改工作带来机会，但同时也为旧城的风貌保护引入最大的风险。张开济80岁了，依然笔耕不辍、亲自绘图勤奋工作。他关注的城市风貌和古建文物保护面临着越来越严峻的挑战。

改革开放后的十年内北京的城市定位逐渐明朗。1983年，北京确定以"政治中心"和"文化科技中心"为目标，不再强调"经济中心"与"现代化工业基地"[1]。20世纪90年代又明确首都经济发展的定位是发挥城市的文化、信息和高科技优势，成为国家"政治中心、文化中心和国际国内交往中心"。然而大开发使城市中心区的空间不断被高层蚕食，1985年首都规划建设委员会发布《关于北京市区建筑高度控制方案的决定》，1990年北京市人民政府公布《关于严格控制高层住宅建设的规定》，都是针对这个状况形成的对策。1992版《北京城市总体规划》进一步详述对旧城进行全面保护的内容包括：旧城的中轴线、城墙轮廓、河湖水系、棋盘式道路和胡同格局、城市色彩以及"平缓开阔"的城市空间格局特点，并以故宫为中心，由内向外设定了逐渐升高的建筑控高数值[2]。

北京旧城是无价之宝，但基础设施落后，居住环境恶化严重，有的危房已经超过上百年没有得到彻底的维修。市政府的危房改造计划因于经费，一直没有获得很大的成效。1986年发生一场大雨导致上百年的屋梁断裂，压死市民的惨剧[3]。

旧城改造缺乏资金，蓬勃兴起的房地产公司成为投资主力。1980年，北京开始组建国企性质的房地产综合建设开发公司，5年内，房地产公司发展到62家。1992年市场经济体制改革之后井喷增长，3年内迅速达到623家，这些企业采用市场运作的形式在住宅建设开发、危旧房改、拆迁工作中承担政府交办的开发任务[4]。为了追求效益，地产公司竭力提高建筑容积率，因而高层建筑在旧城内见缝插针的现象愈演愈烈，旧城发展与保护的矛盾日益激化。

危改、房改与旧城保护

20世纪80年代末，北京市政府采用"政府、单位和个人三结合"的方式启动第一批旧城危房改造的试点工作。试点工作虽然资金回报低，但是社会效益好，获得群众支持。1990年，北京市政府决定开始实施全市范围的"危旧房改造"，计划用10年的时间快速完成旧城部分，这是20世纪50年代末"大跃进"以来，北京又一次面临大规模的旧城改造。

西直门外的德宝地区是危改第二批试点工程。德宝地区原为旧城关厢的贫民住房，修建北京展览馆时期又遗留大量简陋的工棚，居住环境恶劣。德宝地区改造成

---

[1] 章光日. 改革开放30年大北京地区规划建设主要特征分析[J]. 北京规划建设, 2009 (01): 120-123.
[2] 董光器. 古都北京五十年演变录[M]. 南京: 东南大学出版社, 2006: 76.
[3] 郭冬. 北京危旧房改造纪实[J]. 瞭望新闻周刊, 1994 (34): 17-22.
[4] 谭烈飞. 解放后北京城市住宅的规划与建设[J]. 当代中国史研究, 2002 (06): 101-108, 128.

败取决于是否能通过加建的公共建筑和多余住宅的出售取得资金的平衡[5, 6]。张开济与北京市房屋建筑设计院丁凌合作，在德宝小区改建中给了一个重要建议，即用"周边式"取代"行列式"[7]，获得的户数多于拆迁户数。原住居民回迁后，多余的十套住宅经过拍卖，得到446.2万元资金，计划大获成功。德宝小区住宅群的外观也具有张开济多年研究和倡导的多层高密度特点：多层高密度院落式住宅，错落的小坡顶形成轮廓线。

在市场经济推动下，"危房"改造演变成"危旧房"改造，一字之加，房地产投资商找到获得巨大利益的空间，"一方面可获得大量区位条件优良的土地，从而掌握大规模房地产开发的机会，另一方面则可在开发中享受政府给予危改的各项优惠政策"[8]。金融街、东方广场等一些纯粹商业性房地产开发项目也以"危改"名义立项，导致危改规模迅速扩大，城市传统风貌日益被侵蚀。从1992—1994年，北京的危旧房改造立项多达175片，是1991年的5倍[9]。1994年北京市将危旧房项目的审批权下放到区政府，导致旧城改造的规模再次急剧扩大，从旧城边缘向基础设施最薄弱的中心地区突破。但是由于向旧城中心推进危改的难度不断加大，房地产商一味谋取利益的措施也引起群众不满，随后两年危改又逐渐降温。

1997年，国家为了刺激内需投入的基建资金再次启动了旧城改造，这次将危改和修路相结合的方式对传统城市肌理造成严重威胁。"旧城改造对历史文化环境的破坏已经达到一些专家所说的'临界点'"[10]。20世纪90年代以危改为主要形式的城市更新造成历史风貌的严重破坏，遭到专家和有识之士的强烈抵抗，十年内，危改并没有完成预计的旧城改造，相反走入了死胡同。在对大规模危改的方式发出强烈抗议的声音中，除了有切身利益相关的居民、传播信息的新闻界之外，还有一股重要的力量来自专家学者[11]。

旧城保护危机中的专家角色

20世纪90年代到21世纪初，张开济是北京旧城保护专家学者队伍中的核心成员。市场经济体制确立之后，北京旧城很快面临商业资本的冲击。1994年，港商拟在旧城中心的王府井地区兴建体量庞大的东方广场，其规模突破了北京城市规划的限定。张开济与周干峙、吴良镛、罗哲文、谢雨辰、傅熹年等专家多次联名上书要求北京市政府依法办事，按城市总体规划进行方案修改[12]，终未能改变局面。

20世纪最后几年，北京旧城被大片推倒拆毁，而有关的保护法令和建设开发的规范却没能及时建立。专家们的联名上书一拨儿接着一拨儿。1999年6月，张开济与吴良镛、贝聿铭、周干峙、华揽洪、罗哲文、郑孝燮、阮仪三八位国内外知名建筑与城市规划专家联名给中央写信，提出"在城市急速发展中更要积极保护北京历史文化名城"[13]。同年6月23—26日，国际建协第20届世界建筑师大会在北京召开。担任主席的吴良镛院士起草了《北京宪章》，提出面对21世纪从机器时代向生

---

[5] 赵博渊，朱天纯. 由"房改"到"危改"，是非功过任评说[J]. 北京纪事，2012（10）：4-15.
[6] 王争鸣，李彪. 北京市危旧房改造调查[J]. 建筑经济，1992（02）：10-13.
[7] 吴志菲. 红色建筑大师张开济[J]. 时代人物，2009（11）：12-17.
[8] 方可. 探索北京旧城居住区有机更新的适宜途径[D]. 北京：清华大学，2000：25.
[9] 同上，26。
[10] 同上，29。
[11] 同上，29。
[12] 方可. 不能让开发商主宰北京[J]. 建设科技，2003（10）：76.
[13] 方可. 探索北京旧城居住区有机更新的适宜途径[D]. 北京：清华大学，2000：118.

命时代,从技术时代走向人文时代,从增长主义走向可持续发展过程中的众多思考,并在大会上作专题报告:"面对世纪之交:北京站在十字路口"。*1*

"国家大剧院"设计是旧城风貌保护中的一环。大剧院原是1959年国庆工程中的一项,选定的原址位于人民大会堂西侧,已荒废多年,1984年拟改建为"人大常委办公楼"并举办设计竞赛,张开济也曾带队参加*2*。1997年中央决定仍在原址完成这个未竟的国家级文化建筑。国家大剧院开启了一个新的设计组织方式,先成立业主委员会,以国际竞赛的形式招标。经过两轮角逐和进入决赛的四个项目的多次修改比较,法国建筑师保罗·安德鲁(Paul Andreu)设计的方案最终胜出——一个浮于水面,覆盖钛壳的巨大蛋形建筑。这个投资巨大,形体"异类"的设计在国内外的专家和民众中支持者寡,反对者多,引发了长时间、大规模的争议。反对意见中非常核心的一点即中选方案与旧城风貌冲突严重,并认为安德鲁的方案过于形式主义*3*,是"完全外来的自以为是的",*4*有的中国专家甚至直斥这一设计为"后殖民主义的文化侵略。"*5*不利于历史文化的传承和天安门广场环境的整体性。

专家学者们的第一个建议是暂缓项目。张开济于1998年8月17日致国家领导和有关部门信"建议暂停筹建国家大剧院"*6*。他提出在空前严重的抗洪救灾*7*形势下,国家大剧院的建造是不务之急,建议将资金用于救灾,剧院缓建,从长计议。8月底《光明日报》刊登国家大剧院主委会意见:"建设国家大剧院并非一时之念"、"将大剧院的资金用于救灾,这是不现实的,这笔资金必须专款专用。"*8*张开济不断接到各地的群众来信,支持他缓建的倡议。

专家们的第二个建议是迁址。张开济在"试论'大剧院'的选址问题"建议书中转达了老同事华揽洪迁址的意见,并认为,"大剧院"作为重要的文化设施,设置在天安门广场,容易与现有重要建筑出现"双雄对峙"。其次,作为当年国庆工程的亲历者和"人大常委办公楼"设计的参与者,他认为由于设计变迁,利用旧水坑和基础工程的条件已经不存在,同时还需新拆迁大片民房,建议"迁地为良",并陈述谨慎考虑此项目的重要性:"这是新中国成立以来一项最大,同时也是最重要的文化建设。它代表了首都的形象和中国的形象。在一定程度内反映了我国全面的文化素养和艺术修养,而且还关系到国家的巨额投资。"*9*

2000年秋,已开工的国家大剧院暂停施工,等待重新审议。原因是周干峙、吴良镛、何祚庥等49位两院院士,宣祥鎏、刘小石、张开济等100多位建筑师和规划师上书,大剧院方案"与社会发展要从资源消耗转变为资源节约型,以保护环境,走可持续发展战略背道而驰"*10*,请求撤销安德鲁的方案。2001年3月,王定国、罗哲文、郑孝燮、萧默、谢辰生等全国建筑历史与文物工作者及历史文化名城保护工作者又联名上"建议书",支持院士和专家们的决议,认为方案不符合党的建设方针和国家的文化纲领,希望中央重新组织设计或者推迟建设*11*。

顶着如此空前规模的抗议,大剧院完工了。支持者认为,它为中国建筑业引进

1 方可. 探索北京旧城居住区有机更新的适宜途径[D]. 北京:清华大学, 2000: 118.
2 张开济. 1983年—2001年私人日记[Z]. 张开济家人收藏原件.
3 陶宗震. 对国家大剧院中选方案的评议[J]. 南方建筑, 2000(02): 41-44.
4 理之见. 北京21世纪的标志性建筑???——关于安德鲁"国家大剧院"方案再次引起争议的综述[J]. 室内设计与装修, 2001(03): 18.
5 同上.
6 张开济致朱镕基总理信. 建议暂停筹建国家大剧院[Z]. 张开济家人收藏打印稿, 1998.
7 1998年6—9月, 我国长江、松花江、珠江、闽江等流域发生特大洪水, 受灾人口2.23亿人, 死亡约3000人。
8 https://news.sina.com.cn/richtalk/news/9808/082804.html
9 张开济. 试谈"大剧院"的选址问题[Z]. 张开济家人收藏手稿.
10 建议书[J]. 城市规划, 2001(05): 18.
11 同上.

了全新的建筑工程设计和建造的模式；方案竞赛中的公众参与环节大力推动了群众对丁建筑设计工作的认识和兴趣；竞赛过程和国内外合作设计中体会到由于体制不同带来的中外建筑师创作中的巨大差异；在技术与规范方面真正和国际接轨，突破了一些旧框架；这次竞赛形成新的大型公共竞赛的模式，推动人们思想的更新，随后的鸟巢、水立方、CCTV新楼等建筑的设计不再引起如此大规模的争议[12]。反对者依然坚持对它的批评，认为它是"一个触目的标志，一个强烈的象征，宣告着老北京文化的消解，宣告着一段错综复杂的历史和情感的终结。"[13]

21世纪初，北京旧城保护到了最紧要的关头，虽然城市保护以及城市规划的"条例"和"修编"工作已经在进行，但是传统街巷在大片消失，严格控制的天际线不断被突破，什刹海保护区内拟开两条30～50m宽的马路[14]。吴良镛、侯仁之、张开济、傅熹年、刘小石、郑孝燮、周干峙、宿白、罗哲文、谢辰生十位老专家再次联名给北京市领导上书，建议"立即停止对旧城的拆除改造，一切活动服从保护，坚决杜绝各城区向旧城要地皮、要GDP的做法"[15]。张开济时年92岁，与长他一岁的侯仁之是签名者中年龄最大的两位，自北平都市计划委员会以来，两人相识相交已愈半个世纪，共同参加了许多推动北京城市文化传播和文物保护的活动。文物保护专家谢辰生随后给国家领导人写信，陈述北京旧城在保护条例编写期间即面临彻底摧毁的危重局面。

北京旧城与历史文物是民族文化的物质载体、具有无比重要的文化价值，专家们坚持不懈地为之呼吁，其动力如谢辰生信中所言，"出于为国家为民族的历史责任感，坦率直言。"[16]余英时认为，中国的传统社会没有中产阶级，知识阶层就是防范政治权力无限泛滥的唯一承压集团。[17]他们不但是"道"的代表，而且根据"道"的标准批评政治和社会。他们唯一的约束是个人的节操——自爱、自尊、自律。[18]为旧城保护而奔走的这批老专家是现代知识分子，他们也继承了中国传统知识阶层最为可贵的精神。张开济一直认为，在旧城的整体保护工作中，我国应当充分发挥社会制度的优越性，保护这份珍贵的文化遗产，维护国家和人民的长远利益，他在给华揽洪的回信中写道："你我二人都是快到九十岁高龄的老人了，而今彼此虽然远隔重洋，但是热爱建筑、热爱祖国、热爱北京的一片诚心都把我们永远密切联系在一起，让我们同心同德，再接再厉的共同努力吧！"[19]

旧作更新与新中国历史的保留

20世纪90年代，张开济主持建造的两个重要文化建筑：中国革命历史博物馆和北京天文馆已历时40余年，面临着场馆维修和扩建的问题。改革开放初，张开济即在出国考察报告中介绍了西方十分珍视有价值的近现代建筑遗产，它们是城市历史的重要组成部分。眼下，他自己的作品也面临着如何更新和是否需要作为遗产保护的新课题。

12 王颂. 红旗下的"蛋"[J]. 建筑创作, 2005（07）: 167-176.
13 杨东平. 北京城市建筑的文化阅读[J]. 上海城市管理职业技术学院学报, 2002（04）: 4-7.
14 谢辰生. 谢辰生给温家宝的信[Z]. 张开济家人收藏复印件, 2004.
15 吴良镛等. 十专家给北京市领导的联名文件[Z]. 张开济家人收藏复印件, 2004.
16 谢辰生. 谢辰生给温家宝的信[Z]. 张开济家人收藏复印件, 2004.
17 沈志佳编. 中国知识人之史的考察——余英时文集第四卷[M]. 桂林: 广西师范大学出版社, 2004: 159. 原文"压力集团"一词，笔者改为"承压集团"，以明确本意。
18 同上, 142。
19 张开济. 张开济给华揽洪回信[Z]. 张开济家人收藏复印件.

1. 北京天文馆改扩建——留下新中国的集体记忆

北京天文馆在建成后的四十年中，为我国天文科学的普及做出重要的贡献。"文革"期间，天文馆依然在坚持进行天象观测、编写新的节目、深入北京远郊区县学校进行科普教育。1971年7月，天文馆重新开放，陆续举办展览，并于1976年安装了国产大型天象仪[1]。北京天文馆作为先进科学的象征，是新中国时期的集体记忆。

进入20世纪90年代，北京天文馆面临严重的设施老化和资金短缺问题。1992年张开济受北京天文馆委托，在原有设计的基础上对场地重新进行全面规划，以发挥更好的社会效益和经济效益[2]。1994年1月张开济参加了由北京市政府组织召开，各规划建设部门及天文馆负责人共同参加的专题会议，研究北京天文馆和古观象台的改造（图8-27）。尽管张开济表示希望保留原建筑，并提交了在两侧扩建的方案，但是市领导认为"周边高楼林立，天象厅成小庙了。"[3]会议决定：第一，原则全部拆平，保持原有风貌，保持民族化风格。第二，请张开济挂帅，建成西郊地区一景，建成科技界的大本营，北京市科学技术的核心，"再给北京市作个贡献，最后立一个大碑"[4]。领导强调在建筑科技上，要有跨世纪高水准，"从东到西给你扫光，让你做篇大文章，这样你的文章就好做了，做的一定要是跨世纪的东西。"[5] 8月，北京市科学技术委员会成立"天文馆改造"领导小组[6]，正式委托北京院成立以张开济为首的工程规划设计集体。

天文馆改造主要的难题在于资金。1997年北京市计委建议由北京市科学技术研究院与香港佳源国际有限公司成立北京天文佳源科技有限公司，共同开发北京科技大厦工程，并以拆迁补偿的形式还建北京天文馆60000m²[7]。伴随招商引资的筹划，关注天文馆的民众不断发出保留旧馆的呼声。1995年，天文馆的一些老同志联名天文专家写信给全国人大，希望保留旧馆[8]；1997年5月，天文馆收到万国良等十九人联名的"紧急建议——北京天文馆现建筑不宜拆掉"书[9]；1998年，近二十名中国天文学家联合向北京市委和市政府有关部门申请保留天文馆旧馆[10]。2000年

※图8-27 张开济与北京市领导讨论北京天文馆扩建方案，1994年。
图片来源：北京天文馆. 北京天文馆五十年1957—2007 [G]. 北京天文馆编印，2007：75.

[1] 梁丹. 北京博物馆工作纪事 [J]. 中国博物馆，1994（01）：88-95.
[2] 北京天文馆. 北京天文馆设计委托书 [Z] 张开济家人收藏原件，1992.
[3] 北京市市长办公室. 根据录音整理的市长办公会议纪要 [Z]. 张开济家人收藏打印稿，1994.
[4] 同上。
[5] 同上。
[6] 1977年，北京天文馆划归北京市科委领导。
[7] 北京市计划委员会. 关于合作成立北京天文佳源科技有限公司改造北京天文馆及建设科技大厦项目建议书的请示 [Z] 张开济家人收藏油印稿，1997.
[8] 北京天文馆. 北京天文馆五十年1957—2007 [G] 北京天文馆编印，2007：78.
[9] 北京天文馆. 抓住时机，加快北京天文馆改造——北京天文馆馆级领导会议纪要 [Z] 张开济家人收藏原件，1997.
[10] http://www.gmw.cn/03zhuanti/2004-00/jinian/50zn/50wh/wh-11.htm

初,市长办公会议更新了改造规划:保留原建筑,在东侧修建新馆[11],并最终确定由北京市政府投资2亿修建新馆[12],列入2001年的市重点工程。

2004年12月12日,北京天文馆新馆落成。开幕仪式上副市长林文漪说:"北京天文馆老馆其实非常漂亮。在我戴红领巾的时候,就对这座科学殿堂留连忘返。将来,新老两馆建筑交相辉映,既增加了天文馆历史的厚重感,又展示了北京天文科普教育的发展历程。"[13]天文馆新馆由洛杉矶amphibian Arc公司设计,设计者认为旧馆"风格是简练而节制恬淡的,共产主义早期建筑的典型"[14],新馆的设计理念是打破形式对话,将新旧两馆的对话建立在天体空间理论上——旧馆的穹顶为一球形天体,而新馆以扭曲曲面和管道空间体现环绕天体的太空。不得不说,这种精妙的关联没有天文学的知识背景很难为大众所领悟,而新馆与旧馆的强烈对比的确呈现出时代差异(图8-28)。新天文馆设计思路与国家大剧院的反形式束缚如出一辙。半个世纪以来,文化思潮与社会发展的巨大变化以空间对峙的方式呈现在城市中,这是否是唯一的新旧共生模式?

张开济在十余年的改扩建筹划过程中,为天文馆进行了一系列规划设计,留下大量的草图和手稿。他在日记中也记载了自1988年7月15日"到天文馆与各位领导谈天文馆发展规划"开始的十余年的历程:1992年正式开始改扩建设计,提出早

※图8-28 改扩建后的北京天文馆,2004年
图片来源:作者拍摄

11 北京天文馆. 北京天文馆五十年1957—2007 [G]. 北京天文馆编印,2007: 78.
12 北京天文馆. 北京天文馆五十年1957—2007 [G]. 北京天文馆编印,2007: 80. 实际投入为3亿6千万。
13 北京天文馆. 北京天文馆五十年1957—2007 [G]. 北京天文馆编印,2007: 81。
14 王弄极,包志禹. 用建筑书写历史——北京天文馆新馆[J]. 建筑学报,2005(03): 36-41.

期方案；1993~1994年完成大量新方案，并向市政府进行汇报；1995年，他参加北京市科委考察团，赴日本、中国香港考察最新的天文馆；1998年扩建计划更新后，他仍多次与甲方、规划局和市领导研究方案。通过笔者对草图、手稿的详细梳理，张开济的设计思想、设计原则所具有的清晰脉络呈现出来。

与新馆的设计思路不同，张开济的设计一直试图恢复将天文馆扩建为天文中心的最初构想[1]并保留老馆南侧的庭园（图8-29、图8-30）。随着建筑容积率的不断增加，他先放弃了两侧庭园，之后挖掘地下空间潜力，但场地内部始终保持比较开阔的上空，保留地面老天文馆与庭园的轴线格局，希望以老馆为核心，有机生长成一个具有整体性的城市文化中心。张开济的设计始终对"外"部空间给予极大的重视。从形态上看，新馆采用不同时代风格的"拼贴"，而张开济采用的是一种整体格局上的"完形"。其初衷可能是完成早期的整体构想，实现"天文中心"和"城市公共空间"的规划。"拼贴"与"整合"的风格各有其妙，但是在城市更新的过程中，珍惜早年空旷时期留下的庭院等"空白"，借以形成日益拥挤城市中人们可以交往和接触自然的室外公共场所是值得后来者学习和重视的经验。

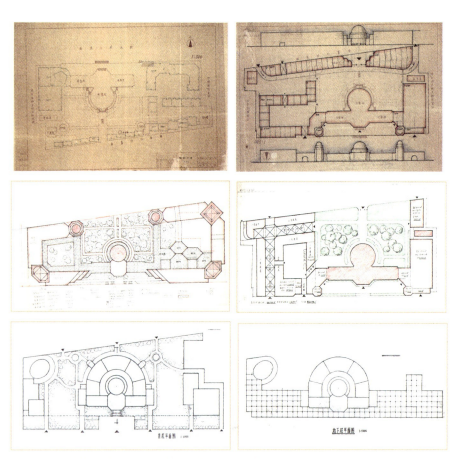

※图8-29 张开济设计的北京天文馆扩建方案草图，1992—1999年
图片来源：张开济家人提供

[1] 20世纪50年代北京天文馆设计时的整体规划是未来扩建为天文中心。

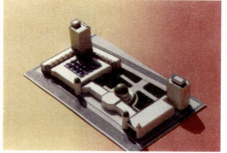

※图8-30 张开济设计的北京天文馆扩建方案模型，1992—1999年
图片来源：张开济家人提供

2. 新旧结合的成功案例

2000年12月18日，张开济日记记载："上午去参加梁思成奖颁奖典礼，我为9名得奖者之一，下午二时国务院副总理温家宝召开座谈会"。座谈会上，温家宝副总理快步走向张开济的坐席，伸出手向88岁的老建筑师致意，张开济微笑着紧紧握住温总理的手，摄影师拍下了那宝贵的一刻。

首届"梁思成"奖是张开济在1990年获得由建设部授予的"全国勘察设计大师"称号之后，再次获得的国内最高级别专业奖。温总理接见获奖者时充满真情和敬意的态度，代表国家对建筑工作者50年来在中国建设发展和建筑业发展中作出贡献的认可，印证建筑师职业具有的积极的社会价值。年事渐高，张开济促进建筑文化的保护、传承与创新的步伐却并没有因而停滞，他依然忙碌于圆明园、阜成门、建福宫等古都风貌保护的团队中，在天文馆和财政部大楼等近代建筑的改建工作中，为创造城市的现代文明尽心尽力。

2001年5月，张开济应邀参加国家文物局召开的国家博物馆功能与选址座谈会。经过十余年的研究，国家博物馆决定不选新址，就在市中心的天安门广场扩建，但是具体方案还未确定。会上专家们提出两个构想，一个是在革命历史博物馆的东侧，一个在原馆的南侧。张开济提出"原址扩建"的意见，会后他将自己的意见汇总，转达相关部门（图8-31、图8-32）。他为革命历史博物馆算了一笔账：利用现址建设国博，"没有征地费、没有拆迁费、可暂不牵动左邻右舍"，"如果在天安门广场地区新征地按100亩计，估计这笔资金不会小；建设规模按10万平方米计，约需资金12—15亿元，合计约20—25亿元，这个估计是偏低的。"[2]，他估计若对部分区域重建，加上原有建筑，可以形成14万m²规模，投资可以节约10亿以上。他绘制了设计方案的总图和透视图（图8-33）：北、西、南侧保留原貌，东侧建筑落地重建，并在院落中添加部分新建。通过增加建筑面积，将西立面两侧的体量拔高形成统一的中式檐口，改变中间"高而虚"两侧"小而实"的原貌，并让实墙后退形成一个光影律动，庞大而轻盈的完整"柱廊"，柱头承托的是"中而新"的檐口，

---

[2] 张开济. 张开济给李岚清、朱镕基的信：关于国家博物馆选址的建议 [Z]. 张开济家人收藏复印件，2001.

※图8-31 张开济"关于国家博物馆选址的建议"文稿和面积计算草图
图片来源：张开济家人提供材料。

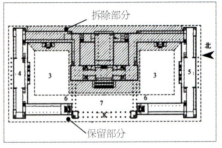

※图8-32 张开济"关于国家博物馆选址的建议"附图和国家博物馆扩建工程比较
图片来源：（左）张开济家人提供；（右）杜燕红. 新与旧的交融——中国国家博物馆改扩建工程中老馆与新馆的交接设计[J]. 工业建筑，2012，42（09）：162-166.

新立面与原馆形成有文脉延续的关联记忆。随后，首规委委托北京院进行扩建的可行性研究[1]，探讨前部庭院加顶、内部填实庭院的可行性，强调在不破坏建筑原貌的前提下实现新老建筑的融合。

2003年2月28日，国家主席江泽民题写的"中国国家博物馆"挂牌仪式隆重举行，博物馆改扩建工程正式立项[2]。从"中国革命博物馆和中国历史博物馆"到"国家博物馆"的更名扩充了博物馆的内涵，铺平它与世界接轨的道路，也完成从半政治性到文化性的回归。鉴于国家博物馆的等级，它的设计推进相当慎重。2003年，博物馆委托四家单位[3]进行可行性方案的研究，专家一致认为应保留原馆格局、原建筑物风貌，保持天安门广场的形象。此后，博物馆又组织国内五家知名设计单位进行概念性设计的征集。征集方案由建筑、规划界的权威和知名人士及各

---

1 邵韦平，等. 追寻历史的记忆：国家博物馆改扩建方案设计回顾[J]. 建筑创作，2004（12）：40-61.
2 同上。
3 同上。四家单位为：北京市建筑设计研究院、中国建筑设计研究院、中国建筑科学研究院、清华大院。

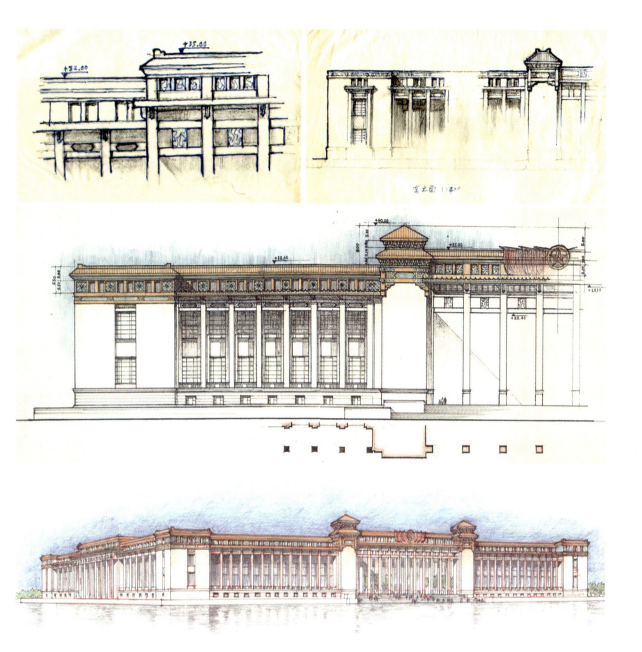

※图8-33 张开济国家博物馆扩建设计方案手稿
图片来源：张开济家人提供

部委领导召开评审会，并特意邀请原馆设计者张开济先生到现场提出评审意见[4]。

2004年，北京院作为原建筑设计单位，再次接受委托对博物馆扩建的基本条件进行研究，博物馆依据其成果开始进行国内外的方案招标竞赛。拟定的任务书只需满足以下条件：博物馆增加天顶、符合东扩范围和功能上的要求[5]。十家选送方案的设计单位或者联合体均实力雄厚，通过第一轮评审，选出了三个入围方案，第

[4] 何乐君. 当代中国优秀文化建筑典范——中国国家博物馆（二）[J]. 建筑与文化2014（11）：27.
[5] 邵韦平，等. 追寻历史的记忆：国家博物馆改扩建方案设计回顾[J]. 建筑创作，2004（12）：44.

二轮评审后以英国福斯特及合伙人公司和北京市建筑设计研究院设计联合体的方案排名第一[1]。这个方案在东侧进行简洁现代的加建，西侧保留了原有的"廊道"和"前庭"空间特点。2004年7月11日—17日，国博公开展示十个投标方案，征询公众意见。[2]7月16日，93岁高龄的张开济先生在博物馆参观了十个方案，评价福斯特及合伙人与北京院合作的方案"在新旧结合方面做得很好"，同时，就方案中大台阶的使用和东侧体量过长的问题发表了自己的看法和中肯的意见。[3]

2006年，博物馆请入围单位之一，德国GMP事务所和中国建筑科学研究院团队再次设计了三个方案，根据特点，分别命名为"双庭院方案""叠落式方案""四庭方案"，经过评选，专家多数赞成"双庭方案"[4]。这个方案在南北两端以两个庭院的格局与老馆取得历史性的呼应。然而，在"双庭方案"优化过程中，一个以"留三面"为特征的新方案得到专家认可，并最终获得实施。[5]

2006年国庆前夕，94岁高龄的张开济在北京去世。10月，国家博物馆扩建方案上报国务院，2007年3月开始动工改造，于2011年3月竣工。改建后的国博总面积接近20万平方米，保留了北、西、南三部分的旧馆，东部改建新馆，提高天顶，保留了标志性的"前庭"空间，让参观者依然能站在庭中，通过入口的空廊望向天安门广场。笔者认为，最终方案没有保留原设计中具有第二次民族形式探索时期重要意义的"庭院"空间是个遗憾，但是国家博物馆毕竟是天安门广场上第一个通过原址扩建有机更新的大型国家级文化建筑，也是第一个完成转型升级的新中国"十大建筑"。在历时多年的研究、论证过程中，张开济先生作为原建筑作品的设计主持人，在鲐背之年仍殚精竭虑为它原址扩建和保留历史风貌的构想与决策奉献了一名建筑师的经验和智慧。

8.7 本章小结

改革开放初期，张开济关于中国建筑如何实现"现代化"的思考已经形成一套系统的理论。他提出设计必须现代化、工业化≠现代化的鲜明观点；关于长期争论不休的"民族性"和"现代性"关系问题，他认为二者首先是统一而不是分裂的，应通过多样化寻找二者融合的途径，并提出自己的"三尊重"创作观。他主张发挥国家制度优势，吸取西方现代化道路上的经验教训，寻找符合中国国情的模式，他更进一步指出，提升职业人的素养，打造良好的"人与制度关系"，是建筑设计"现代化"的深层保障。

张开济晚年的工作归纳起来有三条主线：1. 长达二十年以"反对高层"为目的的，多层高密度住宅模式的探索。2. 开始于20世纪80年代初的对传统文化和文

---

1 何乐君. 当代中国优秀文化建筑典范——中国国家博物馆（二）[J]. 建筑与文化2014（11）：34.
2 国家博物馆改扩建工程[J]. 城市环境设计. 2005（01）：8-9.
3 邵韦平，等. 追寻历史的记忆：国家博物馆改扩建方案设计回顾[J]. 建筑创作，2004（12）：60.
4 何乐君. 当代中国优秀文化建筑典范——中国国家博物馆（二）[J]. 建筑与文化. 2014（11）：38.
5 同上。

物古建的保护工作。3. 20世纪90年代市场经济时期，参与北京旧城更新危机中建筑与城市风貌的保护。这三部分自成脉络，又围绕着一个核心：在国家现代化过程中，如何在勤俭建国的前提下，提高大众生活水平，保护和传承民族文化，创造具有中国特色的社会住宅，创造具有"人民性"的城市环境。

在中国建筑师特有的职业框架下，张开济以行业专家、建筑师、政府顾问的多重身份参与专业工作。他是反对高层专家中的意见领袖，在住房福利模式、生产力状况、古城保护危机的多重压力下，他控制高层的观点和一些建议最终被纳入到政府的政策中。他身体力行进行多层高密度住宅的研究，创作出"类四合院"的院落组团模式，设计出低造价高品质，符合城市环境整体风貌和传统四合院邻里关系的现代街坊，是中国住宅模式探索中具有理论意义和实践意义的成果。

张开济认为，保护好民族文化才有文明再造的根基，才能寻找到中国自己的现代建筑道路。为此，他长期推动建筑文化交流，致力于相关的文化守候和文化传递工作。改革开放初，他积极搭建桥梁，开创中国建筑界与世界交流的先例，随后促成和参与国内外、海峡两岸的众多交流活动，在吸收世界先进经验，介绍和宣传国家的成就与民族的文化，树立国家形象等方面做出重要贡献；他积极参与古建文物的保护工作，通过呼吁抢救了一批重要的古建文物，并提出"旧瓶装新酒"的空间策略，实现文物的活化利用；经济现代化的推进中，大规模高速度的城市更新方式导致传统城市风貌的破坏达到了"临界点"。在各种利益集团与社会公益之间的冲突中，张开济与他的同道们，在众多事件中担负公众意见领袖的责任，通过坚持不懈的呼吁，维护社会的整体利益，保护和传递民族文化。张开济以建筑师的身份，融合现代知识分子的社会关怀和儒家以天下为己任的担当，体现出中国现代知识分子特有的精神风貌，践行他对于建筑师职业价值的理解和对"现代文明中国"的追求。

结语

跨越1949的现代建筑师之路

20世纪初,积贫积弱的中国深陷列强觊觎,渴望通过器物和制度层面向西方学习,摆脱灭亡的厄运。梁启超观察西方社会,对其现代化模式产生怀疑,转而向中国传统文化中寻找国家的现代道路。然而,不断加深的民族危机强化了"传统代表落后,现代意味先进"的思想,接连的政治革命使文化重建成为中国近代社会转型中迟迟未解决的问题。

张开济的建筑师生涯贯穿中国政治剧烈变革、经济长期短缺的70年。他人格、思想、专业理论的形成根植于新文化运动、民族主义思潮,同时也深受传统儒家文化和马克思主义的影响。社会的现代转型中,来自古典布扎体系的建筑教育是他专业技术和理论的坚实基础,因而他终生以"经济"、"合理"为设计的基本原则,是现代设计理论的忠实追随者,但又始终保持着建筑在科学和艺术之间的综合平衡。1949年后,他呼吁要防止建筑设计走向单纯追求经济、技术的片面性;改革开放后,他又发出"反对高层"、"保护文物和古建筑"、"保持北京城市风貌"等具有反商业化、反工具理性的后现代色彩的倡议。他强调建筑要以综合效益,社会效益为评判品质优劣的依据,建筑设计应当以现代文明为核心而不是以工业化为核心,以人为核心而不是以技术和商业价值为核心,他倡导在现代生活和传统文化的交叠中寻找现代建筑之路,他和同道者的探索是近现代中国文化重建工作在建筑领域的尝试。

广义而言,中国近代以来的建筑师都具有"现代性",但张开济的"现代性"可以从狭义的国际现代主义运动层面解读。西方现代建筑运动起源于工业革命引发的城市问题和住宅问题,现代主义的思想不仅包含技术的更新,也包含了艺术和道德层面的革命。现代建筑的先锋们相信好的建筑能治愈社会问题，取代激烈的政治革命。1929年，国际现代建筑协会将"关注最低生存需求"作为主题，研究解决社会住宅课题。张开济一生主持设计、建造了大量公共建筑，但他最为关注的始终是关系国计民生的住宅，坚持不懈地追求既节约国家建设资金，又有中国传统特色的低造价优质住宅。他认为社会主义制度下，建筑设计工作应该首先致力于为社会大众提供服务，而不是仅仅满足特权阶层需要，因而建筑和城市空间要有"人民性"，这是他的建筑理论具有"现代性"追求的本质。

从建筑师个体的角度分析，张开济形成现代建筑思想的外在动力是社会转型，内在动力来自天然个性、独立人格与进步思想：

一、他具有"现代人"的自觉，长于理性的判断。现代人是现代性的主体，具有理性精神和个体独立性。一个现代人面向现在和将来，乐于接受社会的变革和新的经验，积极获取信息、参与社会活动同时持有个人观点[1]。

理性主义和个人权利是现代社会形成的基本要素。张开济曾提及Common Sense不同于中文直译的"常识"[2]，维基百科上对这个词组的解读为"那些显而易见的真理或传统智慧，人们不需要诡辩就能掌握，也不需要证据就能接受，因为它们与整个社会主体的基本（常识）智力能力和经验非常一致。"[3]，或许翻译为"常情"更为确切[4]。Common Sense令张开济在社会的连续转型中，始终保持清醒的价值观，超越意识形态的干扰，获得精神和认知上的自由。

二、他具有强烈的"人文主义"思想。张开济对"人"的解读具有多重含义，有时指向人性化的尺度和环境，有的时候代表"普通人"——大众。前者是专业的原则，后者是他的社会关怀所在。

"人文主义"思想使他反对宏大尺度和政绩工程，追求公民社会及公共空间，直言建筑师"不能只跟首长、大老板打成一片，要时时想到老百姓"[5]。他评论巴黎蓬皮杜文化中心"有一个无可争议的特色，那就是它具有高度的'人民性'或'群众性'"[6]，相比之下，他认为北京的几条商业仿古街却因其定位过于高端而失去"人民性"。他参与知识界团体保护文化传统的呼吁，推动社会具有更多开放性和大众话语权。

三、他同时具有"世界人"的视野和儒家文化的精神。张开济受到西式教育的同时也深受来自家庭和社会中的儒家文化影响。儒家文化以"天下为公"的道德思想促使知识技术人员积极投身国家建设。张开济专注于专业领域的研究，对仕途不感兴趣，但是对"国家兴亡"、"建设成败"却具有高度责任感。儒家具有以"道"抗"势"，以文化道统规劝和抗衡政统的传统，张开济认为"评价一个知识分子，不但要根据他的文章，也就是学识，还要根据他的道德。只有'道德'、'文章'两全俱美，才算是一个完美的知识分子"[7]。中国传

---

[1] [美] 阿列克斯·英克尔斯、戴维.H.史密斯. 从传统人到现代人——六个发展中国家中的个人变化 [M]. 顾昕译. 北京：中国人民大学出版社，1992：450-455.

[2] 正人. 从女人谈起 [J]. 天地，1944 (13): 6-9.

[3] 维基百科原文为：It was at the beginning of the 18th century that this old philosophical term first acquired its modern English meaning: "Those plain, self-evident truths or conventional wisdom that one needed no sophistication to grasp and no proof to accept precisely because they accorded so well with the basic (common sense) intellectual capacities and experiences of the whole social body."

[4] Common Sense可理解为"常情"的观点来自赖德霖教授的启发。

[5] 徐怀谦. 张开济先生话建筑 [J]. 长江建设，2001 (05): 12-13.

[6] 张开济. 建筑要有人民性 [Z]. 张开济家人收藏手稿复印件.

[7] 张开济. 尚堪回首 [M]. 北京：北京出版社，2003：55.

结语

统的知识阶层中，"士"的概念最近似于西方文化中的现代知识分子。"士志于道"超越自己个体或者小团体的利害得失，发展出对整个社会的深厚关怀。张开济认为符合社会综合效益、长远利益的建筑决策应该具有优先权，因而他的一些呼吁，尤其是关于环境和历史的保护性倡议，有时影响行业短期利益而为人所不解。

专业人"认识世界"，现代知识分子志在"改造世界"。张开济通过毕生的努力实现专业关怀与社会关怀的统一，完成为国家和人民服务的夙愿。他所提炼和秉持的理念——"建筑师在专业技术之上，要坚持原则，忠于建筑、忠于人民"[1]既具有中国建筑师的思想特征，又具有普世的现代性。

中国现代建筑转型中的角色与贡献

通过对建筑师张开济的研究，深入解读杨永生称为"命运多舛""空间太少、时间太少"[2]的第二代建筑师，笔者认为他们在中国建筑现代转型中的角色与贡献可以用"折衷调和、探索过渡、承上启下、衔接断裂"来概括。

这一代建筑师杂糅地传承第一代中国建筑师的经验，在实践中形成自己的理论体系。张开济不赞成梁思成的"大屋顶"，但是在城市保护和文化观上是梁思成理论的拥护者。他继承了"布扎"系前辈的工作方法，也受到"非布扎"系教师的影响，对于现代设计的认同则更接近过元熙、陆谦受以及以现代设计为唯一方向的华盖事务所的思想。没有固定的设计模式，张开济在社会转型中以"功能性"和折中调和的专业技能应对战争和意识形态带来的各种束缚。

探索过渡中，第二代建筑师在政治压力大、经济短缺的条件下，以"仅限于设计构思和设计文件编制"[3]的劳动者，而非完整的职业建筑师身份，在工程实践中艰难地探索社会主义制度下的现代中国建筑道路。常年闭关锁国，张开济通过外在的争鸣、检查与内在的反思，进行经验总结，借助传播到国内的现代理论提升自己对现代建筑的认识，他在民族形式探索中的得失成败以及对现代设计理论在中国实践中的认识与总结，是中国建筑设计回归现代道路的积极因素。

他们与上下代建筑师之间的承上启下，几乎都在"断裂"中完成。张开济传承了上一代建筑师的专业理论和技能，但是他和同龄人在新中国实践中主持的建设规模和类型都是空前的，没有先例和参考。1949年后，他们对于政治、经济制度和建造之间关系的体验是独一无二的，因而产生了对"人——制度"之间关系的深度思考。1949以及1978年之后，迥异的教育背景、职业环境和社会环境使他们与后来者的"断裂"更严重。较为年轻的一代不再有私营时代独立建筑师的实践经历，而改革开放后的新一代实验建筑师更以他们的实践作为突破和批判的对象，张开济与儿子张永和的"专业代沟"清楚地展示了这一点。

---

[1] 来自张开济85岁时采访视频，原话为"建筑师在专业技术以外，应该有职业道德，应该能够坚持原则，不但要忠于甲方，也要忠于建筑，忠于人民。我认为这一点我是做到了。"
[2] 杨永生. 中国四代建筑师 [M]. 北京：中国建筑工业出版社，2002：49-50.
[3] 朱剑飞主编. 中国建筑60年（1949—2009）：历史理论研究 [M]. 北京：中国建筑工业出版社，2009：204.

跨越1949之后，中国与西方之间，海峡两岸之间的专业交流都因意识形态差异而中断。改革开放后，张开济推动的在巴黎蓬皮杜文化中心举办的"中国建筑·生活·环境"展开启中国与西方建筑文化交流的历史，他积极促进两岸之间的专业沟通，弥补了长达30年的"断裂带"。专业层面的交流是国家文化重建的一部分，其前提是认识到文化具有超越意识形态和促进文明发展的积极作用。

第二代建筑师的实践具有较为统一的时代风貌，而貌似缺乏个性特征的折中形式下却掩盖着个体思想的差异。以下三组关键词可以体现张开济个人的现代建筑思想理念和设计策略，也是今天中国建筑理论中的重要组成部分。

1. 勤俭建国/人民性：建筑师工作的社会价值，现代性的核心

20世纪90年代，张开济发表了多篇以"勤俭建国"为题的文章[4]，呼吁在各项建设中要考虑国计民生，节约国家的资金和资源。他从未将建筑业视为仅仅是"计划"的完成者，而是视之为创造国家物质财富和精神文明的重要领域。勤俭建国的根本逻辑是——国家是人民的，国家利益应该与大众利益是统一的，因此"建筑要有人民性"，提供普通人可以承担的优质设计和公民建筑，这应该是一名现代建筑师面向社会和大众的初心。

2. 三尊重/多样性：实现中国现代建筑理想的态度和途径

"三尊重"，即尊重人、尊重环境、尊重历史。"尊重"一词的含义是敬重、重视、认真对待、(行为)庄重[5]，"将对方视为比自己地位高而必须重视的心态及言行"[6]。张开济强调建筑设计要以"人"而不是"物"为本，同时重视他者存在，寻求"睦邻"关系的谦逊和礼让。张开济常说自己是个职业建筑师，没有高深的理论，但他源自Common Sense的专业认识与哲学家哈贝马斯修正西方"工具理性"而提出的"交往理性"对当代社会关系的认识[7]，以及今天倡导的文化与环境可持续发展理念不谋而合。

张开济提出"多样性"是达到中国建筑设计现代化和民族化的具体途径。徐苏斌的研究认为，日本战后正是以多元化取代"传统"与"现代"之争，故而达到设计的繁荣。其间日本设计师并未刻意追求传统，却在现代设计中自然流露出了传统的延续，"传统是通过对自身的缺点进行挑战和对其内在的连续统一性进行追踪而发展起来的"[8]。对照日本现代建筑的发展历程，张开济提出的构想具有现实意义。

3. 类四合院/旧瓶装新酒：住宅和古建保护方面的现代策略

张开济倡导的"多层高密度"理论在两个前提下，有着积极的作用。一是福利住房制度尚未瓦解，生产力条件较低的时代，砖混结构的"多层高密度住宅"是解决我国社会住宅问题的适宜途径。二是在北京旧城、风景名胜或者文物古迹周边的环境保护设计中，"多层高密度"迄今仍然有重要的参考和学习价值。

---

4 张开济相关的文章标题有："勤俭建国勤俭建设勤俭建筑"(1990)；"既要勤俭建国也要勤俭持家"(1993)；"勤俭节约，应从'头'做起"(1997)；"四谈勤俭建国"(2000)。
5 汉语词典APP"尊重"词条，解释来源于外研社汉语词典。
6 搜狗百科"尊重"词条。
7 包亚明. 哈贝马斯访谈录：现代性的地平线[M]. 李安东，等译. 上海：上海人民出版社, 1997: 57.
哈贝马斯阐述交往理性包含的三个层面：第一，认识主体与实践的或事实的世界的关系；第二，在一个行为社会世界中，出于互动中的实践主体与其他主体的关系；第三，一个成熟而痛苦的主体与其自身的内在本质、自身的主体性、他者的主体性的关系。
8 徐苏斌. 中国的"新"古典主义——及由此所想到的[J]. 建筑学报, 1989(08): 19-24.

结 语

他通过"类四合院"探索一种低造价、标准化,又具有中国人传统的社区氛围的居住模式。这个思想旨在对抗工业化带来的尺度失衡和群体关系冷漠,正如欧洲20世纪50年代"十次小组"(TEAM 10)的史密森夫妇(Alison and Peter Smithson)反对极端理性和工业化,提出"归属感"和"认同感"是一种基本的情感需要[1]。"旧瓶装新酒"来自欧洲建筑师利用旧建筑的经验,张开济将它转化为中国的古建筑保护策略,形成活化保护的方法,同时也促生博物馆设计中的一种新类型。他在旧建筑利用和保护方面是国内的先知先觉者和倡导者,认为建筑师不但要关注新建工程也要关注改造设计,"适量建造新房子,充分利用老房子,两条腿并用"[2]。

社会连续转型中,张开济的思考先后扣住了建立民族国家的时代脉搏和建设现代文明国家的历史潮流,这是他的现代性追求具有持久生命力的原因所在。改良者没有大刀阔斧的力度,但是在过程中展现出的多元复杂和有深度的思考,往往孕育着多元现代的可能,这是在我国近现代的建筑研究中不应该被忽视的。

寻找建筑中的现代中国

近代中国社会现代转型的核心是重构一套现代文明的秩序和价值观。"一个国家真正的强大绝不是军事力量,甚至不是经济力量,毋宁更是知识文化力,特别是它拥抱一套现代的核心价值(包括自由、民主、人权、公义、多元、王道、环保等),说到底,它必须有一个现代的文明范式。"[3]文明是一种先进的社会和文化发展状态,以及到达这一状态的过程[4],包含着人与人,人与自然之间的一切关系。文化是一个族群的生活方式,其生命力在于独特性,正如中央大学罗家伦校长所说,"一个民族要能自立图存,必须具备自己的民族文化,否则必将遭到淘汰和灭亡"[5]。

建筑是文化的组成,同时也是文明的体现,"建筑毫无疑问是一种文化活动,但它也是一种只能在权力和金钱的世界里才能实现的活动"[6]。建筑设计工作的特殊在于它可以同时涉及社会的政治、经济、文化体系,建筑师在这三个体系的交织中一向扮演着复杂的角色。漫长的职业生涯中,张开济深刻体会到作为独立建筑师和体制内建筑师在政治、经济限定下,面对权力与资本的种种无奈,但他始终相信建筑师职业蕴含着更大的潜能,在国家现代化和现代文明的建构中,可以与科学家和艺术家一样贡献知识、技术与智慧。

学者们曾经认为,通向现代文明的"现代化"过程是以西方工业化模式为唯一范本的赶超过程,但是当"现代性"概念替代了"现代化",不再将西方启蒙运动和现代化看作一个光明的解放过程,便在理论上开启了建构不同文明背景下,多元现代性模式的可能[7]。张开济有一个清晰的思路,即通过建筑设计工

1 (美)肯尼斯·弗兰姆普敦. 现代建筑:一部批判的历史[M]. 张钦楠,等译. 北京:生活·读书·新知三联书店,2004:304.
2 王麦初. 搞建筑要以人为本——访新中国第一代建筑师张开济[J]. 老人天地,2003(09):10.
3 金观涛. 探索现代社会的起源[M]. 社会科学文献出版社,2010:004.
4 维基百科"文明"词条.
5 罗家伦"中央大学之使命"演讲稿,东南大学校史文化网.
6 (比利时)希尔德·海嫩. 建筑与现代性批判[M]. 北京:商务印书馆,2015:18.
7 许纪霖,陈达凯. 中国现代化史1800—1949第一卷[M]. 上海:学林出版社,2006:003-004.

作可以提升中国的文化水平，展示民族文化的特殊性，进而推动中国现代文明的建设。他倡导的"三尊重"——尊重人，尊重历史和尊重环境——不是以职业技能为导向，而是以文明为导向的，尊重民族文化特点的现代设计创作原则，在当前全球化的环境危机和文明冲突之间，依然具有重要的现实意义。

"三尊重"理想的实现，固然需要外在的社会制度和环境的支持，但从建筑业自身的角度，建筑师素养是重要核心。为此，张开济直到晚年还在努力地通过写作倡导建筑师应有高度的职业精神，他对建筑师的自我修养有三个层面的期待：首先要有好的专业水平，让职业具有科学性和专业性，在社会生产活动中具有重要的价值和意义，如杨廷宝先生"无论业主提出什么要求，都能以出色的设计应对"；其次，建筑师应该"德才兼备"，他称赞第一代建筑师们虽然设计理念不同，但是都具有良好的职业道德，以正当竞争形成业内良好的生态环境，当为后世学习的模范；第三，也是更高的期待，建筑师作为一个具有高度文化素养的知识分子，不应该局限于个人和专业的利益，"要有高尚的职业道德和强烈的社会责任感"[8]，在关系国家利益和人民生活的层面能"正直放言，敢于坚持真理。谨小慎微，患得患失，未必可取。至于不问是非，一味迎合，只考虑个人得失，置国家利益，人民利益于不顾，更不是一个知识分子应有的态度"[9]。

一百多年来，中国建筑师在社会近代化过程中，筚路蓝缕开创行业，在国家发展和建设中发挥重要作用，也发展出一套不同于输入的西方样板的特殊工作模式。如果参照西方专业标准，则我国建筑师的职业架构和社会认同都有很大落差，行政指令越俎代庖，产业链不配套，行业规范不成熟，建筑师制和单位制双规并行等是中国建筑师面对的重重困难。将建筑看作权力和资本的产物，"建筑师"只是按照"纲领"和"技术"要求提供产品的劳动者的观念，极大地束缚建筑师的思想，瓦解建筑师职业的社会价值。作为现代社会的文明载体，无论当下或是未来，建筑依旧被寄予改良社会，为大众提供美好生活的希望，建筑"不只是在基地上放置一个容器而已……这是一种公共领域，一种公共空间的在线，它可以改变封闭的建筑论述和建筑师的惯行，有助于公民建筑的形成，它就是公民社会"[10]。因而，建筑师在创作过程中应该扮演怎样的角色，才能使建筑"体现公共利益、倾听人文关怀、并积极为现时代状况探索高质量文化表现"[11]？社会需要理解和尊重建筑师，建筑师也应该自觉承担建构职业现代性的使命，这是支持建筑师张开济奋斗终生的信仰，也是他对后来者的殷切期盼。

8 张开济. 建筑师的烦恼［N］. 北京晚报，1999-11-24（005）.
9 张开济. 我呼吁！——一个老建筑师的心声［Z］. 张开济家人收藏油印稿. 1987.
10 夏铸九发言，来自王骏阳文章"中国建筑传媒奖之我见"。王骏阳. 理论·历史·批评（一）［M］. 上海：同济大学出版社，2017：210.
11 夏铸九发言，来自王骏阳文章"中国建筑传媒奖之我见"。王骏阳. 理论·历史·批评（一）［M］. 上海：同济大学出版社，2017：213.

补记

张开济人生花絮

已故著名的中国建筑工业出版社原副总编辑杨永生于1999年出版了一系列专集，以记录老一辈建筑师的言论、思想、见闻和轶事。他在《建筑百家轶事》一书中记载了十余位著名建筑师的"印象记"，对张开济的描述为：

> 身材高大，戴一副近视镜，笑起来令人感到亲切。善幽默，妙语连珠，引起哄堂大笑，他却一笑了之。善著文，往往能用成语或几句贴切的语言画龙点睛，来形容一件复杂事务。待人诚恳，推心置腹，交友广泛，从无大师架子，容易接近，深得建筑界及界外人士尊敬。[1]

笔者晚生于张开济先生一个甲子余，无缘得见。研究中，在各种文字、影像、图纸中逐渐熟悉这位前辈和他的"朋友圈"。张开济先生在工作中是认真严肃的，但是他在生活中却是一位极"有趣"的人。正如杨永生先生所记，他深得业内外人士的尊敬和喜爱，有许多终生的好友；中国建筑界尽知张氏父子专业上的"持不同意见"，但其实他有一个幸福美满的家庭。

张老乐观幽默、平易近人个性的背后是智慧，同样体现着一个"现代人"和"建筑师"的人格魅力。正文中笔者聚焦于张老的职业生涯，未免过于严肃和枯燥，在此篇中分享一些故事，以全面呈现张开济先生有情有趣的人生，以及他"做人要天真，做事要认真，游玩要尽兴，工作要尽心"的风采。

[1] 杨永生. 建筑百家轶事[M]. 北京：中国建筑工业出版社，2000：99.

求学篇

北平写生

1935年春,张开济先生随老师同学到北平参观实习,笔者分享一段1943年他于《天地》杂志上发表的相关描述[2],从中可以体会张老年轻时代的风趣和文字魅力。

> 余生平第一次赚钱,即吸收外汇,盖于十年前在北京北海写生时,尝以一元之代价,将一张画坏而弃之于地之水彩画,情让与一英国之女游历家也。此妇得吾画后,再三言谢,感激之状,非可言喻,故余深信若伦敦之曼彻斯特广场一带尚未遭德机空袭之殃者,吾画必高悬此妇宅中之客厅正中,此妇方逢人夸称为中国第一流画家之得意杰作也。
>
> 余北京游天坛时,尝遇另一西妇,于口呼Wonderful不止之余,顾我谓彼能观赏祈年殿之建筑,历三日而不厌,余为维持国家之体面,男性之尊严计,不甘示弱,答曰,"余则有一星期可看,且包括Weekend在内"盖以毒攻毒也。

工棚赶考

1930年,张开济先生为了读国立中央大学建筑工程系,从上海到南京赶考。复旦中学好友卢锡麟出身营造世家,他的一个亲戚承包了建筑师赵深设计的励志社。张老赶考便借宿于建造中的励志社工地,住在工棚二层,也是顶层。一日睡醒,发现天色"大亮",头顶一片蓝天!原来晚间工棚顶被大风吹走,而张老竟酣睡未知。他认为这是个吉兆,自己报考中大必能得见天日![3]

家庭篇

张老夫人孙靖女士祖籍无锡,长于北京,就读于辅仁大学家政系,是一位爽朗能干的大家闺秀。张开济先生身材高大,说着上海口音浓重的温软普通话,夫人娇小秀美,一口京片儿干脆利索,两人相映成趣。张老是国家

---

[2] 正人. 从女人谈起[J]. 天地, 1944 (13): 6-9.
[3] 张开济访谈录像[Z]. 张开济家人收藏.

级"建筑大师",曾经主持国庆十周年工程中的两项,可谓经历过千头万绪、千军万马的大项目。但是在生活中,张老却是甩手掌柜,一切听从夫人号令,不但钱、财、物、娃都由夫人管理照料,修理电器这样的高级技术工作,也都由夫人一手包办,可以说他一生能专注于建筑事业,有赖于夫人的全力支持。

张老与夫人一起经历了人生的风风雨雨,始终相互支持和陪伴。20世纪50年代初,新婚不久的张开济先生被错误地打成"大老虎",关押了两个多月。夫人不动声色,每月照旧寄赡养费给远在上海的公公,不使老人生疑着急。张开济先生回家后,夸奖夫人"贤惠"。孙靖女士主持家政十分在行,但是出身大户人家,并不善于亲自下厨。"文革"期间家中老保姆被驱逐回乡,夫人一面挨批斗,一面学厨,实操经验不足,米饭夹生。一向讲究美食且妙语连珠的张老却一声不吭,从不计较;而张老不管在外面受到了多么不公正的待遇,在家里都很少提起,尽量给家人一个正常生活的气氛[1]。晚年二老常常一起活动,逛古董市场、接待海内外朋友、为失学儿童和小动物捐款等。有"贴身秘书"在,张老总是能从容应对各种状况,他听力下降后,与外国友人交流时,竟然可以由夫人负责听,再由他负责说,配合得天衣无缝。

张老家中四人,称呼极简明——"爸、妈、哥、弟"。张老严守"家规",遵称夫人为"妈"。一日老夫妇乘出租,夫人在后座上,张老坐在副驾驶座上,跟司机神聊了一路。下车时寒暄道别,司机实在是憋不住了,好奇地问张老:"后面那位,是您妈呀?"。

哥、弟另有小名——"小龙"和"小二",常常出现在张老的日记里。张老吸取自己父母的教训,早早与夫人商定:有了孩子一定一视同仁。他确实做到了这一点。"小龙"——长子张保和——从事金融,长年在国外,"小二"——次子张永和——与自己同行,20世纪90年代初回国创业,两兄弟与父亲的交流一样频繁,无亲疏之分。张老眼中,两个儿子在基础教育阶段赶上"文革"十年,最后靠努力奋斗不但成功出国深造,而且成为行业中的佼佼者,是自己一生最大的骄傲。与一般父母相比,张老在生活上十分开明,他会与孩子谈心,但是很少干预私事,总是以乐观的心态面对常人认为是烦恼的事情。他九十岁高龄才当上爷爷,小孙子远在海外抱不到,却一点儿不影响他开心地与大家分享自己的喜悦。张老乐于通过报刊向大众普及建筑知识,家里常接待记者,于是当时的《北京晚报》上大幅刊登了"张开济九十岁当爷爷"的喜讯。

虽然张永和老师是在父亲的引导下进入建筑业,但张氏父子专业见解"永

[1] 张保和. 怀念我的父亲张开济[Z]. 张开济家人收藏文稿, 2012.

远不和"的趣闻广为流传。两代人接受的建筑教育几乎相隔了五十年，从业经历和时代背景更大相径庭，专业代沟恐非三言两语可以解释。张永和老师的夫人鲁力佳老师曾向我描述过一个场景：父子两为避免争执，一般不多作专业交流。可是有一次家里停电，大家闲坐在黑暗中，便不由聊起建筑来，没多久两个较真儿的"杭铁头"便顶上了，不欢而散。难得的是，张开济先生在争论之余，却选择支持和相信年轻一代。张永和老师在国外获奖，记者问张开济先生如何评价他的作品。张老坦言并不太懂，并豁达地说："他的东西我都看不懂，如果我看懂了，也许就获不了奖了。"

在张开济先生心目中，"建筑师"是一个最值得骄傲的职业。张永和老师初到美国，看到哈佛大学建筑系主任、贝聿铭事务所合伙人亨利·考伯（Henry N.Cobb）先生的工作状态十分羡慕，对父亲说自己立志将来也要做哈佛大学的系主任。谁知张开济先生听了露出异常痛苦和失望的神色，永和老师以为是自己口出狂言引起不满，没想到父亲却说："当个系主任算什么，你的野心太小了！要做就做个好建筑师！"[2]

友情篇

张老夫妇都热情好客，张保和老师在回忆文章中描述过20世纪70年代末，家中高朋满座的场景，这种状况几乎一直维持到张老九十高龄：

我父亲开朗，风趣，又特别喜欢朋友。我们家的朋友众多。亲戚，朋友，老朋友，新朋友，年老的朋友，年青的朋友，各行各业的朋友，全国各地的朋友，甚至各国的朋友都有。有一些是我父母在上海的亲戚或朋友的子女。他们从上海到举目无亲的北京读书，工作，就把我们家当作家，几乎每个礼拜天都来。1973年我家从阜成门外设计院宿舍搬到了月坛北街的一幢新楼。当时月坛北街的这片新楼里住了许多被落实政策的干部和知识分子。大家住到了一起，邻居又成了朋友，也经常往来。把以上的种种朋友加起来，是一个不小的数目。

20世纪70年代末的几年家里是最热闹的，几乎每天都有客人，经常是高朋满座。客人多时，我家的3个居室里都是人，话题涉及摄影，艺术，音乐等，几乎是无所不谈。我父亲又非常幽默，谈吐中，经常开些玩笑，让大

[2] 张永和. 我的家教——以此短文纪念我父亲张开济百年诞辰[Z]. 张开济家人收藏文稿，2012.

家都很开心。另外,客人们又带来了许多不同的见闻、见解和知识,让我们兄弟受益匪浅。现在想起来,我家在当时可称一个文化沙龙,那是一段十分令人怀念的时光。

张开济先生交友不论身份论感情,年轻时代的同学、朋友,几乎都保持着终生的交往,非常有"人情味儿"。每次回上海,只要时间许可他便与中学同学、旧时朋友、业内同行们相互探访、聚餐,十分热闹。有时他还应邀到老同学家中住宿休息,亲如兄弟;1961年初张开济先生回沪探亲,连日接旧时老仆刘妈到宾馆吃饭叙旧,完全如自家长辈,对曾经长期照顾过张保和兄弟的"老阿姨"他终生寄钱供养;到重庆、成都出差,一一看望西迁时期的故人;改革开放后,联系上1949年移居海外的旧友,一直保持书信的来往。张老长寿,晚年送走了许多老同事和朋友。他自己对生死看得很透彻,但老友病重,他必到医院探望,朋友过世后逢年过节仍去探视其家眷,与朋友的下一代也都保持着友谊。

张老十分尊重业内的前辈。家世关系,他与陈植先生往来较多,常常探望和问候,在他赴沪旅行日记的一角还记着"陈植要磨砖150~200m^2"。与1949年前的"老板"张锡羊、顾鹏程等都是好友,顾老101岁去世后,张老经常叮嘱家人为他独居的遗孀送食品。张老在第一次海峡两岸建筑师会议上撰写"数典不忘祖,温故能创新"一文以追溯纪念第一代建筑师,他也为自己的师长:梁思成、杨廷宝、谭垣等人撰写了充满感情的回忆文章。

同事和同行中,志同道合的朋友很多。自20世纪50年代起,张开济先生和华揽洪先生就是追求中国现代建筑道路上的良友,华老离开中国之后,始终关注国内的发展建设。改革开放,两位老朋友共同促成了中国建筑界在海外的首次展览,直到21世纪初仍为北京的城市建设并肩作战,正文中两人往来的书信充分展示了共同的志向和深厚友谊。

张老与戴念慈先生是可以直言的诤友。他们有许多共识,但早年戴老欣赏美国建筑师赖特,仿效他的手法,张老曾直言戴老作设计不应过多模仿别人,而要寻找自己的特点,戴老从善如流。戴念慈先生去世后,张开济先生在悼念文章中以"忠于建筑、忠于人民"概括他的一生,赞赏他身为高官而始终保持着书生本色,给予戴老极高的评价。

著名的美籍华裔建筑师贝聿铭先生是张老的"海外知己",自20世纪80年代起,多次在国内外相聚和交流。贝先生称张老为"老大哥",张老赞赏贝聿铭先生是华人的骄傲,且"越是有学问,越是谦虚"。2002年,贝聿铭先生为设计苏博新馆回国选址,张老以九十高龄亲赴苏州相见。两位老友见面紧紧拥抱,贝先生高兴地连连用乡音说"侬能够来,我交关开心!",与张老携手同行。

张老在20世纪80、90年代有许多出国机会。其时他年事已高,行程往往也十分紧张,但他的旅行记录上记满了同事、朋友托带的东西、要打听的专业信息,密密麻麻的清单是他待人热情真诚的见证。张老去世后,许多业内外的人士都撰写了回忆文章,如崔愷院士在"追思与缅怀:与张开济老同游张家界"一文中回忆了张老八十高龄考察张家界的往事。不到二十岁便入永茂工作,曾跟随张老多年的梁永兴老人在接受笔者采访时说:"张总给人的感觉就是一个老知识分子,我很尊重他,对他很敬佩,他的性格就是老知识分子那样,专业性很强的,有时候谈事情就是生硬一些。但是人本身很实在的,对人对事,没有拐弯抹角,心里想什么就说什么,做事很认真……很正派的一个人。"老人嘱托我将他收集的有关张老及家人的剪报转交给张永和老师,他说"我看见跟张总和他家人有关的信息,就觉得很亲切,他是我的老领导,我很想念他。"。

勤奋篇

张老是建筑界撰文的快手,年轻时发表的杂文已经展示了他非凡的文字功夫,但是专业文章不同于一般文学创作,主要不是靠艺术才华,而是要"讲理",要有令人信服的素材、前沿的信息和鲜明的观点,在互联网尚未兴起的年代,这是不容易做到的事情。张老求知欲很强,而且勤于积累,一生都在"充电"。除了工作中的各种渠道,他还有一个广泛收集社会信息的方法——"剪报",将各种报纸杂志上的有用信息,复印或者剪下粘贴到旧杂志上。张老"剪报"不是一时兴致所至,而是持续终生的一个工作,且划重点、标注日期,十分认真。他留下的几十本剪报中,不但有各个时期海内外的专业信息,艺术、绘画、文化、国家政策等所有他感兴趣的事情,都会在剪报中看到"前沿消息"。张老能笔耕不辍、快速撰文皆来自他持之以恒的积累。

张老德高望重、见多识广,但是他做任何工作,都预先做好充分的准备,从不马虎。接受记者采访,他自己拟定提纲,一切需要的报纸、图纸等道具都准备好,在镜头前有条不紊地进行阐述,甚至对拍摄的方式、场景也胸有成竹、指挥若定。他的许多重要发言和文章，都是酝酿已久的观点，提前动手写作，不用很长时间便完成初稿，之后他请同行专家提意见，收集反馈信息再进行一轮修改。有些文章改了一遍又一遍，甚至在发表之后，还会对不满意的字、句进行修正，精益求精。一个擅长写作的人如此努力打磨文字，无怪乎他的专业文章读起来条理分明、深入浅出，受到各方人士喜爱。

笔者在研究中，接触到大量尘封已久的图纸和文稿资料，都由张老自己用牛皮纸袋、大信封等装起来，并作了标记。遥想张老一生多次搬家，居住条件在今日看来也不算宽敞，倘若没有他细致耐心的保护和收藏，这批可以上溯到20世纪30年代国立中央大学时期作业的珍贵史料很难完好地保存至今。笔者看到他精心保存的各种材料，常不由自主地感叹，张老的勤奋和敬业为我的工作奠定了基础，为解读一个时代的建筑师，做了最重要的准备。

附录 1 张开济年谱

1912年（民国元年）0岁
- 7月20日（阴历六月初七），出生于上海。父亲张晏孙，字季量，毕业于上海复旦公学，任职于复旦附属中学。母亲许士芬，出生于官宦家庭，喜诗词、通英语。

1918年（民国七年）6岁
- 初入上海博文女学幼稚园，后转入西域小学。

1919年（民国八年）7岁
- 被父母送回杭州，随祖父母和大伯父母生活在扇子巷祖居，入珠宝巷杭州盐务小学学习。

1924年（民国十三年）12岁
- 父母在上海迁入法租界渔阳里2号。
- 杭州盐务小学毕业。小学时期成绩不佳但极热爱绘画，高小开始喜爱书报。
- 祖母去世，自杭返沪，入上海复旦附属中学就读。

1926年（民国十五年）14岁
- 患白喉，痊愈后心脏衰弱。

1928年（民国十七年）16岁
- 参加中学"济南惨案"募捐活动。

1930年（民国十九年）18岁
- 复旦中学高中毕业，会考中获得三门全甲。中学期间成绩名列前茅，英语尤为突出，是中学毕业纪念刊的主编之一。课余爱看章回体社会小说，阅读新文学作品及外文杂志书报。
- 考入国立中央大学工学院建筑工程系。

1931年（民国二十年）19岁
- 因肺炎休学半年，回沪治疗。
- 秋季重新入学，从一年级读起，由贝寿同启蒙"五柱式"，刘敦桢教授"透视学"和"营造法"。

1932年（民国二十二年）20岁
- 参加驱逐段锡朋运动，通过"甄别考试"重入国立中央大学。
- 向建筑工程系提出请谭垣来任教获准，负责用英语写学生邀请信并获得成功，谭垣从此开始进入中大教学。

1934年（民国二十二年）22岁
- 经中学同学卢锡麟兄长介绍，利用大三的暑假到英商公和洋行实习。
- 获国外快题设计竞赛第一，奖品为《Decorative Art》杂志一本。
- 作业"名人灵堂"刊登在《中国建筑》1934年第7期上。
- 作业"博物馆"刊登在《中国建筑》1934年第10期上。

1935年（民国二十四年）23岁
- 作业"商埠大厦"刊登在《中国建筑》1935年第4期上。
- 毕业前到北平实习，这是生平第一次到北平，印象极佳。

- 担任中大毕业年刊的美术编辑，设计年刊封面及插页图案。
- 夏季从中央大学工学院建筑工程系毕业，求职艰难。自荐进入公和洋行当实习建筑师，不领薪水。在洋行参加外滩中国银行大厦的施工图大样绘制，因西人态度傲慢辞职。

1936年（民国二十五年）24岁
- 年初开始在基泰工程司上海分部工作，工作第二个月开始支取薪水50元，从此经济自立。
- 夏季调入基泰工程司南京分部，在杨廷宝手下工作，薪水涨到75元。参加南京国民党党史陈列馆、南昌国民大会堂方案及施工图等设计项目。

1937年（民国二十六年）25岁
- 春季，经关颂声介绍，赴成都任张伯苓次子张锡羊创办的新华兴业公司建筑部主任，月薪120元。在成都认识新朋友：李有伦、宋崇实等，并遇到老同学卢锡麟的弟弟卢锡华。
- 为四川都督夏之时设计住宅（未建）。

1938年（民国二十七年）26岁
- 秋季，调到新华兴业公司重庆分部，薪水140元。
- 冬季，向经济部领得工字第20号建筑科工业技师执照。

1939年（民国二十八年）27岁
- 1月，教育部批准"南渝中学"更名为"重庆私立南开中学"，绘制完成"重庆私立南开学校校舍鸟瞰图"。
- （应关颂声要求）到基泰工程司进修，跟随杨廷宝作设计训练，课题是大型图书馆。
- 5月3日、4日，重庆大空袭。空袭前中大建筑系校友聚餐，特邀同学们参观新华兴业公司。空袭后随同公司迁入郊外的南渝中学居住。
- 6月取道香港回沪。
- 秋季，通过招聘广告入顾鹏程事务所工作，薪资200元。

1940年（民国二十九年）28岁
- 在顾鹏程事务所工作，住宅项目较多，向公司的德国建筑师学习高档住宅设计与装修。

1941年（民国三十年）29岁
- 在顾鹏程事务所工作，较为清闲。
- 10月费康、张开济、张玉泉三人成立"大地"事务所，议定每人月支400元，赢利均分。事务所在霞飞路南徐公寓进行"蒲园"设计，张开济负责组织人力，从顾鹏程事务所拉来邱圣瑜、陈登鳌等合作设计。
- 从父母家中搬出，迁居霞飞路697弄19号独立生活，与房东中央药房经理徐定虎相识。亲戚介绍一女仆"刘妈"照顾生活。
- 12月，完成"蒲园全景图"，署名"费康、张开济、张玉泉"。

1942年（民国三十一年）30岁
- 母亲去世。
- 春季，"蒲园"开始施工，中大同学王虹受业主之托作为监工。
- 秋季，"蒲园"竣工，刘既漂购买了其中的一栋，并请设计师们聚会。
- 12月底，"大地事务所"合伙人之一费康因患白喉突然离世，"大地"解组。

1943年（民国三十二年）31岁

- 在霞飞路葆仁里租房成立"伟成建筑师事务所"，与结构工程师邱圣瑜合作，但受到时局影响，业务比较萧条，生活最为艰难时要靠银行透支度日。
- 完成工程项目：
  上海中央药房改建工程（由徐定虎介绍）。
  上海霞飞路某住宅（与同学钱湘寿合作）。

1944年（民国三十三年）32岁

- 6月，在《天地》杂志第9期上发表第一篇散文《蜀话》。
- 8月，在《天地》杂志第11期上发表《续蜀话》。
- 10月，在《天地》杂志第13期上发表《从女人谈起》。
- 11月，在《天地》杂志第14期上发表 *Edible Edition*。
- 完成工程项目：
  上海中南大药房改建

1945年（民国三十四年）33岁

- 1月，在《天地》杂志第15、16期上发表《出妻表》。
- 2月，在《天地》杂志第17期上发表《疏女经》。
- 3月，在《天地》杂志第18期上发表《自说自话》。
- 4月，在《天地》杂志第19期上发表《栏后人兽》。
- 5月，在《天地》杂志第20期上发表《衣食住》《记大人物的癖好》。
- 抗战胜利后，建筑事务所业务好转，过了个较为宽裕的好年。
- 完成工程项目：
  上海宝元通总管理处改建工程
  上海宝元通门市部工程

1946年（民国三十五年）34岁

- 春季，参加教育部举办的"三十五年度公费留学考试"。
- 第二次到北京，因弟弟在上海去世匆匆回沪。
- 在南京正式注册"伟成建筑师事务所"。
- 加入在南京成立的"中国建筑师学会"。
- 初次到南京承揽项目，担任中国农业银行建筑顾问。
- 完成工程项目：
  上海广大药房工程

1947年（民国三十六年）35岁

- 国民政府"三十五年度公费留学考试"发榜，获得建筑专业第二名，领取护照并购买美金，因业务繁忙而暂缓出国计划。
- 3月，再次到南京，与复旦中学同学郑裕峥合作开展业务。
- 4月，开始中国农民银行宿舍设计。
- 6月，完成南京四条巷"中国农民银行京行四条巷宿舍图样"。
- 7月，在南京华侨招待所租房工作，聘鲍兆峰为员工，负责监督工地并绘制施工图。
- 12月，14日，完成南京太平巷"太平巷中央合作金库办公大楼图样"。
- 其余完成工程：

南京太平巷"中央合作金库训练班大楼"

高楼门"交通部公路局集体宿舍"

1948年（民国三十七年）36岁

- 与同学孙增蕃合作，参加上海抗战胜利纪念碑竞赛，获第四名。
- 7月17日，完成"交通部公路总局第一运输处广州路宿舍图样"。
- 在南京与地产公司结构工程师孙庆棠合作一些项目。
- 其余完成工程：

  南京下关中山桥"中国农民银行金库"

  南京陈宅（传为陈立夫宅，也可能是陈惠夫宅）

  南京三步两桥"中国农民银行集体宿舍"

  南京汪宅

  南京刘宅（陈果夫连襟刘沁住宅）

1949年 37岁

- 4—6月，"渡江战役"后南京、上海等地陆续解放，回到上海。
- 夏天，第三次到北京。去天津探望舅父许季上后，放弃开办私人事务所想法。写信给梁思成，表达愿参加政府组织的工作，因都市计划委员会编制尚未肯定，接顾鹏程邀请参加北京永茂建筑公司工作。
- 12月，由钟森陪同，与顾鹏程等同到北京，进入永茂建筑公司工作。

1950年 38岁

- 1月，正式加入永茂建筑公司设计部，任副总工程师。3月，永茂建筑公司正式发广告接工程。
- 4月，被委任为北京市人民政府都市计划委员会委员。
- 夏季，在单位活动中经同事介绍认识孙靖。
- 6月10日，参加人民英雄纪念碑设计讨论。
- 8月25日，被陆军大学筹备委员会聘为"校舍筹建处顾问委员会委员"。

- 主持工程：

  中南海西北角"政务院大门"

  "沈阳开国纪念碑"竞赛方案，获得沈阳开国纪念塔竞赛第二名

1951年 39岁

- 元旦，与孙靖结婚。
- 6月，单位更名为永茂建筑设计公司，任总工程师兼第一设计部主任。
- 主持工程：

  燕京饭店方案及设计

  复兴门外邻里单位住宅规划和设计

  中央民族学院教学楼群设计

1952年 40岁

- 主持工程：

  北京小汤山疗养院

  开始三里河办公大楼设计

1953年 41岁

- 3月,单位更名为北京市建筑工程局设计院,任总工程师兼二室主任。
- 4月,被选为北京市第八届全国工会代表大会的代表。
- 7月,生长子张保和。
- 主持工程:
  百万庄住宅设计
  三里河住宅设计

1954年 42岁

- 1月16日,在《人民日报》发表文章《怎样在建筑设计中厉行节约》。
- 2月,在《建筑学报》第2期发表文章《三里河办公大楼设计介绍》。
- 11月1日,在《北京日报》发表文章《最好的范本》。
- 11月,单位更名为北京市人民政府所属北京市设计院,任总工程师兼二室主任。
- 被选为北京市政协委员、北京市公园管理委员会建筑顾问。
- 主持工程:
  继续完成三里河办公大楼及住宅、百万庄住宅等项目
  王府井帅府园中央美术学院美术馆
  武汉长江大桥桥头堡方案竞赛获一等奖
  天安门观礼台设计中选并实施
  出版总署办公楼
  出版总署职工宿舍工程

1955年 43岁

- 4月27日,在《人民日报》发表文章《做一个真正的人民建筑师》。
- 5月13日,在《北京日报》发表文章《我一定努力克服资产阶级设计思想》。
- "四部一会"主楼大屋顶下马。
- 6月,单位更名为北京市城市规划管理局设计院,任总工程师兼二室主任。
- 夏季,到北京参加工作后第一次携妻、子回沪探亲。
- 年底,作为评委参加"全国楼房住宅集体宿舍的评选"。
- 被选为国务院建房审查委员会委员。
- 主持工程:
  北京天文馆
  北京天文馆附属天文台

1956年 44岁

- 2月3日,在《北京日报》发表文章《把建筑设计质量提高到世界水平》。
- 3月,在《建筑学报》发表文章《关于住宅标准设计问题的商榷》。
- 3月,生次子张永和。
- 7月,在《建筑学报》发表文章《反对'建筑八股'拥护'百家争鸣'》。
- 10月,参与《北京日报》讨论,发表文章《不要把房屋都沿街建》。
- 加入美协、担任中国建筑学会理事、北京市土木建筑学会常务理事
- 获Ernesto N. Rogers赠书 *Modern Architecture since the Generation of the Masters*。

- 主持工程：
  北京西单饭店
  高教部办公楼
  新疆招待所
  新疆招待所二期
  北京日报社
  劳动保护展览馆

1957年 45岁

- 1月，在《建筑学报》发表文章《北京天文馆》。
- 11月，中央城建部民用建筑设计院并入北京市城市规划管理局设计院，任总建筑师兼二室主任。

1958年 46岁

- 9月，开始主持国庆工程中的"中国革命和中国历史博物馆"及"钓鱼台国宾馆"两项工程。
- 担任水利部水电设计院顾问。

1959年 47岁

- 国庆节前完成"十大建筑"中的"中国革命和中国历史博物馆"及"钓鱼台国宾馆"工程。
- 9月，在《建筑学报》发表文章《中国革命和中国历史博物馆》。
- 与园林专家程世抚合作设计山东济南南郊宾馆。
- 12月22—1月22日在山东出差，进行南郊宾馆的现场设计。
- 12月，在《建筑学报》发表文章《通过首都几项重大工程的设计试谈建筑创作问题》。

1960年 48岁

- 春，赴上海渔阳里参加党的革命历史博物馆设计竞赛评选。
- 4月，单位更名为北京市建筑设计院，任总建筑师，不再兼任室主任。
- 负责福绥境大楼的方案调整和建造。

1961年 49岁

- 4月，将父亲收藏的古钱币与书籍赠给中国历史博物馆。
- 5月18日，在《北京日报》发表文章《对建筑美观问题的看法》。
- 8月6日，在《光明日报》发表文章《装饰、陈设和建筑艺术》。
- 10月，在《建筑学报》发表文章《试论北京工人体育馆的建筑艺术》。
- 12月中旬至月底，参加在广东湛江举办的中国建筑学会第三届代表大会，主题发言"做好住宅设计的细部处理"，参观阳江、新会、广州等城市。

1962年 50岁

- 1月，到杭州、上海探亲，汪定曾陪同参观张庙一条街、闵行一条街。
- 7月，参加北京市土木建筑学会在劳动人民文化宫举办的第一届建筑绘画展览座谈会。

1963年 51岁

- 夏季，开始在中央社会主义学院脱产学习一年。
- 7月，在《建筑学报》发表文章《北京市1963年城市住宅设计竞赛方案评价》。

1964年 52岁
- 5月,结束总建筑师的职位。
- 7月,脱产学习结束,工作岗位转到北京市城市规划管理局。

1965年 53岁
- 2月,响应号召下楼出院,到三里河住宅小区蹲点,做改建设计并介绍经验。

1971年 59岁
- 7月,基辛格秘密访华。
- 带队参与北京饭店东楼设计,提交"生产组方案"。

1975年 63岁
- 3月,与首都各界人士参加孙中山先生逝世50周年的纪念活动。

1976年 64岁
- 完成"小天井住宅"设计方案,提倡利用天井加大进深,实现节约用地和灵活分户。

1977年 65岁
- 8月,完成"改进住宅个体设计,节约住宅建设用地"一文初稿。
- 12月17日,邓小平对"改进住宅个体设计,节约住宅建设用地"一文进行批示,要求有关人员关注并研究高层问题。

1978年 66岁
- 1月,任院总建筑师。在《建筑学报》上发表文章《改进住宅设计,节约建筑用地》。
- 3月,作为代表出席全国科学大会,并接受《人民日报》记者采访,表示要"上前线,为社会主义的科学技术现代化冲锋陷阵"。
- 5月7日,完成《建筑必须现代化》一文文稿。
- 10月22日,参加南宁召开的中国建筑学会恢复活动大会,就建筑现代化和风格问题进行讨论并发言。

1979年 67岁
- 1月,在《建筑学报》上发表文章《从北京前三门高层住宅谈起》及《关于建筑现代化和建筑风格的一些意见》。
- 随中国科协考察团到西德、瑞典、英国、法国考察博物馆,回国后完成《欧洲一些科技博物馆考察报告》。
- 3月21日,在《人民日报》上发表文章《实现建筑现代化,首先要思想现代化》。
- 9月,在《北京日报》上发表文章《'高层'与'层高'——当前住宅建设中的两个问题》。
- 与周志莲、马文平合作完成"1979北京内天井大进深试验性住宅楼"研究。
- 当选为北京市政协常务委员会委员,兼城建组组长。

1980年 68岁
- 1月,在《文物通讯》上发表文章《为古建筑请命》,随后被《建筑师》等杂志报刊转载。
- 6月,在北京市科协第二次代表大会上当选为市科协常委。
- 10月,中国建筑学会在北京召开第五次全国代表大会,被选为副理事长。在《人民日报》上发表文章《把北京建设成优美的现代化城市》。

- 10月20日，根据国务院《工程技术干部技术职称暂行规定》，技术职称改为"高级建筑师"。
- 担任北京土木建筑学会副理事长。

1981年 69岁
- 5月，在《建筑学报》上发表文章《写在北京农村住宅设计竞赛评选之后》。

1982年 70岁
- 5月18日，中国建筑学会和法国蓬皮杜文化中心工业创作中心合办"中国建筑·生活·环境"展览，中国建筑协会副理事长阎子祥、张开济分别为正、副团长出席开幕式。
- 2月—9月，《建筑师》举办以"少年科学宫"为题目的第二届"全国大学生建筑设计方案竞赛"，作为特邀评委参与评审。

1983年 71岁
- 1月，在《村镇建设》创刊号发表文章《村镇建设要走中国自己的道路》；在《新建筑》上发表文章《从〈城南旧事〉谈到建筑创作》。
- 3月，《建筑师》第14期"新中国著名建筑师系列"刊登并介绍《张开济》。
- 4月，在《建筑》上发表文章《重视经济效益，少建高层住宅》。
- 5月，设计并指导山东烟台宾馆。
- 6月，21—27日参加中国建筑学会村镇建设学术委员会在上海嘉定召开的首届全国村镇建设学术讨论会，以副理事长身份发表讲话，呼吁建筑师"为八亿农民服务"，把工作重点转移到农村建筑上。
- 7月22日，随政协城建组视察天象台、东南角楼、文化宫西餐厅违建项目。与建委古建协作组讨论琉璃厂一条街；23日，在《光明日报》发表文章《建筑创作要走我们自己的道路》。
- 8月，到河北承德参加"庆祝山庄建立280周年"纪念学术讨论会。
- 9月，27—30日到烟台汇报"烟台宾馆"方案，并听取意见、踏勘现场。
- 11月，4—9日在福建闽清讨论湖头大队规划方案，并看现场、征求群众意见；12日，参加首都规划委员会成立及第一次会议；19—22日在南京参加中国建筑学会成立30周年大会。
- 12月，在《建筑师》上发表文章《首先多样化，争取民族化——谈有关建筑创作的两个问题》；9—13日，参加中国建筑学会和中国城市住宅问题研究会筹委会联合召开的"中国城市住宅问题学术讨论会"。
- 设计及指导：
  山东烟台宾馆工程
  中央民族学院工程
  福建闽清乡村规划及建筑设计

1984年 72岁
- 2月，在《经济日报》上发表文章《住宅建设要讲求经济效益》；14—20，赴昆明参加建设部召开的全国村镇规划竞赛评议表彰大会。
- 3月，到全国人代招待所，做人大办公楼方案；在《北京晚报》上发表文章《不要画蛇添足》。
- 5月，到石家庄参加评选河北省科技馆方案会议；到翠明庄参加方庄小区规划方案评比。
- 7月，完成"城市住宅"写作；28日，参加"爱我中华、修我长城"开工典礼。
- 8月赴美，在旧金山某建筑事务所作 Traditional Chinese architecture 演讲，在加州伯克利大学作 Rural Housing in China 演讲。并与旅美台湾建筑师共同牵线，促成日后海峡两岸建筑师的交流会。

- 11月，在《红旗》杂志发表文章《高层住宅要三思而建》；6—9日，中国建筑技术发展中心和法国建筑学研究院共同举办的中法住宅学术讨论会在北京召开，作主题发言 Urban Housing in China。
- 设计及指导：
  全国人大常委会办公楼项目

1985年 73岁

- 1月，参加市技协会讨论圆明园福海复原工程；参加北京"西站"建设方案讨论会。
- 2月，开始做"二七方案"，包括宾馆、剧场等。
- 3月，参加人大会议；在学会座谈会上发言《建筑师需要两个提高和一个扩大》。中青年建筑师会上发言《建筑创作要"三尊重"》。
- 4月11日，在《北京晚报》上发表文章《惜哉！先农坛》。
- 5月，参加建筑规范审查委员会会议；参加政协组织的考察先农坛、卢沟桥、故宫皇极殿等活动，与市领导谈古建保护问题；30日在《北京晚报》上发表文章《要爱护北京城》。
- 6月，参加北京市土木建筑学会讨论方庄方案；6日，在《北京晚报》上发表文章《正确对待古建筑》；20日，在《贵州日报》上发表文章《传统建筑园地里的两朵奇葩——谈贵州侗族的鼓楼和花桥建筑》；25—30日，赴杭州参加杭州市总体规划修改补充咨询会议。
- 7月，参加市文物协会筹备会；参与市政协和全国政协抢救卢沟桥的联席会议；2日在《北京晚报》上发表文章《再谈要爱护北京城》；在《建筑师》上发表文章《论多层住宅多样化》。
- 8月，到北大向来华访问的康奈尔大学代表团作报告 Beijing an Old Capital in Change。参加住宅规范评审会议。
- 9月，赴大连参加建设部、中国建筑学会、中国建筑技术发展中心等联合组织的全国村镇建筑设计竞赛评比会议。15日，在《人民日报》发表文章《不宜小题大做——对某些风景区内新建筑的观感》。
- 10月，到团中央开会审查中日文化中心方案，会晤黑川纪章。10—13日，赴山东曲阜考察阙里宾舍。
- 11月，29日—12月3日参加中国建筑学会在广州召开的"繁荣建筑创作学术座谈会"。
- 12月，到锦州讨论辽沈战役纪念馆方案；在《建筑师》17期上发表文章《首先多样化，争取民族化——谈有关建筑创作的两个问题》。
- 设计及指导：
  "二七方案"，包括宾馆、剧场等

1986年 74岁

- 1月，做二七剧场方案；审阅住宅规范；23日，参加国际残疾人康复会议；25日，在《人民日报海外版》上发表文章《少兴土木，缓兴土木》；28日，在《北京晚报》上发表文章《且听外国百家言——再论北京的高层建筑》。
- 2月，在《贵州文物》上发表文章《发挥贵州独特优势，发扬中华传统文化——在贵州文物考察报告会上的发言》。
- 3月，政协会议上主持市政协城建组讨论本市基础设施问题；5—8日，参加城乡部审查建筑规范会议，主持小组讨论"总则"修改问题。
- 4月，参加院总建筑师会议讨论西单民航售票大厦修改方案；参加审查图书馆建筑规范工作；28日，到建研院向城市住宅学术委员会作《高层建筑要三思而建》的报告。

- 5月，为农村住宅竞赛作《广大农村是建筑师创作的广阔天地》发言；24日，在《北京晚报》发表文章《高层风带来了"高层风"》。
- 7月，全国政协调查北京城市建设污水问题，参观通惠河、通县、密云水库、卢沟桥等；17—20日在大连参加东北民族学院设计方案评选会议；7月29日—8月2日到合肥论证合肥中心区改建规划，应当地学会要求向建筑界作报告"三尊重"。
- 8月，4日在《中国科技报》发表文章《建筑设计应该提倡"三尊重"》。
- 10月，接待日本民居研究建筑师代表团、美国建筑师；在《建筑师》发表文章《关怀残疾人，开拓"无障碍"环境——当前我国城市环境建设中的一个新课题》；27日在《北京日报》上发表文章《维护古都风貌和现代化城市建设》。
- 11月，1日参观首钢钢渣山污染卢沟桥一带情况；2日参加市旅游局及三海指挥部会议，讨论三海规划方案；9日在《人民日报》发表文章《不要用行政权力压制学术争鸣》；8—28日，赴贵州参观考察。
- 12月，13日参与市政协察看湖广会馆及阳平会馆活动；15日到政协礼堂，参加关于首钢污染问题的报告会。
- 设计及指导：
  二七剧场方案
  军委844工程
  西单民族售票大厦改建方案

1987年 75岁

- 1月，修改并审查建筑规范"总则"；在《建筑学报》发表文章《维护古都风貌，发扬中华文化》；17日在《北京晚报》上发表文章《旧瓶装新酒》；22日到25日赴承德参加承德市中心小区方案竞赛评选会。
- 2月，参与审阅电影院、图书馆、剧场及托儿所的规范。
- 3月，到天津参加中国住宅问题研究会，开始承德小区住宅设计。
- 4月，到科技局讨论无障碍设计规范。
- 5月，开始做"望京小区"设计；担任科技馆方案竞赛评委；5日在《北京晚报》上发表文章《无障碍设计》；11日，参加市政协考察园林建设活动；29—30日参加并主持内地与香港建筑师的座谈。
- 6月，参与讨论商店建筑规范。
- 7月，设计"内院式，多层、高密度"建筑群布局。
- 8月，参加"无障碍暂行条例"讨论会；在《群言》上发表文章《城市建设的决策亟需民主化和科学化》。
- 9月3日，在《北京晚报》上发表文章《造不起，更拆不起》；18—25日，赴德国杜塞尔多夫参加主题为"Design for all"的国际无障碍设计会议，作主题为"Barrier Free Design in China"的发言介绍我国无障碍设计的成就。
- 10月，参加南京工学院60年校庆及刘敦桢先生诞辰90周年纪念大会并发言。
- 11月，到武昌参加审查商店建筑规范的会议；17日在《北京晚报》发表《与其将来拆毁，不如现在少建——再谈高层住宅的弊端》。
- 12月，在《建筑学报》上发表文章《高层化是我国住宅建设的发展方向吗？》；写信给中央相关部门，陈述十年来对控制高层的呼吁；11—15日，参加中国建筑学会第七次全国代表大会暨1987年学术会议，会议以"建筑环境"为主题，作为在建筑科技界工作满50年的专家获得表彰。

- 设计及指导：
  什刹海报社新楼设计
  承德小区住宅设计
  "望京小区"设计

1988年 76岁

- 1月，参加七届一次政协会议和市人民代表大会。
- 2月，到天津参加会议，作主题为"认真维修古建筑，尽量少搞假古董，旧貌不必换新颜，旧瓶不妨装新酒"的发言；13日，在《北京晚报》上发表文章《住宅楼群中空地越大越好吗？》。
- 3月，10日到政协礼堂，与黄胄、刘海粟、李可染、黄苗子等讨论炎黄艺术馆设计方案。之后多次与黄胄及相关人员研究并绘制屋顶草图，至1989年10月奠基。
- 4月，审查"无障碍规范"；设计东城改建试验区方案。
- 5月，开始民安胡同设计；9日在《人民日报》发表《理解建筑师》；26日参加文物局活动，考察大钟寺、颐和园、买卖街、西便门城墙遗址、福佑寺等。
- 6月，在《城市规划》上发表文章《不建高层，也能提高建筑密度——介绍一个"多层、高密度"住宅组群方案》。
- 7月，赴杭州参与"评论黄龙饭店建筑"会议；2日，在《科技日报》上发表文章《宣传自己，提高自己，尊重自己——写在建筑节之际》；15日到天文馆与各位领导谈天文馆发展规划；28日、30日在《北京晚报》发表文章《一点也不走样——修复文物建筑的一个基本原则》。
- 8月，21日在《光明日报》发表文章《"修我长城"要重视历史和艺术问题》。
- 9月，17日—10月6日，应贝聿铭的邀请，赴法国参加关于建筑创作的国际学术会议，作主题为 History in Architecture Today in China 的报告。
- 10月，6—10日参加海峡两岸建筑专家、学者40年来的首次学术座谈会。
- 12月，20日在《北京晚报》上发表文章《谈谈天安门》。
- 设计及指导：
  "炎黄艺术馆"
  东城区民安胡同

1989年 77岁

- 1月，12日在《北京晚报》上发表文章《谈谈天安门广场的照明》。
- 2月，赴承德主持设计承德竹林寺小区中心组团。25日、28日在《北京晚报》上发表文章《华而不实不可取》。
- 5月，写《多层高密度》和《建筑要为人民服务》两篇文章；16日，参加"建筑教育质量评估会"及"文化城市与现代化建设"国际学术会议。
- 6月，3日在《北京科技报》上发表文章《加强城市建设决策的科学化民主化》。
- 7月，在《建筑学报》上发表文章《"多层、高密度"大有可为——介绍两个住宅组群设计方案》。
- 9月，1日完成承德项目设计图纸。开始指导设计景泰东里住宅小区。
- 11月，10—16日赴曼谷参加海峡两岸第二次建筑学术交流会，做"数典不忘祖 温故能创新"的发言介绍我国的前辈建筑师。
- 其余发表文章：
  在《人民日报海外版》上发表文章《建筑高层化不等于现代化》
  在《城市规划》上发表文章《应该提倡院落式住宅组团》

在《城市规划》上发表文章《多层高密度必将代替高层高密度》
在《北京科技报》上发表文章《建筑、社会、文化》
- 主持设计：
  承德竹林寺小区
  景泰东里住宅小区

1990年 78岁

- 1月，接待丹麦威卢克斯集团领导。
- 2月，开始设计并指导雅宝路小区规划；参加第三次海峡两岸建筑师讨论会筹备会。
- 3月，在《北京投资管理》上发表文章《勤俭建国勤俭建设勤俭建筑》。
- 4月，参加化工学院新校址方案评选。
- 6月，参加市政府组织的参观小后仓及菊儿胡同旧房改建工程；指导改进德宝小区规划设计；在《北京投资管理》上发表文章《怪≠美，洋≠新，多花钱≠建筑艺术》。
- 7月，赴承德竹林寺工地，进行现场指导。
- 8月，赴美国探亲，在美国洛杉矶加州理工学院作 *Chinese Architecture Past and Present* 报告。
- 9月，入选建设部全国首批勘察设计大师。
- 11月，在《建筑学报》发表《多层和高层之争——有关高密度住宅建设的争论》。
- 12月，开始参与"世界公园"研究工作。
- 设计及指导：
  雅宝路小区规划
  德宝小区规划设计

1991年 79岁

- 2月，到炎黄艺术馆工地查看，并与黄胄讨论装修方案；22日，到合肥参加合肥火车站方案评选。
- 3月，参与全国优秀近代建筑评审会议。
- 4月，到丰台区政府讨论"世界公园"方案；在《规划师》发表文章《桂林山水甲天下，桂北民居冠中华》。
- 5月，到市政协参加危房改造座谈会；听取宣武区危房改造情况，查看现场；了解崇文区危房改建情况；到西城建委参加危房改建工程开工典礼和参观德宝工地。
- 6月，与北京建筑工程学院师生研究"世界公园"方案；6月7日，到天坛与市政协委员商谈神乐署维修拆迁问题。
- 7月，在《北京晚报》上发表文章《惜哉！神乐署》；与院内同事研究西客站立面设计；研究马甸危房改造方案。
- 8月，到东城区开发公司，讨论东城危房改造方案；开始设计南馆小区规划方案，合作者为张长儒。
- 9月，在《建筑师》上发表文章《建筑师的典范——纪念杨廷宝诞辰九十周年》；28日，参加黄胄为庆祝炎黄艺术馆落成举办的宴会；29日到东城开发公司，向区邻导汇报南馆小区工程。
- 10月，21—29日赴桂林参加"中国民居第三次学术会议"并进行考察。
- 11月，写文章《桂北民居》、《若即若离，似亦不似，平淡之中，寓有新意——评清华大学新图书馆》；月底，到市政协讨论开放文物市场问题。
- 12月，赴天津参加市政协调查组考察文物市场、文化街、沈阳街、典当街的活动，回北京后参加讨论首都文物保护总体规划。

- 设计及指导：
  南馆小区规划

1992年 80岁

- 1月，继续南馆小区和世界公园设计工作；18、19日在《北京晚报》上发表文章《从中国营造学社谈起》。
- 3月，在《城市开发》上发表文章《为居民造福 为市容增色——介绍东直门南馆地区危房改造设计方案》；设计世界公园大门，并与北京建筑工程学院、清华大学的老师研究"世界公园"方案设计；19日，到革命历史博物馆讨论该馆改建问题。
- 4月，5日参加"世界公园"开工典礼；9日参加市政协七届五次会议，提交关于南馆工程的政协提议；23日参加戴念慈学术思想讨论会并发言。
- 5月，在《建筑师》上发表文章《忠于建筑 忠于人民——戴念慈创作思想研讨会上的发言》。
- 6月，到东南大学参加90年校庆；在《建筑师》上发表文章《致北京市市长的信》；25日到中国革命博物馆与中国历史博物馆录像，谈建馆经过。
- 7月，22日与北京天文馆领导谈扩建问题，开始天文馆改扩建设计。
- 8月，到天文馆踏勘现场，并到东城天象台看现状。
- 9月，赴哈尔滨进行中小工程优秀工程评选工作，发表评论《工程不分大小，设计质量第一》；15日到西直门谈该地区危房改建问题；17日在《北京日报》上发表文章《认识北京爱护北京宣传北京》。
- 9月—10月，在设计院内参与研究西城区桃园危房改建方案。
- 10月，11日在《北京晚报》上发表文章《古建筑不是广告牌》；23日在《北京晚报》上发表文章《谈谈天安门广场》。
- 11月，到北京天文馆与王世仁等谈"紫薇坊"方案；17—25日，到长沙参加中国建筑学会学术交流会及建筑创作评奖会议，会后参观游览张家界。
- 12月，与市领导、天文馆领导、文物研究所人员等讨论"紫薇坊"项目，并完成设计方案模型；30日与新疆招待所人员讨论建造新疆餐厅。
- 著作文献：
  北京建工出版社出版《建筑一家言》
- 设计及指导：
  景泰东里小区
  南馆小区
  世界公园设计
  北京天文馆全面规划

1993年 81岁

- 1月，设计新疆招待所新疆餐厅，并开始革命历史博物馆扩建设计、郑州工程的草图；11日，到上海参加"上海博物馆方案评审"会议及"上海证券大厦"方案评审。
- 2月，到天津大学评审教学成果。
- 3月，到首规委讨论十三陵拟建游乐场计划；讨论革历博和天文馆扩建。
- 7月，参加中国建筑学会"建筑史学分会"成立大会。
- 8月，到市政府，首都艺术委员会组织成员结合古都风貌进行参观考察，参观电视塔、京广中心俯瞰市容，并与市委领导座谈。
- 9月，开始研究西直门住宅；1日在《人民日报》上发表文章《从避暑山庄设计谈起》。21日在《北京日报》上发表文章《既要勤俭建国也要勤俭持家》。

- 10月，26日在《北京晚报》上发表文章《古都风貌的"加"和"减"》。
- 11月，参加承德市规划会议；参加首规委会议，讨论"古都风貌"。
- 12月，绘西直门住宅图；在《建筑师》上发表文章《热爱祖国，热爱建筑——纪念林乐义同志》；16日在《中国建设报》上发表文章《从"建设性破坏"谈起》；20—27日飞往桂林，参加建委召开建筑风格及地方特色研讨会；23日在《北京日报》上发表文章《高度体量尺度色彩》。
- 设计及指导：
  北京天文馆扩建设计
  郑州住宅方案
  新疆招待所餐厅
  郑州住宅2期
  北京西直门大厦方案

1994年 82岁

- 1月，绘制天文馆方案；18日参加市长办公会议，讨论天文馆扩建问题。
- 2月，绘制郑州2期工程的平面单元。
- 3月，到北京市规划局参与"北京城市总体规划"讨论会，开始雍和宫工程；30日到人民大会堂参加李瑞环接见美国客人贝聿铭、林同炎等的活动。
- 4月，绘制最新北京天文馆方案；开始澳门大厦工程；在《城市开发》上发表文章《历史名城 现代首都——谈〈北京城市总体规划〉》。
- 5月，市政协组织考察古建筑，视察南新仓、东南角楼及城墙遗址，讨论瓮城修复方案。
- 6月，绘制北京天文馆设计图；研究西直门大厦；参与讨论西站内部设计；2日在《中国建设报》上发表文章《古都风貌、建筑风格、社会风气》；7日在《北京晚报》上发表文章《古瓶可以装好酒——再谈古建筑的合理性利用》。
- 7月，绘制新疆招待所总平面；修改北京天文馆方案；到小汤山空军疗养院参加讨论844工程；宴请贝聿铭夫妇；绘制中国革命历史博物馆改建方案立面图，与市领导谈博物馆立面改造。
- 8月，雍和宫工程交底；绘制革命历史博物馆透视，送图和信给北京市委领导；与周干峙交流东方广场事宜。
- 9月，设计王府井转角楼（六和大厦）。
- 10月，与钓鱼台国宾馆人员谈大门改建。
- 12月，做北京天文馆新方案；研究京门大厦；讨论西站南广场设计与商场的设计。13日，在《北京晚报》上发表文章《建筑与色彩》。
- 设计及指导：
  天文馆扩建设计
  郑州住宅2期
  军委844工程
  雍和宫工程
  王府井转角楼

1995年 83岁

- 1月，7日—25日参加北京市科委考察团，赴日本、中国香港考察天文馆；
  在《瞭望》上发表文章《身穿'洋装'头戴'瓜皮帽'——北京城市建筑风貌尽失》。
- 3月，7日在《中国建设报》上发表文章《要依法保护名城风貌》；9日在《中国建设报》上发表文章《专家学者应为保护古都风貌尽职尽责进言》。

- 8月，参加中日两国举办的"日中博物馆建筑·文物保护国际会议"，作"博物馆设计中的古为今用"的报告，介绍中国博物馆建设中"旧瓶装新酒"的方法与成就。

1996年 84岁

- 1月，在上海《新民晚报》上发表文章《回忆老"渔阳里"》。
- 3月，7—8日在《北京晚报》上发表文章《举头遥望小亭子，低头又见垂花门》；在《时代建筑》上发表文章《怀念谭垣老师》。
- 4月，赴杭州参加"建筑师未实现的理想"会议；6日，在《北京晚报》上发表文章《试将巴黎比北京》。
- 6月，在《建筑学报》上发表文章《谈小亭子和古都风貌》；26日，在《北京晚报》上发表文章《学习周总理，谨慎又谦虚》。
- 7月，在《建筑师》评选活动发表文章《〈未实现建筑设计方案集〉序言》。
- 9月，赴欧洲旅行；9日，在《北京晚报》上发表文章《理解建筑师，尊重建筑师》。
- 10月，接受香港中文大学蒋经国基金采访，谈自己的经历和中国近代建筑师；参与国宾馆、天坛的改建工作；15日在《北京日报》上发表文章《重现城墙雄姿，恢复古都风貌》；17日到北京湖广会馆参加"宣南鸿雪图志"首发仪式；19日在《中国建设报》上发表文章《谈当前城市建设中的贪高求大》。
- 11月，在南京参加东南大学建筑系成立70周年系庆及学术报告，作发言。参加刘敦桢100岁华诞纪念活动，并发言；11日参加844工程封顶仪式；12日在《北京晚报》上发表文章《从古城墙谈起》。26日在《北京晚报》上发表文章《我爱北京》。
- 12月，参与论坛报扩建工程；赴杭州参加程泰宁作品讨论会；10日参加市政协组织的调查天坛神乐署拆迁问题活动；26日到"新大都"参加评选国家歌剧院方案大会。
- 设计及指导：
  论坛报扩建工程

1997年 85岁

- 2月，22日在《北京晚报》上发表文章《北京人"众志成城"》。
- 4月，5日在《北京晚报》上发表文章《纪念我们的"后勤部长"》。
- 6月，25日在《中国建设报》上发表文章《勤俭节约，应从"头"做起》。
- 9月，16—18日在《北京晚报》上发表文章《建筑师的敬业精神与职业道德》。
  参加校庆，在《1927—1997东南大学建筑系成立70周年纪念专集》发表文章《怀念母校，感谢母校》。
- 10月，21—22日在《北京晚报》上发表文章《大未必佳》。

1998年 86岁

- 1月，8日接受北京电视台关于天坛神乐署问题的采访。
- 3月，到昌平参加居庸关开放典礼。
- 4月，为民族园工程看地，接受北京电视台采访，谈博物馆设计。
- 5月，1—2日在《北京晚报》上发表文章《城建切莫"古而西"》；到先农坛讨论古建博物馆问题，到市人代大楼讨论储存石刻碑经问题。
- 7月，到中国革命博物馆和中国历史博物馆参观"歌剧院"方案展览；21—23日，在《北京晚报》上发表文章《建住房不必学香港》。
- 8月，写文章建议缓建大剧院，寄发朱镕基总理及《北京日报》；25日，到房山云居寺讨论石刻收藏。

- 9月，与何祚庥、张钦楠、叶廷芳共同撰写缓建国家大剧院建议。
- 10月，与"佳源"董事长谈天文馆事宜；30日参加北京文物保护委员会会议，参观新发现的耶律楚材之子的墓。
- 11月，与天文馆领导研究天文馆设计方案；18日中央电台广播张开济等四人关于大剧院的建议。
- 12月，参与讨论、评选天文馆方案；12日，到中科院数学所参加教学楼揭幕典礼。

1999年 87岁

- 3月，在《建筑学报》上发表文章《关于国家大剧院的建议》。
- 4月，22日在《中国建设报》上发表文章《洋为中用，古为今用——从哈尔滨圣索菲亚教堂谈起》。
- 5月，5日在《北京晚报》上发表文章《杰作和它的背后——谈上海汇丰银行大楼的建筑》；23日在《中国建设报》上发表文章《城市现代化≠高层建筑》。
- 6月，30日在《北京晚报》上发表文章《城市现代化≠高层建筑+玻璃幕墙=物质文明+精神文明》。
- 8月，10日在《建设报》上发表文章《城市建设中的"八要"、"八不要"》。
- 11月，16日在《市场报》上发表文章《塔式高层住房北京不宜多建》；24日在《北京晚报》上发表文章《建筑师的烦恼》。

2000年 88岁

- 1月，到东城区委开会，讨论改造王府井大街北端规划方案，并参观附近教堂。
- 2月，参加市文物局会议，讨论建北京博物馆问题。
- 3月，到圆明园管理处讨论圆明园规划；到东郊工艺美术学院加工厂，讨论历史博物馆改旗徽问题。
- 4月，到北京市政协开会，讨论北京文物保护问题、保护古都风貌会议；6日，在《中国建设报》上发表文章《我呼吁》、在《北京晚报》上发表文章《复兴第三北京》；28日到北京俱乐部参加修复瓮城座谈会。
- 5月，9日在《建筑报》上发表文章"四谈勤俭建国"；16日《复兴第三北京》和《赞美地面文章》两篇文章在《北京日报》和《北京晚报》上被转载与刊登；27日参加北京大学建筑研究中心开幕式；31日随文物局视察"两广路"有关文物保护单位。下午座谈，向市领导汪光焘面交修复瓮城建议书。
- 6月，讨论论坛报馆扩建；在有关国家大剧院的专家呼吁书上签字。
- 7月，13日在《北京晚报》上发表文章《我在想》；19日与万嗣铨、王争鸣、周庆琳谈国家大剧院；在《北京日报》上发表文章《古城墙与古都风貌》。
- 9月，到市政协开会讨论"旧城改造与故都风貌"；到北京市科技活动中心参加"面向2049年北京文物保护及其现代化管理"学术讨论会。
- 10月，携夫人赴南京，参加中央大学校友会，发言。
- 11月，到九三学社，谈分片保护故都风貌问题。
- 12月，9日在《北京晚报》上发表文章《从"TOWN HOUSE"谈起》；18日，获得首届梁思成奖，参加颁奖典礼和国务院副总理温家宝召开的座谈会。

2001年 89岁

- 1月，到规划局讨论天文馆扩建方案。
- 2月，接受《世纪经济报》、北京电视台采访。
- 3月，到首规委开会讨论阜成门方案；6日，在《北京晚报》上发表文章《也谈"TOWN HOUSE"》。

- 4月，到故宫参加"建福宫复建工程"上梁仪式。
- 5月，财政部来访，讨论财政部大楼改建工程。22日，参加国家文物局召开的会议，讨论建立国家博物馆问题，提出原址扩建意见。
- 6月，8日与罗哲文、郑孝燮等一同去视察长陵、德陵。
- 7月，写信与中央领导谈国家博物馆的选址问题，提意见书；28日，举行90岁（虚岁）生日庆祝会。
- 12月3日，参加侯仁之90大寿庆祝会。

2002年 90岁
- 4月，30日—5月1日，赴苏州参加市领导组织的规划专家咨询会，并会见贝聿铭夫妇。

2003年 91岁
- 应邀参加中国国家博物馆概念性设计方案的评审会。
- 文献著作：
  北京出版社出版《尚堪回首》一书，收录张开济文章84篇。

2004年 92岁
- 在十位老专家给北京市领导的联名信上签字，建议立即停止对旧城的拆除和改造。
- 7月，16日到中国国家博物馆参观十个投标方案的公开展示，并进行点评。

2006年 94岁
- 9月，病逝于北京。

附录 2
张开济生平照片

（附图除特别标明之外，所有照片均由张开济先生家人提供并授权使用）

※附图1：中学时代与母亲、弟弟在上海的合影

※附图2：在复旦中学李鸿章铜像前留影

※附图3：张开济与夫人孙靖

※附图4：张开济单人照
摄于20世纪60年代

※附图5：张开济全家与陈叔通老人合影
中间为著名爱国民主人士陈叔通，是张开济父亲张季量的朋友，中国第一代建筑师陈植的叔父

※附图6：张开济抱着次子张永和参加单位陪同外国专家游八达岭活动（左一），1957年
左二为沈勃

※附图7：北京院同事在北京工人体育馆前合影，1961年
后排右八为张开济

※附图8："文革"结束后，京沪两地建筑师在北京聚会合影
左起张开济、杨锡镠、赵深、顾鹏程、陈植

※附图9："文革"结束后，第一二代建筑师在张开济家聚会
左起杨廷宝、陈植、张开济、徐中、最右不详

附录2 张开济生平照片

※附图10：巴黎"中国建筑·生活·环境展"开幕式，1982年

※附图11：巴黎"中国建筑·生活·环境展"场景一，1982年

※附图12：巴黎"中国建筑·生活·环境展"场景二，1982年

※附图13：在巴黎蓬皮杜中心留影

※附图14：改革开放初期工作照

※附图15：工作中与戴念慈在一起

※附图16：参加在上海嘉定召开的全国村镇建设学术讨论会，1983年6月
左四为张开济，左八为上海市副市长倪天增

※附图17：参加福建省闽清县坂东公社湖头大队新村的规划方案研讨，1983年11月
前排右三为张开济

※附图18：参加承德避暑山庄建庄二百八十周年学术讨论会合影，1983年8月
第二排左十二为张开济

※附图19：参加承德中心区规划方案竞赛评选工作，1987年1月

※附图20：参加北京院专家工作室工作合影，1989年
中间三人左起为张镈、赵冬日、张开济。图片来源：北京市建筑设计研究院有限公司

※附图21：参加北京院北京西客站方案讨论，1991年
左起为杨海、文跃光、张开济、吕志农、朱嘉禄。图片来源：北京市建筑设计研究院有限公司

※附图22：与自己设计的北京天文馆扩建方案模型合影，约1992年

※附图23：张开济夫妇与长子张保和（左一）、次子张永和（右一）在美国耶鲁大学合影

※附图24：张开济夫妇与张永和、鲁力佳夫妇在美国盖蒂中心合影

※附图25：拍摄文物古建筑

※附图26：20世纪80年代张开济与夫人孙靖合影

※附图27：在泰国曼谷参加海峡两岸第二次建筑学术交流会，做主题发言"数典不忘祖，温故能创新"，介绍中国第一代建筑师，1989年11月

※附图28：张开济夫妇在上海看望我国第一代建筑师陈植
左一为金瓯卜，左二为陈植

※附图29：在湖南长沙参加中国建筑学会学术交流会，会后与建筑界同行一起游览张家界，1992年11月
左图左起：崔愷、刘开济、张开济、马国馨；右图左起：张开济、罗小未、高亦兰。图片来源：北京市建筑设计研究院有限公司提供

※附图30：在杭州参加"程泰宁建筑作品座谈会"，1996年12月

※附图31：参加东南大学北京校友会建筑分会
左一起为张玉泉、张开济、吴良镛、柯焕章、张镈

※附图32：与同辈建筑师毛梓尧在家中合影
左一为毛梓尧外孙毛大庆

※附图33：张开济与华揽洪两家人相聚，1994年
左一为华揽洪夫人华伊兰，后排右一为张永和夫人鲁力佳

※附图34：张开济与法国建筑师保罗·安德鲁

附录2　张开济生平照片

251

※附图35：张开济夫妇与贝聿铭夫妇相聚

※附图36：参加苏州城市规划专家咨询会和博物馆新馆签约仪式，与贝聿铭携手同行，2002年4月30日

※附图37：参加苏州建筑博物馆新馆签约仪式，2002年4月30日
前排右五为张开济

※附图38：与罗哲文合影，1999年

※附图39：参加文物古建考察
右二为郑孝燮

※附图40：与好友侯仁之一起开会

※附图41：黄永玉家的聚会
左起黄永玉、王世襄、张开济、杨振宁、丁聪、黄苗子

※附图42：在故宫参加建福宫复建工程上梁仪式，2001年4月3日
前排左三为张开济，左五为于倬云，左七为罗哲文、左八为傅熹年。图片来源：中国文物保护基金会（China Heritage Fund Ltd.）提供

※附图43：丰富多彩的晚年生活，热爱摄影，坚持写作，喜欢收藏

※附图44：热爱小动物，晚年与夫人一起参加小动物救助、募捐工作

※附图45：张开济与夫人孙靖在苏州合影，2002年4月

※附图46：鲐背之年的张开济先生

※附图47：在家中收藏的雕花板前，门贴为著名印度建筑师查尔斯·柯里亚所赠

附录3 张开济设计工程图纸选录

1. **项目名称**：中国农民银行京行四条巷宿舍
   完成时间：1947年6月
   项目地点：南京
   建筑类型：联排和单元式职工宿舍
   建筑总面积：3000m² 左右
   建筑结构：砖木混合
   材料与构造：砖墙；杉木檩条坡顶洋瓦屋面、杉木楼板、杉木楼梯；钢筋水泥阳台；外墙做法为勒脚粉水泥，主体清水砖墙与黄沙石灰粉刷，局部用斩假石；室内为杉木木地板和磨石子地面；铁艺装饰大门。

图纸序号	图名	页码
附图1-1	总地盘图 大门门房车间图（平面图、正面图、侧面图、剖面图、围墙及围篱立面图） 门窗表	257
附图1-2	甲种宿舍设计图（底层平面、二层平面、假三层平面、北立面、南立面、横剖面、西立面）	258
附图1-3	乙种宿舍大楼平面图（底层平面、二层平面、三层平面）	259
附图1-4	乙种宿舍大楼立面及剖面图	260
附图1-5	乙种宿舍屋面平面图、屋架"甲"、屋架"乙"、屋架"丙"、屋架"甲""丙"搭接图、甲种宿舍底脚平面图、乙种宿舍底脚平面图、底脚剖面图、附注	261

※附图1-1 总地盘图、大门门房车间图及门窗表

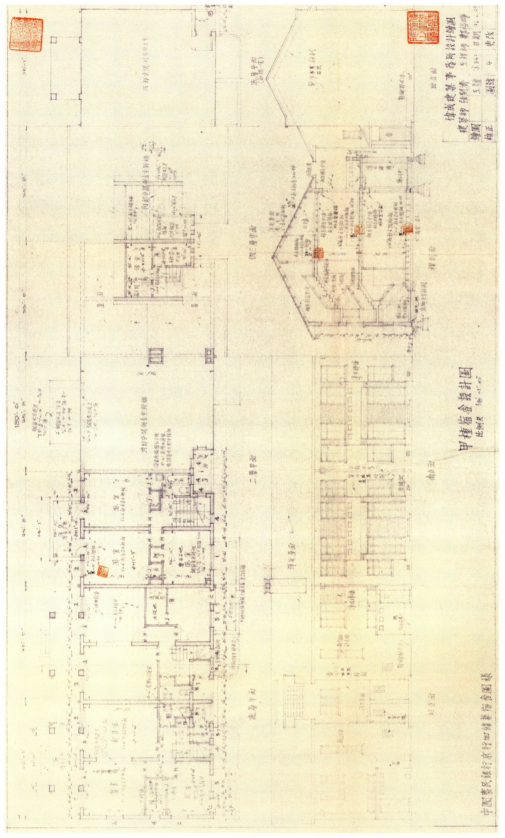

※附图1-2 甲种宿舍设计图

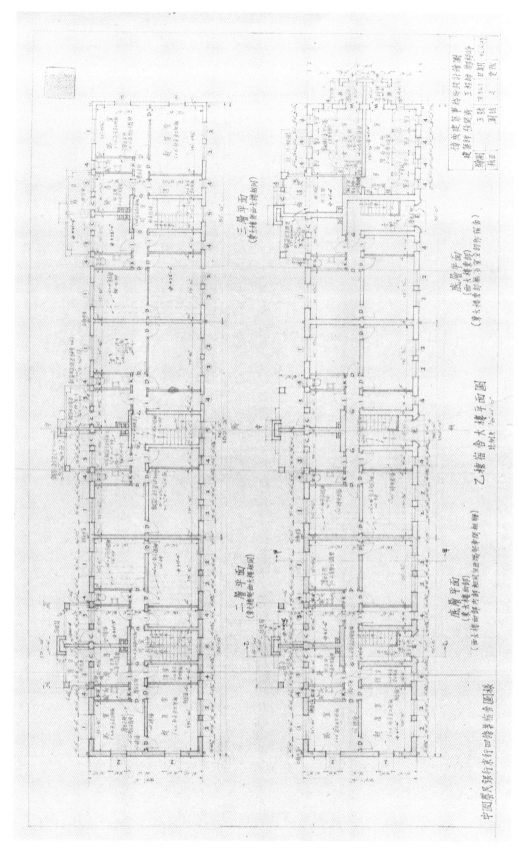

※附录图1-3 乙种宿舍大楼平面图

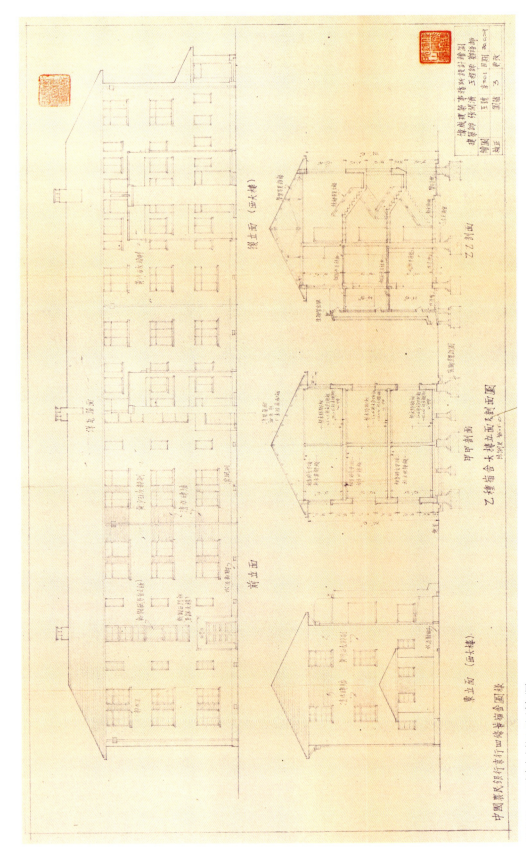

❀附图1-4 乙种宿舍大楼立面及直及剖面图

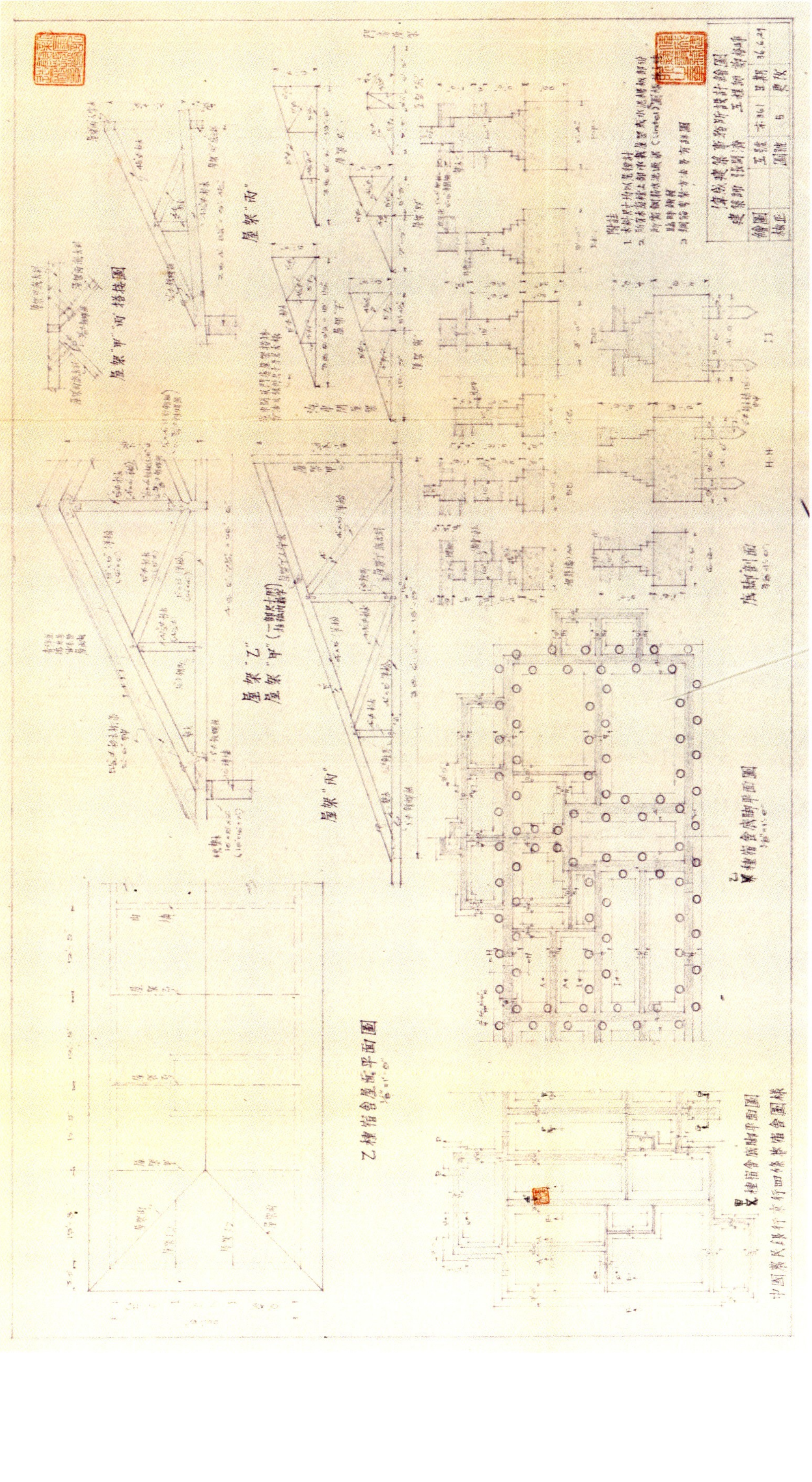

※附图1-5 乙种宿舍屋面平面图、屋架与底脚图、附注

2. **项目名称**：太平巷中央合作金库办公大楼
   完 成 时 间：1947年12月
   项 目 地 点：南京
   建 筑 类 型：综合办公楼
   建筑总面积：2000m² 左右
   建 筑 结 构：砖木混合
   材料与构造：砖墙和杉木屋架、青洋瓦屋面、钢筋水泥楼梯；外墙做法为斩假石勒脚，主体清水砖墙与水泥粉刷，局部用斩假石。室内为杉木木地板和美术磨石子地面。铁艺装饰大门。

图纸序号	图名	页码
附图2-1	门房图样	263
附图2-2	底层平面图	264
附图2-3	二层平面图	265
附图2-4	三层平面图	266
附图2-5	假四层平面图	266
附图2-6	侧立面及前后立面图	267
附图2-7	横剖面图及剖面图	268
附图2-8	屋架图、底脚平面图、底脚剖面图、附注	269

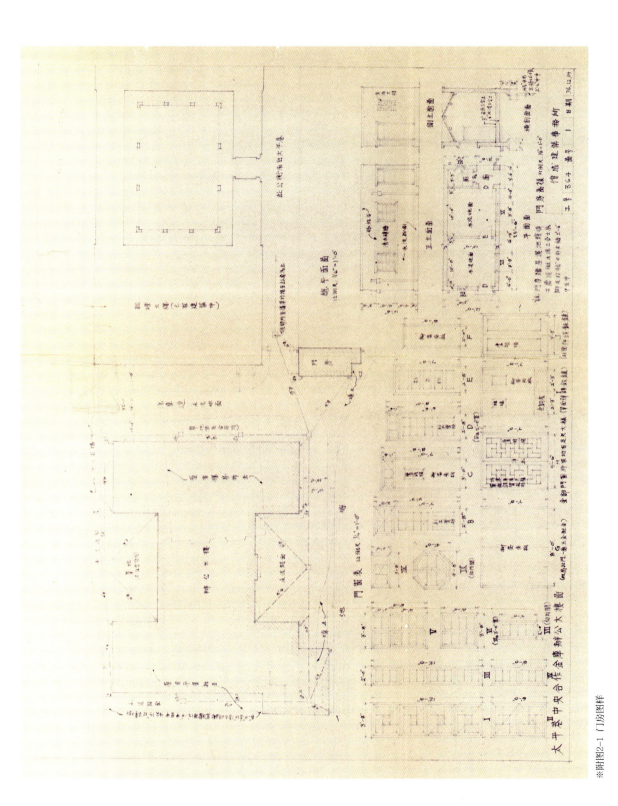

※附图2-1 门房图样

※附图2-2 底层平面图

附录3 张开济设计工程图纸选录

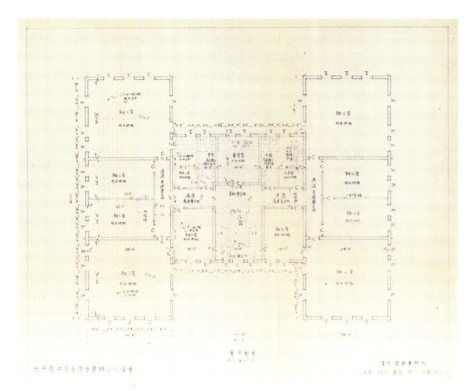

※附图2-4 三层平面图

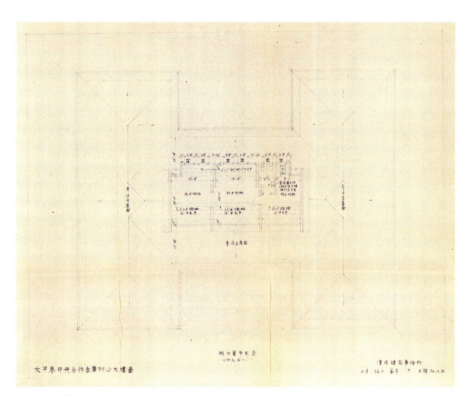

※附图2-5 假四层平面图

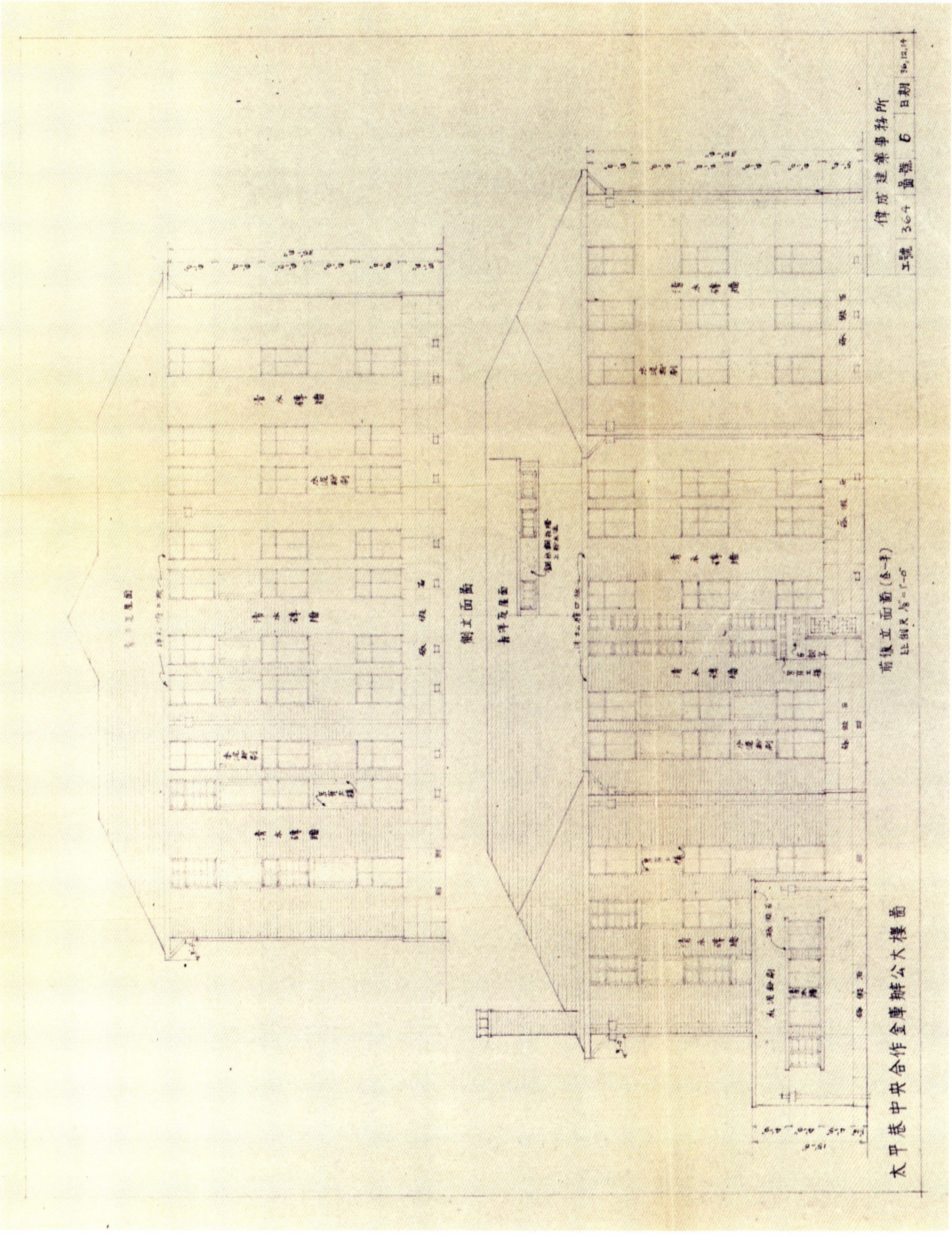

※附图2-6 侧立面及前后立面图

附录3 张开济设计工程图纸选录

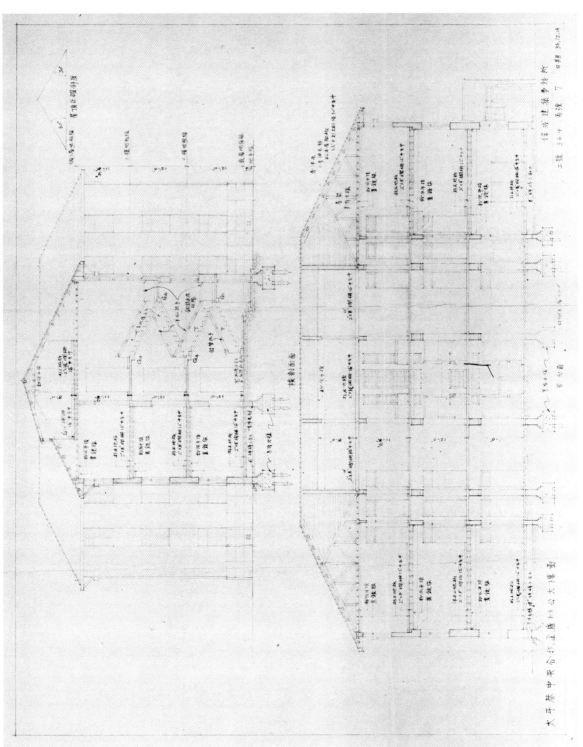

※附图2-7 横剖面图及剖面图

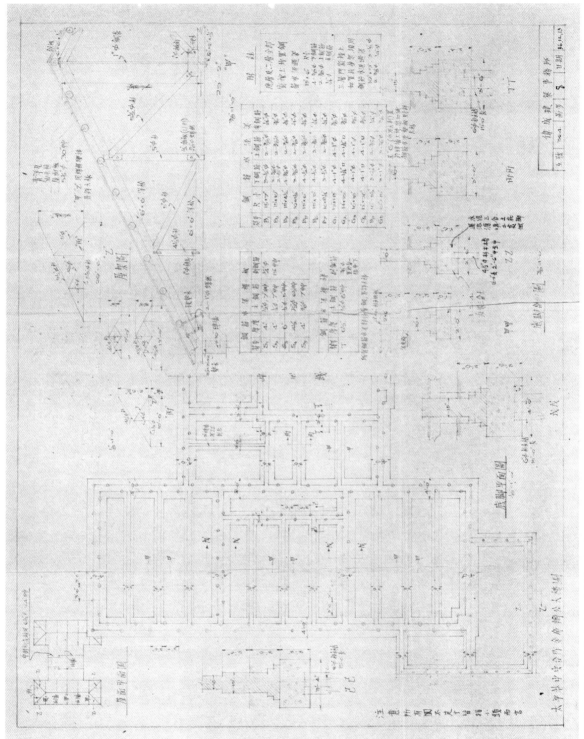

※附图2-8 屋架图、底脚平面图、底脚剖面图、附注

3. 项目名称：北京天文馆

   完 成 时 间：1957年9月
   项 目 地 点：北京
   建 筑 类 型：文化博览类
   建筑总面积：25000m^2
   建 筑 结 构：砖混结构、23m直径穹顶
   材料与构造：结构主体为砖墙，混凝土楼板和过梁等构件；天象厅穹顶外罩铜皮；外立面为米黄色斩假石，加预制装饰构件和汉白玉雕刻。

图纸序号	图名	页码
附图3-1	总平面布置图	271
附图3-2	一层平面图	272
附图3-3	剖面图乙-乙、丙-丙、I-I、通风塔详图	273
附图3-4	北立面图	274
附图3-5	南立面图	275
附图3-6	剖面图甲-甲、傅科摆及展厅详图	276
附图3-7	外墙大样图	277

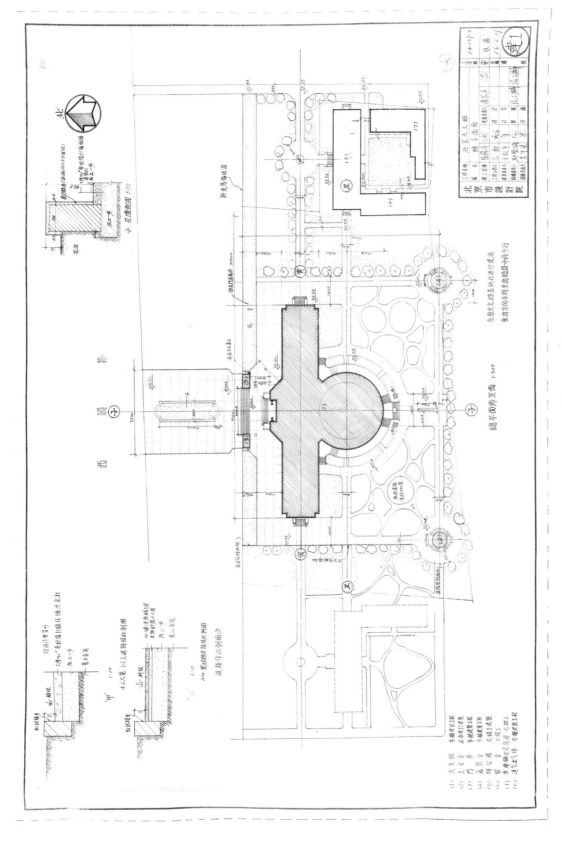

※附图3-1 总平面布置图

附录3 张开济设计工程图纸选录

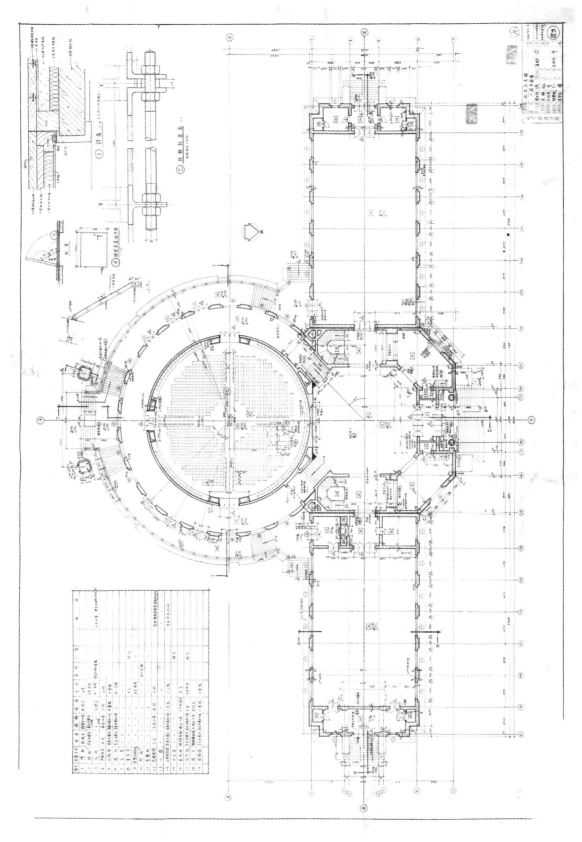

※附图3-2 一层平面图

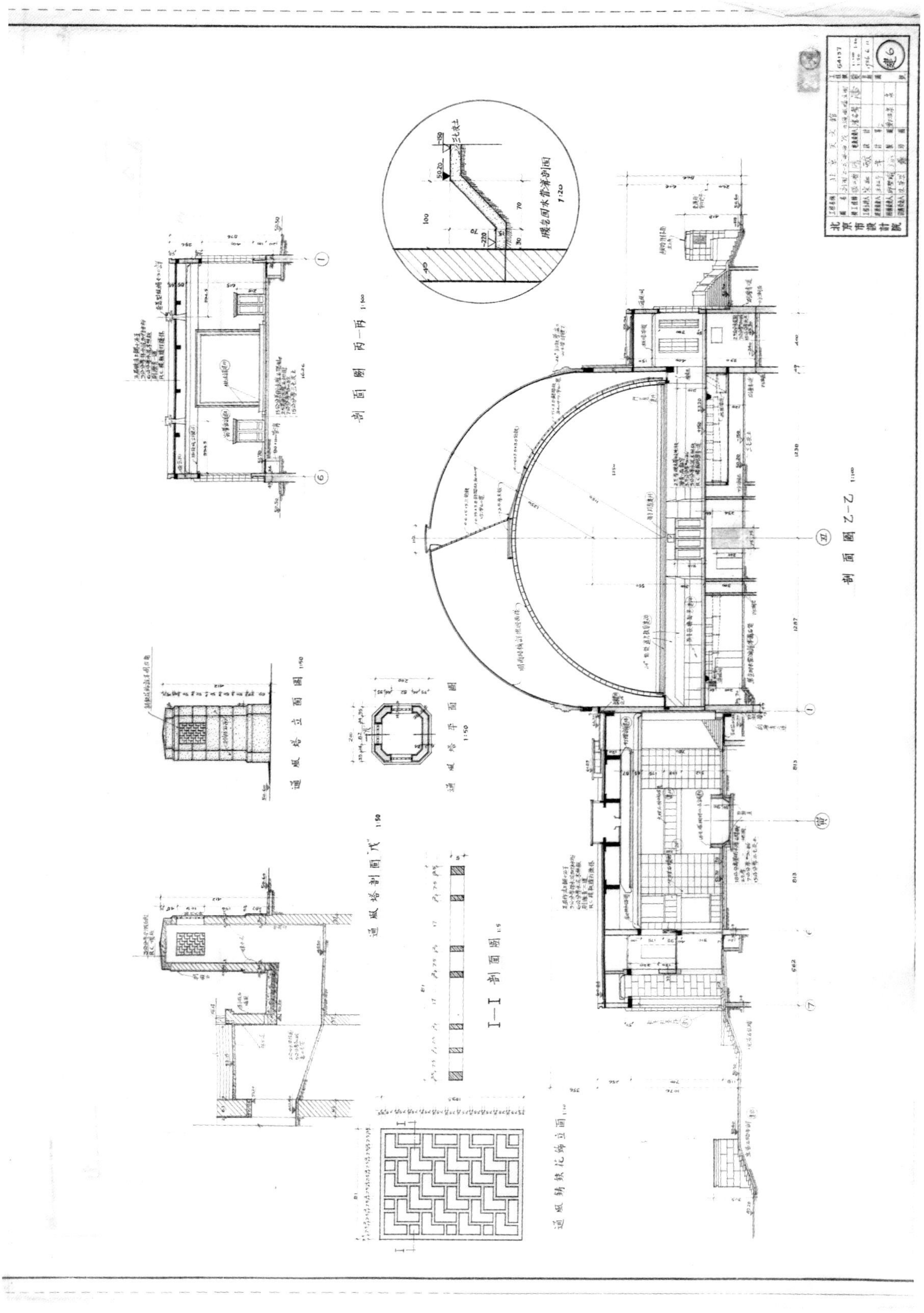

※附录图3-3 剖面图乙-乙、丙-丙、Ⅰ-Ⅰ、通风塔详图

附录3 张开济设计工程图纸选录

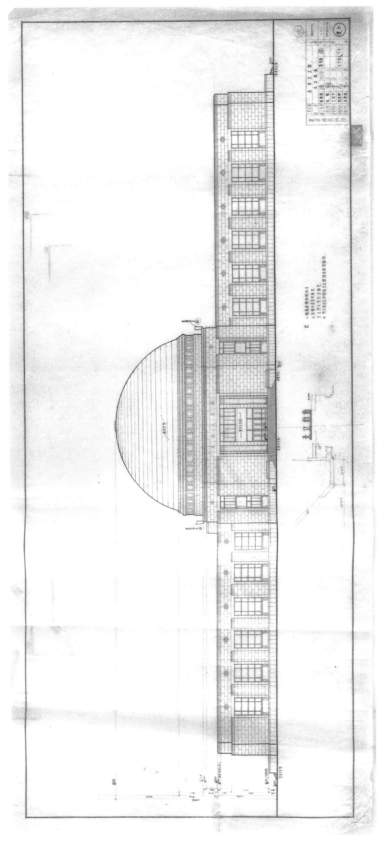

※附图3-4 北立面图

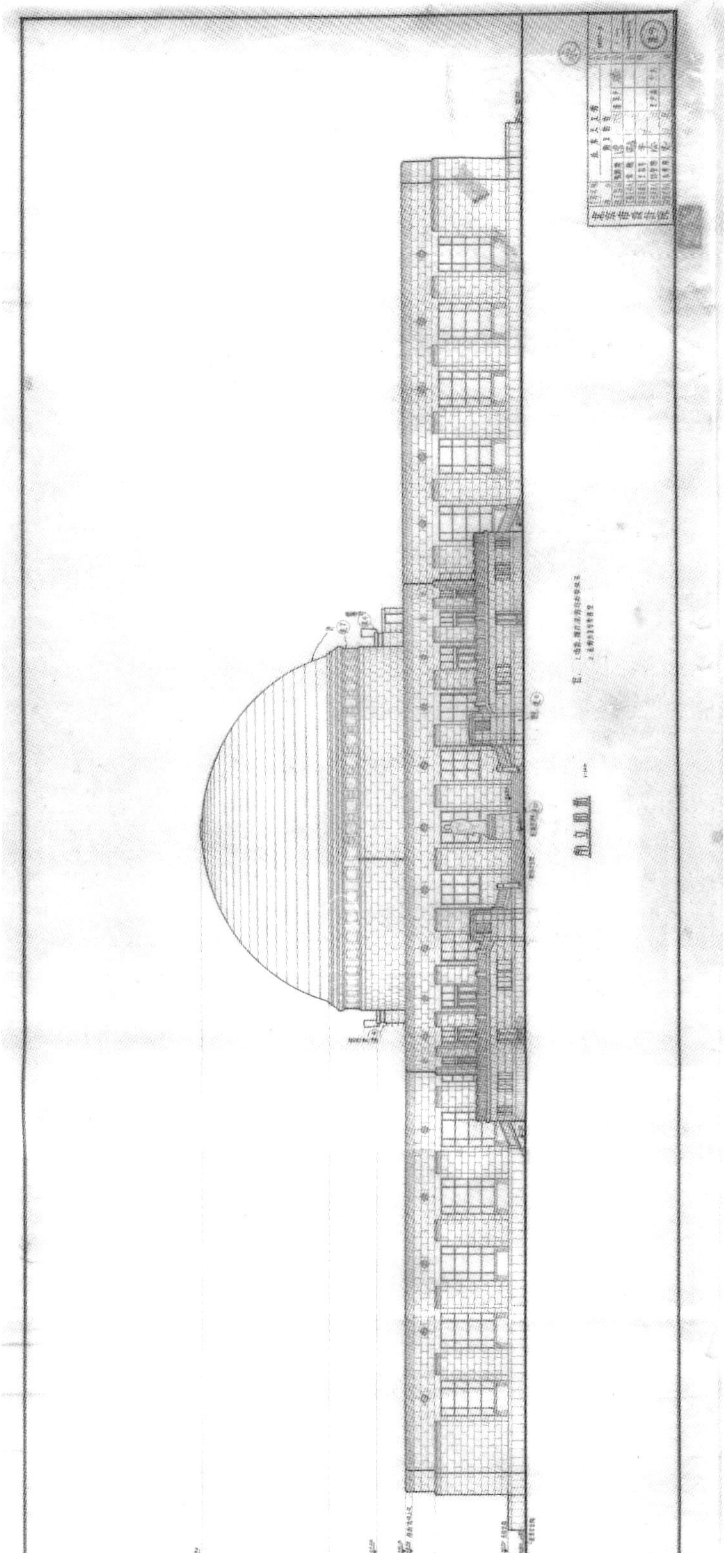

※附图3-5 南立面图

附录3 张开济设计工程图纸选录

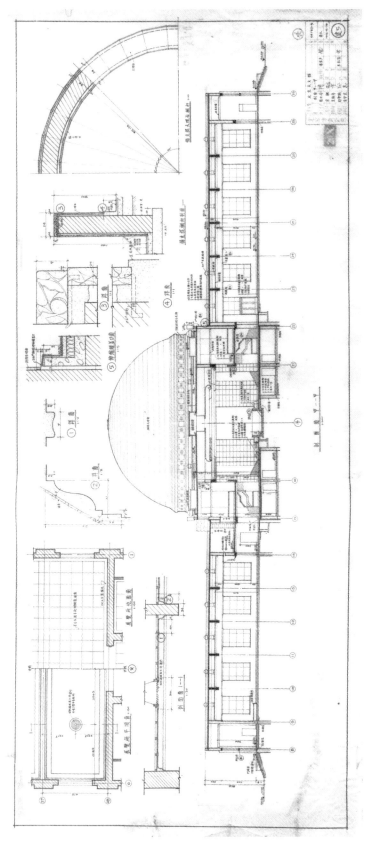

※附图3-6 剖面图甲—甲、傅科摆及展厅详图

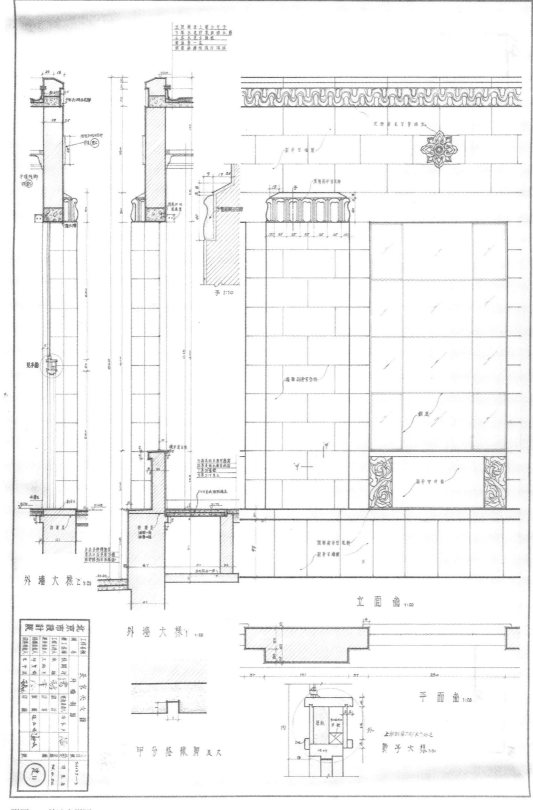

※附图3-7 外墙大样图

4. 项目名称：北京劳动保护展览馆
   完 成 时 间：1956年
   项 目 地 点：北京
   建 筑 类 型：文化博览类
   建筑总面积：10000m² 左右
   建 筑 结 构：砖混结构
   材料与构造：斩假石墙面，主厅为混凝土楼板及井字梁，钢框天窗；外墙饰有石膏花饰和浮雕，室内为水磨石地面和踢脚。

图纸序号	图名	页码
附图4-1	总平面图	279
附图4-2	底层平面图	280
附图4-3	头层平面图	280
附图4-4	二层平面图	281
附图4-5	三层平面图	281
附图4-6	正立面图	282
附图4-7	剖面图 Ⅰ-Ⅰ、Ⅱ-Ⅱ	283
附图4-8	剖面图 Ⅲ-Ⅲ、Ⅳ-Ⅳ、Ⅴ-Ⅴ	284
附图4-9	Ⅰ-Ⅰ剖面、外墙檐头大样	285
附图4-10	剖面4	286
附图4-11	门廊详图	287

附录3 张开济设计工程图纸选录

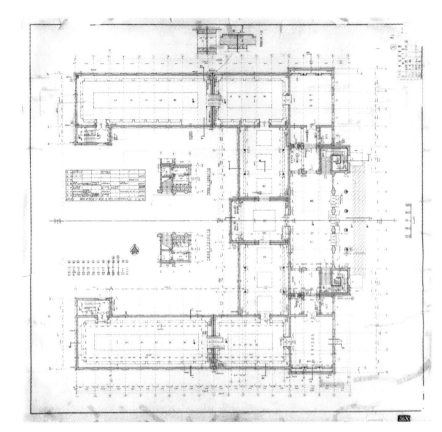

※附图4-3 头层平面图

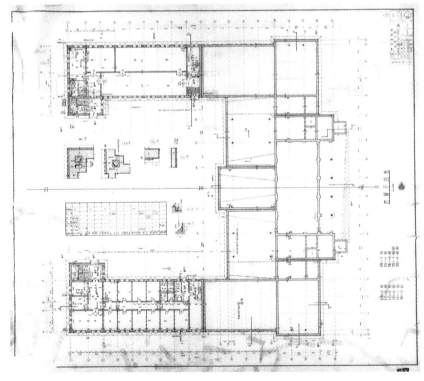

※附图4-2 底层平面图

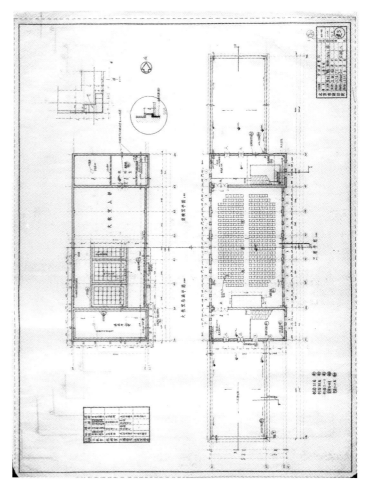

※附图4-5 三层平面图

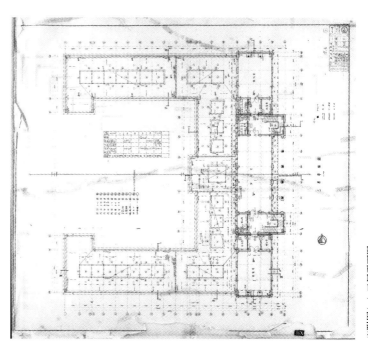

※附图4-4 二层平面图

附录3 张开济设计工程图纸选录

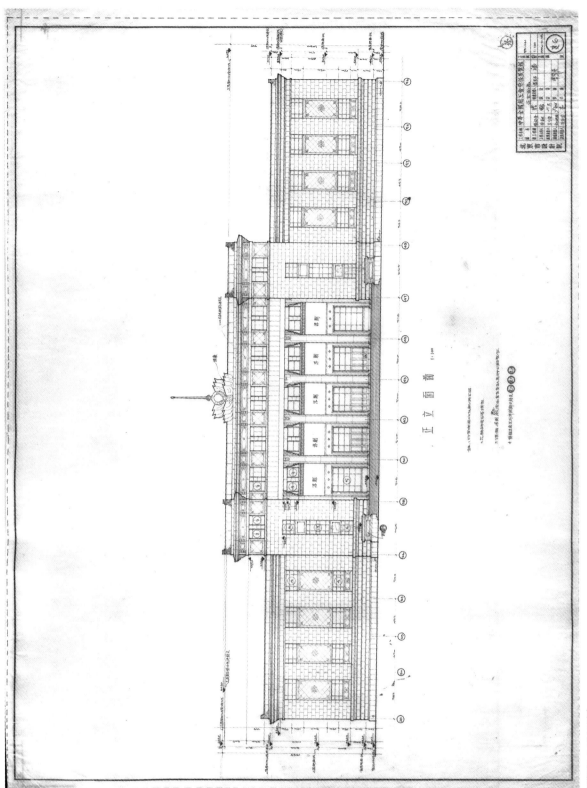

※附图4-6 正立面图

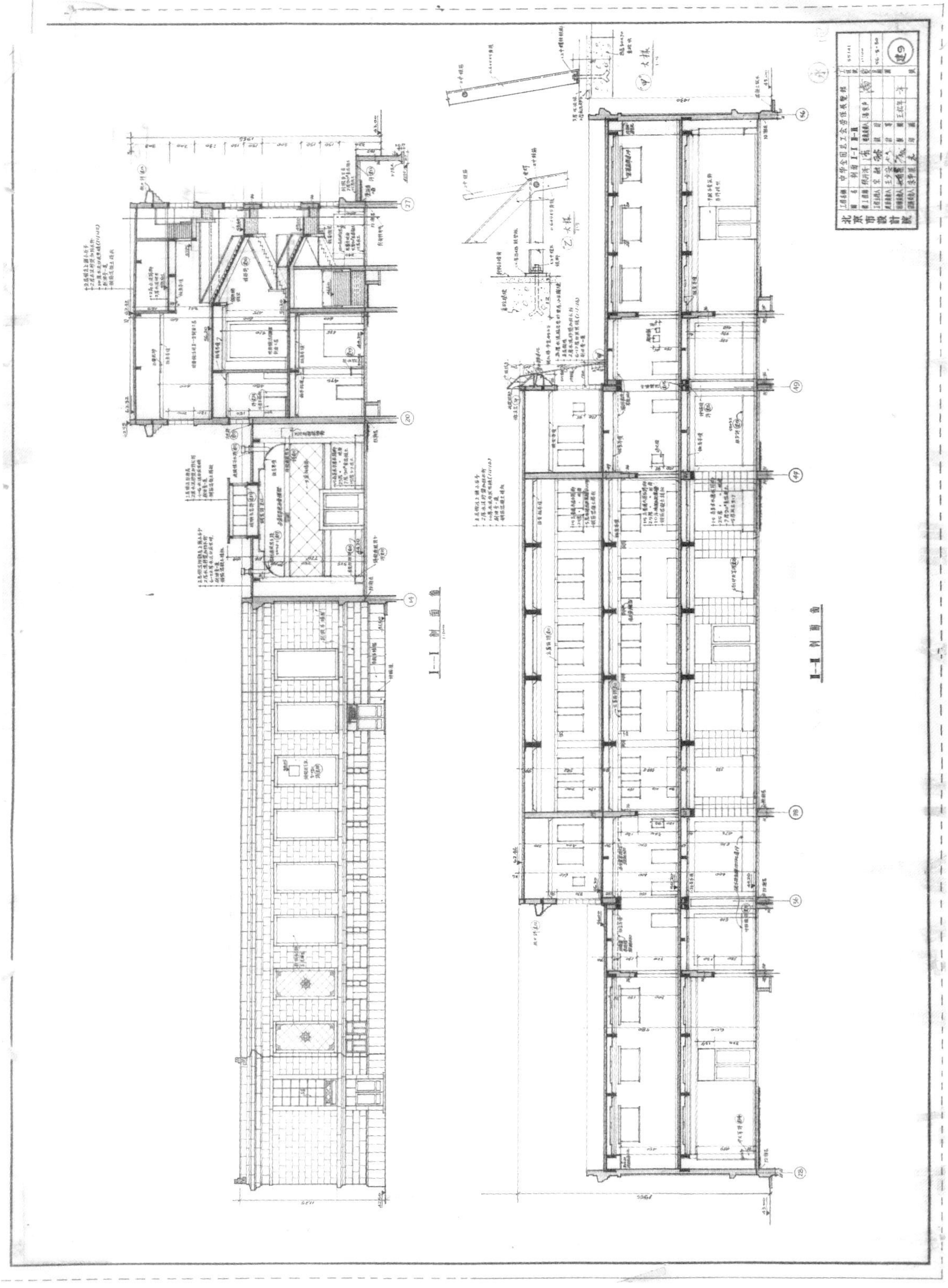

※附录图4-7 剖面图Ⅰ—Ⅰ、Ⅱ—Ⅱ

附录3 张开济设计工程图纸选录

※附图4-8 剖面图Ⅲ-Ⅲ、Ⅳ-Ⅳ、Ⅴ-Ⅴ

※附图4-9 I—I剖面、外墙檐头大样

286　建筑师 张开济

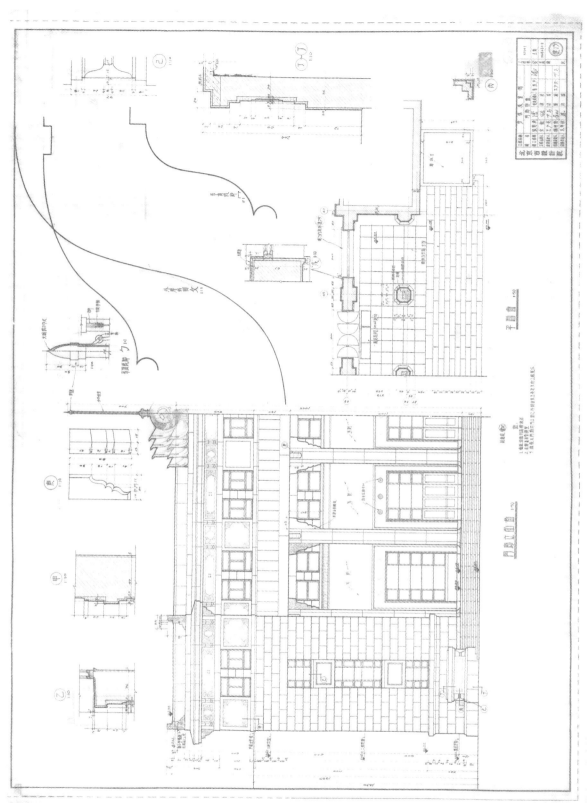

※附图4-11 门廊详图

附录4 张开济文稿统计表

序号	题目	类别	来源	日期（刊号）
1	蜀话	散文	天地	1944（9）：37-40.
2	续蜀话	散文	天地	1944（11）：26-27.
3	从女人谈起	杂文	天地	1944（13）：6-9.
4	Edible Edition	杂文	天地	1944（14）：8-9.
5	出妻表	杂文	天地	1945（15 16）：8-9.
6	谈女经	杂文	天地	1945（17）：12-14.
7	勿小觑女人	杂文	天地	1945（17）：21.
8	自说自话	杂文	天地	1945（18）：1-8.
9	栏后人兽	杂文	天地	1945（19）：5.
10	衣食住	杂文	天地	1945（20）：7-12.
11	记大人物的爱好	杂文	天地	1945（20）：26.
12	一日之差	杂文	天地	1945（21）：24.
13	怎样在建筑设计中厉行节约	思想检查	人民日报	1954-1-16（002）
14	三里河办公大楼设计介绍	方案介绍	建筑学报	1954（02）：100-103+126-132
15	最好的范本	建筑评论	北京日报	1954-11-1（002）
16	做一个真正的人民建筑师	思想检查	人民日报	1955-4-27（002）
17	我一定努力克服资产阶级设计思想	思想检查	北京日报	1955-5-13（002）
18	把建筑设计质量提高到世界水平	建筑创作	北京日报	1956-2-3（008）
19	关于住宅标准设计一些问题的商榷	建筑创作	建筑学报03	（1956）：112-115
20	反对"建筑八股"拥护"百家争鸣"	建筑创作	建筑学报07	（1956）：57-58
21	不要把房屋都沿街建	建筑评论	北京日报	1956-10-26（003）
22	北京天文馆	方案介绍	建筑学报	1957（01）：1-13
23	中国革命和中国历史博物馆	方案介绍	建筑学报	1959（Z1）：33-39
24	通过首都几项重大工程的设计试谈建筑创作问题	建筑创作	建筑学报	1959（12）：37-38+21.
25	对建筑美观问题的看法	建筑创作	北京日报	1961-5-18（002）
26	装饰、陈设和建筑艺术	建筑评论	光明日报	1961-8-6
27	试论北京工人体育馆的建筑艺术	建筑评论	建筑学报	1961（08）：7-8

续表

序号	题目	类别	来源	日期（刊号）
28	北京市1963年城市住宅设计竞赛方案评介	建筑创作	建筑学报	1963（07）：1-5
29	改进住宅设计，节约建筑用地	建筑创作	建筑学报	1978（01）：14-20
30	建筑必须现代化	建筑评论	打印稿件	1978.5.7
31	关于建筑现代化和建筑风格的一些意见	建筑评论	建筑学报	1979（01）：26-30
32	从北京"前三门"高层住宅谈起	建筑评论	建筑学报	1979（06）：21-25+6
33	实现建筑现代化，首先要思想现	建筑评论	北京日报	1979-3-21（003）
34	欧洲考察报告	考察报告	手写稿件	1979.4.17
35	"高层"与"层高"——当前住宅建设中的两个问题	建筑评论	北京日报 建筑师	1979-9-8 1980（2）：57-62
36	西欧博物馆的活动与建筑	建筑创作	大自然	1980（01）：58-60
37	为古建筑请命	古建保护	文物通讯 建筑师 江西历史文物	1980（1）：9 1980（4）：1-7 1980（02）：2-6
38	把北京建设成优美的现代化城市	城市建设	人民日报	1980-10-05（003）
39	写在北京农村住宅设计竞赛评选之后	建筑创作	建筑学报	1981（05）：19-21+83
40	形式大好事实具在	其他	北京科技报	1982-9-6（001）
41	村镇建设要走中国自己的道路	乡村建设	村镇建设（试刊号）	1983.1
42	从"城南旧事"谈到建筑创作	建筑创作	新建筑	1983（01）：14-16
43	重视经济效益少建高层住宅	建筑评论	建筑	1983（04）
44	广大建筑师应该把服务重点转向农村	乡村建设	光明日报	1983-7-6（001）
45	建筑创作要走我国自己的道路	建筑评论	光明日报	1983-7-23
46	首先多样化，争取民族化——谈有关建筑创作的两个问题	建筑创作	建筑师	1983（17）：1-3
47	住宅建设要讲求经济效益	建筑评论	经济日报	1984-2-7（001）
48	不要画蛇添足	建筑创作	北京晚报	1984.3.22、24
49	高层建筑不是城市现代化的标志	建筑评论	打印稿件	1984.6.12

续表

序号	题目	类别	来源	日期（刊号）
50	高层房屋要三思而建——向城市建设决策者进一言	建筑评论	打印稿件	1984.6.12
51	高层住宅要三思而建	建筑评论	红旗	1984（22）
52	中国农村住宅建设（Rural Housing in China）	乡村建设	访美报告	1984
53	切勿扬短避长	建筑评论	红旗	1985（14）：41
54	建筑师需要两个"提高"和一个"扩大"	会议发言	学会座谈会上的发言	1985.2.23
55	建筑创作要"三尊重"	建筑创作	中青年建筑师会上发言	1985.2.22
56	惜哉！先农坛	古建保护	北京晚报	1985-4-11
57	要爱护北京城	城市建设	北京晚报	1985-5-30
58	假古董与真古董	古建保护	北京晚报	1985-6-6
59	传统建筑园地里的两朵奇葩——谈贵州侗族的鼓楼和花桥建筑	古建保护	贵州日报	1985-6-20（003）
60	再谈要爱护北京城	城市建设	北京晚报	1985.07.02
61	论多层住宅多样化	建筑创作	建筑师23	1985（23）：42-44
62	启发·观摩·提高——几位著名建筑家和建筑教育家为本刊创刊所写的赠言	建筑创作	建筑画	1985（1）：3
63	不宜小题大做——对某些风景区内新建筑的观感	建筑创作	经济日报 建筑一家言	1985-9-15 1992：116
64	且听外国百家言——再论北京的高层建筑	建筑评论	北京晚报 建筑一家言	1986-1-28（003） 1992：74 未删减版
65	少兴土木缓兴土木	建筑评论	人民日报海外版	1986-1-25（002）
66	发挥贵州独特优势发扬中华传统文化——在贵州文物考察报告会上的发言	古建保护	贵州文物	1986.2
67	高层风带来了"高层风"	建筑评论	北京晚报 建筑一家言	1986-5-24（003） 1992：77 未删减版
68	广大农村是建筑师创作的广阔天地	会议发言	手写稿件	1986.5.4
69	建筑设计应该提倡"三尊重"	建筑创作	中国科技报	1986.8.4
70	维护古都风貌和现代化城市建设	城市建设	北京日报	1986-10-27

续表

序号	题目	类别	来源	日期（刊号）
71	关怀残疾人开拓"无障碍"环境——当前我国城市环境建设中的一个新课题	城市建设	建设报 建筑师	1987-5-8 1986（26）：204-205+203
72	不要用行政权力压制学术争鸣	建筑创作	人民日报	1986-11-9（003）
73	学画不成改拍照	建筑创作	建筑画	1986（2）：44
74	中国无障碍设计（Barrier-Free Design in China）	会议发言	国际第三届无障碍论坛	1987
75	维护古都风貌 发扬中华文化	城市建设	建筑学报	1987（01）：30-33
76	旧瓶不妨装新酒	建筑创作	科技日报	1987-3-11（004）
77	一个老建筑师的心声	建筑创作	打印稿件	1987.7
78	城市建设的决策亟需民主化和科学化	城市建设	群言	1987（08）：11-33
79	造不起更拆不起——再说高层住宅	建筑评论	北京晚报	1987-9-3（003）
80	与其将来拆毁不如现在少建——再谈高层住宅的弊端	建筑评论	北京晚报	1987.11.17
81	我的观点	建筑创作	打印稿件	1987
82	高层化是我国住宅建设的发展方向吗？	建筑评论	建筑学报	1987（12）：35-40
83	住宅楼群中空地越大越好吗？	建筑评论	北京晚报	1988-2-13
84	北京需要新型住宅	建筑创作	手写稿件	1988-2-16
85	住宅高层化是我国住宅建设的发展方向吗？	城市建设	城市规划	1988（01）：9-12
86	理解建筑师	建筑创作	人民日报	1988-5-9（003）
87	一点也不走样——修复文物建筑的一个基本原则	古建保护	北京晚报	1988.7.28、30
88	宣传自己，提高自己，尊重自己——写在建筑节之际	建筑评论	科技日报	1988-7-2（004）
89	"修我长城"要重视文物保护的原则	古建保护	光明日报	1988-8-21（002）
90	不建高层，也能提高建筑密度——介绍一个"多层、高密度"住宅组群方案	方案介绍	城市规划	1988（06）：8-9
91	谈谈天安门	建筑评论	北京晚报	1988-12-20
92	中国当下建筑设计中的历史（History in Architecture Today in China）	建筑创作	法国建筑创作国际学术会议报告	1988

序号	题目	类别	来源	日期（刊号）
93	数典不忘祖，温故能创新	建筑历史	海峡两岸第二次建筑学术交流会报告	1989
94	谈谈天安门广场的照明	建筑评论	北京晚报	1989-1-12
95	"华而不实"不可取	建筑创作	北京晚报	1989-2-25、28
96	建筑要有人民性	建筑创作	手写稿件	1989.5.24
97	应该提倡院落式住宅组群	建筑创作	城市规划	1989（02）：8-7
98	加强城市建设决策的科学化民主化	城市建设	北京科技报	1989-6-3
99	"多层、高密度"大有可为——介绍两个住宅组群设计方案	方案介绍	建筑学报	1989（07）：6-10
100	北京的昨天 昨天的北京	其他	展览前言《建筑》8	1989.8
101	中国建筑的过去与现在（Chinese Architecture Past and Present）	建筑创作	美国加州理工学院学术报告	1990
102	勤俭建国 勤俭建设 勤俭建筑	城市建设	北京投资管理	1990.3
103	怪≠美，洋≠新，多花钱≠建筑艺术	建筑评论	北京投资管理	1990.6
104	多层和高层之争——有关高密度住宅建设的争论	建筑创作	建筑学报	1990（11）：2-7
105	桂林山水甲天下 桂北民居冠中华	古建保护	规划师	1991.4
106	经济效益是"房改"和"危改"的第一要求	建筑评论	手写稿件	1991.6.2
107	惜哉！神乐署	古建保护	北京晚报	1991-7-7
108	建筑师的典范——纪念杨廷宝诞辰九十周年	纪念文章	建筑师	1991（42）：1-3
109	若即若离，似亦不似，平淡之中，寓有新意——评清华大学新图书馆	建筑评论	打印稿件	1991.11.1
110	从中国营造学社谈起	纪念文章	北京晚报	1992.1.18、19
111	谈民族风格和古都风貌	建筑评论	手写稿件	1992.2.24
112	为居民造福为市容增色——介绍东直门南馆地区危房改造设计方案	方案介绍	城市开发	1992.3
113	忠于建筑忠于人民——戴念慈创作思想研讨会上的发言	纪念文	手写稿件 建筑师	1992.05.10 1992（48）
114	如何统一现代化建设和故都风貌之间矛盾	城市建设	手写稿件	1992.5.18

续表

序号	题目	类别	来源	日期（刊号）
115	张开济总建筑师致北京市市长陈希同的信	建筑评论	建筑师	1992（46）：4-5
116	工程不分大小，设计质量第一	建筑评论	手写稿件	1992.9.27
117	认识北京 爱护北京 宣传北京	城市建设	北京日报	1992-9-17
118	古建筑不是广告牌	古建保护	北京晚报	1992-10-11（006）
119	谈谈天安门广场	建筑评论	北京晚报	1992.10.23
120	既要勤俭建国也要勤俭持家	建筑创作	北京日报	1993-9-21（007）
121	从避暑山庄设计谈起	建筑创作	人民日报 建筑师	1993-9-1（005） 1994（56）
122	古都风貌的"加"和"减"	城市建设	北京晚报	1993.10.26、27
123	高度体量尺度色彩	建筑创作	北京日报	1993-12-23
124	热爱祖国，热爱建筑——纪念林乐义同志	纪念文章	建筑师	1993（55）
125	从"建设性破坏"谈起	建筑创作	中国建设报	1993-12-16
126	参加国庆工程设计的点滴回忆	纪念文章	北京文史资料	1994（49）
127	从"建设性破坏"谈起	建筑评论	北京晚报	1994-3-1（011）
128	历史名城现代首都——谈《北京城市总体规划》	城市建设	城市开发	1994（04）：5-7
129	古瓶可以装好酒——再谈古建筑的合理性利用	古建保护	北京晚报	1994-6-7
130	古都风貌·建筑风格·社会风气	古建保护	中国建设报	1994-6-2
131	建筑与色彩（上）、（下）	建筑创作	北京晚报	1994-12-13、14（011）
132	身穿"洋装"头戴"瓜皮帽"——北京城市建筑风貌尽失	城市建设	瞭望	1995（26）
133	要依法保护名城风貌	古建保护	中国建设报	1995-3-7
134	专家学者应为保护古都风貌尽职尽责进言	古建保护	中国建设报	1995-3-9
135	北京城市建筑风貌得失议	城市建设	瞭望新闻周刊	1995（26）：30-31
136	赠联天坛、十三陵	古建保护	北京晚报	1995-8-16（011）

续表

序号	题目	类别	来源	日期（刊号）
137	博物馆设计中的"古为今用"	建筑创作	手写稿件 中日博物馆建筑·文物保护国际会议文集	1995.8.23 1995：9-11
138	回忆老"渔阳里"	会议文章	手写稿件	1996.1.24
139	举头遥望小亭子低头又见垂花门	建筑创作	北京晚报	1996-3-7、8
140	悼念谭垣老师	纪念文章	时代建筑	1996（03）：2-3
141	试将巴黎比北京	城市建设	北京晚报	1996-4-6
142	学习周总理谨慎又谦虚	纪念文章	北京晚报	1996-6-26
143	谈小亭子和古都风貌	建筑创作	建筑学报	1996（06）：4-7
144	《未实现建筑设计方案集》序言	建筑创作	《建筑师》评选活动	1996.7.20
145	理解建筑师尊重建筑师	建筑创作	首都建设报	1996-7-26（004）
146	国庆十大建筑设计追忆	建筑创作	纵横	1996（09）：26-28+3
147	重现城墙雄姿 恢复古都风貌	城市建设	北京日报	1996-10-15
148	谈当前城市建设中的贪高求大	建筑评论	中国建设报	1996-10-9
149	现代城市、文化古都和精神文明建设	城市建设	北京规划建设	1996（05）：10-12
150	从古城墙谈起	城市建设	北京晚报	1996-11-12
151	我爱北京	城市建设	北京晚报	1996-11-26、27
152	怀念母校，感谢母校	纪念文章	《1927-1997东南大学建筑系成立70周年纪念专集》	1997：96-98
153	城市现代化建设离不开精神文明建设	城市建设	城市开发	1997（01）：9-10
154	北京人"众志成城"	城市建设	北京晚报	1997-2-22
155	沈继光画册序言	其他	序言	1997.03
156	建筑设计贵在摆正角色	建筑创作	规划师	1997（01）：21
157	纪念我们的"后勤部长"	纪念文章	北京晚报	1997-4-5

序号	题目	类别	来源	日期（刊号）
158	勤俭节约，应从"头"做起	建筑评论	中国建设报	1997-6-25
159	建筑师的敬业精神与职业道德	建筑评论	北京晚报	1997-9-16、18
160	大未必佳	建筑创作	北京晚报	1997-10-21、22
161	努力建设新上海，精心维护"老洋房"	城市建设	手写稿件	1997.11.16
162	城建切莫"古而西"	城市建设	北京晚报	1998-5-1、2
163	建住房不必学香港	建筑创作	北京晚报	1998-7-21、23
164	"香港模式"是北京住宅建设的发展方向吗?	城市建设	建筑学报	1998（09）：37-39+3.
			北京规划建设	1998（03）：8-11.
165	我对进入新世纪的老北京充满信心	城市建设	手写稿件	1998.12.19
166	爱护动物善待动物	其他	中国妇女报	1999-2-24
167	关于国家大剧院的建议	建筑评论	建筑学报	1999（03）：50-51
168	洋为中用古为今用——从哈尔滨圣索非亚教堂谈起	建筑创作	中国建设报	1999-4-22
169	杰作和它的背后——谈上海汇丰银行大楼的建筑	纪念文章	北京晚报	1999-5-5
170	城市现代化≠建筑高层化	城市建设	中国建设报	1999-5-23
171	城市现代化≠高等建筑+玻璃幕墙=物质文明+精神文明建设（上）、（下）	城市建设	北京晚报	1999-6-30、31（022）
172	室内装修与个人收藏	其他	北京晚报	1999-7-23、24
173	城市建设中的"八要""八不要"	城市建设	建设报	1999-8-10（009）
174	建筑师的烦恼	建筑创作	北京晚报	1999-11-24（005）
175	塔式高层住房北京不宜多建	城市建设	市场报	1999-11-16
176	读"老北京"图集有感	其他	手写稿件	1999.12.02
177	从"四部一会"谈起	建筑创作	建筑百家回忆录	2000：34-38
178	复兴"第三北京"	城市建设	建筑报	2000-4-11
179	赞美"地面文章"	城市建设	北京晚报	2000-5-16
180	四谈勤俭建国	建筑创作	建筑报	2000-5-9

序号	题目	类别	来源	日期（刊号）
181	为了北京的明天	城市建设	群言	2000（12）：4-6
182	从"TOWN HOUSE"谈起	建筑评论	北京晚报	2000-12-9
183	也谈"TOWN HOUSE"	建筑评论	北京晚报	2001-3-6
184	重现城墙雄姿恢复古都风貌	城市建设	建筑创作	2003（11）：160-161
185	尚堪回首	其他	北京观察	2003（08）：48-51.
186	保护北京古都风貌 创造优美城市形象	城市建设	手写稿件	2003：154-158
187	加强什刹海的人民性	城市设计	《尚堪回首》收录	2003：78-82
188	城市色彩宜淡雅明快	城市建设	《尚堪回首》收录	2003：205-206
189	这个"脸"变得好	城市建设	《尚堪回首》收录	2003：224-226
190	纪念梁思成不搞"古而西"	建筑评论	《尚堪回首》收录	2003：314-315

正文人名索引

（斜体页码表示该人名出现于注释）

阿尔伯蒂：153
艾中信：122
保罗·克瑞（Paul Philippe Cret）：*019*、021、026
保罗·安德鲁（Paul Andreu）：202
保图斯基：035
鲍鼎：018、036
鲍兆峰：062
贝伦斯（Peter Behrens）：019
贝寿同：016、017、018、019、020、025、026
贝聿铭：175、177、201、221、222
伯鲁乃列斯基：153
卜秋明：102
卜一明：081、082
曾竹韶：122
曾子泉：018
陈登鳌：052、*096*、109、110、160
陈独秀：008
陈干：*082*、097
陈果夫：062、066
陈惠夫：062
陈天：088
陈望道：008
陈毅：126、196
陈裕华：018
陈云：126
陈占祥：079、*096*、101、*105*、*168*
陈植：*134*、222
陈遵妫：118、121、126
程世抚：142
程世杰：062
崔恺：223
戴念慈：061、079、160、162、168、183、222
单士元：196
邓庆坦：050
邓小平：126、162、168、182、*183*、192
董大酉：110
董维宝：*002*、*008*、*009*、061
段锡朋：017
凡·德·威尔德（Henry van de Velde）：020
范文照：012、018、021、022、025
费康：018、037、052、056
费麟：052
费孝通：079
冯法祀：079
冯天觉：050

弗兰克·劳埃德·赖特（Frank L. Wright）：069、152、153、154、222

傅熹年：201、203

傅义通：079、087、088、091

盖而纳（Ernest Gellner）：096

高汉：*082*、097

高鲁：117

格雷培尔：024

格罗皮乌斯（Walter Gropius）：020、027、153

古力治（Ernest P. Goodrich）：017

顾鹏程：051、052、074、075、076、*158*、*168*、222

关颂声：037、043、045、046

郭沫若：121

郭泰祺：008

郭宜兴：011

郭稚良：009

过元熙：087、214

汉尼斯·梅耶（Hannes Meyer）：027

何立蒸：*018*、024、026、*027*、030、031

赫鲁晓夫：097、103

黑川纪章：177

亨利·考伯（Henry N. Cobb）：221

亨利·墨菲（Henry K.Murphy）：011、017、035

侯仁之：079、203

侯幼彬：023、024、025

胡适：*005*、008

华揽洪：076、078、079、080、*091*、096、100、101、*108*、*168*、194、201、202、203、222

华南圭：079

华午晴：050

滑田友：122

黄苗子：177

黄毓麟：088

黄胄：177

霍夫斯塔德（Richard Hofstadter）：164

江泽民：208

蒋南翔：133

蒋维泓：100、101

金耀基：081

金志强：100

科拉伦斯·佩里（Clarence Perry）：086

赖德霖：*007*、*012*、*025*、*041*、042、044、*045*、*084*、103、*161*、213

勒·柯布西耶（Le Corbusier）：026、153

李达：046

李登辉：009

李富春：098

李公侠：075、077、078、102

李海清：*007*、049、*067*、112

李可染：177

李瑞环：132

李婉贞：023、024、025

李毅士：016

李有伦：050、*051*

李元：117、*118*

梁启超：212

梁思成：012、018、036、074、075、078、080、082、083、084、085、086、087、092、096、097、103、105、125、134、135、150、161、170、171、199、207、214、222

梁永兴：*078*、080、*101*、*133*、*168*、223

林伯渠：008

林徽因：079、084

林乐义：125、*126*

林文漪：205

林宣：018

林语堂：008、056

林志群：183

刘敦桢：016、017、018、019、020、025、036、103

刘福泰：016、018、019、024、025

刘海粟：177

刘既漂：018、052、053

刘开济：102、127

刘泌：062

刘仁：141

刘少奇：126

刘小石：133、184、202、203

刘秀峰：098、133、150

刘亦师：*075*、*076*、*078*、*079*、091、*092*、102

卢树森：016、018、025、026

卢松华：*011*、012、032

卢锡华：*011*、*032*、051

卢锡麟：011、032、051、061、062、219

鲁力佳：221

鲁迅：002、008、147

陆谦受：040、041、115、214

罗家伦：018、037、216

罗童松：062

罗哲文：201、202、203

吕彦直：012、045

马文平：164

毛泽东：008、105、132

梅因（Charles Mayne）：012

米开朗基罗：153

密斯（Ludwig Mies van der Rohe）：153

穆特修斯（Hermann Muthesius）：019、020
倪尚达：025
欧内斯特·罗杰斯（Ernesto N.Rogers）：152、153、154、155
欧阳骖：079
佩夫斯纳：*019*、020
彭怒：*043*、044、*045*、*074*、088
平永泉：184
钱俊瑞：133
邱圣瑜：052、056、*102*、*119*、*122*、*125*、*126*
阮仪三：201
邵力子：002
沈勃：078、*101*、102、118
沈理源：004
沈祥森：052、053
盛灼三：008
史建：147、149
史密森夫妇（Alison and Peter Smithson）216
舒同：142、143、144
斯大林：096、097、121
宋崇实：050、*051*、062
宋融：102、*117*、118、*119*、*122*、*125*、*126*、127、*182*、*183*
宋挚民：046
宋子文：040
苏青：056、057、058
宿白：203
孙靖：076、219、220
孙科：*017*、078
孙立己：076
孙庆棠：061
孙增蕃：030、031、033、034、043、061、092
孙中山：012、025
谭垣：018、020、021、022、025、029、088、089、*134*、135、222
唐璞：018、019、037、050
陶葆楷：076
童寯：018、*049*、*050*、084
托尼·加尼尔（Tony Garnier）：023
万里：133、180
汪定曾：158
汪精卫：008
汪坦：049
王安安：024
王定国：202
王虹：037
王临乙：122
王颖：110

威尔逊（George Leopold Wilson）：040、042
温家宝：*203*、207
巫敬桓：127
吴晗：126
吴良镛：196、201、202、203
吴希猛：102
吴作人：122
奚福泉：041、042、140
奚小彭：135、*136*
夏之时：058
萧默：202
谢辰生：196、202、203
谢雨辰：201
徐定虎：056
徐苏斌：215
徐永祚：008
徐中：021、024、030、031、051
许季上：002、074
许士芬：002
宣祥鎏：184、202
严伯符：046、050
阎子祥：194
杨嵩林：049
杨廷宝：043、044、045、064、070、079、092、104、217、222
杨锡镠：101、*158*、*168*
杨杏佛：008
杨永生：*100*、*196*、214、218
叶楚伧：008
叶笃庄：076
叶如棠：168、183
于右任：002
俞秀松：008
虞炳烈：018、020、021、023、024、025、028、033、140
喻传鉴：046、050
袁镜身：150
袁世凯：081
载沣：081
张爱玲：057、058
张百发：132
张保和：*043*、*051*、078、161、220、221、222
张伯苓：046、049
张镈：018、024、036、037、043、044、049、050、051、076、091、096、101、133、134、135、158、160、168、175
张充仁：088
张光德：002、003、004

张国焘：008
张季量：002、003、009
张嘉墩：040
张开敏：002
张乃燕：017
张若平：*076*、102
张闻天：141
张锡羊：046、222
张学良：017
张晏孙：002
张镛森：016
张永和：020、026、161、214、220、221、223
张玉泉：037、052、053、056
张钰哲：117
张长儒：147、149
张兆栩：079、087
张智：088
张子元：002、003、005
赵冬日：101、*134*、*135*、168、175
赵深：*134*、219
郑孝燮：049、201、202、203
郑裕峥：011、062
钟森：075
周恩来：082、102、126、*127*、133、134、198
周佛海：008
周干峙：183、201、202、203
周令钊：122
周庆云：004
周钰：010
周志莲：164
周治良：079、087、088
朱家骅：017
朱启钤：036、081
朱神康：*018*、025
朱兆雪：101、*158*、*168*
竺可桢：126
庄允昌：102
邹韬奋：008

参考文献

档案和文集

[1] 《北京市建筑设计研究院成立50周年纪念集》编委会. 北京市建筑设计研究院成立50周年纪念集1949—1999 [M]. 北京：中国建筑工业出版社，1999.

[2] 《中国建筑业年鉴》编委会. 1994中国建筑业年鉴 [G]. 北京：中国建筑工业出版社，1995.

[3] 《走进中央民族大学》编委会. 走进中央民族大学 [M]. 北京：中央民族大学出版社，2006.

[4] 北京建设史书编辑委员会. 建国以来的北京城市建设 [G]. 1985.

[5] 北京建设史书编辑委员会编辑部. 建国以来的北京城市建设资料第五卷房屋建筑上册 [G]. 1992.

[6] 北京建设史书编辑委员会编辑部. 建国以来的北京城市建设资料第五卷房屋建筑下册 [G]. 1992.

[7] 北京市档案馆馆藏档案. 北京市城市建设委员会外交部关于建造迎宾馆区问题的请示 [A]. 档案号047-001-00049.

[8] 北京市档案馆馆藏档案. 北京市建筑公司永茂公司各科室的计划与总结 [A]. 档案号032-001-00006.

[9] 北京市档案馆馆藏档案. 燕京（前门）饭店筹备处筹备工作总结报告和燕京饭店全面规划 [A]. 档案号082-001-00026.

[10] 北京市档案馆馆藏档案. 有关联合饭店基建问题改变名称财产移交等文件 [A]. 档案号004-003-00063.

[11] 北京市地方志编纂委员会. 北京志·市政卷·房地产志 [M]. 北京：北京出版社，2000.

[12] 北京市建筑设计研究院有限公司. 1963年北京市建筑设计院职工名册 [G].

[13] 北京市建筑设计研究院有限公司. BIAD北京市建筑设计研究院纪念集1949-2009 [M]. 天津：天津大学出版社，2009.

[14] 北京市建筑设计研究院有限公司. 北京市建筑设计试行简则 [G].

[15] 北京市建筑设计研究院有限公司. 北京市建筑设计研究院组织史资料（1949.10-1992.12）[G].

[16] 北京市建筑设计研究院有限公司. 建院和我 [G]. 2015.

[17] 北京市建筑设计研究院有限公司档案室. 张开济干部档案 [A].

[18] 北京市建筑设计志编纂委员会. 北京建筑志设计资料汇编下册 [G]. 1994.

[19] 北京市人民政府令（1989）42号. 关于严格控制高层住宅建设的规定 [EB]. 北京市人民政府

[20] 北京天文馆. 北京天文馆五十年1957-2007[G]. 北京天文馆编印, 2007.
[21] 城乡建设环境保护部. 关于控制城市高层住宅建设及住宅户型的通知[EB]. 城乡建设环境保护部1987-12颁布.
[22] 东南大学建筑学院学科发展史料编写组. 东南大学建筑学院学科发展史料汇编1927-2017[G]. 北京：中国建筑工业出版社, 2017.
[23] 侯幼彬. 中国近代建筑的发展主题：现代转型[G]. 2000年中国近代建筑史国际研讨会, 2000.
[24] 济南南郊宾馆. 五十年回眸——济南南郊宾馆建馆五十周年纪念[G]. 济南南郊宾馆编印, 2009.
[25] 建设部, 国家计委. 建设部、国家计划委员会关于贯彻执行《国务院关于严格控制城镇住宅标准的规定》补充意见的通知[EB]. 建设部, 国家计委1990-09-06颁布.
[26] 潘谷西主编. 东南大学建筑系成立七十周年纪念专集1927-1997[G]. 北京：中国建筑工业出版社, 1997.
[27] 首都规划建设委员会. 关于北京市区建筑高度控制方案的决定[EB]. 首都规划建设委员会1985-08-24颁布.
[28] 宋璞主编. 重庆南开中学1935-1952年大事记[G]. 重庆：重庆出版社. 2011.
[29] 同济大学建筑与城市规划学院. 谭垣纪念文集[M]. 北京：中国建筑工业出版社, 2010.
[30] 王弗, 刘志先. 新中国建筑业纪事（1949-1989）[G]. 北京：中国建筑工业出版社, 1989.
[31] 张复合. 中国近代建筑研究与保护：（六）[G]. 北京：清华大学出版社, 2008.
[32] 张开济, 等. 北京市设计院1956年度技术总结住宅设计报告[G]. 北京：北京市设计院, 1957.
[33] 中国建筑学会第三届代表大会秘书处编. 中国建筑学会第三届代表大会会刊[G]. 内部资料, 1962.
[34] 中国建筑学会建筑史学分会, 杨鸿勋, 刘托主编. 建筑历史与理论第五辑[M]. 北京：北京建筑工业出版社, 1997.
[35] 中国建筑学会建筑史学分会. 2019年中国建筑学会建筑史学分会年会暨学术研讨会论文集（下）[M]. 北京：北京工业大学, 2019.
[36] 中国建筑学会建筑史学分会. 全球视野下的中国建筑遗产——第四届中国建筑史学国际研讨会论文集（《营造》第四辑）[M]. 上海：同济大学, 2007.
[37] 中华人民共和国国务院公报1958（36）. 关于人民公社若干问题的决议[G]. 1958.

个人手稿、文稿、信件、日记

[1] "中国建筑·环境·生活展览"中法工作信件[Z]. 张开济家人收藏复印件. 1982.
[2] 《人民日报》社退稿信[Z]. 张开济家人收藏原件, 1984.
[3] 北京市计划委员会. 关于合作成立北京天文佳源科技有限公司改造北京天文馆及建设科技大厦项目建议书的请示[Z]. 张开济家人收藏油印稿, 1997.
[4] 北京市市长办公室. 根据录音整理的市长办公会议纪要[Z]. 张开济家人收藏打印稿, 1994.
[5] 北京天文馆. "天文馆改造工程"领导小组第一次会议纪要及"委托意向"[Z]. 张开济家人收藏复印件, 1994.
[6] 北京天文馆. 北京天文馆设计委托书[Z]. 张开济家人收藏原件, 1992.
[7] 北京天文馆. 抓住时机, 加快北京天文馆改造——北京天文馆馆级领导会议纪要[Z]. 张开济家人收藏原件, 1997.
[8] 高汉主编. 陈干文集 京华待思录[Z]. 北京市城市规划设计研究院.
[9] 华揽洪. 华揽洪给国家领导人的信[Z]. 张开济家人收藏传真文件, 1999.
[10] 建研院. 讨论邓小平同志批示的总结文件[Z]. 张开济家人收藏油印件, 1977.
[11] 梁思成. 梁思成给张开济回信原件[Z]. 张开济家人收藏原件, 1949.

[12] 蓬皮杜文化中心工业创作中心给中国建筑学会发来的合作邀请信[Z]. 张开济家人收藏, 1978.
[13] 沈勃. 北平解放, 首都建设札记[Z]. 北京市城市建设档案馆编.
[14] 孙靖. 抄家情况书面报告[Z]. 张开济家人收藏手稿.
[15] 吴良镛, 等. 十专家给北京市领导的联名文件[Z]. 张开济家人收藏复印件, 2004.
[16] 谢辰生. 谢辰生给温家宝的信[Z]. 张开济家人收藏复印件, 2004.
[17] 叶如棠. 1987年7月29日批复文件[Z]. 张开济家人收藏复印件, 1987.
[18] 张保和. 怀念我的父亲张开济[Z]. 张开济家人收藏文稿, 2012.
[19] 张光德. 漾桥别母图记[Z]. 张开济家人收藏复印件, 1876.
[20] 张季量. 张氏长物[Z]. 张开济家人收藏手稿.
[21] 张开济. "漾桥别母图记"后志[Z]. 张开济家人收藏手稿, 1990.
[22] 张开济. "紫薇坊"小区开发规划设想——夺回古都风貌的一个具体建议[Z]. 张开济家人收藏打印稿.
[23] 张开济. 1983年-2001年私人日记[Z]. 张开济家人收藏原件.
[24] 张开济. 1987年7月10日给邓小平信[Z]. 张开济家人收藏复印件, 1987.
[25] 张开济. Rural Housing in China (中国农村住宅建设) [R]. 张开济家人收藏复印件.
[26] 张开济. 把北京建设成为一个优美的现代化城市[Z]. 张开济家人收藏手稿, 1980.
[27] 张开济. 北京景泰东里小区高层1室户标准层平面图[Z]. 张开济家人收藏设计稿.
[28] 张开济. 博物馆建设中的"古为今用"[R]. 张开济家人收藏手稿.
[29] 张开济. 从"邻里单位"到"恩济里"[Z]. 张开济家人收藏手稿.
[30] 张开济. 第三届国际DESIGN FOR ALL论坛上的发言稿"Barrier-Free Design in China"(中国无障碍设计) [R]. 张开济家人收藏油印稿, 1987.
[31] 张开济. 读"老北京"图集有感[Z]. 张开济家人收藏手稿.
[32] 张开济. 个人简历[Z]. 张开济家人收藏复印件.
[33] 张开济. 个人经历[Z]. 张开济家人收藏复印件.
[34] 张开济. 给北京东城查抄办公室信件[Z]. 张开济家人收藏复印件.
[35] 张开济. 回忆老"渔阳里"[Z]. 张开济家人收藏手稿, 1996.
[36] 张开济. 坚持下楼出院, 坚持学习主席著作发言稿[Z]. 张开济家人收藏油印稿, 1966.
[37] 张开济. 建筑必须现代化[Z]. 张开济家人收藏油印件.
[38] 张开济. 建筑必须现代化二稿[Z]. 张开济家人收藏油印件.
[39] 张开济. 建筑创作要三尊重——中青年建筑师会上的发言[R]. 张开济家人收藏手稿, 1985.
[40] 张开济. 建筑要有人民性[Z]. 张开济家人收藏手稿复印件.
[41] 张开济. 缅怀周恩来总建筑师[Z]. 张开济家人收藏手稿.
[42] 张开济. 努力建设新上海, 精心维护"老洋房"[Z]. 张开济家人收藏手稿.
[43] 张开济. 欧洲一些科技博物馆考察报告[R]. 张开济家人收藏手稿. 1979.
[44] 张开济. 试谈"大剧院"的选址问题[Z]. 张开济家人收藏手稿.
[45] 张开济. 我呼吁! 一个老建筑师的心声[Z]. 张开济家人收藏油印稿, 1987.
[46] 张开济. 无题[Z]. 张开济家人收藏手稿.
[47] 张开济. 小天井式住宅设计方案图纸和说明[Z]. 张开济家人收藏手稿, 1976.
[48] 张开济. 张开济给华揽洪回信[Z]. 张开济家人收藏复印件.
[49] 张开济. 张开济给李岚清、朱镕基的信: 关于国家博物馆选址的建议[Z]. 张开济家人收藏复印件, 2001.
[50] 张开济. 张开济致朱镕基总理信: 建议暂停筹建国家大剧院[Z]. 张开济家人收藏打印稿, 1998.
[51] 张开济. 中国建筑学会副理事长张开济总建筑师在全国村镇建设学术讨论会上的发言(记录稿) [R]. 张开济家人收藏文稿, 1983.
[52] 张开济. 中国四合院[R]. 张开济家人收藏手稿.

[53] 张开济访谈录像[Z]. 张开济家人收藏.
[54] 张永和. 我的家教——以此短文纪念我父亲张开济百年诞辰[Z]. 张开济家人收藏文稿，2012.
[55] 中国建筑学会. 巴黎"中国建筑·环境·生活展览"展出经过报告[R]. 张开济家人收藏原件. 1982.

报纸资料

[1] 薄一波. 往事追寻忆贺龙[N]. 人民日报，1989-3-9（006）.
[2] 卜一明. 他时刻想着人民——回忆周总理勤俭建国的一件小事[N]. 人民日报，1996-8-5（011）.
[3] 陈遵妫. 中国第一座天文馆的兴建[N]. 光明日报，1955-11-4（003）.
[4] 代表们的心声[N]. 人民日报，1978-3-24（004）.
[5] 顾雷. 中央民族学院建筑中的浪费[N]. 人民日报，1955-3-29（002）.
[6] 广大建筑师应该把服务重点转向农村[N]. 光明日报，1983-7-6（001）.
[7] 毛铮铮. 建筑设计应提倡"三尊重"著名建筑专家张开济谈国外建筑[N]. 中国科技报，1986-8-4（003）.
[8] 社论. 开展全面节约运动[N]. 人民日报，1955-5-14（001）.
[9] 社论[N]. 人民日报，1957-11-13（001）.
[10] 宋融. 手段多一点好——也谈高层住宅（上）[N]. 北京晚报，1987-10-1（003）.
[11] 西郊百万庄住宅区工程开工[N]. 北京日报，1953-8-23（002）.
[12] 宣祥鎏，等. 必须严格控制高层住宅建设[N]. 北京日报，1990-1-8（003）.
[13] 余辉音. 宏伟壮丽的博物馆[N]. 人民日报，1959-9-20（003）.
[14] 张德沛. 高层高密度符合我国国情[N]. 北京晚报，1987-11-24（003）.
[15] 张开济. 把建筑设计质量提高到世界水平[N]. 北京日报，1956-2-3（008）.
[16] 张开济. 关怀残疾人 开拓"无障碍"环境——当前我国城市环境建设中的一个新课题[N]. 建设报 1987-5-8.
[17] 张开济. 建筑创作要走我国自己的道路[N]. 光明日报，1983-7-23.
[18] 张开济. 建筑师的烦恼[N]. 北京晚报，1999-11-24（005）.
[19] 张开济. 建筑与色彩（上）[N]. 北京晚报，1994-12-13（011）.
[20] 张开济. 建筑与色彩（下）[N]. 北京晚报 1994-12-14（011）.
[21] 张开济. 旧瓶不妨装新酒[N]. 科技日报，1987-3-11（004）.
[22] 张开济. 理解建筑师[N]. 人民日报，1988-5-9（003）.
[23] 张开济. 实现建筑现代化首先思想要现代化[N]. 北京日报，1979-3-21（003）.
[24] 张开济. 我一定努力克服资产阶级设计思想[N]. 北京日报，1955-5-13（002）.
[25] 张开济. 怎样在建筑设计中厉行节约[N]. 人民日报，1954-1-16（002）.
[26] 张书政. 不要用行政权力压制学术争鸣——建筑专家张开济谈当年北京城墙存废之争[N]. 人民日报，1986-11-9（003）.
[27] 重达. 从节约观点看"四部一会"的办公大楼[N]. 人民日报，1955-4-5（002）.
[28] 著名建筑专家张开济呼吁抢救古建筑[N]. 光明日报，1980-1-16（002）.

期刊论文

[1] （德）柯尔脱·马葛立芝教授. 西德建筑的悲剧[J]. 建筑学报，1954（02）：78.

[2] (德)瓦尔特·乌布利希. 国家建设事业与德国建筑界的任务[J]. 建筑学报, 1954(02): 68.
[3] (俄)A·加拉克契奥诺夫. 论结合城市建设要求考虑标准住宅设计问题[J]. 城市建设译丛, 1955(01): 9.
[4] (俄)Б·斯维特利奇内. 苏联城市建设的迫切任务[J]. 城市建设译丛, 1955(01): 5.
[5] (俄)阿·弗拉索夫. 在波兰建筑师第一次代表大会上的发言[J]. 建筑学报, 1954(02): 86.
[6] (俄)尼·谢·赫鲁晓夫. 论在建筑中广泛采用工业化方法改善质量和降低造价[J]. 建筑, 1955(2): 4.
[7] (美) THE UPPER GROUND[J]. PENCILPOINTS, 1935(5): 225.
[8] 白振刚, 贾晓明. 新中国成立前后的国家机关事务工作——人民政协筹备会庶务处处长周子健的回忆[J]. 纵横, 2009(06): 16-19.
[9] 北京的建筑师热烈讨论"沿街建房"问题[J]. 建筑学报, 1957(01): 54.
[10] 北京市规划管理局设计院博物馆设计组. 中国革命和中国历史博物馆[J]. 建筑学报, 1959(Z1): 33-39.
[11] 北京市规划管理局设计院人民大会堂设计组. 人民大会堂[J]. 建筑学报, 1959(Z1): 23-30+83-89.
[12] 陈琛. 实在人张开济[J]. 南方人物周刊, 2006(26): 62-63.
[13] 陈天. 忆人民英雄纪念碑修改方案的前前后后[J]. 西北美术, 1993(04): 58-59.
[14] 陈笑寒, 董一平, 保罗·斯克里瓦诺. 1950年代初期《人民日报》中建筑话题试析——以"先设计后施工"话题为例[J]. 新建筑, 2020(03): 46-50.
[15] 吃书人. Edible Edition[J]. 天地, 1944(14): 8-9.
[16] 戴桂芳. 中国建筑业五十年发展回顾[J]. 施工企业管理, 1999(10): 8-9.
[17] 邓庆坦, 邓庆尧. 1937-1949: 不应被遗忘的现代建筑历史——抗日战争爆发后的现代建筑思潮[J]. 建筑师, 2006(02): 85-92.
[18] 发刊词[J]. 建筑学报, 1954(01).
[19] 发刊词[J]. 天地创刊号, 1943(1): 2.
[20] 方可. 不能让开发商主宰北京[J]. 建设科技, 2003(10): 76.
[21] 冯崇义. 中国抗日战争时期的中国化思潮[J]. 开放时代, 1998(02): 73-79.
[22] 傅仁章, 都贻明. 中国建筑业改革和发展四十年[J]. 建筑经济, 1989(09): 2-7.
[23] 高层住宅问题笔谈会[J]. 城市规划, 1989(04): 3-14.
[24] 顾大庆. "布扎-摩登"中国建筑教育现代转型之基本特征[J]. 时代建筑, 2015(05): 48-55.
[25] 顾大庆. 向"布扎"学习——传统建筑设计教学法的现代诠释[J]. 建筑学报, 2018(08): 98-103.
[26] 关于城市住宅层数问题的调查和意见[J]. 建筑学报, 1977(03): 14-15+33.
[27] 郭冬. 北京危旧房改造纪实[J]. 瞭望新闻周刊, 1994(34): 17-22.
[28] 国家博物馆改扩建工程[J]. 城市环境设计, 2005(01): 8-9.
[29] 过元熙. 博览会陈列各馆营造设计之考虑[J]. 中国建筑, 1934, 2(02): 12-14.
[30] 何乐君. 当代中国优秀文化建筑典范——中国国家博物馆(二)[J]. 建筑与文化, 2014(11): 26-41.
[31] 何立蒸. 现代建筑概论[J]. 中国建筑1934, 2(08): 45-50.
[32] 何玉长, 李波. 正确评价新中国两个历史阶段与两种经济体制[J]. 海派经济学, 2020, 18(02): 58-74.
[33] 华揽洪, 等. 北京市设计院1956年度技术总结街坊报告[J]. 建筑创作, 2017(05): 96-109.
[34] 华揽洪. 谈谈和平宾馆[J]. 建筑学报, 1957(06): 41-46.
[35] 华揽洪: 1912-2012建筑创作专辑[J]. 建筑创作, 2013(03-04).
[36] 华信建筑事务所. 导言[J]. 中国建筑, 1937(29).

[37] 黄白. 砖混住宅建筑技术发展的政策和措施[J]. 住宅科技, 1988（04）: 9-11.

[38] 建议书[J]. 城市规划, 2001（05）: 18.

[39] 建筑师茶座 记忆与再生[J]. 建筑创作, 2012（02）: 10.

[40] 江嘉玮. "邻里单位"概念的演化与新城市主义[J]. 新建筑, 2017（04）: 17-23.

[41] 江仙. 张开济: "无为"建筑师[J]. 文史参考, 2012（16）: 74-76.

[42] 今兹. 在住宅建设中进一步节约用地的探讨（续）[J]. 建筑学报, 1975（04）: 28-32.

[43] 今兹. 在住宅建设中进一步节约用地的探讨[J]. 建筑学报, 1975（03）: 29-31+24.

[44] 黎科, 刘强. 从羽扇到雅扇的文化流变——中国扇文化的人类学探析[J]. 武汉理工大学学报（社会科学版）, 2019, 32（05）: 129-134.

[45] 李保国. 浅谈中国革命博物馆、中国历史博物馆的建筑[J]. 博物馆, 1984（01）: 23-30+54.

[46] 李富春. 李富春副总理关于"厉行节约, 为完成社会主义建设而奋斗"的报告[J]. 建筑, 1955（7）: 8.

[47] 李海清. 实践逻辑: 建造模式如何深度影响中国的建筑设计[J]. 建筑学报, 2016（10）: 72-77.

[48] 李浩. 来华技术援助城市规划的四批苏联专家（1949-1960年）[J]. 北京规划建设, 2019（01）: 168-171.

[49] 李宏, 马梧桐. 美国总统科技顾问委员会的运行机制及对我国的启示[J]. 智库理论与实践, 2016, 1（02）: 108-113.

[50] 李霞. 中国钢产量突破一亿吨[J]. 今日中国（中文版）, 1997（05）: 18-20.

[51] 李扬. 博物馆建筑所见新中国建筑文化——以中国人民革命军事博物馆为中心[J]. 中国博物馆, 2017（02）: 7-13.

[52] 李元. 我国第一座天文馆的建造[J]. 中国科技史料, 1980（02）: 88-98.

[53] 李正华. 新中国政治体制改革和政治文明建设[J]. 当代中国史研究, 2019, 26（05）: 98-114+252.

[54] 理之见. 北京21世纪的标志性建筑???——关于安德鲁"国家大剧院"方案再次引起争议的综述[J]. 室内设计与装修, 2001（03）: 16-18.

[55] 梁丹. 北京博物馆工作纪事[J]. 中国博物馆, 1994（01）: 88-95.

[56] 梁思成. 中国建筑的特征[J]. 建筑学报, 1954（01）: 36-39.

[57] 梁永兴. 时光倒流: 北京市建筑设计研究院往事[J]. 建筑创作, 2014（Z1）: 442-450.

[58] 林乐义. 波兰西里西亚天文馆[J]. 建筑学报, 1957（1）: 66.

[59] 刘福泰. 建筑师应当批评么?[J]. 中国建筑1933.1（01）: 29.

[60] 刘贺. 北京百万庄: 街坊式住宅在我国的发展[J]. 北京规划建设, 2018（02）: 84-87.

[61] 刘秀峰. 创造中国的社会主义的建筑新风格[J]. 建筑学报, 1959（Z1）: 3-12.

[62] 刘秀峰. 在建筑工程部设计及施工工作会议上的总结报告[J]. 建筑, 1955（03）: 3.

[63] 刘亦师. 20世纪50年代北京新建大型旅馆建筑初探[J]. 建筑师, 2017（05）: 91-100.

[64] 刘亦师. 公营永茂建筑公司若干史料拾纂（三）: 国民塑造与国家建构[J]. 建筑创作, 2017（05）74-79.

[65] 刘亦师. 篇首语[J]. 新建筑, 2016（05）

[66] 刘亦师. 新中国建筑期刊业之肇基时期（1954~1966）[J]. 建筑师, 2014（06）: 99-107.

[67] 刘亦师. 永茂建筑公司若干史料拾纂（二）: 制度建设（1949~1952）[J]. 建筑创作, 2017（05）: 66-73.

[68] 刘亦师. 永茂建筑公司若干史料拾纂（一）: 机构之创设及其演替,1949~1952[J]. 建筑创作, 2017（04）: 240-245.

[69] 刘亦师. 中国建筑学会60年史略——从机构史视角看中国现代建筑的发展[J]. 新建筑, 2015（02）: 142-147.

[70] 刘亦师. 重谈和平宾馆——兼及北京现代建筑史研究[J]. 建筑学报, 2017（12）: 74-80.

[71] 吕俊华, 邵磊. 1978~2000年城市住宅的政策与规划设计思潮[J]. 建筑学报, 2003（09）: 7-10.

[72] 吕雅范. 二十世纪三十年代关于中国文化建设问题论战述略[J]. 社会科学战线, 2000（04）: 65-69.

[73] 民国廿三年中央大学建筑系习题: 在某大商埠拟建一大厦应合于下列各条[J]. 中国建筑, 1935, 3（04）: 35.

[74] 钱锋, 潘丽珂. 保罗·克瑞的建筑和教学思想研究[J]. 时代建筑, 2020（04）: 174-179.

[75] 钱锋, 沈君承. 移植、融合与转化 西方影响下中国早期建筑教育体系的创立[J]. 时代建筑, 2016（04）: 154-158.

[76] 清华大学土建系建筑物理教研组, 詹庆旋. 中央美术馆的采光设计[J]. 清华大学学报（自然科学版）, 1961（02）: 35-50.

[77] 全国劳动保护展览会在筹备中[J]. 劳动, 1959（16）: 35.

[78] 人民大会堂专辑[J]. 建筑创作, 2014（180+181）: 33.

[79] 散淡的人. 出妻表[J]. 天地, 1945（15、16）: 8-9.

[80] 上海私立复旦附中. 复旦附中年刊创刊号[J]. 全国报刊索引网, 1930.

[81] 邵韦平, 等. 追寻历史的记忆: 国家博物馆改扩建方案设计回顾[J]. 建筑创作, 2004（12）: 40-61.

[82] 沈勃. 吸取教训, 改进设计工作[J]. 建筑, 1955（03）: 38-39.

[83] 沈伊瓦, 张开济. 从容回首——建筑大师张开济访谈录[J]. 新建筑, 2006（02）: 107-112.

[84] 史建. 北京的"马赛公寓"建筑师茶座[J]. 建筑创作, 2012（02）: 16-21.

[85] 孙逊. 十年呼吁终成定论——张开济谈控制高层住宅, 发展多层、高密度住宅[J]. 住宅科技, 1990（07）: 13-14.

[86] 他的作品屹立在祖国大地——记刚故去的一代建筑设计大师张开济[J]. 华中建筑, 2006（10）: 200.

[87] 谭桂林. 许季上身世及佛学思想考论[J]. 东方论坛——青岛大学学报（社会科学版）, 2021（5）: 44-57.

[88] 谭烈飞. 解放后北京城市住宅的规划与建设[J]. 当代中国史研究, 2002（06）: 101-108+128.

[89] 陶宗震. 对国家大剧院中选方案的评议[J]. 南方建筑, 2000（02）: 41-44.

[90] 童寯, 赖德霖. 参观惠具利展览会记[J]. 建筑师, 2020（06）: 106-107.

[91] 汪季琦. 中国建筑学会成立大会情况回忆[J]. 建筑学报, 1983（09）: 27-29+75-83.

[92] 王建柱. 钓鱼台国宾馆背后的故事[J]. 党史纵览, 2017（06）: 13-16.

[93] 王岚. 渔阳里, 历史赋予的底色和重量[J]. 档案春秋, 2019（09）: 26-29.

[94] 王麦初. 搞建筑要以人为本——访新中国第一代建筑师张开济[J]. 老人天地, 2003（09）: 10.

[95] 王弄极, 包志禹. 用建筑书写历史——北京天文馆新馆[J]. 建筑学报, 2005（03）: 36-41.

[96] 王颂. 红旗下的"蛋"[J]. 建筑创作, 2005（07）: 167-176.

[97] 王彦佳. 中国钢铁行业产业生命周期及钢产量预测[J]. 预测, 1994（05）: 16-19+47+74.

[98] 王争鸣, 李彪. 北京市危旧房改造调查[J]. 建筑经济, 1992（02）: 10-13.

[99] 吴秀梅. 浅析杭扇的历史与现状——以"王星记"扇业为例[J]. 电影评介, 2012（06）: 84-86.

[100] 吴志菲. 红色建筑大师张开济[J]. 时代人物, 2009（11）: 12-17.

[101] 奚小彭. 人民大会堂建筑装饰创作实践[J]. 建筑学报, 1959（Z1）: 31-32+22.

[102] 下江人. 蜀话[J]. 天地, 1944（9）: 37-40.

[103] 下江人. 续蜀话[J]. 天地, 1944（11）: 26-27.

[104] 徐国利, 叶挺松. 胡适与白话文教育改革[J]. 安徽大学学报, 1998（01）: 25-29.

[105] 徐怀谦. 张开济先生话建筑[J]. 长江建设, 2001（05）: 12-13.

[106] 徐慕维. 许季上居士略传[J]. 法音, 1990（02）: 38-39.

[107] 徐苏斌. 中国的"新"古典主义——及由此所想到的[J]. 建筑学报, 1989（08）: 19-24.

[108] 徐云根. 中国共产主义运动发祥地: 上海老渔阳里2号[J]. 炎黄春秋, 2018（07）: 11-15.

[109] 杨东平. 北京城市建筑的文化阅读[J]. 上海城市管理职业技术学院学报, 2002（04）: 4-7.

[110] 杨廷宝. 解放后在建筑设计中存在的几个问题[J]. 建筑学报, 1956（09）: 51-53+50.

[111] 一个人. 自说自话[J]. 天地, 1945（18）: 1-8.

[112] 一九七六年世界各国和地区的钢产量[J]. 包钢科技, 1977（00）: 70-73.

[113] 一九五五年三月二十八日人民日报社论. 反对建筑中的浪费现象[J]. 建筑, 1955（04）: 3.

[114] 一九五五年五月十四日人民日报社论. 开展全面节约运动[J]. 建筑, 1955（06）: 3.

[115] 仪德刚, 李海静. 杭州"王星记"扇子制作工艺初步调查[J]. 中国科技史杂志, 2007（01）: 50-59+105.

[116] 有心人. 衣食住[J]. 天地, 1945（20）: 7-12.

[117] 余玮. "零距离"走近建筑巨匠张开济[J]. 神州, 2004（04）: 18-22.

[118] 余玮. 红色建筑师张开济[J]. 百姓, 2006（11）: 48-51.

[119] 余玮. 张开济的自豪与无奈[J]. 华人时刊, 2007（07）: 16-21.

[120] 喻娴文, 叶谦吉. 思慕他, 学习他, 继承他的事业[Z]. 南开中学一九四八级北美校友会出版《南开通讯》, 2008（31）: 编号31107.

[121] 袁镜身. 关于创作新的建筑风格的几个问题[J]. 建筑学报, 1959（01）: 38-40.

[122] 张开济, 宋融, 邱圣瑜. 北京天文馆[J]. 建筑学报, 1957（01）: 1-13.

[123] 张开济. 北京市1963年城市住宅设计竞赛方案评介[J]. 建筑学报, 1963（07）: 1-5.

[124] 张开济. 从北京前三门高层住宅谈起[J]. 建筑学报, 1979（06）: 21-25+6.

[125] 张开济. 反对"建筑八股"拥护"百家争鸣"[J]. 建筑学报, 1956（07）: 57-58.

[126] 张开济. 改进住宅设计节约建设用地[J]. 建筑学报, 1978（01）: 14-20.

[127] 张开济. 关于住宅标准设计一些问题的商榷[J]. 建筑学报, 1956（03）: 112-115.

[128] 张开济. 国庆十大建筑设计追忆[J]. 纵横, 1996（09）: 26-28+3.

[129] 张开济. 建筑师的典范——纪念杨廷宝诞辰九十周年[J]. 建筑师, 中国建筑工业出版社, 1991（42）: 1-3.

[130] 张开济. 三里河办公大楼设计介绍[J]. 建筑学报, 1954（02）: 100-103+126-132.

[131] 张开济. 试论北京工人体育馆的建筑艺术[J]. 建筑学报, 1961（08）: 7-8.

[132] 张开济. 首先多样化, 争取民族化——谈有关建筑创作的两个问题[J]. 建筑师, 1983（17）: 1-3.

[133] 张开济. 为古建筑请命[J]. 建筑师, 1980（4）: 1.

[134] 张开济. 为古建筑请命[J]. 江西历史文物, 1980（02）: 2-6.

[135] 张开济. 为古建筑请命[J]. 文物通讯, 1980（1）: 9.

[136] 张开济. 应该提倡院落式住宅组群[J]. 城市规划, 1989（02）: 8-7.

[137] 张开济. 张开济总建筑师致北京市市长陈希同的信[J]. 建筑师, 1992（46）: 4-5.

[138] 张祖刚, 等. 清华大学图书馆新馆工程建筑设计评论会[J]. 建筑学报, 1992（01）: 12-22.

[139] 章光日. 改革开放30年大北京地区规划建设主要特征分析[J]. 北京规划建设, 2009（01）: 120-123.

[140] 赵博渊, 朱天纯. 由"房改"到"危改", 是非功过任评说[J]. 北京纪事, 2012（10）: 4-15.

[141] 赵冬日. 建筑事业上集体创作的范例[J]. 建筑学报, 1959（Z1）: 17.

[142] 赵冬日. 天安门广场[J]. 建筑学报, 1959（Z1）: 21.

[143] 赵冠谦. 住宅设计的过去、今日与未来[J]. 建筑学报, 1996（07）: 8-10.

[144] 正人. 从女人谈起[J]. 天地, 1944（13）: 6-9.

[145] 中央大学建筑系学生成绩, 名人灵堂习题[J]. 中国建筑, 1934, 2（07）: 24-26.

[146] 中央建筑工程部城市建设局资料处整理. 城市建设几项定额的参考资料[J]. 建筑, 1954（2）: 36.

［147］中央建筑工程局设计总局工业及城市建筑设计院. 设计计划管理工作暂行办法［J］. 建筑，1954（2）：32.

［148］周荣鑫. 中国建筑学会周荣鑫理事长的会务报告［J］. 建筑学报，1957（03）：9.

［149］祝勇. 在历史的线索中搜寻城市的定位——张开济访谈［J］. 鸭绿江，2002（10）：4-9.

出版著作

［1］（比利时）希尔德·海嫩. 建筑与现代性批判［M］. 卢永毅，等译. 北京：商务印书馆，2015.

［2］（德）G·齐美尔. 桥与门——齐美尔随笔集［M］. 涯鸿，宇声，等译. 上海：生活·读书·新知三联书店上海分店出版，1991.

［3］（美）Jeffrey W.Cody. Building in China：Henry K.Murphy's "Adaptive Architecture" 1914-1935［M］. The Chinese University of Hong Kong，2001.

［4］（美）R.麦克法夸尔，费正清编. 剑桥中华人民共和国史 革命中国的兴起1949-1965［M］. 谢亮生，等译. 北京：中国社会科学出版社，1990.

［5］（美）阿列克斯·英克尔斯、戴维.H.史密斯. 从传统人到现代人——六个发展中国家中的个人变化［M］. 顾昕，译. 北京：中国人民大学出版社，1992.

［6］（美）肯尼斯·弗兰姆普敦. 现代建筑：一部批判的历史［M］. 张钦楠，等译. 北京：生活·读书·新知三联书店，2004.

［7］（民国）国都设计技术专业员办事处. 首都计划［M］王明发，等点校. 南京：南京出版社，2006.

［8］（日）原研哉主编. 理想家：2025［M］. 北京：生活书店出版社有限公司，2016.

［9］（英）厄内斯特·盖而纳. 民族与民族主义［M］. 韩红，译. 北京：中央编译出版社，2002.

［10］（英）尼古拉斯·佩夫斯纳. 欧洲建筑纲要［M］殷凌云，张渝杰译. 济南：山东画报出版社，2011.

［11］《建筑师宋融》编委会. 建筑师宋融［M］. 北京：中国城市出版社，2004.

［12］《中国建筑业年鉴》编委会. 1994中国建筑业年鉴［M］. 北京：北京建筑工业出版社，1995.

［13］《走进中央民族大学》编委会. 走进中央民族大学［M］. 北京：中央民族大学出版社，2006.

［14］Duanfang Lu. Remaking Chinese Urban Form：Modernity，Scarity and Space1949-2005［M］. New York：Routledge，2006.

［15］白思鼎（Thomas P. Bernstein），李华钰. 中国学习苏联——1949年至今［M］. 香港：中文大学出版社，2019.

［16］包亚明. 哈贝马斯访谈录：现代性的地平线［M］. 李安东，等校译. 上海：上海人民出版社，1997.

［17］陈璟浩. 寻梦复旦园［M］. 上海：上海教育出版社，2014.

［18］陈永汶. 行走天穹——中国现代天文学家陈遵妫传［M］. 北京：华文出版社，2007.

［19］董光器. 北京规划战略思考［M］. 北京：中国建筑工业出版社，1998.

［20］董光器. 古都北京五十年演变录［M］. 南京：东南大学出版社，2006.

［21］董佳. 民国首都南京的营造政治与现代想象（1927-1937）［M］. 南京：江苏人民出版社，2014.

［22］费麟，费琪. 中国第一代女建筑师张玉泉［M］. 天津：天津大学出版社，2006.

［23］费麟. 匠人钩沉录［M］. 天津：天津大学出版社，2011.

［24］龚德顺，等. 中国现代建筑史纲1949-1985［M］. 天津：天津科学技术出版社，1989.

［25］侯幼彬，李婉贞. 虞炳烈［M］. 北京：中国建筑工业出版社，2012.

［26］胡祥翰. 上海小志［M］. 上海：上海古籍出版社，1989.

［27］胡志刚. 梁思成学术实践研究（1928-1955）［M］. 北京：中华书局，2017.

［28］金观涛. 探索现代社会的起源［M］. 北京：社会科学文献出版社，2010.

［29］赖德霖，等. 中国近代建筑史第二卷多元探索——民国早期各地的现代化及中国建筑科学的

发展[M]. 北京：中国建筑工业出版社，2016.

[30] 赖德霖，等. 中国近代建筑史第三卷民族国家——中国城市建筑的现代化与历史遗产[M]. 北京：中国建筑工业出版社，2016.

[31] 赖德霖，等. 中国近代建筑史第四摩登时代——世界现代建筑影响下的中国城市与建筑[M]. 北京：中国建筑工业出版社，2016.

[32] 赖德霖，等. 中国近代建筑史第一卷门户开放——中国城市和建筑的西化与现代化[M]. 北京：中国建筑工业出版社，2016.

[33] 赖德霖. 民国礼制建筑与中山纪念[M]. 北京：中国建筑工业出版社，2012.

[34] 赖德霖. 中国近代建筑史研究[M]. 北京：清华大学出版社，2007.

[35] 赖德霖. 中国近代思想史与建筑史学史[M]. 北京：中国建筑工业出版社，2016.

[36] 李恭忠. 中山陵——一个现代政治符号的诞生[M]. 北京：生活·读书·新知三联书店出版社，2019.

[37] 李海清. 中国建筑现代转型[M]. 南京：东南大学出版社，2004.

[38] 李杨. 新中国成立初期北京都市计划委员会相关史实考论. 北京档案史料4[M]. 北京：新华出版社，2016.

[39] 李泽厚. 寻求中国现代性之路[M]. 北京：东方出版社，2019.

[40] 林徽因. 林徽因的另面人生[M]. 台北：台湾商务印书馆股份有限公司，2005.

[41] 吕国昭. 中国建筑师执业制度的发展与趋势[M]. 北京：中国建筑工业出版社，2011.

[42] 吕俊华，等. 中国现代城市住宅1840-2000[M]. 北京：清华大学出版社，2003.

[43] 马炳坚. 北京四合院建筑[M]. 天津：天津大学出版社，1999.

[44] 钱锋，伍江. 中国现代建筑教育史（1920-1980）[M]. 北京：中国建筑工业出版社，2008.

[45] 秦晓. 当代中国问题：现代化还是现代性[M]. 北京：社会科学文献出版社，2009.

[46] 单踊. 西方学院派建筑教育史研究[M]. 南京：东南大学出版社，2012.

[47] 沈志佳编. 中国知识人之史的考察 余英时文集第四卷[M]. 桂林：广西师范大学出版社，2004.

[48] 宋璞主编. 张伯苓在重庆1935-1950[M]. 重庆：重庆出版社，2004.

[49] 唐振常主编. 上海史[M]. 上海：上海人民出版社，1989.

[50] 童寯. 我国公共建筑外观的检讨. 童寯文集（一）[M]. 北京：中国建筑工业出版社，2000.

[51] 汪民安. 现代性[M]. 南京：南京大学出版社，2020.

[52] 汪晓茜. 大匠筑迹 民国时代的南京职业建筑师[M]. 南京：东南大学出版社，2014.

[53] 王骏阳. 理论·历史·批评（一）[M]. 同济大学出版社，2017.

[54] 王颖. 探求一种"中国式样：早期现代中国建筑中的风格观念"[M]. 北京：中国建筑工业出版社，2015.

[55] 王正. 功能探绎——18世纪以来西方建筑学中功能观念的演变与发展[M]. 南京：东南大学出版社，2014.

[56] 徐苏斌. 近代中国建筑学的诞生[M]. 天津：天津大学出版社，2010.

[57] 许小霖，陈达凯. 中国现代化史1800-1949第一卷[M]. 上海：学林出版社，2006.

[58] 许纪霖. 安身立命[M]. 上海：上海人民出版社，2019.

[59] 许纪霖. 中国知识分子十论[M]. 上海：复旦大学出版社，2011.

[60] 杨秉德. 中国近代城市与建筑（1840-1949）[M]. 北京：中国建筑工业出版社，1993.

[61] 杨永生. 建筑百家评论集[M]. 北京：中国建筑工业出版社，2000.

[62] 杨永生. 建筑百家言[M]. 北京：中国建筑工业出版社，1998.

[63] 杨永生. 建筑百家轶事[M]. 北京：中国建筑工业出版社，2000.

[64] 杨永生. 建筑百家争鸣1955-1957[M]. 北京：知识产权出版社 中国水利水电出版社，2003.

[65] 杨永生. 中国四代建筑师[M]. 北京：中国建筑工业出版社，2002.

[66] 杨者圣. 国民党教父陈果夫[M]. 上海：上海人民出版社，2017.

[67] 张镈. 回到故乡——建筑师张镈回忆录[M]. 北京：中国文化出版社，2011.

[68] 张镈. 我的建筑创作道路[M]. 北京：中国建筑工业出版社，1994.

[69] 张开济. 建筑一家言[M]. 北京：中国建筑工业出版社，1992.

[70] 张开济. 尚堪回首[M]. 北京：北京出版社，2003.

[71] 张琴. 烽火中的华盖建筑师[M]. 上海：同济大学出版社，2021.

[72] 郑时龄. 上海近代建筑风格[M]. 上海：同济大学出版社，2020.

[73] 中国社会科学院近代史研究所民国史研究室 四川师范大学历史文化学院编. 一九三零年代的中国（上卷）[M]. 北京：社会科学文献出版社，2006.

[74] 周光地. 创业艰难 南开的幼年 感悟南开[M]. 重庆：重庆出版社，2006.

[75] 朱剑飞主编. 中国建筑60年（1949-2009）：历史理论研究[M]. 北京：中国建筑工业出版社，2009.

[76] 朱渊. 现世的乌托邦"十次小组"城市建筑理论[M]. 南京：东南大学出版社，2012.

[77] 庄少庞. 莫伯治建筑创作历程及思想[M]. 北京：中国建筑工业出版社，2017.

学位论文

[1] Ji Guohua. Building Under the Planned Economy: A History of China's Architecture and Construction[D]. Zurich: The Swiss Federal Institute of Technology Zurich, 2007.

[2] 方可. 探索北京旧城居住区有机更新的适宜途径[D]. 北京：清华大学，2000.

[3] 耿欣欣. 从制图术到设计——1920-1943年间的《铅笔制图》和美国建筑从布杂向现代主义的转变[D]. 南京：东南大学，2013.

[4] 郭瑞. 1937-1945年抗战期间中国近代建筑师虞炳烈的创作实践[D]. 南京：东南大学，2019.

[5] 韩春岫. 苏青与天地[D]. 济南：山东大学，2008.

[6] 季秋. 中国早期现代建筑师群体：职业建筑师的出现和现代性的表现（1842-1949）——以南京为例[D]. 南京：东南大学，2014.

[7] 蒋红艳. 复兴月刊民族复兴思想研究[D]. 长沙：湖南师范大学，2014.

[8] 李宁. 重庆近代砖木建筑营造技术与保护研究[D]. 重庆：重庆大学，2013.

[9] 刘文沛. 新中国政府体制的建构与苏联因素（1949-1954）[D]. 上海：复旦大学，2013.

[10] 刘昭. 中国近代建筑教育的先驱—刘福泰研究[D]. 天津：天津大学，2010.

[11] 彭怒，等. 关于中国第二代建筑师张开济先生建筑创作的历史研究；关于建筑历史、历史学理论中几个基本问题的思考；高技派建筑思潮研究[D]. 北京：清华大学，2001.

[12] 钱海平. 以《中国建筑》与《建筑月刊》为资料源的中国建筑现代化进程研究[D]. 杭州：浙江大学，2011.

[13] 王安安. 中国近代建筑师虞炳烈的建筑教育历程与早期建筑实践研究[D]. 南京：东南大学，2019.

[14] 文世芳. 中国共产党对境外发展经济经验的认识与借鉴（1976-1984）[D]. 北京：中共中央党校，2017.

[15] 吴东. 近代"都市计划委员会"制度研究[D]. 南京：东南大学，2018.

[16] 薛子燕. 新文化运动时期（1915-1924年）的价值观重建[D]. 武汉：武汉大学，2015.

[17] 杨舒宁. 我国建筑师管理双轨制及相关问题研究[D]. 广州：华南理工大学，2012.

[18] 于春刚. 住宅产业化—钢结构住宅围护体系及发展策略研究[D]. 上海：同济大学，2006.

[19] 余平. 中财委与新中国初期经济秩序的确立[D]. 北京：中共中央党校，2013.

[20] 俞世恩. 现代性与民族性：1929年"大上海计划"研究[D]. 上海：华东师范大学，2017.

[21] 张丽凤. 中国城镇住房制度变迁中政府行为目标的逻辑演进（1949-2008）[D]. 沈阳：辽宁大学，2009.

[22] 朱振通. 童寯建筑实践历程探究（1931-1949）[D]. 南京：东南大学，2006.

[23] 邹勋. 文化竞夺的空间象征[D]. 上海：同济大学，2007.

后记

2019年10月的一天,在进行了半年的准备工作之后,笔者第一次走进张开济先生位于白石桥的家。张老夫妇去世已十余年,宽敞的客厅里镶嵌着雕花板的矮柜上精心供奉着一对主人照片,除了几盆生机勃勃的绿植,一应日常用品已经收起,家具木漆上的细小蚀痕镌刻着飞逝的光阴。笔者在这个曾经高朋满座、充满欢声笑语,而此刻寂静无声、物是人非的房间中缓缓走了一圈,最后来到张老的书桌前,绿罩台灯下有一个铜制名片夹,端端正正地插着一张名片——"建筑师张开济"。

作为一名建筑教育工作者,对张开济前辈的研究不仅是笔者学术生涯中的重要阶段,也是对沉浸其间近三十年的建筑学专业和建筑师职业的反思过程。"建筑师"职业引入中国百余年,专业的内涵、工作的范畴、职业的社会角色及行业的未来走向依然处于边界模糊、众说纷纭的状态中。研究张老为笔者提供了一个新的认知"建筑师"和中国建筑师职业发展历程的窗口,在博士论文及后续研究这两个阶段中,工作思路不断有所突破。开始阶段,笔者的主要目标在于史实的梳理,通过大量一手素材的整理和分析,力求还原张开济前辈的成长和工作历程,以作品和言论客观展示出他所代表的第二代中国建筑师的历史作用和价值;随着工作的深入,也得益于在研究中与众多专家、学者的不断交流,笔者更注重将建筑师个体的研究置于中国近代建筑史的学术背景中,研究层面转向"所学""所做"背后专业人的"所思"与其社会角色,通过个案研究揭示"建筑师"这个职业在中国落地生根以来的命运和社会价值;最终,张开济先生职业生涯中的坎坷起伏与他从未熄灭的专业热情、精神操守,他主动追求"现代中国建筑"理想所背负的社会责任感,让笔者认识到"建筑师"作为一个专业人在社会发展过程中既有"带着枷锁跳舞"的局限，也有在政治、经济、文化舞台上中扮演多重角色的可塑性，而作为一名现代中国知识分子，秉持良知服务社会，维护人民大众利益与国家利益才真正彰显"建筑师"职业的终极社会价值，这也是张开济先生的建筑人生对于当下的启迪。

如果说《建筑师张开济》一书能取得一点学术上的成果，首先应该归功于笔者的博士导师张路峰教授和既是张老家属又是改革开放后中国现代建筑核心人物的张永和、鲁力佳老师。三位老师对于建筑专业的热爱、对中国建筑发展的关注和学术敏锐度是这个研究得以启动的基石。张永和老师和鲁力佳老师提供了大量珍贵的图纸、文件，而对研究过程并不过问，只在有限的几次访谈中，张永和老师提出："今天研究张开济的意义是什么"，这也成为笔者在博士论文和本书写作中的思考线索。

恩师张路峰教授是笔者的学术启蒙者和引导者，无论在博士论文的研究期间还是本书的写作期间，他都悉心指导，并为笔者搭建起可以向前辈学者们请教的桥梁，使笔者在研究和学习过程中得到了最大的支持和帮助。在导师对一手史料的重视下，笔者奠定了写作的基本方法：虽然研究者自身具有主观性，但是以史实为出发点，基于时间顺序，判断大量素材之间相关因素的先后、主从、因果，可以构筑起具有科学性和客观性的基本事实逻辑。令笔者欣慰地是研究印证了开始时的大胆假设：一、时间脉络中，个人内在思想是持续发展的，虽然随着时代的转型，在外在环境的影响下会发生变化，但其轨迹必然有因可循；二、建筑师的思想和信仰总是以不同方式进入实践，哪怕是在自主权最为微弱的时代，通过细心体察洞悉表象背后的缘由，依然可以在主流中辨析不同设计主体的个体特点。

博士论文写作过程中，笔者得到美国路易维尔大学赖德霖教授、东南大学单踊教授、清华大学许懋彦教授、北京工业大学杨昌鸣教授、天津大学徐苏斌教授、中国科学院大学崔彤教授、北京大学徐怡涛教授、北京建筑大学金秋野教授、清华大学刘亦师副教授等众多在建筑历史与理论方面有丰富经验和成熟思想的专家学者们中肯的建议，在工作方式、研究视角、学术规范、信息来源、参考资料推荐等众多方面获得许多帮助和引导。《建筑师张开济》一书的初稿完成之后，赖德霖教授和单踊教授两位学术前辈在百忙中为书稿进行审阅，从篇幅与内容的编排到诸多细节的认定，他们都提出重要的修改意见，阅读之细，分析之耐心，令笔者深为感动和敬佩。此外，两位老师还无私传授自己在研究、写作和出版方面的经验，使笔者作为一个史学研究的新人获益匪浅，也使本书的可读性有了很大提升。

建筑师张开济的研究工作得到了张老生前单位——北京市建筑设计研究院有限公司的大力支持，自徐全胜院长、王宇主任到各个部门都给了了鼎力协助。

单位所提供的工程图纸和《干部档案》是研究中重要的基础史料；马国馨院士亲自主持了笔者的博士论文答辩，在研究材料的发掘上给出重要的线索和提示；魏嘉先生陪我寻找基础的材料；刘江峰博士提供了院史研究的成果；何和总帮助完成图纸的电子化处理；梁永兴先生接受采访，提供关于张开济先生的工作回忆。在研究中提供支持的还有北京院的刘晓钟总、蔡明女士、王舒展女士、李艾桦女士、刘笑楠先生、袁飞女士和杨迪女士等。

感谢研究中接受采访的，愿意分享张开济研究相关经验的业界前辈和朋友们，其中有刚刚故去的清华大学教授吕俊华先生，张老曾经的同事黄汇总建筑师、文跃光总建筑师，最早关注并研究福绥境大楼的史建老师，以及华揽洪先生的家人华新民女士。

感谢众多朋友在查找资料过程中给予的帮助：中央美院程启明教授、郭娴娴女士提供相关的研究成果；香港中文大学朱竞翔教授及在库言库网站创始人马海东先生帮助查找境外和港台地区资料；北京建筑大学李浩教授提供史料咨询；同济大学朱宇晖老师帮助识别图像；学友刘贺在疫情期间提供的现场素材；我的学生李皓妍同学帮助我用电脑修复已经字迹模糊的福绥境大楼图纸；清华大学博士生黄杰和王婉琳、中国科学院大学博士生王宗祺、美国加州大学伯克利分校研究生段与石多次帮助我查找资料。

本书的面世要特别感谢中国建筑工业出版社的编辑易娜老师，她以丰富的经验为本书的编排倾注了大量专业意见，以敬业的精神令本书的出版在疫情防控的特殊时期得以顺利推进，并实现以此书作为张开济先生110周年诞辰纪念的夙愿。

衷心感谢家人的爱与付出！他们的支持和陪伴是我完成这一阶段工作最重要的动力和保障！

本书作者：程力真
2022年5月于北京

图书在版编目（CIP）数据

建筑师张开济 / 程力真著. —北京：中国建筑工业出版社，2022.7
ISBN 978-7-112-27381-2

Ⅰ.①建… Ⅱ.①程… Ⅲ.①张开济（1912—2006）—生平事迹 Ⅳ.①K826.16

中国版本图书馆CIP数据核字（2022）第081629号

责任编辑：易　娜
书籍设计：锋尚设计
责任校对：李美娜

建筑师张开济

程力真　著

*

中国建筑工业出版社出版、发行（北京海淀三里河路9号）
各地新华书店、建筑书店经销
北京锋尚制版有限公司制版
北京富诚彩色印刷有限公司印刷

*

开本：787毫米×1092毫米　1/16　印张：21　字数：435千字
2022年10月第一版　　2022年10月第一次印刷
定价：**128.00**元
ISBN 978-7-112-27381-2
（39559）

版权所有　翻印必究
如有印装质量问题，可寄本社图书出版中心退换
（邮政编码100037）